大한국인의 길

THE ROAD OF GREAT KOREA

시대의 변화 홍익인간의 통찰력

大한국인의 길

공동체 경제 | 창의적 문화

현용수 지음

[大한국인의 길]은 우리의 정치·경제·사회·문화경영을
새롭게 변화시키는 「미래·인문·경영」의 정수이다.

행복한 마음

:: 함께 시작하는 말

- 한국인은 누구인가?
- 한국은 어떤 나라인가?
- 한민족은 어떤 민족인가?
- 한국의 역사·문화는 무엇인가?

그리고 세계 정치·경제를 이끌고 있는 G5(미·중·독·일·EU 등) 국가의 막강한 군사력과 경제력, 그걸 이끌어가고 있는 원동력인 정신과 문화는 무엇인가?

이런 질문에 대해 한국인으로서 우리는 어떻게 대답할 것인가?
만일 외국인들이 우리에게 다음과 같은 질문을 한다면 어떻게 대답할 것 같은가?

- 한국인의 정체성Identity은 무엇입니까?
- 글로벌 시대에 한국과 한국인의 위치Position는 어디입니까?
- 대한민국의 정신과 문화의 원형은 무엇입니까?

누구든지 이런 질문들을 받으면 쉽게 대답하기 어려울 것이다. 우리는 이 책에서 이런 질문에 대한 적절한 대답이 무엇인지를 제시하고자 한다.

한국인으로서 우리는 치열한 삶을 살아왔다고 생각한다. 정신없이 앞만 보고 달려왔다는 생각이 든다. 그리고 우리는 삶의 소용돌이에 휘말려 이런 질문들을 잊고 살았던 것이다. 물론 요즘 젊은 층은 이런 이야기가 실감나지 않을 수 있다. 그만큼 세상이 변했다는 것이다.

한국이라는 국가, 그리고 우리 민족 혹은 한 인간으로서 우리들 각자는 너무나 열심히 살다보니 '지금 우리는 어디에 있는가?'라는 자성적인 질문을 할 여유조차 없었는지도 모른다.

그러나 지금은 이런 질문들을 고민하고 적절한 답을 찾아야 할 때이다. 지금 우리들이 해야 하는 대답은, 우리 국가, 우리 민족 그리고 우리의 후손들에게 매우 중요한 이정표가 될 수 있기 때문이다.

우리는 지금 '글로벌' 시대에 살고 있다. 우리가 언제부터 글로벌Global이란 단어를 썼던가? 십수 년 전까지만 해도 '글로벌'이란 단어 자체가 생소했다. 그러나 지금 이 '글로벌'이란 단어는 일상적인 용어가 되어버렸다.

지금은 글로벌 시대이다. 이 말이 실감나지 않을지라도 분명히 세상이 변한 것은 틀림없다. 글로벌 시대 이전과 글로벌 시대가 된 지금은 무엇인가 확실히 다른 세상이다.[1]

'도대체 뭐가 달라졌다는 것이지?' 우리의 삶이 변한 것이 없는 것 같은데, 무엇이 달라졌다고 하니 이해가 안 될 수도 있다.

---

1) 글로벌 시대 이전과 이후를 '산업화 시대'와 '디지털 시대'로 구분해도 무방하다.

하지만, '글로벌 시대'를 맞이하여 우리가 제대로 살기 위해서는 한마디로 패러다임Paradigm의 전환이 필요하다. 이제는 한국은 한반도 영토 안에서만 존재하는 시대가 아니다. 이제는 한국 밖에서 한국을 이야기하는 시대가 되었기 때문이다.

우리는 누구인가? 지금 우리에게 가장 중요한 질문일지 모른다.
우리-개인으로서, 민족 또는 국가의 한 일원으로서-**우리는 누구인가?**

이것이 앞으로 한국인으로 또는 한국이라는 '국가 공동체'를 뛰어넘어 인류 공동체의 주역으로서 살아가야 하는 중요한 전환기에서, 우리를 돌아보고 미래를 생각해 보아야 하는 명제命題일 것이다.

우리가 우리 스스로에 대해 부여하는 가치가 결국 다른 사람들이 우리를 평가하는 가치 기준이 될 수 있다. 우리에게는 누구인가에 대한 스마트Smart한 대답이 매우 중요하다.
'세계 속의 한국' 그리고 '한국 속의 세계'를 제대로 평가받게 하는 방법이 될 수 있기 때문이다.

우리의 역사를 '기업의 경영차원'[2)]에서 비유하여 설명해 본다.
오늘날 고고학적인 유물로 본다면 우리 민족의 역사는 적어도 7,000년을 거슬러 올라간다. 하지만 한국 사학계가 우리의 고대사에 대해서는 제대로 정리하지 못하고 있는 것 같아서 '상고사'의 이야기는 뒤에서 다루기로 하고, 누구나 다 아는 '고조선' 부터 한민족의 역사를 간단히 짚어보자.

---

2) 국가경영과 기업경영, 그리고 가계경영은 경제적 주체로써 유사한 부분이 많다. 이 부분은 경영학자의 소견으로 바라본 사유이다.

적어도 당시 고조선은 주변 국가와 비교하여 강대국이었다고 생각된다. 그리고 이것을 기업 가치로 환산해 보면 '최고의 블루칩'이었을 것이라고 추정할 수 있다. 당시의 정치, 경제, 문화, 사회의 전반적인 시스템이 주변 국가들에 비해서 한수 위에 있었다고 해석할 수 있다. 물론 이에 대해서 그렇지 않다고 반론을 제기할 사람들도 있을 것이다.

우리는 고조선이 매우 높은 문명국이었다고 생각한다.

이후 우리 민족의 정신과 문화는 발해, 고구려, 백제, 신라, 고려, 조선 시대에 전해져 내려왔을 것이다. 우리 민족의 고유한 혹은 전통적인 정신과 문화가 있었고 그것은 오늘을 살고 있는 우리들에게 분명하게 전해져 내려왔을 것이다. 그것을 우리는 민족정신의 시원, 민족문화의 원형이라고 명명해 보자.

우리 민족의 7000년 역사를 통해서 그리고 찬란했던 문화를 만들어 냈던 정신의 원형이 분명하게 존재하고 있었고, 지금 우리들에게도 그 정신과 문화의 원형은 연결되어 있을 것이다.

우리는 어떤 정신의 원형이 있었기 때문에 오늘 현재까지 한국인으로서 한국에 살고 있다고 해야 할 것이다. 이 정신적 원형은 우리가 공유하는 그 무엇이다. 이제 이 책에서 그 원형을 약간 다듬고 포장해서 우리의 정체성으로 드러내고자 한다.

우리 민족이 이 원형에 의해서 각 시대마다 매우 중요한 중심 국가로서 위치를 유지하고 있었다는 것을 역사적 사실로 확인할 수 있다.

우리 민족의 정신·문화적인 측면에서 본다면, 어느 시기이든지 언제나 최고의 '문화적 가치'를 유지하였던 것이 분명하다. 적어도 지구의 모든 역사를 통틀어서 국가가 500년 혹은 1000년을 지속한 경우가 드물고, 또한 그 문화가 수천 년간 이어져 오는 경우는 거의 없다고 해야 할 것이다.

다만 최근 100년 동안은 과거의 찬란하고 위대한 문화를 그대로 계승하지 못했던 것이 분명하다. 그래서 정치적인 측면에서도 굴곡이 심하였고, 경제적인 측면에서는 고대에서 현대로 오면서 점차 하락 곡선을 그리는 형국이 되었다.

그 결과, 조선 말기에 이르러서는 최저점에 도달하였다. 이 말은 우리 민족은 국가라는 기업을 잘 경영하지 못했다는 말이다. 그 결과 국가는 거의 파산지경에 이르렀었고, 결국 35년간은 기업의 경영을 남의 손에 맡겨야만 했던 것이다.

문제는 이 시기, 즉 100년 전 바로 서양이 동양으로 밀려오고 있던 때-서세동점西勢東漸-이다. 이때 서양의 국가들은 그들이 소유한 기업 가치들을 최대한 끌어올렸다. 한마디로 강력한 경제적 힘을 지닌 상태였다. 또 한편 이들은 지구촌 모든 곳을 적대적 M&A-제국주의 야욕-하려고 잔뜩 벼르고 있었던 시기였다.

산업혁명 이후에 발전된 기술 문명을 바탕으로 중무장한 군함을 가지고 지구촌 곳곳을 식민지로 만들면서, 약육강식 · 적자생존의 자본주의 경제 시스템을 앞세워 전 세계를 강점하려는 야욕을 드러내고 있었을 때이다. 문제는 이때 조선의 지성인들은 집안 싸움하느라 밖에서 무슨 일이 일어나고 있는지 알지 못했다.

대포를 앞세워 개항을 요구하는 서양인들에 대해서 한·중·일 삼국은 전혀 다르게 반응했다. 중국 황제는 영국 외교관에게 '세 번 무릎 꿇고, 머리를 아홉 번 조아려라(삼궤구고두三跪九叩頭)'를 요구했고, 조선은 미국 군함을 대동강에서 불태워 버렸으며, 일본은 처음에는 중국과 조선과 같이 양이운동洋夷運動을 벌였으나 나중에는 개항했다. 중국은 중화의식을 드러냈고, 일본은 현실적응을 선택하였다. 조선은 정통성을 고집하는 태도를 보였다.

조선의 경영진들은 아쉽게도 사분오열되어 있어서 적절한 기업가치 유지나 미래 경영전략을 세우지 못했다. 이후 어쩔 수 없이 한국은 개화를 선택해야 했는데, 어정쩡하게 문을 열었던 것이다. 반면 중국은 양무운동(洋務運動), 일본은 메이지 유신[MEIJI, 明治維新]을 통해 근대화 과정을 완전히 달리했다.

그러나 한국은 기업경영 차원에서 대한민국이라는 기업의 가치를 전혀 방어하지 못했다고 본다. 도대체 그 이유는 무엇일까? 여러 가지 이유를 들겠지만, 그건 우리 내부에 강력한 민족적 구심점이 없었기 때문이다. 다시 말해서 기업의 내재가치-홍익인간 정신-가 약화된 것이다.

기업의 내재가치는 기업문화에 동화되어 있는 원류(형)에 있는 것이다. 이즈음, 우리 민족의 조선 500년 근대사를 회고해 보면 이 원형이 서서히 약화되면서 점차 희미해졌던 시기였다고 해야 할 것이다.

우리는 조선 말기와는 상황은 다르지만 지금이 바로 '정신적 위기'에 직면해 있다고 본다. 위기危機라는 말이 '위험과 기회'라는 의미를 내포하고 있음을 잘 알고 있을 것이다. 또한, 위기는 '의사 결정의 시기'이기도 하다. 지금은 한국, 한국인에게 절호의 기회일 수 있다.

'글로벌 시대'에 주역으로서 '대한민국의 기업 가치'를 상승세로 몰고 갈 수 있는 시점이다. 그렇다면 우리는 어떻게 이 위기를 극복하면서, 대한민국 호大韓民國 號의 순항을 위해 어떤 의사결정을 내려야 할 것인가?

우리는 '글로벌 시대'에서 현재의 한국이 처한 상황을 이해하기 위하여 잠시 100년 전 우리 역사를 참조할 필요가 있다. 우리는 7,000년 이상의 민족 문화를 가진 민족으로서 대단한 자부심을 가지고 있다.

그러나 역사적으로 본다면, 조선 말기부터 일제강점기, 6·25 한국전쟁을 거쳐서 오늘에 이르는 동안에 대한민국이라는 기업의 가치는 소위 '최저점의 바닥'을 치고 점진적으로 상승하는 과정에 있다. 지금을 경제적 관점으로 해석하면, 8부 능선을 지났다고 할 수 있다. 여기서 조금 더 전진하면 확실하게 선진경제로 굳히기를 할 수 있을 것이다.

지금, 우리가 역사적 교훈으로 생각할 대목은 2가지이다.

하나는 지금이 '글로벌 시대'의 주역으로 자리를 굳힐 수 있는 기회라는 점이다. 또 다른 하나는 '그 힘을 홍익인간 정신에서 찾아야 한다'는 점이다. 왜냐하면, 조선 말기 우리 문화에서 빠진 것이 하나 있었는데, 그것이 바로 우리 민족 정체성의 원형인 '홍익인간'이었다.

사회의 지도자층에서 '홍익'[3], 즉 '널리 세상을 이롭게 하는 것'이 무엇인지 제대로 파악하지 못했던 것이 문제였다. 홍익인간에서 말하는 세상은, 당시 조선이라는 작은 나라만을 말하는 것이 아니다. 진실로 지구촌의 방방곡곡 모든 곳을 말한다. 즉 당시의 지구촌의 상황을 제대로 파악했더라면 '한민족'뿐만 아니라 지구촌의 다른 모든 민족들에게도 이로운 일을 할 수 있었을 것이다.

우리는 한국인 그리고 한국에 대해 이야기를 할 때, '홍익인간'에 대한 전설을 말한다. 아니 신화를 이야기한다. 하지만 홍익인간은 신화가 아니라, 우리 민족의 역사이며 정신이다. 도대체 홍익인간은 누구인가? 단군신화에 나온다는 그 홍익인간 말인가?

이 책에서 우리는 홍익인간을 새롭게 정의 내릴 생각이다. 그 이유는 우리가 살고 있는 21세기는 '글로벌Global 시대'이며, 불행스럽게도 '자본주의'가 만들어 낸 '글로벌 경제'의 파워를 무시할 수 없기 때문이다. 그리고 자본주의의 올바른 경제관과 자유민주주의의 건전한 사상관을 제대로 무장하려면, 홍익인간 정신을 바탕으로 한 〈사람이 근본〉[4]이 되는 홍익인본주의 기틀을 바로 세워야 한다.

21세기는 글로벌 관점에서 세상을 바라다봐야 한다. 또한 21세기는 경제적, 즉 새로운 자본주의 관점에서 세상을 바라보아야 할 때이다. 이제 개인이든 국가이든 혹은 민족이든, '자본주의 경제'를 무시하거나 혹은 모르고서는 살아갈 수 없는 시대인 것이 분명하다.

---

3) 홍익은 홍도익중弘道益衆의 뜻이다. 즉, 〈세계 행복촌〉을 만들어 가는 공동체 정신이다.
4) 사람이 근본(간)이 된다는 건 사람 우위가 아니라 모든 생태계와 함께 공존하는 시스템을 말함이다.

구한 말 조선의 경영진-당시의 정치, 경제, 사회, 문화의 지도자 등-이 이러한 경제적 관점에서 '홍익인간' 정신을 가지고 있었다면 아마도 역사는 달라졌을 것이다.

홍익인간 정신을 대한민국의 브랜드로 승화시키자.

잠시 우리가 살고 있는 이 세상을 '경제와 경영'의 관점에서 생각해 보자. 글로벌 시대의 '메가트렌드(거대한 변화)' 중 하나는 전 세계가 '하나의 단일 시장'이 되었다. 바로 '글로벌 마켓Market'이 펼쳐지고 있는 것이다. 이 '글로벌 마켓'에서는 개인, 민족, 국가의 위상이 완전히 달라졌다. 이제는 지구 한구석의 작은 동네에서 어떤 개인의 활동이 순식간에 전 세계에 알려지기도 한다. 뿐만 아니라 어느 동네 혹은 어느 지역에서 어떤 일이 일어나고 있는지도 세계가 알게 되었다.

이런 글로벌 시대의 패러독스Paradoxes는 '가장 한국적인 것이 가장 세계적인 것이 된다'는 것이다. 미래학자 존 나이스비트는 자신의 책《글로벌 패러독스》에서 이런 개념을 설명한 바 있다.1)

우리가 이 세상을 하나의 거대한 '마켓'이라고 해석하는 데는 그만한 이유가 있다. 그것은 글로벌 자본주의와 다국적기업들이 세상의 모든 것들을 '경제적인 상품'으로 화폐화하는 데 성공했기 때문이다.

과거에는 문화는 문화이고, 정치는 정치였다. 하지만 지금은 인간이 상상할 수 있는 모든 것들이 상품으로 개발되고, 돈으로 팔고 사는 시대가 되었다. 이것은 고리대금과 화폐경제를 등에 업은 '글로벌 자본주의'가 전 세계를 파멸의 길로 이끌어가고 있는 원인이 되기도 한다.

이러한 글로벌 시대에 우리가 누구이며 어떤 역할을 해야 하는지 알아야 하는 것은 매우 중요한 일이다. 그러기 위해서는 현재 우리가 직면하고 있는 현실을 정확히 인식할 필요가 있다.

여기에는 글로벌 자본주의와 디지털개인주의, 그리고 화폐경제가 만들어 놓은 돈의 노예가 될 수밖에 없는 구조적 모순에 대한 통찰도 필요하다. 동시에 우리가 글로벌 시대에 주역으로 지구 사史에 새로운 역사를 쓸 수 있기 위해서는 우리 자신에 대한 새로운 평가도 필요하다.

글로벌 시장에서 한국, 한국인 그리고 세계 속의 한국 민족이 어떤 문화적·경제적 가치를 지니고 있는가는 매우 중요한 일이 되었다. 또한 '글로벌 마켓'은 우리가 인정하든 인정하지 않든 상관없이 작동하는 것이다. 이 말은 곧 우리가 원하든 원하지 않든 상관없이 평가받고 있다는 것이다.

또한, 우리가 우리의 정신과 문화를 잘 활용하든지 그렇지 못하던지 상관없이 다른 국가, 민족들은 이 글로벌 마켓에서 자기 국가들만의 '문화적 가치'를 높이기도 하고, 때론 '최고의 블루칩' 역할을 하려고 한다. 물론 때에 따라서는 블루칩의 가치가 폭락하여 경제적 여력을 다 잃어버릴 수도 있다.

하지만 분명한 것은 G5국가들이 벌리고 있는 문화전쟁 이면에 역사 왜곡이 존재하고 있다는 사실을 간과해서는 안 된다. 이런 역사 왜곡도 결국은 자국의 경제·문화 영토(최고의 블루칩을 만들기 위한)를 확장하기 위한 권모술수임을 간파해야 한다.

전 세계가 하나의 시장으로 통합되면, 국가나 민족의 중요성이 떨어질 것 같지만 그렇지 않다. 오히려 글로벌 시대에 '국가'와 '민족'이 더 부각된다. 또한 '한국인'인지 '일본인'인지, 아니면 '중국인'인지 혹은 '유대인'인지도 더 뚜렷해진다. 심지어 기독교인인지, 불교인인지, 이슬람교도인지도 더욱 구분된다.

글로벌 시대에는 문화의 중요성이 과거와는 전혀 다르게 해석되고 있다. 전통문화가 단순히 과거의 유산이 아니라, 이제는 글로벌 마켓의 중요 상품으로 자리 잡고 있기 때문이다. 글로벌 자본주의는 세상의 모든 것들을 '화폐화'[5]한다. 우리는 이러한 자본주의의 실상에 대해서 제대로 알아야 할 필요가 있다. 그리고 글로벌 국가들이 자국의 문화를 어떻게 브랜드화시켜 그들만의 경제 영토를 확장해 가는지를 분명하게 알아야 한다.

이제 한 국가의 지리적인 영토만으로 경계선을 만들던 시대는 끝이 났다. 이제는 국경을 넘어서 전 세계에 '경제적 영토'를 확장해야 하는 시대가 되었다.2) 이 시대는 경제를 장악하는 개인, 국가, 민족이 세계를 이끌어 가게 된다. 현재 전 세계 경제는 글로벌 자본주의가 지배하고 있지만, 거의 한계에 이르고 있다. 조만간 새로운 경제 체제가 부상할 것이다. 그래서 지금 이 시점에서의 한국과 한국인의 입지는 매우 중요하다고 할 수 있다.

최근에 한국에서 시작되어 전 세계에 주목을 받는 일 중 하나는 '한류'라 불리는 문화 트렌드이다. 이 한류의 긍정적 효과는 대한민국이라는 기업의 가치 상승에 긍정적 영향을 주었다는 점이다.
'한류'는 처음에 '아이돌' 가수의 영역으로만 인식되었지만, 점차 다양

---

5) 지금의 화폐는 코인과 토큰 등 디지털 자산까지도 포함한다.

한 형태의 한국적인 문화 활동은 전 세계의 관심을 끌고 있다. 그래서 한국의 일개 젊은이가 전 세계의 주목받는 인물이 된다. 한류 스타 한 사람의 일거수일투족이 세계인의 관심 대상이 된 것이다.

우리는 처음에 일본 주부들이 한국까지 원정 오는 '욘사마' 신드롬을 보면서, '왜 저럴까'라고 생각한 적이 있었다. 이것은 하나의 특수한 경우라고 해석했다. 그러나 점차 세계 곳곳에서 전혀 다른 인종, 민족, 국가에 속한 사람들이 '한류'에 열광하는 것을 보면서, 이것은 특수한 경우라기보다 어떤 보편적인 현상으로 이해해야 한다는 생각이 들었다.

이제 한류는 단순히 한국의 문화에 관한 것이 아니다. 이건 세계적으로 한국인, 한국, 한국민족과 연결되어 있는 '경제적 가치'에 관한 것이다.

얼마 전에 있었던 일이다. 한류 스타 한 명이 해외 공연 도중에 약간의 물의를 일으킨 것이 인터넷을 타고 순식간에 전 세계에 알려지는 것을 보았다. 이 때문에 공연이 취소될 뻔했다. 심지어 한류 스타가 음주나 혹은 폭력으로 구설수에 오르면서 결국 전 세계적인 지탄을 받는 것도 보았다. 이런 일이 지속되면 대한민국이라는 문화가치는 하락할 수밖에 없다.

이제 한류는 한국을 세계에 알리는 매우 가치 있는 문화 콘텐츠 K-Contents로 자리 잡았다. 하지만 정형화된 아이돌 스타들에 식상하다는 생각을 하는 사람들도 늘어나고 있다. 이제는 한류 스타가 단순히 가수로서가 아니라 '선비적 품위'를 지닌 세계적인 스타로서 이미지를 갖게 하는 일도 해야 할 때가 되었다고 생각된다. 그래야 한류의 흐름이 계속 이어지면서, 경제적인 가치도 영구적으로 지속될 수 있는 것이다.

그래서 우리는 오늘날의 한류가 2% 부족한 어떤 무엇이 있다는 생각을 하게 되었다. 그리고 한류 스타가 한국인으로서의 정체성을 지녀야 할 것 같다는 생각을 하게 되었다. 그것이 무엇일까?

그게 바로 우리가 말하고자 하는 '홍익인간' 정신이다. 한류 스타들이 홍익인간 정신을 가지고 활동한다면, 한 차원 높은 '글로벌 문화'로 자리 잡을 수도 있지 않을까 생각하게 된다.

어느 한순간 '붉은 악마'[6]는 세상을 깜짝 놀라게 했다. 지금도 사람들은 '붉은 악마'를 이야기한다. 사람들이 순식간에 조직이 되고 그렇게 놀라운 일을 펼친 것에 세계인들은 놀란다. 이후에 붉은 악마에 관해서 많은 이론들을 쏟아냈다. 하지만 요즘 어떤가? '붉은 악마'는 어디로 갔는가? 우리도 이 '붉은 악마' 신드롬을 보면서 뭔가 더 있지 않을까 생각하게 되었다. 뭔가 있긴 한데, 그것이 과연 무엇일까? 단순히 억눌려 있던 감성을 일시적으로 표출하는 것으로 끝난다면 그건 아무런 의미가 없을 것이다.

이러한 대동단결이 일순간에도 가능하다는 사실을 확인했으니, 이걸 보다 경제적 가치가 있는 것으로 발전시켜야 하는 것이다. 우리는 그것을 홍익인간에서 찾았다.

과거에 '강남스타일'로 세계는 또 한 번 놀랐다. 그 당시 '싸이'는 오랫동안 음악활동을 했지만, 세계적으로 알려진 가수는 아니었다. 본인은 어

[6) 요즘의 붉은 악마는 'BTS/Drama/Democracy/Study/Literature' 등 다양한 분야로 전파되고 있다.

떻게 생각할지 모르지만 국내에서도 아는 사람들만 아는 정도였다. 처음엔 BTS도 비슷했다.

하지만 '강남스타일' 하나로 일약 '월드스타'가 되었다. 강남스타일 덕분에 세계인들이 대한민국은 잘 몰라도 '강남'은 안다는 말이 나올 정도가 되었다.

강남스타일은 한국인의 문화적 창의성을 인정받은 하나의 사례였다. 한국이 세계인들에게 '긍정적으로 알려지는 일은 매우 중요한 일이다. 이는 엄청난 경제적 가치를 지닌 것이기 때문이다.

글로벌 시대에는 국가 역시 브랜드 가치로 많은 것들이 평가된다. 한국은 경제적으로, 문화적으로 최상위 국가에 들어가지만, 브랜드 가치는 상당히 떨어져 있다.

스포츠에서 한 사람의 '월드스타'는 엄청난 경제적 효과를 창출한다.

프로 골퍼 박세리가 만들어낸 경제적 가치가 엄청나다는 것을 모르는 사람은 별로 없을 것이다. 사실 박세리가 등장하기 전까지 우리나라가 골프 강국이 될 것이라고 예측한 사람들은 그리 많지 않았을 것이다. 하지만 지금은 어떤가? 박세리가 한 순간에 월드스타가 되면서 '박세리 키드'라 불리던 유망주들이 등장했고, 이들이 지금 전 세계 골프계를 장악하고 있다. (물론 박세리가 갑자기 스타가 되었다고 해서 우연히 되었다는 의미는 아니다. 그만한 준비를 했기 때문에 세계적인 스타가 될 수 있었던 것은 분명하다)

마찬가지로 축구의 박지성, 리듬체조의 손연재, 피겨의 김연아, 야구의 박찬호 같은 선수는 개인적으로 대성공한 월드스타가 되었지만, 이들과 같은 영웅이 되고자 하는 많은 꿈나무들에게 길을 열어 주었다는 점에서 엄청난 경제적 가치를 창조한 것이다.[7]

그러나 이들이 '코리아' 출신이라는 것을 세계인들이 알고 있지만, 정작 '코리아'가 어떤 나라인지는 잘 모르는 사람들이 더 많다. 다시 말해서 아직 大한국이라는 국가의 '정신적·문화적 가치'가 그리 높지 않다는 뜻이다.

오늘날 '반도체'나 '스마트폰' 시장에서 세계 일류기업으로 성장한 '삼성전자'가 있지만, 아이러니하게도 세계인들 중 삼성전자가 어느 나라 기업인지 잘 모르는 경우도 있다. 유럽에서 'LG' 가전이 잘 팔리고 있지만, 이 회사가 어느 나라 기업인지 잘 모른다. 현대자동차가 세계적인 자동차 회사가 되었지만, 여전히 현대가 어느 나라 기업인지 모르는 사람들이 더 많다. 심지어 현대·삼성·LG가 일본 기업이라 생각하는 사람들도 있다.

한국이라는 국가에 대한 세계인의 인식은 높을 것이라고 생각하는 한국 사람들이 많지 않을 것이다. 그동안 우리는 너무 열심히 살면서 한국이라는 국가 가치와 정신문화를 내 일처럼 생각할 마음의 여유가 없었던 것이 분명하다.

그러나 이제는 한국인, 한국, 한국문화에 대하여 세계인들이 어떻게 알고 있는지 그것을 확인해 보고, 적절한 대책을 강구할 때이다. 이제는 88 올림픽 때문에 세계인들은 한국 즉 '코리아COREA'라는 나라가 있다는 것

---

[7] 최근에 노벨 문학상의 기염과 영광을 우리는 기억해야 한다.

을 알았다. 유엔 사무총장 '반기문'이 한국인이라는 것을 안다. 그런데 한국이 어떤 나라인지는 모른다. G20 정상회의를 개최한 국가이며 이미 경제 선진국으로 올라선 나라인데도 '한국'이 어떤 나라인지 세계는 잘 모르고 있다는 게 대한민국의 현 주소이다.

설령 세계인들은 대한민국에 대해서 안다면 이렇게 알고 있을 것이다.

남북한 분단된 유일한 국가
중국 대륙 밑에 아주 작은 반도에 붙어있는 나라
아직도 유아를 수출하는 나라
소말리아같은 빈국에서 일본에 의해 근대화가 된 나라
경제적으로는 급성장했지만 정치와 사회가 불안한 나라
중국이나 일본 문화에 속해 있는 나라(갑자기 가슴이 먹먹하다. 우리의 지나친 생각이기를 바란다.)

그렇다면, 글로벌 시대에 한국은 어디에 있는가?
도대체 한국인韓國人은 누구인가?

우리는 정치·경제와 경영에 관한 연구를 하면서, '글로벌 시대'에 한국과 한국인의 '위치Position'를 조심스럽게 진단해 보았다. 그 결과 우리는 스스로를 너무 '과소평가하고 있다는 결론을 얻었다. 너무 과대평가하는 것도 문제이지만, 과소평가하는 것은 더욱더 큰 문제이다.

한국은 이제 선진국이다. 특히, 대한민국의 기업들은 선도자FIRST MOVE이다. 이것은 우리가 부인할 수 없는 대한민국의 현 위치이다. 이제는 개발도상국이 아닌 선진국의 선도자 관점에서 생각해야 한다.

우리는 '일등 국가', '선진국민'의 관점에서 모든 것들을 재구성해야 한다고 생각한다. 이것을 컴퓨터 용어로 말한다면, OS-경영자운영환경-를 완전히 새롭게 업그레이드해야 하는 것이다. 기존의 XP 버전으로는 더 이상 '글로벌' 업무를 수행할 수 없으니, 이제 WINDOWS 10[8]로 새롭게 시작해야 한다. OS-경영자운영환경-를 바꾸었다면, 나머지 모든 소프트웨어들도 다 업그레이드해야 한다.

글로벌 시대에 한국과 한국인은 '저평가' 아니 제대로 평가받지 못하고 있다.

그 이유를 정치 · 경제와 경영 · 마케팅의 관점에서 풀어낼 수 있다. 즉 한국은 그동안 대한민국의 정신과 문화를 제대로 홍보하지 못하고 있었던 것이다. 그 결과 한국과 한국인, 그리고 세계 속의 한국민족의 위상을 제대로 평가받지 못한 것이다.

그렇다면 지금 우리가 할 일은 무엇인가? 전문가의 지적처럼 지금 즉시 '한국인의 저력'에 대해 알릴 수 있는 '책'들을 전략적으로 출판하는 일부터 해야 한다. 책뿐만 아니라 전문가들이 참여하여 홍익인간에 대한 논문들을 쏟아내야 한다. 그것도 내수용이 아니라 수출용으로 만들어야 한다.

다시 말해서 한국 사람들이 한국적 언어감각으로 책이나 논문을 써서는 '글로벌 시대'에 적합한 상품 가치를 만들 수 없다. 따라서 한국 문화

---

8) 필자가 원고 초판을 출간할 때이다. 하지만 지금은 이미 AI 인공지능/양자 Quantum 시대로 진입된 시기이다.

에 능통한 외국인 전문가들과 함께하여 한국과 한국인, 한국의 정신·문화를 홍보할 수 있는 작품들을 제작해야 하는 것이다.

이 말은 결국 대한민국이라는 국가 브랜드를 경제와 경영, 그리고 마케팅을 통해서 전 세계에 알리자는 것이다.

우리가 이 책을 쓰는 것도 그런 계기를 만들고자 하는 것이다. 가장 한국적인 것이 가장 세계적인 것이다. 이처럼 지금은 단순한 발상에서 시작하는 것이 좋다. 이 단순한 생각에 근거하여 이 책도 만들어졌다고 생각하면 된다.

지금 우리는 가장 시급한 일로, 한국과 한국인의 위대함을 인식하는 일부터 시작해야 한다고 생각한다. 그래서 이번에 발간하는 이 책은 그 시작을 알리는 '점화용'이다. 이후에 각 분야의 전문가들이 참여하여 제대로 된 논문과 책들을 쏟아내도록 시동을 거는 통로 역할을 할 수 있다면 만족한다.

'글로벌 시대'의 패러독스PARADOXES는 세계화를 위해서 세계로 나아가야 하는 것이 아니라, 오히려 세계인들이 한국에 관심을 가지고 찾아오게 하는 일일지도 모른다. 지금은 세계인들이 뭔가 독특한 것들을 찾고 있다. 그래서 전 세계를 탐사하고 있는 사람들이 많다.

예를 들면, 강남은 싸이의 '강남스타일' 때문에 세계적으로 유명해졌다.[9] 그래서 도대체 강남이 어떤 곳인지 호기심 때문에 미국에서, 영국에

---

9) 이 시점은 2015년이던 시절(원고 초판 때), 지금의 한국 문화 위상은 더 높아지고 달라지고 있다.

서, 스웨덴에서 구경 오는 사람들이 한동안(?) 많이 생겼다고 한다. 문제는 서울의 강남은 다른 국제적인 도시와 아무런 차이가 없다는 것이다. 발 빠르게 강남구청에서 '강남스타일 거리'를 만들긴 했지만, 직접 가서 구경한 사람들의 소감은 조금 '거시기'한 느낌이 들었다고 한다. 물론 우리도 이걸 보면서 진짜 외국인들 입장에서 볼거리가 좀 있어야 하겠다는 생각을 하게 되었다.

우리는 '한국인의 저력'을 초고층 건물을 짓는 일이나 거대한 유조선을 건조하는 일과 같은, 즉 남들도 다 할 수 있는 그런 외부적인 것에서 찾을 것이 아니라 우리의 역사와 문화, 그리고 정신처럼 '보이지 않는 곳에서 찾아야 한다고 생각한다.

우리는 지금 한국인의 정체성을 확실하게 정립해야 할 때가 왔다. 그리고 이제 모든 것을 책으로 드러낼 때가 되었다. 우리는 한국인이 글로벌 시대에 맞는 '글로벌 리더'로서 제 역할을 수행하는 것은 물론이고, 진정한 '글로벌 리더십'을 제시할 수 있는 확실한 기반을 가지고 있다는 것을 세상에 알려야 한다.

그게 바로 홍익인간이요, 홍익인본주의이다. 홍익인간은 우리 민족 문화의 원형이고, 홍익인본주의는 홍익인간 정신을 실천하는 경세제민經世濟民, 즉 정치사회, 경제적 로드맵이다.

이 책에서 우리는 글로벌 시대에 적합한 '홍익인간'의 정신을 되살려보고자 한다. 또한 글로벌 자본주의의 대안으로 제시하는 '홍익인본주의를 바탕으로 한국인, 그리고 대한민국의 정체성을 재정립하고자 한다.

70년이라는 매우 짧은 기간에 선진국 대열에 들어선 일등 국가 한국과 한국인, 그리고 한국민족의 저력이 '홍익인간' 정신에서 나왔음을 되돌아보고, 이를 세계에 알리고자 함이다.

이 책은 우리들의 생각과 사유, 그리고 통찰력을 반영한 것도 있지만, 많은 석학들의 이야기를 정리한 것도 있다. 이 부분에서 그분들에게 누累가 되지는 않았는지를 반성해 보면서 부족한 점에 대한 지도 편달을 기대한다.

이 책이 나오기까지 자연의 솔바람과 흙, 살아 숨 쉬는 움터 관악산冠岳山의 마음이 우리와 함께했음을 감사하게 생각한다. 또한 우리와 뜻을 함께해준 많은 분들과 가족에게 감사를 전한다.

2015. 4 봄날
2025. 5 봄날(원고 수정)
木元 현용수

*대한국인의 길은 '따뜻한 자본주의', '창조적자본주의', '공유자본주의'를 만들어가는 세상의 안내자입니다. 또한, '홍익인간 정신'을 원형으로 한 대한민국의 정치 · 사회 · 경제 · 경영의 구심체, 즉 '홍익인본주의'의 또 다른 이름입니다.
*홍익은 '세상을 널리 이롭게 한다'는 경세제민經世濟民의 뜻입니다. 또한, 현대적 표현으로 〈사람 사는 세상〉입니다.

■ 책의 구성 요약 CONSTRUCTION SUMMARY

이 책은 다음과 같이 구성構成되어 있다.

PART I 大한국인의 길 - 홍익인간

먼저 홍익인간 정신의 역사와 철학을 살펴볼 것이다.
우리 한민족의 7,000년 역사와 정신문화를 간략하게 짚어볼 생각이다. 또한 오늘날 우리가 살고 있는 대한민국의 역사를 잘 모른다. 지난 과거 우리의 역사는 분명하지만, 적어도 2가지 문제로 인하여 왜곡되고 축소되어 버렸다.
이를 Chapter 4 '大한국인의 길' 편에서 허심탄회하게 이야기할 것이다.

PART II 홍익인본주의 탄생과 발전

우리는 홍익인간을 현재의 관점에서 새롭게 조명할 생각이다. 그리고 한국인의 DNA 속에 흐르는 홍익인간 정신을 어떻게 오늘에 되살릴 수 있는지 살펴보고자 한다. 한편, '홍익인간' 정신이 과거 속의 진부한 정신문화가 아니라 지금 한국, 한국인 그리고 세계 속 한국 민족의 가슴 속 깊숙하게 살아 있음을 확인해 볼 것이다.

PART III 홍익인본주의 정치 · 경제

우리가 홍익인본주의를 통해서 오늘날 전 세계의 경제와 정치 문제에 대한 고민과 해법을 제시하고자 한다. 왜냐하면, 정치 · 경제를 만드는 초석이기 때문이다. 특히, Chapter 4 '중용의 정치 · 경제'를 통해 이 시대에 맞는 민주적 정의를 정리하고자 한다.

PART IV 홍익인본주의 사회 · 문화

여기서 우리는 홍익인본주의와 서양의 르네상스의 공통점과 차이점을 다루고, 동양 인본주의와 한국 인본주의에 대해서 서술하고자 한다. 한편, 현대적 개념의 인본주의는 신본주의의 상대적 개념이 아닌 상호 유기적 관계라는 것을 홍익정신을 통해 알리고자 한다.

PART V 홍익인본 기업경영 I : 협동경제 · 경영민주화

우리는 이 장에서 홍익인본주의가 기업경영에 어떻게 적용되는지 그 사례와 방향을 제시하고 공동체경영이 무엇인지를 설명하고자 한다. 또한 기업과 지역사회가 함께 만들어가는 상생 경제의 철학을 이야기할 것이다.

PART VI 홍익인본 기업경영 II : 공동체경영

이 장에서 우리는 홍익인본경영의 주체가 되는 영성마케팅을 주제로 인문학적 커뮤니티가 사람 경제와 공동체경영에 얼마나 중요한지를 기업 운영 사례 등을 통해 살펴보고, 이미 다른 석학들이 제시한 선물경제와 협동소비, 그리고 공유경제라는 신경제 패러다임을 정리하고자 한다.

이 책은 새로운 패러다임PARADIGM을 제시할 목적으로 쓴 것이다.

다만 우리는 역사나 문화에 대한 전문가적인 입장에서가 아니라 '글로벌 시대'에 '비즈니스' 현장에서 '세계 속의 한국', '한국 속의 세계'를 피부로 실감하고 있는 경제.경영 전문가로서 이 주제에 접근해 볼 것이다.

즉, 우리는 '기업경영과 글로벌 경제'의 관점에서 한국과 한국인의 정체성을 정의할 필요성을 느꼈고, 이에 대한 주제 파악에 도움을 주기 위하여 이 책을 서둘러 쓰게 된 것이다.

또한, 이 책의 제 5장, 6장에 언급한 '비즈니스' 여기서 비즈니스라 함은 경제경영적 현장 감각이라고 정리한다를 실제로 추진하고 있다. 따라서 현장의 업무에 참여한 '비즈니스 맨'을 위하여 즉시 사용할 '안내서'로 이 책을 출간하게 되었다.

| 차례 |

- 함께 시작하는 말　　　· 04
- 책의 구성 요약　　　　· 24

PART I　大한국인의 길 - 홍익인간

Chapter 1. 홍익인간의 기원 : 역사적 배경

- 홍익인간 정신의 시작　　　　　· 35
- 한국의 건국이념　　　　　　　· 39
- 고조선의 건국이념　　　　　　· 40
- 대한민국 국가 브랜드 개념　　　· 56
- 한국은 일등 국가　　　　　　　· 71
- 한국의 선비정신　　　　　　　· 101
- 코리아 프리미엄을 개발하자　　· 109

Chapter 2. 홍익인간의 이념과 사상

- 동방의 등불지기 : 홍익인간　　· 122
- 홍익인간의 이념과 사상　　　　· 125
- 고조선의 통치이념　　　　　　· 126
- 환국오훈　　　　　　　　　　· 127

Chapter 3. 홍익인간의 정신과 철학

- 시대에 맞는 홍익인간 정신　　　　　· 131
- 홍익인간의 철학은 '평등과 공존'이다　· 141

Chapter 4. 大한국인의 길 : 잃어버린 땅을 되찾아서

- 역사는 해석이다 · 145
- 중국의 동북공정 · 161
- 우리 민족의 기원 · 177

 홍익인본주의 탄생과 발전

Chapter 1. 홍익인본주의의 탄생

- 홍익인간 그는 누구인가? : 현대적 의미의 해석 · 187
- 대영제국 영국(처칠)의 리더십 · 189
- 세종대왕의 '홍익인간' 정신 · 193
- 사카르가 말하는 '사드비프라(영적 혁명가)' · 200

Chapter 2. 한국인의 DNA : 홍익인간의 발전 요인

- '홍익인간' 정신으로 바라본 이순신 장군의 명량해전 · 216

Chapter 3. 새로운 大한국인의 길 모색 : 혁신과 창조의 길WAY

- 경제·경영의 관점에서 재조명한 홍익인간 · 222
- 홍익인본주의의 필요성 · 224

Chapter 4. 홍익인본주의의 발전 : 하늘민족

- 하늘민족과 고조선의 역사 · 231
- 벅민스터 풀러의 홍익인간 사상 · 237

PART III 홍익인본주의 정치·경제

Chapter 1. 자본주의 모순 : 부익부 빈익빈의 소득 격차

- 자본과 노동의 대립 · 245
- 자본주의 이후의 새로운 이데올로기 · 246
- 글로벌 자본주의의 모순 · 253

Chapter 2. 신자유주의 : 소수를 위한 자본주의

- 글로벌 자본주의 탄생 · 263
- 신자유주의 등장의 역사적 배경 · 272
- 신자유주의 명암 · 278
- 신자유주의와 민주주의 · 280
- 신자유주의와 한국 · 283

Chapter 3. 역逆 사회주의: 공동체경영의 장애 요소

- 정부의 통제와 규제 : 선의와 불의 · 287
- 귀족 노동주의 : 집단이기주의 · 297
- 정당정치의 명암 · 302
- 한국 정당의 명과 암 · 312
- 학벌 사회의 폐단 · 314

Chapter 4. 중용의 정치·경제 : 사람의 정치·경제

- 홍익인본주의 소고 · 323
- 음·양 사상과 경제학 · 329
- 홍익인간과 자유정신 · 334

PART IV 홍익인본주의 사회·문화

Chapter 1. 서양인본주의와 동양인본주의 사회
- 서양의 인본주의 · 341
- 동양의 인본주의 · 349
- 유학으로 본 인본주의 · 350

Chapter 2. 한국적 인본주의 사회
- 한국인의 인본주의 정신 · 354
- 역사에서 배우는 인본주의 · 356

Chapter 3. 홍익인본주의와 공동체 문화
- 인본주의 : 공동체 문화 · 359
- 공동체 문화의 기원 · 361
- 전통적 협동조합 : 두레 · 365
- 자조의 힘 : 계 · 374

Chapter 4. 홍익인간 성공학
- 서양의 '자기계발' 역사적 변천 · 379
- 자기계발 : 현대적 가치의 해석 · 384
- 진정한 자기계발의 길 · 385
- 홍익인간 '성공학'은 사람 '성공학'이다 · 388

 홍익인본 기업경영 I : 협동경제·경영민주화

Chapter 1. 홍익인간 정신과 기업경영

- 홍익인간 정신은 인류공영의 정신이다 · 397
- 홍익정신과 기업경영 · 401
- 셈코 기업의 홍익경영 8가지 · 411

Chapter 2. 자본주의 수정 I : 협동경제와 프로슈머 경제

- 홍익경제의 원형 : 협동과 지역경제 · 441
- 공동체경영의 모델 : 협동조합 웨이Way · 445
- 몬드라곤 협동조합 : 경영 사례 · 449
- 사회적 경제의 형성 : 협동경제학 · 465
- 프로슈머 경제 PROSUMER ECONOMY · 468

Chapter 3. 자본주의 수정 II : 경영민주화經營民主化

- 경영민주화의 원리 · 473
- 홍익인본주의 : 경영민주화의 사례 · 479

Chapter 4. 홍익인본주의 : 새로운 경제학의 출현

- 신성한 경제학 SACRED ECONOMY · 483
- 좋은 삶, 다른 사회를 추구하는 경제학 · 488

 # PART VI 홍익인본 기업경영Ⅱ : 공동체경영

Chapter 1. 홍익인본경영과 마켓 3.0 시대

- 마케팅의 역사적 발전 · 495
- 마켓 3.0 시대와 필립 코틀러의 힘 · 497

Chapter 2. 홍익인본주의 실천 : 선물경제 · 협동소비

- 선물경제 GIFT ECONOMY · 507
- 공동체의 필요성과 미래 · 515
- 인문자본의 힘 : 사회적 자본 · 517
- 홍익인본자원 1 : 순환 생태경제 · 525
- 홍익인본자원 2 : 나눔의 실천 · 527
- 협동과 착한 소비 · 531
- 공유경제와 협동소비의 관계 · 533
- 비 화폐자본을 성장시키자 · 546

Chapter 3. 홍익인본주의 실천 : 공동체경영

- 조합형 연대기업 · 553

  □ 의료 · 보건 사회적 협동조합 · 554
  □ 상호부조금 사회적 협동조합 · 557
  □ <사람과 더불어 사는 세상> 기업가 학교 · 559
  □ 공동체 창조경제마을 · 564

- ■ 함께 맺는 말 · 571
- ■ 참고 문헌 · 574

大한국인의 길 - 홍익인간

Chapter 1. 홍익인간의 기원 : 역사적 배경

Chapter 2. 홍익인간의 이념과 사상

Chapter 3. 홍익인간의 정신과 철학

Chapter 4. 大한국인의 길 : 잃어버린 땅을 되찾아서

Chapter 1

홍익인간의 기원 : 역사적 배경

> "또한 홍익인간은 '고루한 민족주의 이념의 표현이 아니라 인류공영이라는 뜻으로 민주주의 기본정신과 완전히 부합되는 이념이며, 민족정신의 일면 기독교의 박애정신, 유교의 인, 불교의 자비심과도 상통하는 전 인류의 이상'으로 보아 교육이념으로 삼았다."

l 홍익인간 정신의 시작

홍익인간의 기원을 말하려면 우리의 역사를 이야기해야 한다.

누군가는 우리 역사를 엄청나게 뻥튀기하여 7만 년이라고 말한다. 심지어 어떤 사람들은 한민족이 인류 역사의 원조라고 주장한다. 반면 어떤 사람들은 '고조선'이나 심지어 '백제' 같은 국가의 역사도 허구라고 주장한다.

오늘날 한국의 역사에 관해서는 진실공방이 여전하다.
여기에는 두 가지 핵심 쟁점이 대두된다. 하나는 일본에 의해서 주도되었던 '식민사관植民史觀'이고, 또 다른 하나는 중국에 의해서 주도되고 있는 '동북공정東北工程'이다.

이런 논쟁에 대해서는 이 책에서는 깊이 다루지 않을 생각이다. 우리의 목적은 역사와 문화 속에서 홍익인간과 홍익정신의 원형을 찾아내고 '글로벌 시대'에 적합하도록 그것을 '편집'하는 것이기 때문이다. 우리가 편집이라는 용어를 쓰는 것은 역사와 문화, 그리고 나머지 모든 것들은 그것을 기술하는 사람의 관점에서 '편집'되는 것이라고 보기 때문이다. 문제는 그것이 고고학적, 서지학적인 근거가 충실한가, 아닌가에 달려 있는 것이다.

고고학적인 관점에서 보면 우리 민족의 역사는 1만 년 이상이다. 그러나 학계에서 인정하는 역사는 최대 7,000년이라는 게 중평衆評인 듯하다. 이 역사는 최근 발굴된 유물들이 말해주는 최소한 증거證據된 역사이다. 또한 이것은 고고학과 서지학에 의하여 드러난 역사이다. 물론 이에 대해서도 반론이 없는 것은 아니다.

하지만 우리는 확인된 우리 민족 역사를 7,000년이라고 생각한다. 과거에 우리 민족의 역사는 반만년 역사라고 말했었다. 그러나 최근에 여러 가지 유물로 연대가 조금 더 늘어난 것이다.
그러나 학계에서는 여전히 우리 역사에 대해서는 이견이 많다. 이에 대해서는 〈잃어버린 역사〉를 다루는 뒷장에서 다시 거론하기로 하자.

이 책은 제목처럼 '홍익인본주의'가 무엇인지 말하려는 책이다. '홍익인본주의'를 정의 내리려면 먼저 '홍익인간'부터 정의해야 한다. 이는 홍익인간과 홍익정신이 우리 민족의 정체성이며, 문화의 원형이기 때문이다.

| 홍익인간의 의의

또 다르게 질문한다면, '홍익인간HUMANITARIAN' 정신은 무엇인가? 한국인이라면 누구나 홍익인간―여기서 홍익인간은 홍익정신을 포함한 개념으로 이해하자―을 잘 알고 있다. 아니 그렇다고 생각하고 있다.

'홍익인간'이라는 말이 '우리 민족' 혹은 '우리나라' 사람들을 상징하는 것으로 인식하고 있을 것이다. (최소한 우리도 그렇게 생각하고 있었다.)
'홍익弘益'이라는 단어는 우리 사회의 많은 곳에서 사용되고 있다. '홍익'대학교도 있고, '홍익'병원 심지어 '홍익' 카페 등 상호이름은 물론 홍익이란 이름이 들어간 '단체'들도 다수 있다.
자료 조사를 시작하기 전에 우리는 '홍익인간'에 대한 자료가 엄청나게 많을 것이라고 지레 짐작했었다. 이런 생각은 한국인으로서 당연한 생각 아닐까? 실제로 우리는 '홍익인간'이란 말은 자주 듣는다.

'홍익弘益' 혹은 '홍익인간' 정신이라는 말도 자주 들어서 익숙하다.
그런데 막상 누군가로부터 "홍익인간 · 홍익인간 정신이 뭡니까?"라는 단도직입적인 질문을 받는다면, 과연 어떤 답을 할 수 있을까?
아마 누구나 이런 정도의 답변을 할 것이라고 예상할 수 있다.

"홍익인간은 '널리 세상을 이롭게 하는 인간'이라는 말입니다."
"홍익인간은 우리 민족의 건국이념이고 교육이념입니다."
"홍익인간은 우리 민족의 정신입니다."
"홍익인간은? … 단군신화에 나오는데" 하는 정도이다.

다음은 일반적 검색 사이트에 나오는 '홍익인간 · 홍익인간 정신'의 지식자료이다.

[홍익인간弘益人間은 대한민국의 교육이념이자 비공식적인 국시로,

"인간세상을 널리 이롭게 한다."는 뜻으로 해석된다. 한국 최초의 나라로 여겨지는 고조선의 건국신화에서, 천신인 환웅桓雄이 인간 세상에 내려와 시조 단군을 낳고 나라를 열게 되는데, 이때에 '널리 인간을 이롭게 弘益人間'한다는 등 고조선의 건국이념을 갖고 있었다고 고려시대 일연의 '삼국유사'와 이승휴의 '제왕운기' 등에서 확인되고 있다.]

['홍익인간'이라는 말은 《삼국유사》의 단군신화에 나오는데 "옛날 환인桓因의 서자庶子 환웅桓雄이 천하에 뜻을 두고 자주 인간세상을 탐내어 찾았다. 아버지가 아들의 뜻을 알고 아래로 삼위태백三危太伯을 굽어보니 인간을 널리 유익하게[弘益人間] 할 수 있었다. 그리하여 천부인天符印 3개를 주어 인간세계로 보내 다스리게 하였다"라는 문장에서 비롯된 것이다. 대한민국에서 홍익인간은 단군 이래 국가와 종교가 함께하던 정교政敎의 최고 이념이며 광복 이후 오늘날까지 교육이념이 되고 있다.]

한국의 교육이념으로 제정하다

『단군신화에 따르면 천신 환웅이 이 땅에 내려와서 한민족의 시조 단군을 낳고 나라를 열게 된 이념이 홍익인간이었다.

이것이 암묵적으로 계승되어 내려오다가 일제강점기를 거치면서 1945년 8월 15일의 해방 이후에는 민족의 자존심이 회복되면서 1948년 8월 15일의 건국 선언을 통하여 대한민국의 건국이념으로 승화되었다고 보는 것이 일반적인 견해이다.

홍익인간이 대한민국의 교육이념으로 채택된 것은 미군정 시절부터였다. 교육이념으로 제안된 '홍익인간'에 대해 비과학적이고 일제의 '팔굉일우'(八紘一宇 : 온세상이 하나의 집안이라는 뜻) 즉, 일본이 침략전쟁을 합리화하기 위하여 내건 구호와 유사하다는 지적이 있었으나, 논란 끝에 1945년 12월 20일 개최된 교육심의회에서 대한민국의 교육이념으로 채택되었다.

1949년 12월 31일 법률 제86호로 제정 공포된 교육법 제1조에 "교육은 홍익인간의 이념 아래 모든 국민으로 하여금 인격을 완성하고, 자주적 생활능력과 공민으로서의 자질을 구유하게 하여, 민주국가 발전에 봉사하며 인류공영의 이상 실현에 기여하게 함을 목적으로 한다."고 교육의 근본이념을 천명함으로써 대한민국의 교육이념을 대표하였다.

또한, 홍익인간은 '고루한 민족주의 이념의 표현이 아니라 인류공영이라는 뜻으로 민주주의 기본정신과 완전히 부합되는 이념이며, 민족정신의 정수로 일면 기독교의 박애정신, 유교의 인, 불교의 자비심과도 상통하는 전 인류의 이상'으로 보아 교육이념으로 삼았다고 설명하였다.

홍익인간은 단군 이래 오늘날까지 이어지는 한국 정치·교육 등의 정신문화 최고 이념으로, 대한민국 민족정신의 핵심을 요약한 말이며, 세계화를 지향하는 국제현실에도 적합한 이념으로 설명되고 있다.』

▎ 한국의 건국이념

『임시정부의 지도이념인 자유주의 이념과 삼균주의三均主義 이념은 1948년 대한민국헌법에 반영되어 광복 한국의 기초이념이 되었다. 또한 대한민국헌법 전문은 '대한민국은 3·1운동으로 건립된 대한민국 임시정부의 법통...이라고 하여 임시정부가 한국 독립의 모태가 되고 대한민국 건국의 정신적·사상적 기반이 되었음을 명시하였다. 대한민국에서 홍익인간은 단군 이래 정치와 종교가 함께하던 정교政敎의 최고 이념이며 광복 이후 1948년 8월 15일 대한민국의 건국을 수립 선포하고 현재까지 건국이념이 되고 있다.』

홍익인간에 대해서는 고조선 건국의 단군신화에 등장한다. 고조선의 역사에 대해서는 학자마다 이견이 있지만, 우리 민족의 역사임에 틀림이 없다.

다만 고조선과 같은 고대역사는 문헌적으로 고증이 어려운 점을 감안하여 그것은 학자들에게 맡기기로 하고, 우리는 지금까지 입증된 역사 속에 '홍익인간'의 정신을 발굴하는 일에만 관심을 두기로 한다.

고조선의 건국 신화는 고조선의 건국에 대한 이야기이다. 흔히 단군 신화檀君神話라고 한다. 상고사의 《삼국유사》나 《제왕운기》 등 고려 시대에 저술된 역사서에 처음 나오며, 《조선왕조실록》 등 조선 시대 여러 문헌에도 같은 내용이 있다. (고조선은 대륙에 실제 했다는 역사적 증거와 고고학적 발굴이 이루어지고 있다.)

▎고조선의 건국이념

- 홍익인간弘益人間 : 널리 인간 세상을 이롭게 한다.
- 재세이화在世理化 : 세상에 있으면서 다스려 교화시킨다.
- 이도여치以道與治 : 도로써 세상을 다스린다.
- 광명이세光明理世 : 밝은 빛으로 세상을 다스린다.

우리는 이 책을 저술하기 전까지 우리가 홍익인간에 대해서 많이 알고 있다고 생각했었다. 그리고 다른 사람들도 많이 알고 있을 것이라고 짐작하고 있었다. 하지만 홍익인간에 대한 자료를 수집하는 동안에 우리는 '홍익인간弘益人間'에 대해서 정말 잘 모르고 있다는 생각을 하게 되었다.

우리가 '홍익인간'에 대한 구체적인 개념을 파고 들어가면서 조금은 실망을 하게 되었다. 기대했던 것보다 자료가 너무 적었다. 물론 우리의 기대가 너무 컸는지도 모른다.

이번에 우리는 이 책을 구상하면서 홍익인간에 관련된 자료들을 나름대로 수집해 보았다. 또한, 관련 연구 논문이나 서적들, 인터넷 자료들을 검색해 보았다. 그리고 수십 편의 관련 논문과 수백 권의 관련 서적들, 그리고 많은 인터넷 자료들을 만났다.

그래서 알게 된 사실이 있다. 일반인들은 잘 모르지만 이 분야에서만 평생을 연구하는 학자들도 있었다. 남들이 알아주지 않지만, 홍익인간 정신을 전파하려고 노력하는 사람들도 많았다. 우리는 그들의 업적을 높이 산다.

그러나 우리 대부분은 '홍익인간'에 간단하게 기술하고 이에 대한 몇가지 해석만 하는 수준이지, 이것을 대외적으로 한국의 정신이라고 소개할 만한 그런 멋진 작품들은 아직까지 발견하지 못했다.

홍익인간에 대한 자료가 없다면 그 이유는 무엇인가? 또한 홍익인간이 우리 민족의 정신이라고 말하면서 이에 대한 '일반인들이 볼 수 있는 자료'들이 턱없이 부족한 이유는 무엇일까?

이에 대해서 가장 많은 대답은 우리의 근대 '역사'에서 찾아야 한다는 것이다.

즉, 지난 100년 사이에 우리나라의 역사는 아주 심각하게 '편집 또는 삭제되어서 그 본질적인 프레임이 왜곡, 축소되어 있다는 것이다. 이는 우리나라 안에서만 일어난 일이 아니다. 한국 학자, 일본 그리고 중국이 각기 우리 역사를 심하게 뜯어 고쳤다.

이번에 우리는 홍익인간에 대한 자료 정리를 하면서 평소에 무관심했던 '왜곡된 한국의 역사'에 대해서 많이 알게 되었다.

그러나 여기에 주목할 부분이 있다. 사회적으로 널리 인식되어 있는 두 가지 기준, 즉 일본이 저지른 식민사관에 의해 왜곡된 부분, 그리고 중국이 임의로 만든 동북공정의 잘못 기술된 부분을 바로잡는 일은 매우 중요한 일이라고 본다. 그러나 더 중요한 일은 그것을 바로잡는다는 것이 또 다른 역사왜곡의 결과가 되지 말아야 한다는 것이다.

'홍익인간'에 대한 개념을 정리하기 위하여 우리의 역사책들도 일부 살펴보았다. 일반인들은 역사 책 속에 '홍익인간'에 대해 자세히 나와 있을 것이라고 생각할 것이다. 그러나 현실은 그렇지 못하다. 우리의 역사책은 '홍익인간'에 대해서 거의 언급하지 않고 있기 때문이다.

일반인들의 경우에, 우리의 역사책, 즉 국사 교과서에서도 다루지 않는데 어떻게 '홍익인간'에 대해서 알 수 있겠는가?

아마도 홍익인간이란 개념이 '신화'에 등장하는 개념으로써, 오늘날에는 일부 민족주의자 혹은 민족주의 종교인들만 사용하는 까닭에 이 '단어' 자체를 거부하는 탓일 수도 있다. 이유야 어찌되었던 우리는 홍익인간에 대해서 많은 정보를 얻을 수 없는 세상에 살고 있다.

현재 우리의 국사 교과서는 우리 민족의 역사를 아주 세련되게 현대화 작업을 하여 다듬어 놓았다. 그 이유는 뻔하다. 학생들 시험에 중요한 과목이 아니라서 제대로 만들 필요가 없었을 것이다. 간단하게 요점만 다루면 되는 것이다.

그러나 우리의 역사는 시험 이전에 학생들이 알아야 할 우리의 정체성에 관한 것이다. 이걸 대충 얼버무려도 된다는 생각을 하는 사람들이 오늘의 한국 교육을 책임지는 지성인들은 아닌가 하는 생각이 든다. 또한, 이것이 우리 교육의 현 주소라는 걸 아는 사람들은 다 아는 이야기이다.

우리 민족이 광활한 대륙을 호령하던 민족이었다는 주장이나 공자가 동이족이라는 주장 등 수많은 이야기들이 난무한다. 이렇게 '잃어버린 역사'에 대해서는 뒤에서 자세히 다루기로 하자. 또한 여기서 다루지 못한 이야기들은 전문 학자들이 다룰 영역으로 남겨두기로 한다.

문제는 우리 민족의 역사 속에서 '홍익인간'을 얼마나 많이 찾아낼 수 있는지 하는 것이다. 우리는 반만년 아니 7,000년의 민족 역사 속에서 위대한 '홍익인간'을 되살리는 일은 하는데 관심이 있을 뿐이다.

우리의 관심은 우리 민족의 정신적, 문화적, 사회적, 정치적 원형을 찾는 일이다. 그런데 지나치게 부풀리는 것도 문제가 있지만, 너무 잘라내는 것도 문제 아닐까 생각된다. 그래서 우리 나름대로 우리 민족의 역사를 복구하지 않을 수 없다.

그러나 우리는 단 하나 경제적 관점, 즉 협동과 연대 또는 협력적 공유가치 실현을 위해 역사를 재구성해 볼 생각이다. 그렇다고 하더라도 우리는 이 분야의 전문가가 아니다. 그래서 우리들은 경제·경영적 주제로 한정하여 접근해 본다.

우리는 비즈니스맨—경제 기업경영측면으로 접근하는 사람—이다. 따라서 비즈니스 감각으로 이 주제를 다룰 생각이다. 그래서 비즈니스 세계의 방식으로 '홍익인간'을 적절하게 현대화시킬 필요가 있다. 그래서 우리는 우리의 역사 속에서 혹은 문화 속에서, 그리고 우리 조상들의 경제생활 속에서 '홍익인간 정신'을 찾아보게 된 것이다.

한편, 비즈니스—경제·기업경영 측면의 접근—에서 유명한 명제는 "최소 노력으로 최대 효과를 거두는 것"이다. 그런 관점에서 한국 그리고 한국인을 가장 쉽게 가장 적절하게 표현할 수 있는 강력한 개념이 필요한데, 그것이 바로 '홍익인간'이라는 것이다. 어떤 분이 '선비'를 한국인의 대표적인 캐릭터로 하라는 조언을 했는데, 그것도 매우 좋은 한국인의 얼과 정신이다.

그러나 우리 민족, 우리 역사, 그리고 한국과 한국인을 이야기할 때, 선비정신도 '홍익인간'에서 비롯되었기에 넓은 의미에서 한국 정신의 대표는 '홍익인간 정신'이라고 생각한다.

그렇다. 우리는 '홍익인간'이란 단어 자체에서 몇 가지 중요한 단서를 찾아냈다. 첫 번째는 홍익인간에서 '글로벌 마인드'를 읽어낼 수 있기 때문이다. 즉, 홍익弘益이라는 단어 자체에 이미 '글로벌'이란 의미가 들어 있다. 홍익인간은 문자 그대로 '이 세상 자체를 넓은 마음으로 이롭게 한다.'는 말이다. 누군가의 지적처럼, 다른 어느 민족이나 국가의 건국이념에 이러한 '글로벌' 사상이 들어 있는 경우가 없다. 오직 한민족만이 특별하게 가지고 있는 정신적 가치체계이다.

두 번째는 홍익에서 '익益'이라는 단어는 오늘날 관점에서 '경제'로 해석할 수 있다. 사실 이 경제라는 단어는 우리가 살고 있는 현실 세계를 완전히 장악하고 있는 자본주의의 핵심 코드이다. 그래서 홍익은 경세제민經世濟民, 즉 합일적인 정치·경제 체제이다.

세 번째는 인간人間이란 단어는 단순히 사람만을 지칭하는 것이 아니다. 이는 사람과 사람들 간의 연결 즉 '공동체'의 개념을 내포하고 있는 말이다. 인간이라는 말 속에는 기본적인 사람됨, 즉 '인본주의'가 들어있는 것은 설명할 필요도 없을 것이다.

우리는 먼저 '홍익인간'이란 말 속에서 3가지 키워드를 발굴해 냈다. 사실 이보다 더 많은 정보들이 있지만, 지금 당장에 필요한 개념들이 아니라서 보류해 두었다. 가장 필요한 세 가지만 골라낸 것뿐이다. 다시 말해서 이것이 전부는 아니라는 뜻이다.

고조선 이전 환인과 환웅의 하늘사상으로 받들고, 단군시절 건국의 이념으로 시작된 '홍익인간'은 지난 7,000년간 우리 민족의 역사와 문화, 그리고 국가를 지속시키는 '원형'으로서 충분한 가치를 지니고 있다.

홍익인간은 '글로벌 인본주의 정치·경제 공동체'를 담고 있는 아주 중요한 '원형'이다. 우리는 이것을 '홍익인본주의'라고 명명했다.

그래서 '홍익인간'은 지구촌의 모든 사람들이 경제적으로 혜택을 입게 하는 가치체계라고 해석할 수 있다. 또한 '홍익인본주의'는 홍익인간 정신을 실현하는 구체적인 실천 경제학이라고 할 수 있다.

우리의 역사와 문화 속에서 발전해 온 홍익인간은 그동안 많은 사람들이 추구하고 있는 민족의 정신, 그리고 한국인의 문화, 신뢰 그리고 사회적 자본으로도 충분한 가치가 있다. 그러나 그보다 더 가치 있는 것은 바로 '정치·경제의 원리'로서 가치이다. 바로 글로벌 자본주의 대안으로서 홍익인본주의의 발견이다.

홍익인본주의 관점에서 우리의 근대사를 재조명해 보자.

오늘날 한국이 단 70년 만에 '식민지의 악몽' 떨치고 급성장할 수 있었던 저력은 무엇인가?

그것은 그동안 많은 전문가들이 주장하고, 또 우리들 대부분이 그렇게 믿어왔던 것처럼 서양의 과학기술을 바탕으로 한 산업화의 덕분일까? 정말 그 당시 이미 경제적 선진국이 되어 있던 미국 등 여러 나라의 지원을 받고 그들의 코칭COACHING에 의해서 성공한 것일까? (외국 차관과 원조에 의한 경제부흥은 부정할 수 없지만). 여기서 우리는 두 가지 의문을 제기해 보자.

첫 번째 의문 : 지금까지 자본주의 경제학자들이 주장하는 것처럼, 빈국에서 부국으로 성장하는 일, 즉 개발도상국에서 경제 선진국으로 도약했던 것이 진정 '잘 사는 세상'을 만들었는가? 지금 우리가 이룩한 경제적 성취는 과연 학자들이 주장하는 것처럼 우리 국민 모두가 행복하게 잘사

는 세상으로 발전한 것인가? 다시 말해서 지난 70년간 불도저처럼 밀어붙이기 식으로 외형적 성장에 목숨을 걸었던 결과로 세계 10대 경제대국이 된 것은 한국인, 한국이 기대하던 대로 제대로 된 일인가?

두 번째 의문 : 소위 강단 학자들의 주장처럼, '한강의 기적'을 이루고 세계사에 유래가 없는 경제적 기반을 구축한 것이 단순히 서양의 기술과 원조에만 의존할 것인가? 어떤 국가이든지 필요한 자본과 기술을 동원하면 한국처럼 기적 같은 결과를 이루어 낼 수 있는 것인가?

이 두 가지 의문에 대한 우리의 생각은 이것이다. 첫 번째, 한국이 개발도상국에서 경제 선진국으로 발전한 것은 분명히 가시적인 측면에서 보면 엄청난 성공인 것 같지만, 배고픈 것을 해결한 것을 제외하고 나면 전혀 더 행복한 삶을 사는 환경이 되지 못한 것 같다.

오늘날 글로벌 자본주의가 만들어 낸 경제발전은 반쪽짜리에 불과한 것이고, 결코 삶의 질을 더 높이는데 실패한 것이다. 그것을 단적으로 증거하고 있는 일들이 매일 뉴스에 나온다. 하루가 멀다 하고 뉴스를 보면, 자살과 살인 이야기가 나온다. 어제는 그 전에 세 들어 살던 사람이 집주인인 노인을 죽였다는 이야기, 오늘은 제초제를 먹여서 전남편과 시어머니를 살해하고 새남편도 살해하고 심지어 친딸도 살해 시도하여 중태에 빠져있다는 이야기를 들었다. 심지어 암 투병 중인 동거녀 몰래 혼인신고 하고 그녀가 죽자, 거액의 재산을 가로챈 사람의 이야기, 학교 폭력, 성폭력, 유괴, 보험사기, 금융피라미드 이야기 등, 하나 같이 돈 때문에 일어나는 사건들이다. 이런 사건들로 세상이 시끄럽다. (이런 뉴스가 꼭 글로벌 자본주의 병폐라고 말하는 건 지나치지만…)

이런 것들은 과연 경제적으로 성공한 나라, 한국이 제대로 성공한 것인지 아닌지 의문을 갖게 한다. 혹시 이런 비인간적인 일들이 오늘날 개발도상국에서 경제 선진국으로 발전하는 과정에서 필연적으로 일어나는 일은 아닐까?

이미 대부분의 지성인들은 '그렇다'고 동의하고 있다. 즉, 우리가 지난 70년간 '구세주'라고 떠받들었던 경제발전을 가져오게 했던 '글로벌 자본주의'는 결함투성이의 '괴물'이라는 것이 현재 우리의 삶을 통해서 체험적으로 입증되고 있는 것이다. (하지만 여전히 자본주의보다 더 나은 경제체제가 등장하지 않고 있다는 게 아이러니한 일이지만)

이미 지나간 일이지만, 지난 70년간 우리의 경제발전 과정에서 한 가지가 확실하게 보완이 필요했던 그 무엇인가가 분명히 우리 삶속에 존재해 있었다. 그것이 바로 오늘날 거론되고 있는 '따뜻한 자본주의' 혹은 '창조적 자본주의', '공유자본주의', '토닥토닥 자본주의' 혹은 본 책에서 말하고자 하는 '홍익인본주의'이다.

두 번째 의문에 대한 우리의 견해는 이것이다. 결코 서양의 자본과 산업 기술만으로 항상 한국과 같이 성공하는 것이 아니다. 실제로 지구상에 수많은 국가들이 한국과 비슷한 원조를 받았지만, 경제 선진국으로 도약하지 못했다.1)

여기에서 우리는 한국인이 다른 국가와 다른 무엇인가를 가지고 있다고 확신할 수 있다. 그것은 한국은 한국인만이 가지고 있는 남다른 역사가 그걸 증명하고 있으며, 그 역사가 정신으로 혹은 문화로 발전한 것이다. 그리고 다른 나라에 비해 정신적 뿌리가 깊이 박혀 있다는 결과 일 수 있다.

이건 한국 그리고 한국인이 바로 7,000년이라는 유구한 역사와 문화 전통을 지닌 '홍익인간', 즉 홍익인간 정신의 결정체이기 때문이다.

현재의 한국은 지난 70년간 서양 방식의 경제개발과 원조만으로 일어선 것이 아니다. 그건 외부적인 환경 요소일 뿐이다. 우리가 경제적으로 도약할 수 있었던 것은 한국인 근저에 자리 잡고 있는 문화적 자긍심이 다르기 때문이다. 한국인은 '내공'이 있다. 그것은 7,000년 역사와 문화전통을 이어받고 있는 '홍익인간' 정신의 결과물이기 때문이다.

누가 뭐라고 해도 현재의 한국인은 '홍익인간'의 진화적 산물이다. 과거 우리 역사와 문화를 살펴보면, 한국인은 매우 창의적인 민족임을 알 수 있다. 이러한 창의성은 곧 홍익인간 정신에서 나오는 것이다. 또한 위기를 슬기롭게 헤쳐 나가는 대동단결의 힘을 가지고 있다. 우리는 이런 것들이 합쳐져서 결국 놀라운 역사를 만들어내는 원동력이 된 것이라고 확신한다.

우리는 소위 '한강의 기적'이라 부르는 놀라운 경제적 발전을 이룩했다. 그것은 지구상의 어떤 민족 혹은 국가도 해내지 못한 일을 해냈기 때문이다.

이 지구상에서 아무런 지하자원도 없는 상태에서 맨손으로 단 70년 만에 선진국으로 도약한 나라는 한국밖에 없다.

이런 경제적 발전을 설명하기 위해서 국제 차관이나 선진국의 과학 기술 도입, 강력한 기간산업 육성책 그리고 국민들의 희생 등 여러 가지를 요인들이 작용했다고 말하지만, 그것은 외부적인 조건들일 뿐이다.

　문제는 이런 것들이 성공의 요인이라고 지나치게 강조하는 데 있다. 그리고 우리의 역사, 즉 국사에서도 이런 점들을 간과하고 있다. 국가의 경우이든 혹은 기업의 경우이든, 아니면 개인의 경우에도 결코 외부적인 조건HARD WEAR SYSTEM만으로 성공하는 경우란 없다.
　반드시 모든 성공의 이면에는 그만한 '내적인 힘SOFT WEAR SYSTEM', '내적인 원리SPRIT & CULTURE'가 존재하고 있다. 세계사에는 한국과 마찬가지로 많은 원조를 받았고 선진기술과 산업을 도입했지만 실패한 국가들이 상당수 있다.

　그래서 한국인의 성공은 우리 민족이 지닌 '홍익인간' 정신의 DNA가 바탕이 되었다고 말할 수 있다. 우리 민족의 과거를 잠시 거슬러 올라가 보면 놀라운 업적을 이룬 경험들이 너무 많다. 그러한 위대한 문화를 만들었던 민족의 정신이 한국인의 '얼' 속에 살아있기 때문이다.
　즉, 한국이 단기간에 선진국으로 도약한 것은 '홍익인간'의 정신이 있었기 때문이다. 따라서 앞으로 외국인이 우리에게 질문한다면 이렇게 대답하는 것이 모법 답안이다.

　[질문] 한국이 '한강의 기적'이라 일컫는 놀라운 경제성장을 이룩하고 단기간에 선진국 대열에 들어선 저력은 어디서 나온 것인가?
　[대답] 바로 7000년 역사와 문화로 응축된 홍익인간 정신에서 나온 것이다.

　한국은 고대 시대에 찬란한 문화를 꽃피웠다. 그것은 대륙이나 한반도

냐의 문제를 넘어서는 것이다. 확실히 문화, 예술 측면에서 세계가 인정하는 탁월한 유물들을 가지고 있다. 문제는 우리가 가지고 있는 것들도 제대로 관리하지 못하고 남에게 넘겨주고 있다는 것이다.

오늘날 우리는 과거의 위대한 문화를 다시 부흥시킬 필요가 있다. 일종의 르네상스가 필요한 것이다. 누군가의 말처럼 지금은 정신과 문화적 혁명이 필요하다. 즉 한국의 신르네상스가 필요한 것이다.

세계사에서는 4대 문명의 발상지에 대해서 언급하고 있다. 그런데 우리 민족의 역사는 이 4대 문명보다 조금 더 앞서 있다는 주장도 있다. 성급한 민족주의자들은 우리 민족이 세계 최고最古의 문명이었다고 주장한다. 중원을 장악하고 있던 환국, 배달국 그리고 고조선은 이들의 주장대로라면 지구상에서 가장 큰 대국이었다. 그것이 사실이든 아니든 그것이 지금 중요한 것이 아니다.

지금 우리에게 가장 중요한 것은 그러한 과거의 위대한 홍익인간 정신의 힘이 지금 우리의 현실을 혁명적으로 개혁하여 더 나은 삶을 살 수 있게 하는 데 도움이 되는가 하는 점이다.
중요한 것은 한국과 한국인에게 '위대한 정신적 유산'이 전승되어 오고 있다는 사실을 자각하는 일이다. 그래서 유구한 역사를 통한 '한민족 정신'을 오늘에 되살리는 것이 바로 우리가 할 일이다.

서양의 학자들이 주장하는 대로 4대 문명을 기준으로 생각해도 우리 민족의 문화는 대단한 것이다. 오늘날의 한반도에는 중국 문화와 실크로드를 통해 세계 문명이 들어왔고, 이를 우리의 원형으로 승화시켜 놀라운 문화를 이루었다. 그리고 우리의 문화는 한반도를 거쳐서 일본에 전해졌다. 한자는 우리 문화로 자리 잡았고 또한 이두와 향찰로 일본에 건너갔으며, 유교도 '조선주자학'으로 자리 잡았고 일본엔 일본주자학으로 전해졌다. 인도불교도 한반도에서 동국불교로 발전하여 우리 것이 되었고 또한 일본에 '일본불교'로 전해졌다.

이처럼 지구사의 모든 문명은 그 자체로 독립적으로 존재한 것이 아니다. 수많은 다른 문명과 교류하면서 발전하거나 쇠퇴하여 소멸하였다. 또한 다양한 문화들이 형성되었고, 교류하면서 상호 융합되어 새로운 문화로 정착하기도 하고, 흔적도 없이 사라지기도 했다. 우리의 문화도 인도와 중국, 아랍권, 유럽권 등 세계 여러 문화들과 교류하면서 상호 융합의 과정을 통해서 오늘에 이른 것이다.

과거 우리 민족이 매우 창의적이었다는 것은 세계가 다 인정하는 일이다. 한국의 3대 발명인 한글, 금속활자, 복식부기 등에서도 잘 나타난다.2)

또한 중국도 화약, 나침반, 활판 인쇄술은 송의 3대 발명품이고 후한의 채륜의 제지법을 포함하여 중국 4대 발명품이라고 한다. 이처럼 과거 동양은 세계사에서 빠질 수 없는 창의성을 가지고 있었던 것은 분명하다. 이 또한 서양에 비해 우수한 정신문명을 소유했다는 증거일 수 있다.

하지만 어떠한 창의적인 작품이나 발명품도 결코 하늘에서 뚝 떨어지는 것이 아니다. 모든 것들은 기존에 존재하고 있는 것들에 대한 혁신, 혹은 혁명적인 발상으로부터 나오는 것이다. 따라서 독자적이거나 독립적이거나 유일하다는 것은 상대적인 개념이다. 너무 그런 것에 연연할 필요가 없다.

'우리 것이 좋은 것이다.'라는 말이 있다. 그러나 좋은 것이라고 해서 살아남거나 가치를 지니는 것이 아니다. 아무리 좋은 것일지라도 역사의 평가는 '승자의 편'에서 기록되어지고 있기 때문에 '약한 자'의 좋은 것은 역사의 저편으로 사라져버리는 경우가 비일비재하다.

우린 지금 글로벌 자본주의가 우세한 세상에 살고 있다는 점을 기억해야 한다. 이런 세상에서는 한국의 본질적 가치를 제대로 평가하지 않는다. 오히려 허구나 왜곡된 것이라도 그것을 전략적으로 바꾸어 자국의 우수성으로 둔갑시키려 한다. (중국의 동북공정의 사정과 실상을 바로 보자.)
즉, 모든 것들은 그것을 누군가 그렇게 인정하게 되었을 때만 그것이 가치를 지니기 때문이다. 이것이 지금 우리가 살고 있는 세상의 가치 판단 기준이다. 이것은 자본주의에서 가장 기본 되는 방식이다. 따라서 정말 우리 민족의 고유의 가치 있는 전통문화와 면면히 내려 온 정신이 있다면 그걸 세계인들이 인정하도록 만드는 데 주력해야 하는 것이다.

앞으로 이 책에서 자주 언급할 개념이지만, 지금은 무력으로 땅을 강점할 수 있는 시대가 아니다. 그건 100년 전에나 가능한 일이었다. 그러므로 대륙이 우리의 영토였다고 주장하든 아니든 그건 현실적으로 아무런 가치를 지니지 못할 수 있다. 그리고 그건 학자들의 고유의 영역이므로 그들에게 맡겨 두기로 하자.

우리는 또 다른 형태의 '땅'을 얼마든지 확장할 수 있는 시대에 살고 있다. 생각을 바꾸기만 한다면, 신천지를 볼 수 있을 것이다.

세상에는 어마어마한 영토가 존재한다. 그걸 선점하는 국민, 국가, 민족이 가져가는 것이다. 여기서 생각할 것은 우리가 그걸 하든 안 하든 이 새로운 영토는 결국 누군가의 손에 들어갈 것이라는 점이다.

'홍익인간'과 홍익인본주의는 바로 이 새로운 영토를 확장하기 위해 우리가 무엇을 준비해야 하는가를 말하고 싶은 것이다. 또한 이 새로운 영토는 한국의 정신문화를 앞장세워 '경제대국'의 깃발을 꽂는 것이다.

이 책은 우리가 어떻게 '경제 영토'를 확장하여 홍익인간의 정신과 문화의 원형을 바탕으로 어떻게 세상을 보다 잘 사는 곳으로 만들 수 있는지 말하고자 하는 것이다.

그리고 우리는 이 책에서 글로벌 시대에 '경제 영토'의 확장을 위한 전략을 제시할 생각이다. 첫 번째가 대한민국 호의 브랜드 전략이다.

먼저, 한국과 한국인에 대한 세계인들의 의식을 바꾸는 작업을 해야 할 필요가 있다.

다시 말해서 한국인과 한국에 대한 평가를 상향 조정해야 하는 것이다. 이를 위해서는 먼저 우리가 정보를 제공해 주어야 한다. 단기적 전략으로, 먼저 관련 사업을 펼치는 것이다.

예를 들어, 한류와 같이 이미 세계적으로 시장을 확장하고 있는 사업에 '홍익인간', '홍익인본주의'를 첨부하는 것이다.

다시 말해서, 한류의 독창성은 홍익인간에서 나왔다는 해석을 붙임으로써 세계인들이 '아하 그렇구나!' 하고 동의하도록 만드는 일이다.

어떤 정보가 체계적으로 조직적으로 제공되면 '글로벌 매스컴'이 반응하기 때문이다. 우리는 우리 민족의 역사와 정신을 긍정적으로 보이게 하는 효과적인 홍보를 못하고 있다.

장기적인 전략으로는 역시 학자들에게 투자하여 많은 연구를 하게 지원하는 일이다. 그리고 국제적인 논문이나 책들을 지속적으로 만들어 내면서, 이걸 바탕으로 마케팅을 펼치는 것이다. 이는 10년 혹은 100년을 계획적으로 추진하여야 하는 일이다.

그러나 장기적인 전략에는 투자하는 것이 중요하므로, 이를 위한 단기적인 전략이 선행되어야 한다. 바로 필요한 인프라 구성이다.

우리는 비즈니스가 가장 빠르게 세상을 바꾸는 데 기여하고 있다고 확신하기 때문이다. 한류가 단 십수 년 만에 전 세계에 이목을 집중시키는 것처럼, 제대로 마케팅을 구사하면 한국인과 한국의 홍익인간 정신의 원형을 '글로벌 시장'에 홍보하는 일은 그리 어려운 일이 아니기 때문이다.

이제 오프라인의 땅에만 너무 에너지를 낭비하지 말고, 글로벌 세상의 '경제 영토'를 확장하는 일에 '홍익인간' 정신을 발휘해야 할 때이다.

왜냐하면 한국이 지난 70년간 경제발전을 하는 과정이 전적으로 외세에 의존한 것이었기에 그 결과 지금 '글로벌 자본주의'에 종속되어 버린 것이다. 지금 우리가 말하고자 하는 것은 경제개발 자체가 잘못되었다는 것이 아니라, 그 과정에 '홍익인간 정신'이 배제되었다는 점이 잘못되었다는 것이다. 지금부터는 우리 대한민국 호를 홍익인간 리더십을 가진 사람들이 주도적으로 이끌어야 한다. 왜냐하면 글로벌 시대에는 한국, 한국민이 세계사의 주역이 되어야 하기 때문이다.

우리는 홍익인간의 정신과 철학으로 인류공영을 추구하는 '경제적 공동체'를 만들려고 하는 것이지, 기존의 국수주의나 민족주의를 전파하려는 것이 아니기 때문이다.

두 번째, 국가 브랜드 관점에서 한국과 한국인에 대해서 이야기해 보자.

지금은 '글로벌 시대'이다. 이걸 받아들이든 받아들이지 않든, 인정하든 인정하지 않든, 그런 것은 문제가 되지 않는다. 분명한 것은 모든 것들이 글로벌 경제의 영향을 받는다는 점이다. 지금 '글로벌 자본주의'가 주도권을 쥐고 있다. 이런 시대에는 글로벌 브랜드가 모든 것을 결정한다. 진실과 거짓의 문제가 아니라 상품성, 즉 브랜드 가치가 있느냐 없느냐의 문제로 부가가치의 서열이 평가되는 시대라는 것이다. 이 세 가지 기준에서 생각해 보면, 한국인과 한국의 '위치'를 정확하게 감잡을 수 있을 것이다.

다음은 우리 대한민국 호에 대하여 이 세 가지 기준에 의하여 우리 나름대로 얻은 결론이다.
첫째, 우리는 매우 저평가되어 있고, 주식회사 대한민국의 브랜드가 약하다.
둘째, 우리 고유의 정체성이 서양의 가치체계에 맞추어져 있다.
셋째, 지금 우리가 남들에게 새로운 평가 표준을 제시할 필요가 있다.

| 대한민국 국가 브랜드 개념

글로벌 시대에 우리는 지금 우리의 브랜드 가치를 저평가받고 있다.

이 말은 한마디로 홍보와 광고를 잘 못하고 있다는 뜻이다. 이는 마케팅의 문제이다. 결과적으로 '한국과 한국인'의 잠재가치가 형편없이 낮게 평가되고 있다고 생각할 수 있다. 즉 기업 가치적 측면으로 말한다면, 내용면에서 '블루칩'이고 황제주이지만, 그것을 (정신과 문화의 고부가가치) 인정받지 못해서 평범한 '저평가 주식처럼 대한민국이라는 국가의 가치가 낮게 평가되어 있다는 말이다.

이는 대한민국이라는 기업 가치를 제대로 평가받지 못하는 것 자체가 엄청난 경제적 손실을 의미하는 것이다. 그럼 누가 한국을 저평가하고 있다는 것인가?

세계가 우리를 그렇게 저평가하고 있는 것이 아니다. 우리 스스로가 제대로 평가하지 않고 있다는 것이다. 이것이 문제이다. 즉 우리는 한국, 한국인의 가치를 외부에만 의존하고 있다는 것이다.

그렇다면 우리는 왜 우리 자신을 제대로 평가하고 있지 않는 것일까?

현재 우리의 가치기준이 모두 서구화되었기 때문이다. 예를 들어서 물질적으로 발전된 것을 가장 높게 평가하는 사고방식이다. 돈이 많으면 성공한 것이라고 인식하는 사고방식 때문이다.

이러한 가치기준에서 사물을 바라보고 있다는 것이 문제인 것이다. 그리고 우리 역사의 뿌리와 문화의 원류를 찾지 못하고 있기 때문에 우리의 정체성에 문제가 생겼다는 의미이다.

이 책에서 우리가 제안하는 것은 우리의 평가의 기준을 바꾸자는 것이다. 그래서 우리는 '홍익인간'을 이야기하고 있는 것이다. 이제 우리 스스로 정체성을 확립하고 새로운 평가기준을 제시하기 위한 '민주적 공론화'를 시작할 때이다.

세 번째, 마케팅 관점에서 우리의 문제점을 지적해 보자. 글로벌 시장에는 한국과 한국인을 잘 모른다. 그렇게 된 것은 한국과 한국인에 대해서는 제대로 된 정보를 제공하지 않고 있기 때문이다.

지금 우리는 국가적으로나 혹은 민족적으로나 혹은 개인적으로 (대한민국이라는 상품)을 효과적으로 홍보하는 일을 하지 못하고 있다. 한 번도 이것을 제대로 홍보할 수 있도록 전략과 도구를 적절하게 제시한 적이 없기 때문이다.

우리는 국제사회에서 스스로에 대해서 적절한 '포지셔닝'을 하지 못하고 있다. 이것은 '대한민국 호'라는 국가의 문제이기도 하고, 한국인의 자존심 문제이기도 하다. 다시 말해서 우리는 지금 '글로벌 마켓'에서 우리의 '자리' 즉 포지션을 제대로 인식하지 못하고 있다는 점이다.

지금부터 우리는 우리 민족의 '문화적 정체성'을 '홍익인간'으로 브랜드화 하는 데 총력을 기울여야 한다. (제발 '홍익인간'을 종교적, 정치적, 상업적 목적으로 희화화시키지 말아야 한다.)

| 현재 우리는 어디 있는가?

현재 우리는 어디에 있는가?

다시 말해서 한국과 한국인은 지금 어디에 서 있는가?
우리는 현재 우리들의 위치를 제대로 파악하는 일부터 해야 한다.

사실 우리는 '홍익인간'을 찾기 위하여 출발을 했다. 그리고 우리는 많은 학자들이나 전문가들이 말하는 이야기를 들었다. 하지만 그들이 말하는 내용을 다 수용하기 전에 우리는 먼저 우리가 어디에 와 있는지 그것부터 알아야 한다.

이를 전제로 어떤 학자는 '우리가 여전히 개발도상국에서 선진국으로 가는 길목에 있다'고 말한다. 어떤 학자는 '서구 문명을 받아들여서 오늘의 경제발전을 이룩한 것'이라는 말을 한다. 또 다른 학자는 '한국의 전통문화는 현대에 맞지 않는다'는 기준에서 이야기를 한다.
어떤 전문가는 우리 과거는 '역사 교과서에 나온 것이 정답이다'는 기준으로 말을 한다. 다른 전문가는 '단군은 신화'라는 기준으로 이야기를 전개한다. 누군가는 '조선은 탁상공론에 치우치고 당파싸움만 하던 양반들 때문에 개화가 늦어져 망했다'는 기준에서 역사를 설명한다.

모든 학자들, 전문가들이 주장하는 것이 다 틀린 것이 아니다. 그들 나름대로 논리적인 말을 하고 있다. 문제는 우리가 어떤 기준을 채택하느냐에 따라 우리의 미래가 전혀 다르게 된다는 점이다.

| 한국인의 저력은 홍익인간 정신에서 나온다.

이것이 우리의 가설이다.
맥킨지와 BCG 같은 세계적인 컨설팅 회사들은 지구상에서 가장 뛰어난 인재들을 채용하는 것으로 유명하다. 이런 일류 컨설팅 회사의 컨설턴트들은 기업체나 심지어 국가 프로젝트도 컨설팅한다. 따라서 일류 컨설턴트들은 당연히 보통사람들과는 다르게 생각하는 능력을 가지고 있어야 한다.

컨설턴트들은 일명 '전략적 사고'를 할 수 있는 사람들이다. 가장 합리적이고 이성적인 생각을 하고 있을 것이라고 짐작할 수 있다. 그런데 놀라운 것이 하나 있다.

이런 전문가들은 정확한 자료에 근거하여 판단한 것이 아니라, 추상적인 '가정'을 세운 후에 일을 추진한다는 점이다.

세계적인 컨설팅 회사에서 채택하는 '전략적 사고' 기법 중 하나는 '가설사고'법이다.

그렇다면 가설사고(THE ART OF HYPOTHESIS-DRIVEN MANAGEMENT)란 무엇인가? '가설'이라는 정보 수집 과정이나 분석 작업을 시작하기 전에 미리 생각해두는 '임의의 해답'이다.

그래서 '가설사고'란 정보가 적은 단계에서부터 항상 문제의 전체상이나 결론을 생각해두는 사고 패턴 또는 습관이라고 정의 내릴 수 있다. 가설사고는 해답부터 생각하는 사고방법이다. 이것은 최적의 해답을 최단시간에 찾아내는 방법으로 사용된다.3)

참고로 일반인들은 컨설팅 같은 전문적인 업무를 '객관적 데이터'가 아닌 '가설'로 시작한다는 점을 이해 못할 수도 있다. 그러나 이 가설사고는 매우 유용하게 활용되고 있다. 물론 컨설턴트들이 어떤 가설을 세운다고 해서 항상 그것이 최상의 해결책이 되는 것은 아니다.

그러나 이러한 가설 덕분에 문제를 가장 빠르고 쉽게 해결하게 된다. 즉, 하나의 가설을 검증하는 과정에서 그 가설이 틀렸다는 것이 확인되면, 즉시 새로운 가설을 수립하면서 적절한 답을 찾아간다. 이 가설과 검증의 프로세스를 통해서 결국 긴박한 문제들이 해결되는 것이다.

초기 가설을 설정할 때는 '데이터'보다는 직감에 의존하는 경우가 더 많다. 이전에 유사한 패턴의 컨설팅을 하면서 적용했던 전략이나 혹은 유사한 문제를 해결했을 때의 '가설'들을 활용하기도 한다.

세계 최고의 컨설팅 회사들이 이 '가설사고'라는 '전략적 사고' 기법을 가장 많이 활용한다는 점에서 그만한 가치가 있는 것이다. 맥킨지 혹은 BCG에 관련된 책을 읽어보면 이에 대해 자세히 알 수 있을 것이다.

우리는 한국인의 저력이 '홍익인간 정신'에서 나온 것이라는 가설을 세웠다. 이 가설이 검증되는 동안에 전혀 다른 가설이 만들어질 수 있다. 그건 나중의 일이다. 그러나 이런 가설 덕분에 우리는 빠르게 결론에 이르게 된다. 그리고 분명한 결과들을 보여주면 우리의 가설이 옳다고 입증될 것이다.

이제 우리의 가설을 적용해 보자.

'한국인이 유례가 없는 역사를 창조한 힘은 어디서 오는 것인가? 최단기간에 한국을 개발도상국에서 경제 선진국으로 발전시킨 원동력은 무엇인가? 한국을 일등국가로 만든 원동력은 무엇인가?'
'그 힘은 바로 홍익인간 정신이다.'

그렇다면 '홍익인간' 정신으로 만들어가는 새로운 '글로벌 가치체계'를 무엇이라고 해야 할까?

그것은 바로 '홍익인본주의'이다. 그래서 홍익인본주의는 일명 '따뜻한 자본주의', '토닥토닥 자본주의' 그리고 '창조적 자본주의', '공유자본주의'의 다른 이름이다. 이렇게 해서 우리는 '홍익인본주의'라는 새로운 패러다임을 정립하였다. 그렇다면 홍익인본주의를 설명해 보자.

"홍익인본주의는 홍익인간의 이념과 사상, 정신과 철학을 구현하는 구체적인 실천적 경제 메커니즘을 말한다. '홍익인본주의'는 21세기의 글로벌 시대에 적합한 새로운 르네상스를 이끄는 원동력이다."

이 책은 '홍익인본주의'를 설명하기 위한 책이다.
우리가 홍익인본주의를 설명하기 위하여 우리 역사를 탐구할 것이다. 물론 우리는 사학자들이 이미 탐구한 영역을 다루려는 것이 아니다. 오직 경제·경영의 영역의 시각에서만 다루려고 한다. 그래서 우리가 새롭게 채택한 '전제조건'이 있다.

한국은 이미 선진국 대열에 서 있다.

이는 경제 영역에서 일단 선진국이고, 또한 전통문화 영역에서도 선진국이다. 그리고 이제 사회, 정치 영역에서도 선진국이 되려고 하는 것이다.

이것이 우리의 생각이다. 다수의 한국인들이 그렇게 생각하지 않고 있다면, 그들이 틀렸거나 우리가 틀린 것이 아니다. 둘 다 옳다. 다만 관점이 다른 것이다. 그러므로 우리들이 같은 사고패턴을 가지려면, 우리가 함께 공유하는 정신 문화가 필요하다. 우리가 함께 공유하는 정신 문화를 만드는 것이 어려운 게 아니다. 예를 들어 컴퓨터를 보자, 어떤 컴퓨터가 외부로부터 디도스 공격을 받아 '에러'가 발생했다면 즉시 그 에러를 제거하면 그 컴퓨터는 정상이 된다.

최근의 우리 역사가 훼손당한 것은 지형학적 역사 자체보다도 우리의 민족정신의 훼손이 더욱 심각한 것이다. 우리는 서양의 자본주의와 개인주의를 바탕으로 발전된 물질문명이 낳은 오늘날의 서양 문화를 매우 높게 평가하고 우리의 위대한 전통문화의 가치를 낮게 인식하는 것이 문제이다.

우리의 가치 기준은 결국 우리의 미래를 결정하기 때문에 지금 올바르게 정립해야 한다. 만일 우리가 오늘날 한국이 경제 선진국이 된 것을 '서구의 근대화된 기술과 과학 문명'을 받아들인 것 때문이라고 한다면, 이 말 자체는 문제가 없는 듯이 보인다. 그러나 조금 더 분석해 보면, 과연 지금의 발전이 서양의 기술과 과학의 결과일까?

그렇다면 현재 우리 사회가 직면한 심각한 문제들, 예를 들면 소득의 불균형, 심각한 실업률, 분노를 참지 못해서 벌인 엽기적인 살인, 옆집 할머니의 죽음을 몇 달 후에나 알게 되는 현실들, 이러한 문제들은 어디서 온 것일까? 이것 역시 서양의 물질문명의 결과물 아닌가. (지나친 억측일 수 있지만)

그래서 식자들은 지금 글로벌 자본주의에 대한 우려하는 바가 크다. 현재 글로벌 자본주의와 개인주의는 도덕적 정의의 한계에 도달한 상태이니 우리도 이제 세상을 냉정하게 평가할 필요가 있으며, 그래서 새로운 대안이 필요하다고 역설하는 것이다.

서양의 과학기술은 좋은 것이지만, 현재 빈익빈 부익부 사회를 만들고 인간의 존엄성이 상실되는 사회가 된 것은 '자본'만을 중시하는 서양 문명의 결과이다. 과거의 우리의 정신 문화는 오늘날의 서구 과학기술보다 훨씬 더 위대했다. 그래서 이제는 우리의 관점을 완전히 바꾸어야 할 때인 것이다.

실제로 우리가 경제적으로 어려웠을 때, 서양의 기술과 과학 중심의 사고방식은 공장을 짓고 빌딩을 짓는 데는 확실히 도움이 되었다. 그러나 우리의 전통적인 가옥이나 문화적 가치가 있는 환경을 마구잡이로 개발하여 훼손하고 환경파괴로 인한 후유증은 결국 엄청난 경제적 마이너스로 되돌아오고 있는 것이다.

그나마 우리가 오늘날 한국이 잿더미 속에서 시작하여 경제선진국이 된 것은 '서구의 근대화된 기술, 과학 문명을 받아들여서 '삶의 기반을 만들어야 한다는 홍익인간 정신이 깔려있었기 때문이라는 점을 생각해 보자. 이렇게 우리의 관점을 바꾸어 보면 새로운 것들을 발견할 수 있다. 그리고 우리는 과거를 전혀 다른 각도로 바라보게 된다. 우리의 조상들도 기술과 과학을 얼마나 중요하게 생각했는지를 알게 된다. 그리고 우리 전통문화 속에서 발견하는 수많은 정교한 과학적이고 공학적인 기술들을 현대에 되살리고 미래를 위하여 계승할 필요성을 발견하게 된다.

역사적 인식에서도 이런 '전제조건'에 따라서 엄청난 차이가 생겨나는 것이다. 또 다른 예를 들어보자.

우리 민족의 차별성을 이야기 할 때, 우리는 '순수혈통'이라는 전제조건을 깔고 이야기를 한다. 무의식적으로 '단일민족'을 강조한다. 이걸 대단히 자랑스러운 것이고 고귀한 것처럼 해석한다. 백의민족, 순혈주의 이런 것들이 한때 우리 민족의 고유성이라고 자부한 적이 있었다. 그러나 이것은 근시안적인 개념들이다.

이런 순수성을 찾는 동안에 역사 속에서 이것도 빼고 저것도 뺀다. 그래서 얻게 되는 결론은 '순수성을 유지하는 소수의 혈족'이 남게 된다. 하지만 역사적 진실은 이것이 아니다. 이 지구촌에서 순수한 혈통을 유지하는 사람들은 오직 아직까지 외부의 문명에 접촉하지 않고 살고 있는 소수의 원시 종족들뿐이다.

우리 민족 역사는 수많은 이민족의 침입이나 교류로 인하여 다문화사회를 형성하고 있었다. 하지만 이런 부분을 역사에서 제거하려는 음모에 의하여 그런 흔적들이 거의 남아 있지 않았을 뿐이다.

순혈주의자들은 혈통적으로 하나의 '민족'이라는 관점으로 모든 사물을 본다. 이 기준이 적용되면, 한민족은 현재 작은 반도에 살고 있는 소수의 사람들도 제한된다. 동시에 우리 조상의 DNA가 섞여있는 한국인의 후손들은 무시되는 것이다.

또한 일본 민족, 중국 민족, 유대민족 등을 적대시하는 민족적 배타성을 키우게 된다. 이것은 오늘날 같은 글로벌 시대에는 심각한 마찰과 경제적 손실로 나타나고 있다.

반면, 만일 우리 민족의 시원을 이야기할 때, '우리는 같은 조상으로부터 현재의 중국인, 인도인, 일본인, 한국인 등으로 갈라졌다'고 전제조건을 달게 되면, 우리는 역사에 대해서 전혀 다른 해석을 하게 된다. 이때 우리의 기준은 '인간'이라는 보편적 가치이다. 그래서 다문화를 받아들이고 포용할 수 있게 된다.

물론 백인, 흑인, 황인종 같은 인종학적인 구분을 하지 말고 인류는 피부색과 상관없이 똑같은 인간이라는 보편성의 가치관을 갖는다면, 세상에서 인종을 차별하는 인종주의자들이 없을 것이다. 이런 대국적 가치관이 '홍익인간' 정신의 출발이다. 어쨌든 전제조건이 매우 중요하다. 올바른 전제조건은 경제적 가치를 증대시키고, 정치 사회 문화를 발전적인 방향으로 나아가게 한다. 반면 그릇된 전제조건은 경제적 손실을 야기하고 모든 것을 퇴보하게 만든다.

우리의 삶에 유리한 전제조건을 세우도록 하자. 우리는 탁상공론을 하는 학자들이 아니다. 우리는 '비즈니스맨'—여기서 비즈니스맨은 '글로벌화된 전인적 인간형의 언어적 표현이다—들이다. 그러므로 무엇이 현실적이고 무엇이 경제적 가치가 있는지 그걸 따지는 사람들이다.
우리는 한국 그리고 한국인에 대한 어떤 전제조건을 내세워야 하는지 알고 있다. 그렇다면 적어도 우리에게 유리한 전제조건을 선택하는 것이 현명하지 않겠는가?

세상의 모든 사물이나 상황은 모두 양면성을 지니고 있다. 즉, 좋은 점과 나쁜 점이 있다는 말이다. '빛'과 '그림자'가 공존하는 것이다. 이것을 동양에서는 '음'과 '양'의 원리로 설명한다. 또한, 이것을 서구적 표현으로 바꾼다면, 긍정과 부정이 있다는 말이다. 어떤 것에는 '플러스(+)'가 있고 '마이너스(-)' 측면이 있는 것이다.
그래서 우리가 세운 전제조건이 모든 것들을 결정할 수 있다. 그래서 우리는 어떤 전제조건을 내세울 것인지 신중하게 선택해야 하는 것이다.

아이들의 교육에서도 이 원리는 그대로 적용된다. 매우 이기적이거나 위선적이어서 친구들과 어울리지 않고 과외 선생을 두고 시험에 나올 문제만 공부하여 높은 성적을 받는 학생을 '우등생'이라고 전제할 수 있고, 반대로 친구들과 잘 어울리고 남을 잘 도와주며 리더십도 뛰어나지만 다양한 인문학에 관심을 보이고 악착같이 시험공부를 하지 않아서 성적이 형편없는 학생은 '열등생'이라고 전제할 수 있다. 성적표는 하나의 지표일 뿐이다.

그러나 이것을 기준으로 우등생과 열등생이라는 꼬리표를 만들면, 그 결과 실제 두 아이의 인생에는 지대한 영향을 미친다. 이에 따라 가르치는 교사도 달라지고, 배우는 학생도 달라지기 때문이다. 이때 이 학생들의 실제 상황은 문제가 아니다. 이들에 대한 기대 혹은 평가 자체가 선생과 학생 자신에게 직접적으로 영향을 준다는 것이다.

우등생이라고 인식된 아이들은 결국 우등생답게 다른 면에서도 좋은 성적을 낸다. 열등생이라고 인식된 아이들은 결국 성적이 좋지 못하다. 결과는 그들의 노력 여부와 관계가 없을 때도 있다.
 이것을 '피그말리온 효과'라고 부른다. 1968년 미국의 교육학자인 로젠탈ROSENTHAL과 제이콥슨JACOBSON은 '교사의 기대치가 학생에게 미치는 영향력에 대한 연구' 결과를 발표했다. 그 내용은 공부를 잘 할 것이라고 기대되는 학생들과 그렇지 못한 학생들이 실제로 엄청난 차이가 난다는 것이다.4)

피그말리온 효과란 교육현장에서 교사나 책임자가 기대하는 대로 학생과 직원들의 능률이 오르는 심리적 현상을 말한다. 로젠탈 박사는 개인의 성장에는 그에 대한 믿음과 기대가 선행되어야 함을 주장하며, 학교뿐만 아니라 일상생활, 의사와 환자 사이 등 다양한 실험을 통해 긍정적 기대가 가져오는 효과를 설명한다. 기대와 칭찬이 가져오는 힘을 다양한 실험을 통해 교육에서의 기대와 칭찬의 중요성을 강조한다. 이 피그말리온 효과는 단순히 심리학적 견해라고 일축하기에는 실제적인 사례들이 너무 많다.

「한국인은 성질이 급하고 끈기가 없다.」
「한국인은 열정적이고 신속하게 변화에 대응한다.」

위 두 가지의 말은 같은 상황에 대한 다른 표현이다. '성질이 급하다' 혹은 '다혈질이다'는 말은 다르게 표현하면 '무엇이든지 열정적으로 한다'는 의미가 된다. 그러나 앞의 표현은 '부정적인 기대'감을 만들어 낸다. 반면 뒤의 표현은 '긍정적인 기대'감을 만들어 낸다.
'끈기가 없다'는 말은 '상황에 따라서 신속하게 대응한다'는 의미와 상통한다. 그러나 앞의 표현은 부정적이고 뒤의 표현은 긍정적이다.
이와 같이 똑같은 상황에 대해서도 어떻게 표현하는가에 따라서 '기대감'이 달라지고 결과에 직접적으로 영향을 미친다.

우리는 기대한 대로 결과를 얻는 원리를 '자기충족적 예언SELFFULFILL-ING PROPHECY'이라 부른다. 이는 앞에서 말한 피그말리온 효과와도 관계가 있다.

의학적으로 인정되고 있는 '플라시보 효과(PLACEBO, 僞藥)'도 역시 이와 같은 맥락에서 이해할 수 있다.

플라시보란, 어떤 약 속에 특정한 유효 성분이 들어있는 것처럼 위장하여 환자에게 투여하는 위약을 뜻하는 것이다. 플라시보의 어원은 라틴어로 만족시키는 또는 즐겁게 하는 이란 의미를 갖고 있다고 한다.

고대에도 플라시보 효과는 다양하게 활용되었다. 사람들은 병이 생기면 부족의 무당을 찾아가 처방을 받았다. 이때 샤먼은 잡신을 쫓는 굿을 하거나 약초를 만들어 주곤 했는데 이때 사용된 약초가 대부분 위약이었다. 오랫동안 무당들은 인간의 질병을 치유하는 것이 약이 아니라, 병이 치유된다는 믿음이라는 사실을 누구보다 잘 알고 있었다.

오늘날까지 의료행위에 사용되고 있으며 플라시보 효과의 유효율이 약 30%에 이른다고 한다. 이 효과를 판별하기 위한 방법을 이중맹검법二重盲檢法이라고 부르는데, 이는 약을 처방해주는 의사와 처방을 받는 환자 모두에게 이 약이 플라시보, 즉 위약이라는 것을 알려주지 않고 제3자가 그 결과를 지켜보는 방법이다.

밤중에 잠을 이루지 못하는 환자들에게 소화제를 수면제로 위장하여 주면 그 약을 먹은 환자는 이내 편안하게 잠든다고 한다. 또한 열이 나는 환자에게 증류수를 해열제로 위장하여 의사가 직접 주사하면 많은 경우 실제로 열이 내린다고 한다.

플라시보 효과와 반대되는 개념은 '노시보 효과'이다. 플라시보 효과가 '긍정적 반응'이라면 노시보 효과는 '부정적 반응'이다.

예를 들어, 권위 있는 의사가 "좀 더 정밀 검사를 해 봐야겠습니다."라고 무심코 말한다. 그렇지 않아도 겁을 먹고 있던 사람은 그 의사의 말을 '큰 병에 걸렸구나.' 하고 자기 멋대로 해석한다. 얼마 후에 실제로 그 사람은 심각한 병으로 병원에 입원하게 된다.

담석증 수술을 받아야 할 어느 마음 약한 여인은 자기의 배에 칼을 댄다는 사실을 심히 두려워하고 있었다. 수술 준비를 위하여 수술대 위에 눕혀 놓고 차가운 알코올로 배를 소독하자, 그녀는 자기의 배에 수술 칼을 대는 것으로 착각하고 쇼크사 했다고 한다.

어느 여인은 살충제를 먹고 자살한다는 유서를 남기고 죽었다. 그러나 실제로 그녀가 마신 액체는 살충제가 아닌 독이 없는 다른 액체로 확인되었다. 그녀가 마신 액체는 사람을 죽일 수 있는 것이 아니었는데도 그녀는 살충제를 먹었다는 심적인 충격 때문에 죽은 것이다. 또한 직원 한 사람이 냉동차 속에서 일하다가 문이 닫혀 갇히게 되었다. 얼마 후 다른 직원이 냉동차의 문을 열었을 때 그는 죽어 있었다. 그런데 그 냉동차는 고장이 나서 내부의 온도가 섭씨 13도였고, 산소도 충분히 있었다.

플라시보와 노시보 효과에 대해서는 이미 수많은 논문과 책들이 있다. '피그말리온 효과'와 '자기 충족적 예언' 그리고 '플라시보 효과', '노시보 효과' 등은 서로 일맥상통한다.
사람은 기대와 믿음에 직접적으로 영향을 받는다. 오늘날 잠재의식의 작용에 대한 연구 결과는 매우 놀랍다. 적어도 '마인드콘트롤'의 원리를 보면, 이러한 심리학적인 원리들이 단순히 이론이 아니라 매우 현실적인 결과를 낳는다는 것을 이해할 수 있을 것이다. 마인드콘트롤, 즉 최면술은 공인된 의학적인 방법으로 사용되고 있다는 점에서 그 가치가 인정받고 있다고 해석할 수 있다.

이러한 심리학적인 원리들은 모두 '어떤 전제조건을 내세우는가에 따라서 결과가 달라진다'는 맥락으로 파악할 수 있다.

한국과 한국정신은 위대하다.

우리는 한국과 한국인이 '위대하다'라는 전제조건으로 시작할 수도 있고, 한국과 한국인은 '별 볼일 없다'는 전제조건으로 시작할 수도 있다. 어떤 경우이든 논리적으로 이야기를 전개시킬 수 있다. 그것은 모두 정당한 것이다.

중요한 것은 어느 쪽이 우리의 현재와 미래에 가치 있는가 하는 점이다.

그래서 우리는 과거의 역사를 말하기 위해서라면, 현재 우리가 어디에 있는지부터 정의 내려야 한다. 여기서 우리는 플러스적인 전제조건을 내걸 수도 있고, 마이너스적인 전제조건을 내 걸 수도 있다.

| 한국은 일등 국가

이것이 우리가 내세운 전제조건이다.

우리의 위대한 역사와 위대한 문화를 탐구하기 위해서는 이에 걸맞은 전제조건이 필요하다. 이에 대한 결론은 '대한민국은 일등 국가'라는 것이다.

우리가 이미 일등 국가라는 사실을 우리 자신이 잘 모르고 있을 뿐이다. 당연히 세계인들도 잘 모르고 있다.

그것은 우리가 우리에 대해서 적극적인 홍보를 하지 않았기 때문이다. 이제부터 우리가 무엇을 해야 하는지 방향제시가 되었다.

만일 우리가 지금까지 알고 있듯이 [한국은 개발도상국이다. 그리고 선진국으로 도약하기 위한 문턱에서 고군분투하고 있다.]는 전제조건을 내세운다면, 우리가 스스로를 열등하다는 암시를 하고 있는 것이다.

우리는 이번에 '홍익인간'에 대한 자료들을 수집하면서, 너무 많은 사람들이 〈역 피그말리온 효과〉를 적용시키고 있다는 생각이 들었다. 즉 '노시보 효과'를 만들어내고 있는 학자들과 전문가들이 많다는 사실을 발견했다. 이들이 왜 그렇게 하는지는 뒤에서 이야기 하겠다.

한국인은 선진국민이다. 대한민국은 일등 국가다.
이것이 우리가 선택한 전제조건이다. 물론 이 전제조건에 이의를 제기할 사람들도 많다는 것을 안다. 하지만 우리는 비즈니스맨으로서 한국과 한국인의 저력에 관해서 사람들이 긍정적으로 반응을 유도할 생각이다.

한국은 이미 선진국이요, 일등 국가이다.
이제 우리가 할 일은 한국이 선진국이고 일등 국가라는 사실을 스스로 인정하는 일이다. 우리 스스로가 그렇게 생각하는 일이 가장 중요하다.
우리가 이미 선진국이고, 대한국이 일등 국가라는 것을 말하기 위해서 필요한 것이 무엇일까? 바로 홍익인간 정신을 바탕으로 한 '홍익인본주의'가 그 해법이다.

우리는 대한민국을 자랑스럽게 한 원동력을 '홍익인간 정신'에서 찾는다.

또한, 우리는 대한민국을 일등 국가가 되게 할 수 있었던 원동력을 '홍익인본주의'에서 찾는다. 그렇다면 어디서부터 어떻게 시작해야 할까? 바로 지금 이 책을 써내는 것부터 시작하는 것이다. 그리고 이 책에서 소개한 홍익인본주의 실천 과제부터 시작하는 것이다.

우리는 이 책에 말미에 우리가 '홍익인본주의'를 어떻게 실천할 것인지 제시할 것이다. 그것은 일등 국가를 만든 '홍익인간' 철학에 따른 방침이다. 우리만 잘 사는 것이 아니라, 인류가 다 함께 잘 사는 것이 '글로벌 시대'에 적합한 '홍익인간' 사상이기 때문이다.

어떻게 하면 우리가 일등 국가라는 것을 사람들에게 인식시킬 수 있는가? 그 답은 바로 이 책에 있다.

지구촌 모든 사람들에게 필요한 '홍익인간 정신'을 담은 책을 번역·출판하는 것이다.

우리는 누구나 읽을 수 있는 책이야말로 가장 효과적인 홍보 수단이라는 확신을 가지고 있다. 한 권의 책이 세상을 바꿀 수도 있다.

이번에 〈홍익인본주의〉 책을 계기로 하여 한국과 한국인의 위대한 이념과 사상, 정신과 철학을 세상에 널리 알리는 책들이 많이 출간되기를 희망한다.

이런 일에는 홍익인간 정신을 가진 학자들과 각계각층의 전문가들이 참여할 필요가 있다. 사실 이런 일은 국가적 프로젝트로 추진해야 마땅한 것이다. 하지만 국가는 가장 나중에 참여할 것이다. 잠시 후에 그 이유는 앨빈 토플러의 말을 빌려서 설명하도록 하겠다.

한 권의 책이 한 국가의 입지를 어떻게 바꾸어 놓았는지에 대한 사례를 공부해 보자.

일본은 1970년대만 해도 미국인들에게는 싸구려 물건을 만드는 나라 정도로 인식되었다. 그 당시 미국인들은 일본이 어떤 나라인지 전혀 몰랐기 때문이다.

그런데 1979년 미국 최고의 동아시아 전문가였던 하버드대학교의 에즈라 보겔EZRA VOGEL 교수가 쓴 [일등 국가 일본 : 미국을 위한 교훈 JAPAN AS NUMBER ONE]이라는 책이 70만 부 이상 팔리는 베스트셀러가 되면서 상황이 역전되었다.

그 당시 미국은 284억 달러라는 사상 최대의 무역 적자를 기록했는데 그 절반가량이 대일적자였다. 보겔 교수는 일본 기업과 정부의 리더십, 교육 시스템을 통해서 일본 산업 경쟁력과 성장의 수수께끼를 풀었다. 일본 고도성장의 원동력은 국민들의 높은 학습의욕에서 비롯되었고, 여기에 일본 기업의 경영방식과 이를 뒷받침하는 일본 정부의 산업 정책이 잘 어우러져 번영을 이루었다는 내용이었다.

보겔 교수는 이 책에서 일본이 합리적이고 실용적인 국가적 목표를 달성하기 위해서 정부와 산업계가 어떻게 협조했는지 보여주었다. 그는 일본의 산업계와 사회가 이루어낸 성과를 자세하게 열거했다. 보건의료 시스템에서부터 지방 정부와 교육 분야에 이르기까지 다양한 관점을 깔끔

하게 정리했다.

이 책에서 보겔 교수는 앞으로 미국은 일본을 상대로 낡아빠진 미국의 비전을 설교하기보다는 일본의 전문가들로부터 배워야 한다고 결론을 내렸다. 보겔 교수의 제안에 미국인들이 상당한 거부감을 표출했으나, 결국 이런 제안을 받아들인다. 이 책으로 인하여 미국인들이 일본과 아시아를 새로운 관점에서 바라보는 계기를 만들었던 것이다.

이 책으로 일본에 대한 미국인의 인식과 미국에 대한 미국인 인식까지 바뀌었다.

또한, 보겔 교수는 1986년 미국 최고의 국제관계 저널인 〈FOREIG-NAFFAIRS〉에 '동아시아 : 팍스 니포니카'라는 논문을 게재했다. 일본이 새로운 산업혁명을 주도할 것이라는 내용이었다. 이로서 '일등 국가 일본'이라는 타이틀은 오랫동안 일본의 성공을 표현하는 대명사로 사용되었다.

1980년대는 일본의 전성기였다. 그 결과 일본은 최고의 생산성과 품질을 지닌 국가로 인식되었고, 일등 국가가 되었다.

이제 아시아에서 또 다른 일등 국가가 부상할 것이다. 많은 사람들은 중국을 예상하고 있지만, 전문가들은 개인소득이나 복지시스템, 인권, 기후조건, IT 인프라 등 여러 가지 면에서 중국은 아직 선진국으로 분류하기에는 이르다고 보고 있다. 아시아에서 또 다른 일등 국가는 바로 '대한민국'이다.

한국은 일등 국가이다. ─여기에서 일등 국가는 편협한 민족주의나 단순하고 경쟁적인 1등을 말하는 게 아니다─

이 관점에서 모든 것을 해석할 필요가 있는 것이다. 물론 일부는 성급한 결론이라고 비평할 수 있다. 그러나 우리가 어떤 전제조건에서 시작하는가는 너무나 중요하다는 점을 이미 말했다.

우리는 우리의 과거 역사를 어떤 시각에서 바라 볼 것인가? 여기에 대한 우리의 전제조건 또한 바로 '대한민국은 일등 국가'라는 것이다.

우리가 일등 국가가 된 원동력은 홍익인간 정신이다. 우리의 성공 이면에는 '홍익인본주의'가 있다. 그리고 우리는 우리의 위대한 역사에서 그것을 찾아낼 것이다. 우리는 '홍익인본주의'로 슬기롭게 국난을 해결하고 경제적·문화적 선진국으로 도약한 것이다.

한국은 1960년대 이후 약 70년 동안 놀라운 속도로 경제 성장했다. 이것은 전 세계 역사에 유례가 없는 일이다. 이는 세계적인 경제학자들이 인정하는 일이다. 그런 기적 같은 일을 해 낸 것은 바로 '홍익인간'의 정신이 있었기 때문이다.

우리는 일등 국가로서의 포지션은 확실하다. 우리는 정치·경제적으로 도약하는 동안에 많은 내우외환을 겪었다.
1970년대 오일쇼크, 1997년 IMF 금융 위기, 2008년 미국 발 금융위기 등을 잘 넘겼다. 1988년 서울 올림픽, 2002년 한일 월드컵, 2010년 G-20 정상회의 개최, 2025년 정치 위기의 극복 등 국제사회의 주요한 활동에 참여하고 있다. 구매력 기준 개인소득 3만 달러를 돌파하였다. 이 모든 이면에는 홍익인간 정신이 깔려있다. 홍익인간은 최악의 상황에서 좌절하지 않는 불굴의 정신 자세를 만들어 낸다.

한국은 정치적으로 민주주의 제도가 정착한 나라이고, 사회복지 분야에서도 의료보험 제도가 일찍이 도입되었다. 여기에도 홍익인간의 DNA가 작용했던 것이다.

또한 스포츠에서도 2012년 런던 올림픽에서 종합 5위를 달성했다. 문화 분야에서 '한류'는 이미 아시아를 넘어서 미국과 유럽으로 확산되고 있다. 과학기술 분야에서도 이미 세계 일류의 전자제품, 반도체, 조선, 자동차 산업으로 도약하였다. 이러한 발전의 원동력이 바로 홍익인간 정신이다.

이러한 여러 가지 기준에서 보면 한국은 이미 선진국이다. 이러한 한국의 선진국화에는 과거 식민지 운영 경험이 없는 조건에서 이루어졌다는 점에서 세계 수많은 개발도상국의 희망이 되고 있다.

문제는 이제 선진국 대열에 진입한 풋내기로서 한국이 '스스로 국제사회의 지도자'로서 어떤 역할을 해야 하는지 모르는 데 있다. 이 문제를 푸는 열쇠는 우리가 잠재된 홍익인간 정신을 되살리는 데 있다.

일부 한국의 지식인들이 한국을 아직도 개도국의 포지션에서 생각하고 있는 게 문제이다. 이런 지식인들 대부분은 자신들이 논리적으로 생각한다고 하겠지만, 역사와 문화적 관점을 이해 못하는 것이 가장 큰 문제인 것이다. 이제는 좀 아는 사람들이라면 한국과 한국인에 대해서 세계가 어떻게 인식하고 있는지에 대해서도 관심을 가져야 할 것이다.

또한, 한국이라는 국가 브랜드와 한국인과 한국인의 정체성에 관해서 사실인 것이 중요한 것이 아니라 세상에 어떻게 알려져 있고, 세상이 어떻게 인정하느냐가 문제이다. 이 말은 곧 효과적인 홍보 전략으로서 한국을 긍정적으로 소개하는 책이 많이 필요하다는 뜻이다.

지금 한국은 '글로벌 리딩 국가'로서 역사 문화적 포지션을 바로 잡아야 한다. 문제는 전문가들이 지적하듯이 한국의 브랜드 가치와 한국 상품이 유기적으로 연결되지 못하고 있다. 국제사회에서는 아직까지 한국이 일본이나 중국처럼 유명하지 않다는 점이다. 한국이 너무 짧은 기간에 급부상하다보니 한국인 스스로 뿐만 아니라 국제사회가 아직까지는 한국의 달라진 위상을 실감하지 못하기 때문이라고 전문가들이 지적한다.

지금 우리의 위상을 바로 잡아줄 수 있는 무엇인가가 절실히 필요하다. 그것이 바로 홍익인간의 리더십과 '홍익인본주의'라는 정치·경제 구성체라고 할 수 있다.

지구상에는 200여 개의 국가가 있다. 하지만 지형학적인 상황만 놓고 보면 지구상에서 한국과 같은 위치에 놓여있는 국가는 없다.

한국의 주변 국가는 이 지구촌의 최상위 국가들이다. 일본과 중국은 국경을 맞대고 있고, 바로 옆에 러시아와 미국이 있다. 그 가운데 북한이 항상 긴장을 늦출 수 없게 만든다. 이렇듯이 주변에 강대국들이 포진하고 있어서 우리의 포지션을 체감하는 것이 그리 쉽지만은 않는 것이다. 또한 약간은 과거의 잔재들이 잠재의식 속에 남아 있는 것인지 모른다. 일제강점기 때의 고통스러운 기억들이나 한때 중국과 대등한 위치에서 대륙을 버리고 반도에 머물게 된 아픈 기억들로 주눅 들어 있는 것인지 모른다.

우리만 그런 것이 아니라 일본을 보면 확실히 심리적으로 문제가 있음을 느끼게 된다. 어떻게든 과거 전범의 기억들을 지우고 싶어 하는 것을 보면 아직 감정적으로 성숙하지 못했다는 증거일 수 있다.

그러나 이미 우리는 선진국이다. 이제는 글로벌 시대의 리딩 국가로서 역할을 수행해야 한다. 이제는 선진국으로서 홍익인간 리더십을 발휘해야 한다.

먼저 국제사회를 지도하는 선진국으로서 역할을 소홀히 해서는 안 된다. 무엇보다도 선진국의 위상을 유지하기 위하여 국가 전략도 과감하게 수정해야 한다. 한마디로 지금부터는 '홍익인간'의 국민답게 처신할 필요가 있다. 한국이 국제사회의 모범 국가로 거듭나는 기회를 잡고 한국인의 명예 회복을 해야 한다.

한국이 선진국 위상을 유지하는 일은 '글로벌 리더로서 매우 가치 있는 일이다. 세계에는 지금 한국의 성장 과정을 모델로 하고 있는 수많은 개발도상국들이 있다. 이들이 선진국으로 도약하도록 모범을 보여줄 의무가 있는 것이다.

그래서 한국의 국가 브랜드 가치를 높이는 것을 국가적인 사명으로 채택해야 한다. 가장 쉬운 방법은 한국이 선진국으로 자신의 존재 가치를 국제사회에 정확하게 알리는 일이다.

지금까지의 소극적이고 감정적인 방식이 아니라, 한국과 한국인의 정체성을 제대로 홍보하여 국제사회에서 긍정적인 반응을 끌어내는 것이다. 이를 위해서는 무엇보다도 한국의 경제성장 배경에 있는 한국인의 정체성을 알리는 일부터 해야 한다.

한국인의 저력인 홍익인간을 제대로 국제사회에 인식시키는 작업을 해야 한다. 일본이 '사무라이'를 일본의 캐릭터로 만들기 위해서 오랜 기간 전략적으로 작업했다는 점을 보고 배울 필요가 있다.

한국인은 스스로 혹은 다른 사람들이 말하길 '손재주'가 뛰어나다고 말한다. 이 말은 창의력이 뛰어나다는 의미일 것이다. 무엇이든지 잘 다룬다는 말이다.
우리가 흔히 일본을 모방 혹은 베끼는 데 놀라운 재능을 가진 국가라고 비아냥거리는데, 경영의 원리로 생각한다면, 모방은 창조의 새로운 시작이다.

일본이 메이지유신 이후에 선진기술을 카피하는 데 주력했고, 그 결과 오늘의 기술 국가로 발돋움 했다. 우리도 지난 70년간 선진국의 모든 기술들을 카피하는 데 집중하여 '짝퉁'에서 시작하여 '일류 기술 국가'로 성장했다.

오늘날 중국은 대놓고 복제한다. 한때 10여 년 전만해도 우리는 중국을 짝퉁 천국이라고 가소롭게 여겼다. 사실은 중국이 일본이나 한국보다 더 빠르게 선진기술을 확보하기 위한 전략으로 '세계의 공장'을 자처했던 것뿐이다.

모든 국가는 '복제'부터 시작하여 발전하는 것이다. 하지만 그렇다고 모두 한국처럼 자리 잡은 것이 아니다. 우리에게는 짝퉁에서 기술 선진국으로 도약했을 뿐만 아니라 이제는 세계의 기술을 주도하는 단계까지 발전하였다.

하지만 지금까지의 발전은 서양의 기술과 과학을 기반으로 한 것에 불과하다. 그래서 이것만으로는 결코 서양의 선진국들을 능가할 수 없는 것이다. 이제 우리의 것에서 답을 찾아야 한다.

우리 민족은 탁월한 손재주로 고품격 문화 콘텐트를 만드는데 뛰어나다. 21세기는 문화 콘텐츠 시대가 될 것이라고 말하는 전문가들도 많다. 그렇다면 한국인에게 아주 유리한 국면에 접어든 것이다.

최근에 '한류'가 전 세계의 중요한 문화 트렌드로 자리 잡는 것을 보면 확실히 한국인의 문화 예술적 감각은 탁월하다.

물론 세계에는 많은 국가들이 고유의 전통문화를 가지고 있다. 우리가 말하는 한류는 서양의 팝음악을 가지고 한국인 가수들이 한국적 스타일로 노래한 것이다. 다시 말해서 우리의 전통문화가 아니라 새롭게 개발된 문화라는 뜻이다.

그런데 어떻게 한류는 최단기간에 세계인들을 사로잡은 것일까? 그 힘은 어디서 나오는 것일까? 어떻게 단순한 팝음악을 가지고 새로운 문화를 만들어 낼 수 있었을까?

그렇다. 세계인들을 한류의 마니아가 될 수 있도록 조절한 힘은 우리의 7,000년 역사와 문화 속에서 내려온 홍익인간 정신이 그 바탕이 되었던 것이다.

그래서 우리는 '한국인의 저력'을 말할 수 있는 구체적인 이론이 필요하고, 이것을 체계화하고 국제사회에 널리 홍보해야 할 세계사적 사명을 가지고 있음을 명심해야 한다.

▎홍익인본주의는 우리 역사와 문화를 바탕으로 한 정치·경제의 '운영시스템'이다

홍익인본주의는 우리 한국인이란 운명 공동체를 작동시키는 '운영시스템 OS'을 말하는 것이다. 하지만 이 '소프트웨어'는 지난 100년간 약간의 '에러'를 일으키게 되었다. 치명적인 바이러스가 침투한 것이다. 바이러스 이름은 '동북공정과 식민사관 그리고 서구적 양독 사관'이다.

따라서 이 OS는 지속적으로 업그레이드를 시킬 필요가 있다. 특히 '일제강점기 때 침입한 '식민사관' 바이러스는 다양한 형태로 코드를 변조시켜 놓았기 때문에 프로그램의 성능이 저하되고 있다.

지금 필요한 것은 강력한 '홍익인간'을 담고 있는 '복구 프로그램'으로 재부팅할 필요가 있는 것이다.

정상적으로 복구된다면, 첫 번째 화면에서 우리는 글로벌 리더십을 가진 '홍익인간'를 만날 것이다. 글로벌 리더인 한국이 화면에 나타날 것이다. 이는 지난 7000년의 역사를 통해서 위대한 문화를 창조해낸 바로 그 '홍익인간 정신'을 바탕으로 인류공영을 위한 강력한 운영시스템이 복구될 것이다.

또한, 홍익인본주의 OS를 바탕으로 앞으로 수많은 경제 경영 응용프로그램들이 개발될 것이다. 이런 프로그램들의 개발은 각 분야 전문가들에게 맡기고, 또한 우리도 함께 참여할 것이다.

그래서 우리는 이렇게 질문해야 하는 것이다.

"일등 국가 한국을 글로벌 리더가 되게 한 한국인의 정체성은 무엇인가?"

그러면 우리는 이렇게 대답하는 것이다.
"그것은 홍익인간 정신을 담고 있는 홍익인본주의이다."

홍익인본주의는 무엇인가? 이는 곧 〈사람 사는 세상〉을 말함이다.

한국인 모두 위대한 홍익인간 정신을 인식한다면, 그리고 홍익인간을 바탕으로 '글로벌 리더십'을 발휘한다면, 한국이 21세기를 주도할 것이라는 것은 결코 망상이 아니다. 홍익인본주의로 새로운 르네상스 시대를 건설할 수 있다는 주장 또한 헛소리가 아니다.

그렇다면 구체적으로 어떻게 할 수 있을까? 그건 〈홍익인본주의〉 가치 체계를 바탕으로 한 한국과 한국인의 글로벌 브랜드를 새롭게 만들어 내는 일을 하는 것이다.

우리는 '글로벌 마켓'에서 '한국은 어떤 나라이고, 한국인이 누구인가'를 홍보할 수 있는 책을 출판하는데 기여할 생각이다. 즉, 우리 나름대로 한국인으로서 브랜드를 높이는 작업을 시도하는 것이다.

물론 홍익인본주의를 실천하는 구체적인 방법들은 뒤에서 설명할 것이지만, 한국에서 또는 글로벌 시장에서 다양한 형태로 홍익인본주의를 실천에 옮길 수 있도록 계몽할 것이다.

홍익인본주의는 갑자기 만들어진 개념이 아니다. 우리들이 70년 동안 서구적 자본주의 모델에 익숙해져 있는 현실을 직시하고, 그리고 또한 삐걱대는 자본주의를 긍정적 방향으로 정립하는 것이 홍익인본주의의 전부이다.

그래서 지금 우리가 필요한 것은 바로 홍익인본주의 '이론'을 정립하는 일이다. 그리고 우리는 먼저 홍익인본주의에 입각한 사업들을 추진할 것이다. 여기서 우리가 비즈니스를 강조하는 데는 그만한 이유가 있다.

비즈니스가 선행된 후에 나머지 모든 것들이 뒤따르는 것이 현실적이기 때문이다. 이에 대한 이야기를 잠시 해보겠다.

앨빈 토플러는 '글로벌 브랜드'를 지닌 미래학자 중 한 사람이다. 워낙 유명한 사람이니까 모르는 사람들이 거의 없을 것이다. 그는 《제3의 물결》, 《미래쇼크》, 《권력이동》 등 저작물로 세계적인 베스트셀러 작가로 도약하였다.

그의 최근 저서인 《부의 미래REVOLUTIONARY WEALTH》란 책 '속도의 충돌'이라는 장에서 재미있는 비유를 들고 있다.

미국을 예로 들어서 설명하고 있다. 미국을 하나의 고속도로라고 하면 여기에 9대의 차가 있고 이는 각각 미국의 주요 기관을 대변한다. 각 자동차는 이 기관이 실제 변화하는 속도에 상응하는 속도로 달린다.5]

시속 100마일 - 기업, 사업체
시속 90마일 - 시민단체들
시속 60마일 - 가족
시속 30마일 - 노동조합
시속 25마일 - 정부의 관료조직과 규제기관들
시속 10마일 - 학교
시속 5마일 - 국제기구
시속 3마일 - 정치조직

시속 1마일 - 법

앨빈 토플러의 비유에 의한다면, 세상에서 가장 빠르게 변화하는 분야는 〈비즈니스〉 분야이다. 사업의 세계는 늘 한발 앞서 나가고 있는 것이다. 실제로 세상의 중요한 변화를 먼저 감지하고 준비한 사업가들이 크게 성공하는 것은 당연하다. 따라서 비즈니스맨들이 가장 앞선 관점으로 세상을 보고 있다고 해도 틀린 말이 아닐 것이다.

그런데 이런 비즈니스를 뒷받침해야 하는 '공무원 조직'은 어떨까? 상당히 느리게 변한다. 또한 이런 비즈니스를 위한 '법률'은 어떨까? 가장 느리게 변한다. 따라서 언제나 비즈니스는 법률이나 각종 제도적 장치보다 앞서가게 된다.

그래서 사업을 하는 사람들이 항상 하는 말이 있다. "행정이 따라주질 않아요. 지금이 어떤 시대인데 아직도 이런 식으로 규제를 하다니 말도 안돼요." 실제로 그렇다. 이건 미국이라는 한 나라의 경우만 그런 것이 아니다. 한국 역시 똑같다고 생각할 수 있다. 사업은 이미 진행 중인데 관련 법규들은 전혀 마련되어 있지 않은 경우가 비일비재하다.

그렇다면 이번에는 교육에 대해서 생각해 보자. 우리가 관심을 가지고 있는 '한국의 역사' 즉 역사 교과서의 경우 얼마나 빠르게 현실을 반영하고 있는지 짐작해 볼 수 있을 것이다.

'학교' 교육은 시속 10마일 속도이다. 다시 말해서 다른 어떤 것보다도 느리게 변한다. 그런 이유로 교육이나 학교를 바꾸려는 시도는 항상 어려움에 직면하는 것이다. 지금 우리의 교육 현장에서 볼 수 있는 것은 일제 강점기 때의 내용일지도 모른다.

교육 제도는 공무원 조직보다 더 변하기 어렵다.

홍익인간이나 혹은 홍익인본주의에 대해서 이 기준을 적용해 보면 더욱 흥미가 있을 것이다. 홍익인간이 우리 국가 혹은 우리 민족에 중요한 브랜드 요소라고 생각해 보자. 이제 이 9개의 영역에서 어떻게 반응할 것인지 살펴보자.

먼저 법에서는 어떨까? 전혀 관심이 없다. 당연히 정치조직이나 국제기구, 공무원들은 반응을 보이지 않을 것이다. 다시 말해서 언제쯤 '홍익인간' 정신을 통치자들이 채택하여 널리 세상을 이롭게 하는 '홍익정신'으로 일할 수 있을까? 모르긴 몰라도 수 년 아니 수십 년이 걸릴지 모른다. 아마 다른 것들이 다 변한 후에나 가능할 것이다.

먼저 사업적으로는 가장 빠르게 반응할 것이다. 홍익인간에 대한 상품을 만들고 이에 관한 자료나 책도 만들 것이다. 홍익인간 캐릭터도 만들 것이다. 홍익인간을 주제로 한 테마파크를 만들 수도 있고, 영화나 연극 혹은 게임도 개발할 것이다.

그 다음으로 시민단체 혹은 NGO들이 빠르게 대응할 것이다. 홍익인간에 대한 고대사 혹은 신화, 설화들을 수집하여 역사서를 만들 것이다. 그리고 홍익인간 정신으로 협동하는 사회를 만드는 일을 계몽할 것이다.

그 다음에 가족이 반응한다. 각 가정에 홍익인간 정신을 이야기하는 아버지나 어머니가 등장할 것이다. 그 이후에 기업체의 노동조합들이 홍익인간 정신을 받아들일 것이다. 이 정도가 되려면 적어도 수년은 족히 걸릴 것이다.

이렇게 사회 전반적으로 홍익인간에 대한 관심이 고조되면, 드디어 공무원 사회도 이에 반응할 것이다. 학교에서는 어떨까? 아마도 초기에는 전혀 반응이 없을 것이다. 교과서에 반영되는 일은? 당분간 없을 것이다. 오직 공무원들이 나설 때가 되어야 학교와 교육도 반응을 보일 것이다.

그리고 이미 말한 것처럼 국제사회와 정치, 그리고 법은 가장 늦게 반응을 보일 것이다.

따라서 우리는 '홍익인간'에 관해서 우리가 어떤 일을 시도할 때, 이러한 사회적인 시스템들이 각자의 속도에 맞추어 반응한다는 것을 미리 알고 있어야 한다. 이번에 우리가 '홍익인본주의'라는 새로운 경제·경영원리를 제시하는 일도 마찬가지이다.

이것을 기존의 학자들이나 혹은 공무원들에게 제시하는 일은 현실성이 없다는 것이다. 먼저 학교나 혹은 학자들이나 국가 공무원 사회는 느리게 반응한다는 점을 알고 있어야 한다. 즉 '국사 교과서'는 가장 나중에 반응할 것이라는 점을 알고 있어야 한다.

우리가 한국과 한국인을 제대로 알리는 일을 해야 한다고 주장하지만, 사회 전반적인 시스템들은 각자의 속도에 맞추어 반응할 뿐이다.

따라서 이 일은 결국 비즈니스 영역에서 가장 먼저 진행해야만 가능성이 있다. 그래서 우리는 먼저 우리의 생각을 담은 '홍익인본주의' 책을 만들고 이를 바탕으로 비즈니스 영역에서 일을 추진해야 한다.

오늘날 비즈니스 관점에서 가장 중요한 용어는 '브랜드'이다. 글로벌 시대에 접어들면서 국가 혹은 기업, 그리고 개인까지 브랜드의 중요성은 더욱더 커졌다. 따라서 우리는 먼저 한국의 브랜드 가치를 높이는 일에 대해서 생각해 보기로 하자.

우리는 '홍익인간' 정신과 '홍익인본주의'가 한국인과 한국의 브랜드가치를 높이는 데 기여할 것이라고 확신한다. 그래서 우리는 이에 관한 책들을 만들어 가까운 사람들부터 '계몽'하려는 것이다.

사실 이것이 진정한 '홍익인간 정신'을 실천하는 방법 중 하나라고 생각하기 때문이다.

경제·경영적 관점에서 볼 때, 홍익 즉 '널리 이롭게 하는' 최상의 일은 무엇일까? 바로 제대로 된 브랜드를 만들어 세상에 알리는 일이다. 글로벌 시대에 국가나 민족 혹은 기업이나 개인도 브랜드가 높아져야 하는 것은 자명하다. 이렇게 브랜드가 높아지는 것은 그만한 경제적 가치가 높아진다는 의미가 된다. '곧 홍익정신의 실천은 대한민국의 브랜드 가치를 높이고 경제·경영적 부가가치를 창조하는 것이다.'

곧 '홍익弘益'의 홍弘과 익益을 합쳐서 '널리 알려서 (브랜드 만들어서) 경제적 가치를 갖는 일'로 해석할 수 있다. 물론 이것은 '홍익'에 대한 다양한 해석 중 하나일 뿐이다.

따지기 좋아하는 학자들은 우리의 논리에 대해서 반박할 수 있을 것이다. 그러나 우리의 이 해석이 전혀 틀렸다고만 할 수 없을 것이다. 왜냐면 '홍익'이라는 단어 속에 '널리 알리고 이롭게한다.'는 경제적 개념이 포함되어 있기 때문이다. 오늘날 우리가 사용하는 '브랜드'라는 말 자체는 이미 '널리 알려진 것임을 의미하고 있다.

따라서 홍익실천이란 결국 상품이나 서비스를 브랜드로 만들어 널리 알려서 경제적 가치를 창조하여, 인류공영에 이바지하는 일이라 할 수 있다.

브랜드란 경제·경영학 용어이다. 우리가 생각하는 '브랜드'는 경제적 가치를 위하여 '널리 알려진 것'이다. 널리 알려졌지만 경제적 가치가 없다면, 그건 '브랜드'로서 가치가 없는 것이다.

그래서 우리가 '홍익'을 브랜드 가치를 높이고 결과적으로 경제적 가치를 창조하는 일이라고 새롭게 정의내릴 수 있다. 참고로 '홍익인간'에서 인간은 'HUMAN BEING'과 '휴머니즘HUMANISM' 을 내포한 개념이다. 즉 인본주의가 바탕에 깔려 있다는 뜻이다. 이에 대해서는 뒤에서 다시 설명한다.

한국은 이미 세계적인 브랜드로 국가 위상이 높아져 있다. 하지만 이것은 단순히 형식적 하드웨어HARDWARE 측면에서만 그런 것이다. 아직 내용적 소프트웨어SOFTWARE 측면에서는 브랜드가 미개발 된 상태이다. 따라서 이에 걸맞은 '내용적인 소프트웨어 브랜드'를 개발해야 할 때이다.

이것이 지금 한국에서 강조하고 있는 '창조경제'의 관점에서도 잘 맞는다. 우리는 한국 또는 한국인이 '일류 브랜드'가 될 수 있다고 확신한다.

우리에게는 그만한 역사적인 팩트FACT를 가지고 있기 때문이다.

지금부터는 우리가 가지고 있는 '역사적인 사실'을 제대로 아니 효과적으로 '재조명'하는 작업을 해야 한다. 이것을 다른 말로 표현하자면 강조점 'SPOT LIGHT'을 제대로 비추어야 한다는 말이다.

그동안 우리는 무대의 어두운 구석만 비추었을 뿐, '찬란한 역사와 전통문화'를 제대로 비추는 일을 하지 않았던 것이다. 관객은 오직 '스포트라이트'가 비추어진 곳만 볼 수 있다. 그렇기 때문에 지금부터 우리는 보여줄 곳을 확실하게 혹은 집중적으로 비추어야 하는 것이다.

지금까지 우리는 서양의 기계, 기술, 물리 과학을 바탕으로 물질문명의 소산인 고도 산업사회의 모습만 비추어왔다. 하지만 도시에 고층건물이 들어서고 고속전철이나 첨단 시설이 채워지는 것만으로는 '일류 브랜드'가 될 수 없다.
이제는 '정신문명'에 의한 전통사상과 문화를 집중 조명하여야 한다. 여기에 바로 '홍익인간'을 우리의 정체성으로 인식할 수 있도록 다각적인 전략이 필요한 것이다.

앨빈 토플러 박사의 지적처럼, 이런 작업을 공무원이나 학자들에게 부탁하는 것은 천천히 할 일이다. 먼저 비즈니스맨들에게 부탁하는 것이 좋을 것이다.
왜냐하면 사업가들은 가장 빠른 속도로 달리고 있으면서, 가장 도전적이고 적극적인 타입이기 때문이다. 또한 사업가들은 강점과 장점을 잘 파악하는 전문가들이다.

잠시 이 세상을 들여다보는 관점에 대해서 생각해 보자. 서양은 주로 '이원적'인 기준으로 사물을 판단한다. 예를 들면 선과 악, 흑과 백, 음과 양의 대비 측은 상반된 구조를 가지고 생각한다. 반면 동양은 둘의 균형과 조화를 중시하는, 즉 중용의 철학을 가지고 있다. 앞으로 이 융·복합적인 가치체계가 새로운 시대를 만드는 데 일조할 것이라고 생각한다.

지난 수세기 동안 인류사에는 서양의 이분법적인 사고방식이 주류를 이루었다. 선善은 악惡에 반대되는 개념으로 인식하고, 악을 제거하는 일에 집착해왔다. 의사들은 건강에 대해 알기 위해서 질병을 연구했다. 심리학자들은 기쁨에 대해 알기 위해서 슬픔을 연구했다. 심리치료사들은 행복한 결혼의 비결을 알기 위해서 이혼의 원인을 연구했다.

이런 논리를 적용하여 오늘날 세계 도처의 학교와 직장에서는 유능한 사람이 되려면 자신의 약점을 파악하여 이를 개선해야 한다고 가르치고 있다. 그런데 이런 노력은 의도와 달리 종종 그릇된 방향으로 나아간다. 약점과 실패에 대한 연구는 가치 있지만, 그것은 결코 우리의 강점과 장점을 발휘하는 데 아무런 도움을 주지 못한다.

오늘날 '자기계발' 연구자들은 약점을 보안하는데 집중되었던 모든 관심을 이제는 진정으로 자신의 강점을 발견하는 데 쏟아 부어야 한다고 지적한다.6)

실제로 기업과 사업에서 '강점'과 '장점'에 집중하는 것으로 놀라운 성과를 거둔 사례들을 쉽게 발견할 수 있다.

홍익인간의 강점에 집중하라

이 말은 우리가 한국의 브랜드를 높이는 일에도 그대로 적용할 수 있다. 이제 한국에 대해서 '강점' 혹은 '장점'을 연구한 학자들을 만나 볼 필요가 있다. 그동안 우리는 우리의 '약점' 혹은 '단점'을 지적하는 두 부류의 사람들을 많이 만났다. 한 부류는 '일본'에서 왔고, 다른 한 부류는 '중국'에서 온 것 같다. 이들의 이야기는 뒤에서 약간만 언급하기로 한다.

근래 한국에 대해서 많이 연구한 외국 학자들이 있다. 그중에서 한국의 '강점'을 연구한 사람을 찾아보니 의외로 많지 않았다. 아니 많이 있지만, 조금 지나치게 '민족주의'적인 관점에서만 한국을 부각시켜서 그건 우리가 받아들이기에는 조금 부담스러웠다.

그중 '임마누엘 페스트라이쉬' 박사는 외국인으로는 보기 드물게 한국에 대해서 잘 알고 있는 전문가이다. 박사가 제안하는 '한국의 브랜드 높이는 전략'을 잠시 생각해 보자.7)

임마누엘 박사는 그의 저서 《한국인만 모르는 다른 대한민국》에서 한국이 저평가되어 있다고 말하고 있다. 그는 한국이 일등 국가가 되었다는 사실을 알리는 책을 내자고 한국인들에게 제안했지만 한국인들은 여기에 소극적인 태도를 보였다고 말한다.

그리고 그런 이유로서 한국인들이 지닌 '새우 콤플렉스'를 지적하였다. 이는 한국의 지정학적인 조건에서 비롯된 것이라 말한다. 한국은 세계 최강의 국가들, 즉 중국, 일본, 러시아와 직접 국경을 맞대고 있었고, 동북아시아에 직접 군사적으로 개입하고 있는 미국과도 이웃하고 있다. 전 세계의 초강대국들만 이웃하는 나라는 한국이 유일하다. 이러한 지형학적 위치 때문에 한국은 지난 100년간 새우 콤플렉스를 갖게 되었다는 것이다. 하지만 이제는 그걸 뛰어 넘을 수 있는 국가 수준까지 성장했다. 그럼에도 아직 한국인들은 그걸 인정하지 못하고 있다고 정곡을 찌른다.

한국인의 새우 콤플렉스는 '선진국 콤플렉스'라고 할 수 있다. 한국인은 '식민사관 바이러스' 때문인지 너무 오랫동안 선진국 콤플렉스에 시달려왔다. 이 콤플렉스는 선진국이 이렇게 하니 한국도 이렇게 해야 한다며 채찍질하여 초고속성장을 이루는데 기여했지만, 이것은 잘못된 선진국 우상화와 한국인의 열등감을 심는 결과를 낳았다.

결국 이러한 콤플렉스는 자녀 교육에 비유해 볼 수 있다. 학부모들 중에서는 '공부 잘하는 아이'와 비교하여 "너는 왜 옆집 아이처럼 공부를 잘하지 못하냐?"고 자기 자녀들에게 핀잔을 주는 경우가 있다. 아이는 부모의 기대에 부응하기 위하여 열심히 공부하지만 결국 역량 부족으로 스스로 무능한 열등생이라고 인정하게 만드는 역효과를 가져오는 것이다. 결국 이렇게 열등감에 사로잡혀서 자신의 정체성을 잃어버린 아이들은 큰 사고를 치거나 인생을 망치기도 하는 것이다.

경쟁이나 비교를 통한 우열을 가리는 것 자체는 '서양의 개인주의' 특징이기도 하다. 이에 대해서는 뒤에서 다시 다룰 것이다. 지금 우리에게 필요한 것은 우리의 특별한 부분, 즉 우리의 강점에 관한 것이다.

임마누엘 박사는 이제는 우리가 이런 종류의 콤플렉스를 벗어나야 한다고 말한다. 이제까지의 선진국 기술을 베끼는 방식에서 벗어나 한국 고유의 가치를 재발견하고, 그것을 브랜드로 만들어야 한다고 제안한다.

한국에는 실제 생활에 큰 도움을 줄 수 있는 유용하고 가치 있는 전통문화가 엄청나게 많다는 것이다. 그걸 한국인이 모르고 있다고 말한다. 참으로 안타까운 일이다.

그래서 지금부터 한국인이 해야 할 일은 지난 100년간 왜곡된 역사를 뛰어 넘어야 한다고 제안한다. 유례가 없는 위대한 전통문화, 찬란한 문화적인 유산들을 우리가 오늘에 되살리는 일부터 해야 한다고 말한다.

사실 우리의 역사를 1만 년의 위대한 역사라고 주장하지 않아도 된다. 이미 고고학, 서지학으로 입증된 역사만 가지고도 7,000년의 장구한 역사이다. 지구상에 이만한 역사를 지닌 국가, 민족은 없다.

문제는 우리 스스로가 이 위대한 역사에서 어떠한 '강점'을 끌어낼 것인가 하는 점이다. 그리고 어떻게 '오늘'에 되살릴 것인가 하는 점이다. 우리는 우리 전통문화 속에서 '글로벌 브랜드'가 될 수 있는 확실한 '강점'을 찾아내는 일에 집중해야 하는 것이다.

지금 한국과 한국인이 스스로에게 던져야 할 질문은 이것이다.
우리 민족, 우리의 전통문화 속에서 되살릴 우리의 '강점'은 무엇인가?

지금 우리가 할 수 있는 일 중에서도 우리의 전통문화가 지닌 강점을 발굴하는 일이 가장 시급한 일이라는 생각을 한다. 그 이유는 시간이 흐를수록 우리의 전통문화는 복구하기가 더 힘들어지기 때문이다. 이것은 한국인만의 일이 아니라 이웃나라인 중국, 일본 그리고 전 세계의 모든 국가의 일이 되기 때문이다.

 예를 들면, 우리는 '김치'의 원조는 우리라고 생각하고 있지만 그건 글로벌 시대의 적합한 방식이 아니다. 일본은 김치를 브랜드로 개발하여 자국의 문화로 세계에 팔고 있다. 우리가 '아리랑'을 우리의 전통음악으로 자랑스럽게 생각하고 있지만, 중국은 이것을 브랜드로 만들어 세계에 팔려는 시도를 하고 있다.

 오늘날 세상 모든 것을 '경제와 문화'의 관점에서 생각하지 않으면 안 되는 세상이다. 무엇이든지 우리 것이라고 말로만 주장하는 것은 의미가 없다. 그것을 구체적으로 세상에 널리 알려서 세계인들로부터 인정받아야 하는 것이다.

 앨빈 토플러의 말처럼, 비즈니스에서 이것을 풀어가는 것이 상책이다. 먼저 '우리의 문화'를 비즈니스로 접근해서 어느 정도 '글로벌 마켓'에서 인지도를 높인 후에 다른 작업을 해도 늦지 않다.
 한류가 바로 그런 훌륭한 사례의 하나이다. 비즈니스의 관점에서 우리의 고유 혹은 전통문화를 살려서 브랜드 가치로 만들어 낸 사례들이 많이 있다. 난타가 바로 그러한 사례로 손색이 없다.

 《난타》(NANTA)는 대한민국의 뮤지컬 공연이다. 송승환이 대표로 있는 PMC 프러덕션에서 창작하였고, 1997년 10월에 서울 호암 아트홀에서 초연하였다. 말없이 소리와 몸짓으로만 공연을 한다는 "비언어적 표현"(NON-VERBAL PERFORMANCE)을 표방하면서 영국의 《스톰프》(STOMP)와 미국 블루맨 그룹의 《튜브》(TUBES) 공연에서 아이디어를 착안하기도 하였다. 무엇보다 한국 전통 음악인 사물놀이를 현대적으로 새롭게 계승하였다는 평가를 받았다.《위키백과》

물론 기존의 사물놀이도 한국 전통문화로 세계에 알려 있다. 이 분야의 브랜드를 만든 인물은 김덕수의 사물놀이다.

사물놀이는 사물(꽹과리, 징, 장구, 북)을 중심으로 연주하는 풍물에서 취한 가락을 토대로 발전시킨 계열의 국악이며, 1978년 2월 28일 서울 종로구 인사동 공간사랑에서 김덕수를 중심으로 창단된《사물놀이》패에서 연주를 한 것이 사물놀이의 시작이다. 이들은 기존의 풍물놀이에 비해 앉은반으로 풍물가락을 실내 연주에 적합하게 재구성하였다.
주로 호남풍물, 짝드름, 웃다리풍물, 설장구놀이, 영남풍물 등을 연주한다. 흔히 꽹과리 소리는 천둥, 징 소리는 바람, 장구 소리는 비, 북소리는 구름에 빗대어 말하곤 한다.
전통적이지만 새롭게 창안된 음악답게 사물놀이패는 관현악단과 협연하거나 재즈 밴드와 함께 공연하는 등 다양한 이색 활동을 펼치기도 한다.

김덕수 사물놀이는 전통문화를 원형 그대로 현대화하여 공연하는 것이라면, 송승환의 난타는 전통문화에 창의성을 더하여 새로운 문화를 만들어낸 것이라 해석할 수 있다.

이 둘을 한국의 브랜드를 높이는 구체적인 비즈니스의 한 예로 이해한다면, 이렇게 비즈니스로 만들어낼 수 있는 한민족의 고유의 전통문화는 무궁무진하다.
문제는 그걸 무심코 내버려두면 빼앗긴다는 것이다. 일본이나 중국뿐만 아니라 지구상의 다른 국가들도 그걸 자신들의 문화로 만들려고 할 것이다.

한 번 더 강조하지만 대한민국의 브랜드 가치를 높이기 위해서는 '한국이 어떤 나라인지 그리고 어떤 나라가 될 수 있는지 새로운 정의'를 내리는 일부터 시작해야 한다.

가장 좋은 전략은 과거의 한국을 '강점'의 관점에서 재발견하는 일이다. 이 일은 '가장 한국적인 것이 가장 세계적인 것이다'라는 자부심으로 시작해야 한다.

우리는 사람이든 사물이든 우리가 보고자 하는 것들을 보게 된다. 즉, 좋은 것을 보려고 한다면 좋은 것을 볼 것이고, 나쁜 것을 보려고 한다면 나쁜 것을 볼 것이다. 그러므로 우리 전통문화에서도 '좋은 것'을 골라서 보려고 해야 하는 것이다.

먼저 우리에게 필요한 가치 기준부터 정립해야 한다. 따라서 다음과 같은 가설을 설정하고 시작해야 하는 것이다.

우리 전통문화에는 글로벌 브랜드 가치를 지닌 것들이 무수하게 많이 있다.

이것은 매우 비즈니스적인 발상이라고 해도 좋다. 세상의 모든 위대한 발견이나 발명 혹은 사업들은 모두가 '가능성'을 믿는 사람들이 이룩한 것이다.

우리의 역사 속에는 전 세계에 내놓을 만한 위대한 문화들이 많다. 이제 그것을 '글로벌 브랜드'로 재구성하는 일이 필요한 것이다.

고조선, 고구려, 발해, 백제, 신라, 고려, 조선에 이르기까지 다양한 특징을 지닌 전통문화들을 오늘의 관점에서 재조명하는 것이 필요하다.

이 시점에서 한 가지 수정해야 하는 가치관이 하나 있다. 그것은 바로 '단일민족'이라는 개념이다. 오늘의 한국은 이미 다문화 사회가 되었다. 그리고 우리 전통문화 속에는 이미 훌륭한 다문화 사회의 모형이 있었다. 고려 다문화 사회에 대해서도 재조명이 필요하다. 그동안 단일민족의 관점에서만 역사적 사실이나 문헌, 유물 그리고 문화를 다루어왔던 탓에 다문화 사회의 모습을 찾기 어려운 것이 현실이다.

여전히 인종 차별이나 민족 차별, 혹은 국적 차별 등의 인간 존엄성을 무시하는 행태는 세상에 그대로 있다. 그러나 이것은 '미개한' 인간의 의식 상태임을 반증하는 것이지 결코 '성숙한 인간'의 가치체계는 아닌 것이다. 우리가 홍익인간 정신을 가진다는 것은 이미 성숙한 인간으로서 상호 존중과 협동의 세상을 만든다는 것을 의미한다.

따라서 우리는 이제 다문화 사회는 기본이고, 인류의 공영을 위한 가치체계로 '글로벌 리더십'을 창조해야 하는 것이다.

한국인으로서 우리가 할 일은 우리의 조상들이 발전시켰던 전통문화를 새로운 관점으로 재구성하여 '글로벌 마켓'에 내놓는 일이다. 우리는 전통문화에 자부심을 품고, 우리 문화의 독특한 장점을 부각시키는 작업을 착수하는 것이다.

우리의 과거를 일등문화국가의 관점에서 재조명하는 것이 중요하다.

이렇게 발전된 시각으로 문화를 재발견하는 일은 우리가 미래로 전진하는 힘이 된다.

임마누엘 페스트라이쉬 박사는 몇 가지 구체적인 사례를 예로 들었다. 외국인이지만 우리의 문화에 대한 탁월한 식견을 존중한다. 박사가 제안하는 것들을 몇 가지만 살펴보자.

『백제의 문화에서 멋진 문향을 찾아내 현대 디자인에 응용할 수 있고, 고려의 사찰 내부 구조를 현대 아파트에 응용할 수 있으며, 조선 시대 학습 기술을 현대 교육에 응용할 수 있다.』

중국이 기를 쓰고 우리의 고대사를 중국의 역사로 편입시키려 하는 이유가 무엇일까? 그것은 그만한 역사적 가치를 지닌 문화이기 때문이다. 단순히 역사적 가치만 지닌 것이 아니다. 이것은 앞으로 엄청난 경제적 가치를 지닌 '자원'으로서 생각해야 하는 것이다.

중국의 동북공정에 대해서 우리가 생각해 볼 것은 이것이다. 적어도 중국은 국가적 차원에서 오랫동안 전략적으로 투자하여 '새로운 역사'를 창조하고 있는 것이다. 이렇게 '중화주의'를 만들어 가는 동안에 우리는 국가적 차원에서 얼마나 오랫동안 전략적으로 투자하여 '대책'을 수립하였는지 그걸 먼저 짚어봐야 한다.

솔직히 중국이 우리보다 뒤늦게 세계무대에 뛰어든 것 같지만 그렇지 않다. 적어도 수십 년 아니 수백 년 전부터 세계의 중심이라는 '중화주의'를 실현하기 위하여 집요하게 작업을 해 오고 있었던 것이다.

중국은 국가적으로 이런 일을 진행한다. 말하자면 공무원들과 국민들이 합세하여 작업을 하고 있는 것이다.

한국의 지성인들은 '우리의 민족의 역사와 문화'를 다 도둑맞고 있는 동안에도 나 몰라라 하고 뒷짐만 지고 있다가 사회단체들이 들고 일어나서 항의하고 결국 문제가 터지고 나면 '그게 아닌데' 하고 몇마디 하는 것으로 자신들의 책임을 다했다고 생각한다. 이들은 조선 말기의 탁상공론만 일삼다가 변화하는 세상을 우리 것으로 만들지 못하여 후손들에게 생지옥을 경험하게 한 당시의 지식인들과 다를 바 없다.

일본이 자신들의 추악한 역사를 지우기 위해서 '새로운 역사'를 창조하는 국가적 사업에 얼마나 오랫동안 얼마나 많은 공력을 기울이고 있는지를 안다면, 그 노고에 경의를 표해야 하는 것이다. 적어도 일본인들의 관점에서 본다면, 한국의 전통문화가 그만큼 부담스럽다는 것이다. 그래서 그걸 없애거나 자신들보다 한 수 아래인 것으로 둔갑시키고 있는 것이다.

우리가 각성해야 하는 것은 세상이 '글로벌 시대'로 바뀌어가고 있는 것에 대한 준비가 부족했다는 것이다. 지금이라도 "우리의 것들을 우리의 것"이라고 알릴 수 있도록 해야 한다.

우리는 '위대한 한민족'의 역사를 세계만방에 알리기 위하여 국가나 학계나 혹은 기업가들이 대동단결하여 노력한 적이 있는가?

이제는 우리의 전략을 바꾸어야 한다. 우리는 '일등문화국가'로서 당당하게 우리의 전통문화를 오늘에 되살려 내는 일에 집중해야 한다. 그래서 중국이나 일본이 위조한 역사를 넘어서는 '글로벌 문화의 주역'이 되어야 한다.

그래서 우리는 무엇보다도 우리의 전통문화 속에서 '강점'을 발굴하는 일부터 시작하여야 하는 것이다.

임마누엘 페스트라이쉬 박사는 다음과 같이 한국의 브랜드를 높이는 방법을 구체적으로 제안하고 있다. 그 중에 몇 가지만 참고로 설명해 보자.8)

| 한국의 선비정신

한국의 정체성을 확립하는 과정 중에 핵심은 한국을 대표할 수 있는 '개념'을 제시하는 것이다. 한국이라는 나라를 이루고 있는 다양한 요소, 생활과 의식을 하나로 묶어서 표현하는 것이어야 한다.

한국인이 자신을 받아들일 수 있는 틀이 되고, 외국인이 한국을 독특한 문화적 존재로서 이해할 수 있는 매개체가 되어야 한다. 또한 지식사회로서 한국을 설명할 수 있어야 한다.

일본은 '사무라이'는 일본을 대표하는 개념이 되었다. 원래는 '무자비한 무사'인 사무라이를 재포장하여, 지금은 아프리카 사람들이나 남미 사람이든 세계 누구라도 상관없이 보편적인 무사 의미를 떠올린다. 사무라이 경영학, 사무라이 도덕률, 사무라이 전법 등 그 개념을 파생시킨 다양한 책들이 출판되었다.

사무라이 영화도 수백 편이 넘는다. 사무라이 게임은 전 세계 어린이들의 게임이 되었다. 사무라이는 명령과 지시에 충실하게 따르고 엄격한 행동 규범을 유지하는 충성스런 전사들이라는 개념으로 재개발되어서 이제는 범세계적인 문화의 일부가 되었다.

'닌자NINJA'는 일본 주변국 국민에게 끔찍한 역사를 연상키는 단어이지만 일본은 이 단어도 긍정적인 개념을 담아서 전 세계에 퍼뜨렸다. 어린이들은 친구들과 닌자놀이를 한다. 담벼락을 오르거나 다른 사람을 감시하고 공격하면서 닌자 흉내를 낸다. 음산한 암살가 집단인 닌자는 이제 전 세계적으로 통용되는 문화 아이콘이 되었다. 일본은 닌자 개념의 긍정적 보편화로 엄청난 이익을 누린다.

사무라이가 일본 사람 전체를 대표하지 않는다. 하지만 이 개념을 일본을 대표하는 긍정적 개념으로 발전시켜서 엄청난 이익을 만들어 내고 있다. 한국에는 이러한 대표적 브랜드가 없다. 그래서 우리는 '홍익인간'을 바탕으로 '홍익인본주의' 개념을 재개발하려는 것이다.

임마누엘 페스트라이쉬 박사는 '선비정신SEONBI SPIRIT'을 채택하라고 제안한다. 선비정신은 한국 사회와 역사에 깊숙이 뿌리박혀있다. 개인적 차원에서 선비정신은 도덕적 삶과 학문적 성취에 대한 결연한 의지와 행동을 나타낸다. 사회적 차원에서는 수준 높은 공동체 의식을 유지하면서도 이질적인 존재와 다양성을 존중하는 태도로 나타난다.

선비는 홍익인간으로 대표되는 민본주의 사상을 품고 있으며 자연을 극복의 대상으로 보지 않고 오히려 조화를 이루려는 특성이 두드러진다.

국가적 차원에서는 외세 개입에 강력히 저항하면서 동시에 평화적 국제 질서를 적극 지지하는 태도로 나타난다. 또한 이황, 이이, 서경덕, 이지함 등 선비정신을 지닌 모범적인 인물상을 제시할 수 있다. 지행합일知行合一의 선비정신을 교육상품으로 개발하면 구몬학습 같은 프로그램으로 발전시킬 수도 있다.

만약 한국이 선비정신을 지금 우리가 사는 시대의 요구에 맞게 수정하여 재창조할 수 있다면 엄청난 파급효과를 지닐 것이다.

선비는 지식인의 사회에 대한 책임을 강조한다. 선비는 최고의 지식인이 되기 위해서 부단히 노력했다는 점도 보편적 가치이다. 더해서 문화와 예술에 대한 깊은 해석과 적극 참여도 보편적 특징이다.

선비와 같은 엘리트를 원하는 국가는 많다. 선비는 이상적인 리더의 모델이다. 선비정신은 중국과도 긍정적 반응을 이끌어 낼 수 있다.

임마누엘 페스트라이쉬 박사는 한국의 재발견 혹은 브랜드 작업에 걸림돌로 2가지를 지적한다.

그 하나는 문화적 단절이고 다른 하나는 물리적 단절이다. 물리적 단절은 남북한이 분단된 것이다. 하지만 이것은 극복할 수 있는 장애물이다.

그런데 문제는 과거의 문화와 현대 사회를 단절시키는 관념을 정당하게 생각한다는 점이다. 즉, 과거 전통적 사회는 미 개화된 것이고 현재 한국은 현대화된 사회로 가고 있다는 인식이다. 이러한 믿음은 일제강점기 때 일본이 우리에게 심어놓은 것이다. 그래서 우리는 우리의 역사 문화운영시스템에 침투한 이러한 '일본의 식민사관' 바이러스를 제거하고자 하는 것이다. 이건 홍익인간 정신을 바탕으로 '홍익인본주의' 백신으로 치료를 해야 한다.

일본이 우리에게 심어놓은 바이러스는 지난 7,000년간의 역사로 이어 오는 정신과 문화는 구시대적이고, 겨우 100년도 안 되는 근대적인 문화는 신시대적이라는 발상'이다. 이것은 프레임을 완전히 뒤틀어 놓겠다는 치밀한 전략이었다. 그리고 그 전략은 어느 정도 확실하게 성공한 것이다.

하지만 우리의 과거 전통사회가 미개화되었다는 생각은 사실 한국인의 정서는 아니다. 이것은 철저하게 세뇌된 결과이며 무의식적인 반응이다. 일본은 전쟁에 패하여 한국 땅을 떠났지만, 그들이 의도한 대로 우리의 정신적 기반을 무너뜨리려던 시도는 어느 정도 성공한 것이다.

결국 일본이 심어 놓은 '바이러스'는 우리의 과거 '찬란한 전통문화'를 완전히 잊어버리고 아주 짧은 근대적 문화만 가진 나라'로 인식하게 만들었다. 한국인들은 정교하게 포장된 시나리오에 따라서 무의식적으로 말하도록 '바이러스를 감염시켜놓은 것이다.

그래서 우리는 스스로 이렇게 말한다.

"1950년대 한국은 세계에서 가장 가난한 나라였다. 당시 개인소득은 소말리아와 비슷했다. 그러나 엄청난 국민적 희생과 효과적 산업정책으로 바닥에서 탈출할 수 있었다. 결국 세계 13위의 경제 대국으로 우뚝 섰다. 이런 성취는 수많은 난관을 넘어서며 열심히 일한 결과이며 지대한 교육열이 뒷받침되었다."

이제 우리는 위 내용과 같이 '바이러스 감염된 정보'를 백신으로 치료한 후에 재부팅할 필요가 있다. 그리고 홍익인본주의 백신으로 치료한 후에 이 스토리를 재구성해 보자.

1950년대에 한국은 소말리아와 절대 비슷하지 않았다. 한국은 지하자원은 부족했지만 수천 년 동안 내려온 학구열과 학자 존중 전통이 있었다. 7,000년의 위대한 역사를 지닌 한국을 어떻게 소말리아와 비교할 수 있단 말인가?

하지만 우리는 한국이 소말리아 같은 국가로 인식되는 것에 전혀 무감각했다. 그 이유는 식민사관 바이러스에 감염되었기 때문에 비교분석할 인지기능이 상실되었던 것이다. 전쟁으로 인하여 한반도는 폐허가 되었다.

그 당시 한국인들은 기아에 굶주리고 구호식량을 타기 위해 긴 줄을 섰지만, 그 중에는 화학이나 기계공학을 전공한 전문가도 있었고, 국가 전략과 행정에 대한 수준 높은 지식을 갖춘 지식인들도 있었다. 1392년부터 1910년까지 한국은 가장 발전된 정책과 제도를 가진 선진국이었다. 우리의 전통문화는 일본에 의해서 일시적으로 단절된 것뿐이었다.

그럼에도 오늘날까지 우리는 역사적 사실들에 대해서 제대로 인식할 수 없었다. 한국의 지식인들이 이 일의 심각성을 깨닫지 못하고 있었기 때문이다. 그러나 다행스럽게도 홍익인간의 위대한 정신과 문화적 전통을 바탕으로 오늘의 한국이 선진국이 된 것이다.

앞의 문장을 '홍익인간 정신'을 지닌 '홍익인본주의' 관점에서 재구성해 보면 이렇게 될 것이다.

"1950년대 한국은 물질적인 것만 본다면 개인소득 수준은 세계에서 가장 가난한 나라인 소말리아와 비슷한 수준이었다. 일본에 의해 잠시 단절된 공백 기간이 있었지만, 7천 년의 역사와 위대한 전통문화를 가진 민족으로서 창의적 기업가 정신으로 온 국민이 협동하여 바닥에서 일어설 수 있었다.

결국 70년이란 짧은 기간에 세계 10대 경제 대국으로 우뚝 서게 되었다. 이러한 성취는 위대한 '홍익인간' 정신을 바탕으로 지식 공동체를 결성하여 이룩한 당연한 결과이다."

물론 이렇게 말하는 것이 지나친 억측이라고 반론을 제기할 사람들도 많을 것이다. 하지만 유구한 역사와 문화를 무시한 채 마치 하늘에서 뚝 떨어진 신생 국가가 우연히 혹은 기적적으로 경제 대국이 된 것처럼 말하는 것이 더 비합리적인 표현이 아니겠는가?

문제는 이러한 '거지 발싸개' 같은 견해를 자랑스럽게 주장하는 사람들이 있다는 것이다. 바로 이런 가치관이 '식민사관 바이러스'에 감염된 결과이다.9)

이제 선진국으로서의 한국은 더 이상 오염된 가치관에 의존해서는 안 된다. 한국인이 현재 한국이 보유한 특정 기술이나 상품을 대단한 것으로 만족해서는 안 된다. 모든 선진국은 한국과 같은 기술과 상품을 가지고 있다. 이것은 개발도상국이라면 자랑거리일 수 있지만, 선진국으로서는 당연한 것이니 더 이상 이야기를 하지 말자.

문제는 한국이 선진국으로서 무엇이 다르냐 하는 것이다. 미국, 영국, 프랑스, 독일, 스위스, 일본, 북유럽 국가들과 비교하여 무엇을 내세울 것인가 하는 것이다.

솔직히 선진국이라는 기준도 서양의 힘 있는 국가들이 만든 기준이다. 군사력이나 경제력으로 선진국이라고 말하지만, 내용면에서 선진국에 못 미치는 국가들도 많다. 하나만 지적해 보자. 문화적·인문주의 관점으로 본다면 과연 지구상에 선진국이 얼마나 될까?

총기난사 사건, 이민자 폭동, 대규모 약탈 등이 자주 일어나고 있는 나라도 선진국이라 불린다. 인종차별이나 대기업의 회계조작 사건 등이 도덕성은 물론이고 인간의 존엄성과 평등이 보장되지 않았는데도 선진국이라 불린다. 솔직히 한국에서는 아직 이러한 문제가 심각하게 일어난 적은 없다.

단순히 경제적인 힘이나 군사적인 힘으로 선진국을 정하는 것은 '그들만의 리그'에 불과한 것이다. 인본주의가 제대로 자리 잡지 못했다면 그건 선진국이 아니다. 그렇다면 정신문화적 측면에서 실제로 선진국이라 불릴 만한 나라도 없는 셈이다.

중요한 것은 차별화이다. 한국이 미국이나 일본 혹은 독일이나 프랑스, 영국 같은 국가들과 어떤 문화적 독창성을 지니고 있는가 하는 점이다.

우리 자신의 전통문화를 더 위대한 자산으로 인식한다면, '글로벌 시장'에서 '일등문화국가'로서 경쟁을 넘어설 수 있다. 이것을 우리 식으로 표현하자면 실로 홍익인간으로 '퀀텀점프QUANTUM JUMP'를 하는 것이다.10)

한국은 이미 이러한 일을 할 수 있는 위대한 요소를 가지고 있다. 문제는 한국인이 스스로에 대한 지금까지의 패러다임을 바꾸는 일이다.

한국이 가진 최강의 브랜드를 서구의 물질문명에서 찾아서는 안 된다. 우리의 유구한 역사와 전통문화 속에서 그것을 찾아내야 한다.

임마누엘 박사의 말처럼 우리에게는 이미 '일등 국가'의 문화가 있다. 그것을 인식하고 되살려내는 일만 남아 있는 것이다.

지난 50년간 '홍익인간'의 잠재적 정신으로 한국이 단기간 내에 개발도상국에서 선진국으로 도약한 국가로 인식되었지만, 그것을 한국인도 잘 모르고 있고, 세계인도 알지 못하고 있다. 이제는 '홍익인간'의 위대한 정신에 대해서 우리 스스로가 개념 정리를 해야 할 때가 된 것이다.

한류는 대단하다. 전 세계에서 한류처럼 이렇게 문화 충격을 주는 예도 드물다. 하지만 우려의 목소리도 높다. 한류가 일시적으로 한국을 알리는 역할을 하고 있지만, 아직 전 세계적으로 인정받는 전통문화로 정착된 것은 아니다.

그럼에도 불구하고 일부 한류 스타들이나 혹은 이 한류의 흐름을 타고 전 세계에 장사를 하고 있는 한국인들이 구설수에 오르내리는 일이 잦아지고 있다. 한국인들의 오만과 추태는 개발도상국 국민의 불만과 실망을 키우고 있다.

한때 우리 사회에서는 '졸부'들의 꼴불견에 대해서 눈살을 찌푸렸다. 요즘 한류 스타들이 전 세계로 나가서 한국의 브랜드 가치를 높이는 데 일조하고 있다. 하지만 여전히 불안하다. 어느 한 순간에 경거망동으로 그동안 쌓았던 공든 탑을 무너뜨릴 수 있기 때문이다.

우리의 한류 스타들에게 요구되는 '글로벌 마인드'는 바로 '홍익인간'의 자세이다. 우리는 한류 스타들이 '홍익인간'의 이념과 사상, 철학을 갖춘 '멋있는 선비'로 거듭난다면 세계인의 존경을 받은 '인류'가 될 수 있다.

| 코리아 프리미엄을 개발하자

임마누엘 박사는 한국은 코리아 프리미엄을 받을 만한 가치를 소유하고 있다고 말한다. 이제 우리는 그걸 발휘해야 할 때이다. 임마누엘 박사는 한국 문화의 격格과 프리미엄을 위하여 과거 잠재된 정신을 발견하고, 그 가치를 재창조할 때 대한민국은 아시아의 빛이 될 수 있다고 설명한다.

우리가 그동안 '빨리빨리', '혼자만 잘하면 된다'라는 우리의 왜곡된 문화를 극복하고 어떻게 '글로벌 리더'로서 도약할 수 있는지 우리의 전통문화에서 그 정신의 DNA를 되살리는 작업을 시도해 보자. 그리고 박사가 제시한 몇 가지 예를 들어보면서, 여기에 우리의 의견을 첨가해 본다.

첫 번째, 사랑방 문화와 서당식 교육을 되살린다.
조선 시대에는 여러 사람이 모여서 의견을 교환하며 토론하는 공간인 사랑방이 있었다. 사랑방은 문학이나 예술 분야의 사람과 행정관료, 학자들이 함께 모여 교류하는 장이었다. 이 문화가 지금 단절되었다. 사랑방은 사회의 각계각층이 서로 소통하는 문화를 말한다. 행정가가 예술가와 만나고 예술가는 학자를 만나고 학자가 외국 전문가와 활발하게 교류하는 것이다. 이는 우리 전통사회에서 마을과 이웃 간 소통과 교류의 장소로 활용하였으며, 지역공동체 단위에서 일어나는 대소사를 하의상달 방식으로 전달하는 근대식 민주주의 원형이기도 하다.

그리고 과거 전통사회에서는 서당이라는 자치교육기관이 있었다. 현대적 의미의 서당은 아파트 부녀회 '꾸러미 교육' 또는 지역사회를 중심으로 한 '마을자치 교육'이다.

이 방식은 교사를 '품앗이'나 '두레'로 꾸리고, 교육은 훈육 중심에서 벗어나 옛 서당식 교육처럼 '큰소리로 외우면서 깨닫게 하는 유대인의 '하브르타'와 기본 원리가 비슷하다. 또한 '큰소리로 외우면서 깨닫게'한다는 것은 인체 내 오감을 활용하여 우주와 소통하는 자연학습방법이기도 하다.

지금 우리 사회에서 가장 많이 요구되는 것이 '소통'이라고 말한다. 지금은 많이 달라졌지만, 관공서를 출입해 보면 항상 답답하다는 느낌이 든다. 분명히 융통성을 발휘하여 해결할 수 있는 간단한 일인데도 원칙과 절차만을 따진다. 한마디로 대화가 안 된다. 여전히 권위의식으로 민民에 군림하려는 자세를 엿볼 수 있다.

가정에서도 가족끼리 대화가 안 된다고 하고, 기업에서도 노사 간에 대화가 안 된다고 말한다. 그러니 정부와 기업 혹은 공무원과 사업가 사이에 대화는 더 안 될 수밖에 없다. 또한, 기술자와 학자들 사이에도 소통이 안 되고 있다. 그런데 이런 풍조는 우리의 전통적인 문화가 아니다.

우리의 홍익인간 정신은 '소통'을 기본으로 한다. 널리 세상을 이롭게 하려면 소통이 잘 되어야 하기 때문이다. 이러한 소통, 즉 대화하는 자세는 어려서부터 배우게 되는 것이다. 서로 간 논의, 토의하는 문화는 옛 서당식 교육처럼 유치원부터 가르칠 필요가 있다고 생각한다. 이에 대해선 홍익인간의 교육에서 좀 더 생각해 보자.

또한, 마을 공동체별 사랑방문화(우리는 이런 정신 문화교육을 자연생명학교라고도 한다)를 활성화시켜 그 사랑방에서 창의적 영감을 얻고, 한국 사회의 각계각층이 서로 창조와 혁신의 '교류의 장'을 만들어내는 것이 필요하다.

두 번째, 역관譯官문화를 되살린다.
이는 다양한 민족과 화합하는 '디딤돌'이다.
우리는 17~19세기 조선은 매우 폐쇄적인 국가라는 인상을 준다. 이것은 '식민사관 바이러스'로 인한 변질된 역사 인식이다. 그리고 우리가 순수혈통주의만을 고집하는 것은 '홍익인간 정신'과 맞지 않는다.

과거 역관제도는 매우 글로벌한 시스템이었다. 특히 조선에는 다양한 외국어 통·번역 전문가를 관리하는 역관제도가 있었다. 국가 주도로 역관 양성 교육 시스템인 사역원과 승무원이라는 기관도 운영하고 있었다. 사역원은 주변국과의 교류를 위하여 어학 전문가를 양성하는 통·번역 교육 기관으로 고려 충렬왕 때부터 설치 운영되었다. 승무원은 조선 시대 각종 외교 문서를 관장하고 이를 위한 외국어 교육을 하던 기관이었다.

역관은 말하기와 읽기, 쓰기에 능통한 사람이었다. 한반도의 지정학적 특수성을 생각해 보면 복잡다단한 외교 문제에 능력을 발휘할 수 있는 어학 전문가이자 교섭 전문가인 역관을 양성하는 시스템은 전인 교육을 목표로 진행했던 것이다.

오늘날 외국어 교육보다 한 차원 수준이 높다. 오늘날에는 문법과 독해 따로 회화 따로 배운다. 학교를 나왔다고 해서 현장에 투입할 수 없는 외국어 교육을 한다. 하지만 조선 시대 역관제도는 현장에서 일할 수 있는 실무적인 교육이었다. 또 당시 역관은 중인 계급이었다는 점도 주목해야 한다. 당시는 중인들이 각 분야에서 기술자, 전문인, 지식인으로 활동했다. 그리고 이런 중인들의 교류가 오늘날보다 더 활발했다. 이런 시스템에서 지금 외국어 교육에 대한 새로운 아이디어를 얻어야 한다.

오늘날 한국에서는 외국어 교육을 정규 학교에서 감당하지 못하고 있다. 그래서 사설 교육기관이 대단히 활발하다. 강남의 외국어 학원은 거의 재벌 기업이라 할 수 있다. 그리고 외국어 교육은 다문화와의 소통을 전제로 실사구시 교육을 해야 한다. 다문화를 전제로 한 실사구시實事求是 교육은 지역을 넘어 쌍방향 소통의 교육이다 (예를 들면 신생 독립국 동티모르에서는 한글이 자국어로 사용하고 있다). 우리는 오늘날 교육 방식에 대해서도 전통문화에서 배워야 할 것이 많다.

세 번째, 한국의 예학禮學을 되살린다.

지금 우리가 예학을 살려야 할 가장 큰 이유는 정보통신의 발달로 인한 SNS의 몰지각한 파괴력 때문이다. 오늘날 SNS는 영향력이 엄청나다. 페이스북, 유튜브, 트위터 같은 SNS에는 개인의 정보들이 많이 노출된다. 또 세상의 모든 정보들이 떠돌아다닌다. 여기에는 긍정적인 측면도 크지만 부정적인 측면도 크다. 최근에 심각한 사회적 문제가 되고 있는 것이 악플이다. 이미 '악플'로 인해서 자살하는 사람들이 생겨났고, 형사처벌을 받는 사례들이 늘어나고 있다. SNS상에서 고의적이거나 혹은 무의식적인 집단행동으로 심각한 사회 문제들이 일어나고 있다.

그래서 이 SNS에는 분명하게 높은 도덕성이 요구된다. 하지만 이건 법적인 측면보다 자율적 교정이 필요하다.

여기에 한국의 예법禮法이 필요하다. 예법이란 다양한 상황에서의 규범이며 적절한 행동을 위한 학습이다. 예학은 개인 사이에 있을 수 있는 언행을 사회 차원의 합의이다. 이러한 행동규범에 대한 사회적 합의는 오늘날 매우 필요하다. 이것은 인터넷뿐만 아니라 아바타, 사이보그 등에도 적용될 수 있다.

악성 댓글은 결국 홍익인간 정신이 결여된 사람들이 일으키는 사회적 문제이다. 홍익인간 정신이 없으면, 버릇이 없게 된다. 예전에 어른들이 예의를 갖추지 못한 행동을 보면 '버릇이 없다'고 말했는데, 이 '버릇'이라고 하는 것은 바로 '예법'을 모르는 것을 말한다.

우리가 홍익인간 정신을 되살리고자 하는 이유 중에 하나는 '더불어 사는 사회'를 위한 것이다. 그리고 '홍익인간 정신'은 그 자체가 인·의·예·지·신의 '예법'을 갖추고 있다.

네 번째, 주자학과 한국 성리학의 전통을 되살린다.
일제강점기 때 주입된 강력한 '식민사관 바이러스'의 하나는 '양반'에 대한 '악성 댓글'로 나타난다.

"조선 시대 양반은 추상적이고 비실용적인 사상에 빠져 국가의 운명을 그르쳤다. 양반들이 주자학이라는 고지식한 사상에 빠져 덕德, 효孝, 의義 같은 추상적 관념에 매달려 국가를 어떻게 다스릴지 생각하려 하지 않았고 기술이나 과학 같은 실용 학문의 중요성을 간과했다. 이런 조선의 양반들은 책을 읽는데 만 시간을 소비했을 뿐이고 실질적으로 사회에 기여한 경우는 거의 없었다. 양반들의 이러한 실수 때문에 한국은 일본이나 중국에 비해 근대화가 뒤처졌다. 한국은 서양 과학이 본격적으로 소개된 이후, 즉 일제강점기 이후에야 실질적인 국가 성장을 시작할 수 있었다." 식민사관 바이러스에 감염된 채 이 글을 읽게 되면 우리는 이 이야기의 맥락을 제대로 파악하지 못하게 된다.

19세기 조선은 부패하고 몰락해가는 양반들이 자신들의 지배권을 정당화하기 위해서 주자학 사상을 이용하고 서양 문명을 배척한 것은 사실이다. 그러나 이 이야기의 요지는 양반 문제가 아니다. 한국이 근대화하게 된 것은 일본이 서양 기술을 한국에 도입시켰기 때문이라는 것이다.

이 이야기는 한국이 근대화를 통한 선진국이 되기 위해서는 과거의 모습을 다 버려야 한다는 '식민사관 바이러스'의 주장이다. 이보다 더 심각한 문제는 오늘날까지 이 바이러스에 감염된 사실을 모르는 한국인들이 너무 많다는 것이다.

임마누엘 박사에 의하면 주자학은 18세기와 19세기에 들어 두 가지 이유로 비판받았다. 첫 번째 비판은 중국의 새로운 학풍에 따른 것이었다. 공자의 가르침을 그대로 받아들이지 않고 형이상학을 통한 추측성 연구를 한다는 비판이었다. 그러나 실제로 주자학은 형이상학의 학문으로써 과학과 정치를 다루고 있어, 중국 과학이 최고였을 때 그 주춧돌이 되었다.

두 번째 비판은 오늘날 실학이라 알려진 학문에 의해서 비판받았다.

연암 박지원이나 다산 정약용 등 주자학 학자들이 민중들이 무엇을 원하는지 이해하지 못하고 있으며, 세계 정세에 발맞추는 일에 실패했다고 지적했다. 실학은 주자朱子가 장려했던 학문이다. 다만 19세기 주자학 학자들이 서양의 학문과 문물을 배척하여 한국의 근대화를 막았던 것은 사실이다.

그러나 조선 500년간 쌓아올린 지적 유산을 제대로 계승하려면 주자학을 피상적으로 파악해선 안 된다. 한국인들은 공자의 사상을 아주 단순한 틀로 이해한다. 착한 사람이 되고 부모를 공경하고 덕을 쌓는 것이 전부인 것처럼 해석한다. 이것은 복잡한 논지를 정립하고 있는 진정한 유교 사상과 거리가 멀다.

임마누엘 박사는 제안한다. 한국인들이 서둘러 해야 할 일 중 하나는 퇴계 이황, 율곡 이이, 서애 유성룡 등 업적을 현대 한국 문화에 담아내는 일이다. 단순히 한글로 옮기는 작업만이 아니라 한국 사회가 직면한 문제들을 풀어내는 해법으로 적용하는 데도 역점을 두어야 한다. 주자학의 전통에는 오늘날 적용할 수 있는 여러 가치가 깃들어 있다.

현대를 살아가는 우리에게도 유용한 삶의 지혜를 담고 있다. 그래서 주자 철학은 우리에게 너무 눈에 보이지 않는 우주의 형이상학에 의해 결정되는 모습에 관심을 두고 단편적인 표면의 존재로부터 자유로워지라고 가르친다.

한국의 주자학과 성리학은 한국뿐만 아니라 전 세계에 새로운 삶의 방향을 제시해 줄 큰 잠재성을 가지고 있다. 그렇기 때문에 주자학과 성리학 속에 내포된 하늘과 우주에 대한 경외를 인간 생활에 활용할 수 있어야 한다.

현재 한국 서점에는 제대로 된 공자 사상과 한국 정신이 포함된 성리학에 관한 책이 없다. 사람으로 태어났으면 반드시 효도하라는 등 뻔하고 단순한 지침만 제시하고 있다. 이는 '식민사관 바이러스'에 의하여 의도적으로 조작된 것이다.

다섯 번째, 세계가 한국과 한국인 정신을 공부하게 하라.
우리는 임마누엘 박사의 제안에서 가장 공감하는 대목 중 하나는 이것이다. 한국이 경제, 외교, 안보 측면에서 미국에 중요한 국가임에도 워싱턴에서 근무하는 공무원이나 정치인들은 한국에 대해 잘 모른다. 오히려 북한에 대해서 더 많이 알고 있다. 주요 학술지 역시 서울보다는 평양의 정치적 변화를 다룬 글을 더 많이 싣고 있다. 그 이유는 학자들이 연구 지원비를 받는 기회 때문인데, 미 국방부에서는 지속적으로 북한 관련 연구 지원금을 제공하고 있지만, 남한에 대한 지원비는 극히 제한적이다.

그래서 대다수 미국인은 북한과 남한을 잘 구별하지 못한다. 한국 대사관은 미국인을 대상으로 하는 한국 교육에 별 비중을 두지 않는다. 소규모 한국어 교실과 문화 행사를 운영할 뿐 전체적인 한국학 연구에 대한 협력은 거의 없다. 대사관 내 한국인 직원들 대부분은 자녀를 미국 학교에 보내거나 힘 있는 사람들과 연줄을 맺는 데 집중한다. 그런데 정작 한국의 문화와 역사, 문학, 사회를 미국인들에게 소개하는 노력은 등한시한다.

미국인들은 '삼성' 또는 '현대' 제품이 어느 나라의 것인지 잘 모른다. 기업들이 자기 브랜드만 홍보하지 한국 문화를 홍보하지 않기 때문이다. 반면 프랑스나 독일은 체계화된 프로그램을 통해서 자국을 홍보한다.

한국에 대한 이해 부족은 미국 대학 내에 한국 전문가가 부족하여 미국인들에게 한국 문화와 전통을 충분히 전달하지 못하기 때문이다.

미국의 거의 모든 대학에 독일학과와 스페인학과는 개설되어 있지만, 한국학과와 중국학과가 개설된 대학이 없다. 몇몇 대학에 중국학과 일본학을 가르치며 한국학, 베트남학을 포함하는 동아시아학과만 개설되어 있을 뿐이다.

한국을 모르는 미국인들은 한국을 개발도상국으로 여긴다. 이런 이미지는 미국에서 많은 한국 고아들을 입양하는 것 때문에 더 강화된다. 한국인 스스로가 50년 만에 소말리아 수준에서 IT 강국이 되었다고 말한다. 그래서 외국인들은 이 말을 듣고 현재 한국의 문화 교육 수준이 소말리아와 같다고 여긴다. 한국 정치인들은 부패했고, 한국은 1997년 금융위기로 파산 위기에 처한 나라로 기억하고 있다. 이러한 한국의 이미지를 개선하기 위해서는 지속적인 노력이 필요하다.

임마누엘 박사는 첫 단계로 외국인들에게 한국의 지성과 미학, 철학적 전통의 복합성을 고려하여 한국을 제대로 소개하는 노력을 해야 한다고 말한다. 분별없는 소비문화를 찬미하는 싸이의 '강남스타일' 같은 이미지로 한국이 알려져서는 안된다.

미국에 새로운 한국학 프로그램을 지원하거나 미국 대학 내 한국학 교수진을 늘리는 일도 하나의 방편이 된다.

그것보다 더 좋은 방법은 에즈라 보겔 교수의 《일등 국가 일본》과 같이 한국을 제대로 소개하는 책을 써서 미국인들이 읽게 하는 일이다. 이 책이 나오기 전에 제임스 클라벨의 《쇼군》이라는 소설을 통해서 대중에게 어필했다. 이 책은 1975년 일본을 넘어서 세계적인 베스트셀러가 되었다. 이 소설 때문에 일본에 대한 관심이 높아졌다. 1947년 루스 베데딕트라는 미국의 인류학 교수가 쓴 《국화와 칼》은 일본 문화와 사회 연구의 고전으로 꼽힌다.

하지만 한국에 대한 베스트셀러는 한 권도 없다. 이제 적극적으로 한국을 알리는 인문학 책을 외국인들이 읽을 수 있도록 출판해야 한다. 특히 한국의 정신과 문화가 깃든 홍익인간 정신, 즉 사람 사는 세상에 대한 인문·철학서를 만들어 한다. 그리고 동아시아의 문화의 전범典範이 한국임을 홍보해야 한다.

여섯 번째, 외국인에게 한국어를 가르쳐라.

미국 등 해외 국가에 한국어 교실 같은 다양한 한국 정부 지원 프로그램이 있지만, 그 수업 내용이 입문자를 위한 것이 아니라, 이미 기초적인 내용을 알고 있는 사람을 위주로 되어 있다. 현재 한국어 교육은 마치 교포를 위한 수업이라는 선입견을 갖게 만든다. 미국 등 해외 대학에서 한국어 수업을 가르치는 강사들의 대부분은 한국계 대학원생들이다. 이들은 한국어를 모르는 사람을 상대로 한국어를 가르치는 방법을 배운 적이 없다. 그들은 교포 학생들의 회화에 초점을 맞춘다. 그래서 외국인들을 대상으로는 별도의 노력을 기울이지 않는다.

한국 정부가 재외동포를 위한 교육을 강조하는 관행도 문제이다. 교포 사회와 연계해서 한국어 교실과 한국 문화 축제를 열어도 외국인을 위한 것이 아니라 한국인을 위한 프로그램이다. 좀처럼 외국인을 초대하거나 소개하는 일이 없다. 한국어 교육은 미국의 대학뿐만 아니라 개발도상국을 포함한 중·고등학교 등에서도 중요하다.

그런데 미국의 예를 들면, 미국 고등학교에서 한국계 학생이 아닌 미국인에게 한국어 교육을 권장하기 위한 노력은 거의 없다. 미국 고등학교용 한국어 교과서가 있다는 말을 들어본 적이 없다. 한국어 교육을 위한 교재들도 매우 부실하다. 영어 설명이 세련되지 못했고 내용도 부실하다. 그 이유는 미국의 언어 교육 전문가가 아닌 한국의 언어 전문가가 편찬했기 때문이다. 한글을 소개하는 방법도 연구해야 한다. 아이들도 쉽게 한글을 익힐 수 있도록 방법을 찾아야 한다.

외국인 대학교수나 학생들의 한국어 작문 실력이 형편없어도 대부분은 그냥 넘어간다. 이런 것도 개선되어야 한다. 한국어를 세계화하려면 무엇보다 컴퓨터 입력방식부터 개선시켜야 한다. 외국인이 볼 수 있는 한국어 사전도 만들어야 한다. 현재의 사전은 모두 한국인을 위한 사전들이다.

이 책에서 이렇게 많은 것들을 언급하는 이유는 간단하다. 이제 한국은 홍익인간 정신으로 세계 속에 大韓國人의 브랜드 가치를 고양시켜야 하기 때문이다.

Chapter 2
홍익인간의 이념과 사상

> "현재 한국에서 말하는 창조경제에 가장 적합한 새로운 가치관, 새로운 사상, 새로운 철학은 바로 우리의 고유 전통 즉 홍익인간의 사상에서 나온 것이다. 또한, 우리에게는 계승 발전시켜야 하는 정신, 정치, 경제, 사회, 문화, 제도가 많다."

홍익인간 이념은 대한민국의 건국이념, 정치이념, 교육이념, 윤리이념이다.

홍익인간은 신성한 경제SACRED ECONOMICS가 실현될 수 있는 공유와 지역경제, 생태경제, 선물경제GIFT ECONOMY와 공동체정신 회복을 위한 원형이다. 홍익인간은 세상의 모든 정보와 지식, 아이디어를 공유하고, 창의성과 타고난 소질을 인정하고, 민주적인 의사소통을 의미한다.1)

'홍익인간'에서 '인간人間'은 인간의 존엄성과 평등, 그리고 자유를 의미하며, '홍익'은 인류만이 아니라 생태계의 모든 생명체들의 공생을 의미한다.

홍익인간은 경제적 자본, 사회적 자본, 영적자본, 문화자본 등을 발전시키고 풍요롭게 함으로써 모두에게 골고루 배분되는 공유 상생 공동체를 의미한다.

홍익인간은 하늘을 숭상하고, WHO가 추구하는 "전인적 건강정신 즉 신체적으로 정신적으로 사회적으로, 그리고 영적으로 정상(WELLBEING)인 상태"라는 정의를 존중한다.

홍익인간은 인류의 공영 · 번영 · 인류평화를 의미한다.

| 동방의 등불지기 : 홍익인간

새로운 이념 정립의 필요성

한국 · 한국인들, 즉 타고르가 말하던 '동방의 등불지기'들은 지난 수백 년간 침묵하고 있었다. 그러나 지금 새 역사의 여명이 밝아오고 있다.

21세기에 들어와서 인류는 새로운 국면으로 접어들었다. 과거 동양의 찬란한 정신문명이 세상을 밝히던 시대가 있었다. 그러나 서양의 기술문명으로 주도권이 넘어간 후로 동양은 오랫동안 때를 기다리고 있었다.

르네상스 이후 인본주의가 서양 문화의 기초가 되어 인류의 의식이 깨어나는 듯했으나, 산업혁명 이후 과학과 기술이 주도하는 세상에서 자본주의와 개인주의가 합작하여 고리대금 화폐경제를 만들고 약육강식 · 적자생존의 정글 법칙을 도입하여 물질만능주의, 과소비 문화를 낳았다. 이에 글로벌 자본주의는 소수의 탐욕스러운 부자들과 빈곤, 질병, 기아로 내몰린 절대다수의 빈자들의 세상을 만들어냈다.

글로벌 자본주의는 개발과 발전이라는 미명하에 모든 것들을 화폐화하면서 세상에 상대적 빈곤을 만들고, 지구를 오염시키고 스스로 파멸의 길을 걷고 있다. 원래부터 모든 것들이 풍족한 지구에서 현재는 10억 명이 넘는 인구가 빈곤과 기아로 고통을 겪고 있다. 이것은 글로벌 자본주의의 화폐시스템, 즉 분리, 소외, 경쟁, 결핍, 공동체의 파괴, 그리고 끝없는 성장을 갈구하는 욕망을 창조한 결과이다.

이러한 인류의 문제는 어느 한 국가나 한 민족이 해결할 수 있는 일이 아니다. '우주선 지구호(SPACESHIP EARTH)'에 함께 승선하고 있는 모든 사람들이 함께 해결할 일이다.2)

이제 다시 동양이 세상의 중심이 되는 시대로 접어들고 있다. 그동안 서양의 지식인들이 놓쳤던 바로 그 일을 동양에서 해야 하는 때이다.

서양의 인본주의가 건너 뛴 부분은 바로 '인간의 존엄성'을 위한 '글로벌 마인드'를 개발하지 못한 것이다. 즉 인류가 인종, 종교, 민족, 국가의 차이로 인하여 차별되지 않는 '홍익' 정신이 필요한 것이다. 그래서 홍익 弘益은 '글로벌GLOBAL' 개념을 내포하고 있다.

그래서 지금 인류의 미래를 위하여 '홍익인간'의 이념과 사상을 바탕으로 한 새로운 질서를 만들어 내는 일이 필요하다. 지금 우리는 한국이라는 하나의 국가 차원에서 생각하면 안된다. 이는 곧 편협한 민족주의로 폄하될 수 있기 때문이다.

이제 '글로벌 마켓'의 관점에서 생각해야 한다. 또한 새로운 자본주의 출현을 준비하는 과도기 차원에서 홍익을 생각하고, 고민해야 한다. 세계는 지금 '자본주의 4.0' 시대로 진입하고 있다. 또한 지구촌 전체에 '환경'

과 '영성', 그리고 '상생'과 '공유'의 가치에 눈뜨고 있다.

이미 경제적으로 선진국에 진입한 한국이 '글로벌 리더'로서의 위상을 유지하고 더 나아가서 '일등 국가'로서의 포지션을 굳건히 하는 데 우리 고유의 전통 사상을 새롭게 조명하고 올바른 방향 설정과 가치관의 정립을 해야 할 때이다. 바로 홍익인간 이념을 바로 세워서 '글로벌 마인드'로 재창조하는 일이 필요한 것이다.

한국이 70년의 짧은 기간에 서양의 과학과 기술을 도입하여 성공적인 경제발전을 이룩한 이면에는 우리 고유의 정신자본이 바탕이 되어 있었던 것이다. 이것을 글로벌 마인드로 발전시키는 것이 필요하다.

서양의 물질문명을 포용하고 그것을 우리의 것으로 발전시킬 수 있는 힘을 우리의 전통문화와 민족혼民族魂 속에서 찾아야 하는 것이다. 이 원동력의 발견은 매우 중요한 일이다. 이는 한국의 미래를 위한 든든한 받침이며 글로벌 사회를 선도할 '글로벌 리더십'을 내포하는 정신자본이 우리의 전통 사상에서 나온다는 뜻이기 때문이다.

현재 한국에서 말하는 창조경제에 가장 적합한 새로운 가치관, 새로운 사상, 새로운 철학은 바로 우리의 고유 전통 즉 홍익인간의 사상에서 나온 것이다.

또한, 우리에게는 계승하고 발전시켜야 하는 정신, 정치, 경제, 사회, 문화 제도가 많다. 그 중에 하나가 바로 7,000년 이상을 우리 민족의 문화를 지배해 온 정신세계인 '홍익인간' 이념이다.

Ⅰ 홍익인간의 이념과 사상

이 홍익인간 이념은 과거 환인桓因 환국桓國, 환웅桓雄 단국檀國(배달국), 고조선古朝鮮의 건국이념, 통치이념, 교육이념, 윤리이념이었다. 그리고 지금은 대한민국의 건국이념, 정치이념 교육이념이다.3)

대한민국 헌법 전문에는 홍익인간이란 용어는 명시되어 있지 않지만 홍익인간 정신이 행간에 깔려 있다.
홍익인간을 교육이념이라 하는 것은 대한민국 교육의 기본원칙을 정한 교육법 1949년과 교육에 관한 기본법률 1997년에 홍익인간 정신을 명시하였기 때문이다.

홍익인간은 인간의 행복에 봉사하는 보편적 인본주의와 인류공영의 박애주의를 추구한다. 따라서 홍익인간은 인간의 존엄성, 행복 및 인간적인 목적 가치를 저해하는 모든 것에 반대하는 속성을 지녀 이기주의와 향락주의를 거부한다.

홍익인간은 지속적으로 경제성장과 생산성을 향상시키고, 경제성장의 과실이 고르게 분배되는 경제민주화를 이루는 풍요로운 공동체를 의미한다. 따라서 지금의 빈익빈 부익부의 양극화된 사회는 홍익인간적인 사회가 아니다.

홍익인간은 소통과 통합의 사회를 의미한다. 사람과 사람 사이에 지식, 정신, 인정, 의사, 정보, 일자리, 물자 등이 물처럼 넘쳐흐르는 사회로서 부익부 빈익빈의 양극화와 갑과 을이 대립하지 않는 지식, 인정, 물자, 정보 등의 막힘이 없는 소통과 통합을 의미한다. 오늘날 우리 사회에서 가장 부족한 덕목이 바로 이러한 소통과 화합의 장이 없다는 것이다. 홍익인간 정신으로 이것을 해결해야 한다,

홍익인간은 재세이화在世理化와 만물병육萬物竝育의 상생사회를 지향하므로 자유주의, 평화주의, 공동체주의를 추구한다. (재세이화-세상을 이치로 교화한다. 만물병육-중용, 만물은 함께 자란다.)

인간은 만물의 영장인 사람뿐만 아니라 하늘과 땅 사이에 있는 사회와 공동체를 지칭하는 대명사이다. 이는 남을 배려하는 공감과 이타심을 가진 유기적인 공동체를 의미한다.
특히, 천天·지地·인人 삼재의 조화를 기조로 한다. 이는 유교의 인, 불교의 자비, 기독교의 사랑과 상통하는 덕성이다.

홍익인간은 공동체의 안녕과 번영을 위한 선공후사의 윤리규범을 제시한다. 홍익인간은 부정부패의 척결을 제시한다.

▮ 고조선의 통치이념

백성의 목숨을 안전하게 보살핀다. 이는 국가와 백성의 안전보장과 정치적, 사회적 안전의 중요성을 강조하는 것이다.

- 백성이 더불어 살고 사귐에 친하고 멀리하는 구별이 없다는 동포로서의 운명공동체 정신을 바탕으로 한다.
- 지위가 높고 낮음에 차별이 없다.

- 남자와 여자의 권리가 평등하다.
- 노인과 젊은이의 소임과 역할을 분담한다. 즉 개개인의 소질과 능력에 맞게 하여 각자가 훌륭한 인재로 창의력을 발휘하도록 하자는 것이다.
- 백성 스스로 화평과 안락을 누리며 도리에 따른다.
- 병을 제거하고 원한을 풀어주며 다친 자를 돕고, 기우는 사람과 약자를 구제하니 원한을 품거나 도리에 어긋나는 일을 저지르는 자가 한 사람도 없다.
- 모두가 대동단결한다.

(한국의 고서 태백일사太白逸史 '한국 본기 편'에 환국오훈은 '홍익인간'을 다섯 가지로 표현한다. 이 자료는 학계에서 위서 논란이 있다.)

한국오훈(桓國五訓)

1. 성신불위誠信不僞 : 매사에 정성과 믿음으로 행하여 거짓이 없게 하라.
2. 경근불태敬勤不怠 : 공경하고 근면하여 게으름이 없게 하라.
3. 효순불역孝順不逆 : 효도하고 순종하여 거역치 말라.
4. 렴의불음廉義不淫 : 청렴하고 정의를 지켜 음란하지 말라.
5. 겸화불투謙和不鬪 : 겸양하고 화평함으로써 싸움을 하지 말라.

재세이화在世化는 홍익인간의 사명을 갖고 인간 세상에 머무르며 각자의 소질과 재능을 발휘하여 문명인으로서 공공생활을 할 수 있도록 탈바꿈시키는 것이다. 홍익인간은 '인간과 자연이 동일하여 서로 대립과 갈

등 관계가 아니라는 것을 이해하고 있다.

참고로 홍익인간과 관련된 자료들이 위서 논란에 휩싸인 경우가 더러 있다. 그것은 자료들이 역사적 근거를 갖지 못한 상태로 조작되었다고 보기 때문이다. 하지만 몇몇 자료들은 고증과 유물 발굴을 통해 역사적 입증을 해내고 있는 중이다. 우리가 홍익인간을 이야기하고자 하는 건 가능한 역사적 사료를 바탕으로 접근하려고 한다. 지금 시중에 논란이 되고 있는 홍익인간에 대한 위작 시비, 종교적 편향, 시대적 오류에 편승한 지나친 희화화戱畵化를 지양하고, 올바른 가치관 정립을 위해 계속 노력해야 한다.

홍익인간에 대한 일반적 논의와 접근방식 중 첫째는 홍익인간에 관한 많은 자료들을 보면 접근 자체가 지나친 민족주의적 관점에서 다루어진 것들이 대부분이다. 물론 민족주의 자체를 잘못되었다고 생각하지는 않는다. 그런데 이러한 민족주의자들은 객관적 사실보다는 가공된 역사를 만들어 내어 우리 민족 자체를 타 민족과 다른 우수한 민족이라는 것을 강조하는 데 치우치고 있다는 점이다.

그런 시각에서 기술한 홍익인간은 단순히 한국인 혹은 한국 민족의 특성으로 제한되는 느낌을 받는다. 이는 홍익인간 정신을 인류의 공통의 정신으로 승화시키기에는 뭔가 보편성이 결여되었다는 생각이 들었다.

따라서 우리는 홍익인간과 관련된 많은 문헌들을 참고했지만, 크게 비중을 두지 않기로 했다. 이유는 우리의 목적은 홍익인간의 이념과 사상을 세계화하기 위해서 불필요한 잡음을 만들지 않기 위해서이다.

둘째는 상당히 많은 홍익인간 관련 자료들은 '종교'적 시각에서 다루어진 것들이었다. 결국 이것은 기존의 종교에 대립하여 우리 민족의 종교를 옹호하는데 필요한 개념들로 제한된다는 느낌이 들었다. 홍익인간이 우리의 민족정신이라는 역사적 인식보다는 단군 '신화'에서 시작되는 종교의 가치로서 인식된다는 점이다.

이런 이유로 자칫 일반인들은 '홍익인간'이란 용어를 마치 특정 종교의 용어처럼 오해하는 경우도 있는 것이다.

그래서 우리는 홍익인간에 대해서 우리 나름대로 '개념정리'를 해야 한다는 생각을 하게 되었다. 그리고 우리는 '홍익인간'에 대해서 우리가 모르는 것들이 많다는 데 동의한다.

우리가 홍익인간에 대한 개념 정리를 하고, 이러한 책을 만들기로 한 데는 여러 가지 이유가 있다. 무엇보다도 우리 자신의 정체성을 확실히 하자는 의도가 있다. 그리고 우리는 아주 중요한 목적으로 이 일을 하는 것이다. 바로 '홍익인간' 정신을 널리 세상에 알리기 위한 것이다.

결론적으로 우리의 홍익인간의 이념과 사상은 결국 세계의 다양한 국가, 기업, 개인의 삶에 적용할 수 있는 범용성이 있다는 점을 말하고자 한다.

Chapter 3
홍익인간의 정신과 철학

"그래서 홍익인간 사상의 중심에는 신과 인간의 동화(同化)가 있다. 인간이 만유의 중심이라는 인본주의나 신의 영광을 위해 인간이 존재해야 한다는 신본주의, 어느 한 쪽에 치우치는 것을 배격하고 신과 인간이 하나라는 입장을 취하고 있다."

▎시대에 맞는 홍익인간 정신

지금 '홍익인간'이 우리가 생각하는 글로벌 리더십, 혹은 글로벌 마인드에 적합한 것인가 하는 점이었다. 이미 다른 학자들이 홍익인간의 정신과 철학을 잘 정리했을지 모르겠다. 우리가 원하는 정보와 정리된 문헌들을 발견하지 못하였기 때문에, 이 시대에 맞게 '홍익인간'을 기록하려고 한다.

우리는 '홍익인간'을 우리 자신, 즉 한국인의 DNA 속에 흐르는 '정신 SPIRIT'이라는 관점에서 해석해 본다. 다시 말해서 한국인은 누구나 '홍익인간' 정신의 원형을 가지고 있다고 전제한 것이다.

이런 우리의 전제조건에 비추어 볼 때 홍익인간의 정신은 무엇이고 철학은 무엇인가? 과연 이 홍익인간은 이 시대에 적합한 가치를 지녔는가?

우리는 '글로벌 시대'에 필요한 '바람직한 인간성'을 담고 있는 '보편적인 정신'으로서 홍익인간을 생각해 보고자 한다.

그래서 우리는 홍익인간의 역사성보다는 현재와 미래에 무게를 두고 있다. 즉, 우리가 지금 이 시대에 어떻게 살아야 하고, 앞으로 우리의 후손들이 어떻게 살아야 하는지, 한국인으로서 우리는 누구이고, 인류의 한 구성원으로서 우리가 누구인지, 우리의 정체성을 생각해 보려는 것이다.

결론적으로 우리는 우리의 삶의 기본적인 '정신과 철학, 가치관'으로서 '홍익인간'을 선택한 것이다. 이미 앞에서 기술한 것처럼 전제조건이 중요한 것이다.

그러기에 우리가 이렇게 결론부터 말하는 방식에 토를 달지 않기를 바란다. 이건 순수하게 비즈니스적 순수성과 글로벌 리더십의 재정립 차원, 그리고 대한민국의 브랜드를 경제·경영적 가치로 승화하기 위한 노력의 일부분이다.

그래서 우리는 나름대로 '홍익인간'에 대한 정의를 새롭게 내릴 필요성을 느끼고 이 작업을 시작한 것이다.

이 책에서 우리는 홍익인간에 대해서 토론 내지는 허구적 논쟁을 피하고 역사적 사실과 근거를 바탕으로 홍익인간 정신으로 정리하고, 그 다음 무엇을 어떻게 해야 할 것인지, 아니 우리가 어떻게 살아갈 것인지를 말하고자 하는 것이다.

홍익인간은 고조선의 건국이념이고 한국의 교육이념이라고 말한다. 고조선의 건국 스토리는 각자의 배운 대로 이미 알고 있기에 여기서는 한국의 교육 이념으로 홍익인간을 채택한 부분을 잠시 생각해 보자.

홍익인간이 우리나라 교육이념으로 채택된 것은 미군정 시절부터였으며, 한국의 교육법은 1949년 12월 31일 법률 제86호로 제정 공포되었는데, 그 법률 1조는 다음과 같다.

[교육은 홍익인간의 이념 아래 모든 국민으로 하여금 인격을 완성하고 자주적 생활능력과 공민으로서의 자질을 구유하게 하여 민주국가 발전에 봉사하며 인류공영의 이상 실현에 기여하게 함을 목적으로 한다.]

현재 교육기본법 제2조에 명기되어 있다.

홍익인간을 교육이념으로 채택한 동기를 『문교개관 1958』에서 "홍익인간은 우리나라 건국이념이기는 하나 결코 편협하고 고루한 민족주의 이념의 표현이 아니라 인류공영이라는 뜻으로 민주주의의 기본정신과 부합되는 이념이다. 홍익인간은 우리 민족정신의 정수精髓이며, 일면 기독교의 박애정신, 유교의 인仁, 그리고 불교의 자비심과도 상통되는 전 인류의 이상이기 때문이다."라고 천명하고 있다.

홍익인간은 한갓 국수적 민족주의 이념으로 치부될 수 없는 보편적 가치를 담고 있다. 따라서 홍익인간은 국가나 민족 그리고 종교가 달라도 보편적으로 추구해야 하는 우리 시대정신이 될 수 있으며, 한민족만의 정신이 아닌 지구인 정신이 될 수 있는 것이다. 〈국제 뇌교육종합대학원 이승호 교수〉

홍익인간이 우리나라의 교육이념으로 결정되기까지의 이야기는 홍익인간의 역사가 결코 순탄하지 안 했음을 말해준다. 면면한 역사과정을 따라 홍익인간의 한국 정신이 어떻게 근대화 과정을 거쳐서 이 시대에 부활

되고 있는지를 우리가 잊지 말아야 한다. 또한, 이를 받아드려야 하는 건 우리 산자[生子]의 소명이다.

종전 직후, 1945년 미군정의 위촉으로 교육계와 학계의 권위자 100여 명을 초청하여 조선교육심의회가 조직되었다. 교육이념·교육제도·교육행정·초·중등교육·직업교육·사범교육·고등교육·교과서·의학교육 등의 10개 분과위원회를 두어 각 분과로 하여금 학무국에서 마련한 여러 가지 의제를 협의, 결정하게 되었다. 1945년 12월 23일 조직되어 1946년 3월 7일을 마지막으로 분과위원회 105회, 전체회의 20회를 개최하였다.

1949년 12월 31일 공포된 교육법과 제도를 살펴보면 대부분은 미국식 혹은 일본식 법제를 그대로 따랐다. 그런데 교육이념만은 다르다. 〈교육법〉 제1조에 삽입되어 한국 교육의 이념으로 명문화된 '홍익인간'의 교육이념과 교육의 기본 방침이 심의 결정되었고, 학제를 비롯한 교육제도에 대한 결의가 이루어졌다.

그렇다면 과연 어떠한 과정을 거쳐 홍익인간 정신이 우리의 교육이념으로 자리잡게 되었을까?

조선교육심의회 중 제1분과위원회는 교육이념을 정하는 역할을 맡았다. 여기에는 위원장 안재홍을 비롯해 백낙준, 하경덕, 김활란, 홍정식, 키퍼 대위가 속해 있었다.

1945년 12월 20일 오후 2시 미군정청 중앙 회의실에서 열린 조선교육심의회 제4차 전체회의는 교육이념을 놓고 열띤 논쟁이 벌어지고 있었다.

교육이념으로 '인류공영'과 '홍익인간' 중 이견을 좁히지 못한 상태였다.

홍익인간 교육이념에 찬성하는 이는 현상윤, 안재홍, 정인보 등이었는데 처음 '홍익인간'을 주창했던 사람은 백낙준(제2대 문교부장관)이었다.

당시 백낙준은 "교육학적 여러 이론이나 철학적 이론을 내가 말할 수 없지만 홍익인간으로 삼자고 하는 데에는 두 가지 이유가 있다"고 밝혔다. 그는 "사회에 유익한 사람을 만드는 것이 교육의 제1 목표요, 배운 사람의 다음 목적은 내 개인을 위하는 것이 아니라 사회복리, 크게 말하면 인간 행복을 위해서 활동한다는 것이 곧 교육을 받는 사람의 목적이다"며 홍익인간을 해석했다.

"군정시대에 교육이념 이야기가 처음 나왔다. 여러분들이 교육이념을 두세 개 제출해 토론하였는데 처음에는 우리 교육이념이 될 만한 것을 하나도 발견하지 못했다. 그러다가 나중에 어떻게 내가 생각이 나서 '홍익인간'이라고 정하는 것이 어떠냐고 말하니, 그때 모두가 좋다고 하였다." - 백낙준《한국의 현실과 이상》중 -

훗날 백낙준 주창설에 논란이 제기되는데, 이는 서구 유학파이면서 기독교 목사였던 백낙준의 사상적 배경이나 출신 성향을 놓고 볼 때 홍익인간 이념을 주창한 것이 가능할 수 있겠느냐는 주장이었다.

백낙준은 기독교 목사이면서 교육계 대표로 조선교육이념심의회에 참여하고 있었다. 그러나 백낙준이 당시 맡고 있던 연희전문학교의 배경을 살펴보면 홍익인간 제창이 결코 우연이 아닌 필연적 결과임을 알 수 있다.

백낙준은 1927년 연희전문학교(현재 연세대학교) 교수가 되고 회의가 있던 1946년 연희전문의 교장직을 맡고 있었다. 당시 연희전문학교는 우리나라 국학國學연구와 민족사학의 최고 중심축이었다. 일제하에 유일하게 문과 과정을 개설해 일제의 감시와 압력에도 공개적으로 때로는 강의 이름을 바꾸어 가면서 민족정신과 독립의식을 고취하고자 교육했다. 특히 역사학과의 정인보, 백낙준, 손진태 등은 일제의 식민사학에 맞선 민족사학의 중심이었다.

이때까지만 하더라도 '홍익인간'은 특정 종교의 이념이 아닌 한민족의 정신적 중심 철학으로 이해하고 있음을 보여준다.

이날 회의장에서 백낙준의 바로 앞자리에 앉았던 정인보는 백낙준의 발언에 대해 다음과 같이 평가했다. 그는 이를《용재(백낙준의 호) 선생과 홍익인간의 문제》에서 이렇게 밝혔다.

> "어쩌면 불교인의 용어에서 나온 것일지도 모를 홍익인간이란 덕목이 불교인도 아니고, 국사를 전공한 분도 아닐뿐 더러, 기독교 목사의 자격을 지니신 선생에 의해서 제창되었다는 것에 나는 지대한 관심과 흥미를 느끼지 않을 수 없다. 일개 기독교인으로서의 외연外延이 용재 선생의 경우 얼마나 적극적이고 폭넓은 것이었던가, 고개를 숙이지 않을 수 없다."-민영규《용재 선생과 홍익인간의 문제》중 -

그러나 '홍익인간' 교육이념에 대한 반대도 만만치 않았다.

반대에 나선 인사는 주로 오천석(제8대 문교부장관), 장이도, 이인기 등 주로 미국과 일본에서 공부했던 유학파 출신이었다. 특히 동경 상대를 나온 좌익계 학자로 당시 전문학교 교수로 재직하던 백남운은 홍익인간 이념에 대해 다음과 같이 비판했다.

백남운은 "홍익인간이라는 말이 고기古記에서 나온 말이요, 따라서 신화에 가까운 비과학적인 용어일 뿐만 아니라 일본인이 일본의 침략 논리로 즐겨 쓰던 팔굉일우(八紘一宇 : 온 세상이 하나의 집안이라는 뜻으로 일본이 침략 전쟁을 합리화 하기 위하여 내건 구호)라는 말과 비슷하다"고 주장하며 상당히 비판적 태도를 보였다. 팔굉일우는 지상 여덟 모퉁이에 기둥을 세워 지붕을 이고, 온 지구를 그 밑에 덮은 다음, 그 지붕 아래에 있는 모든 민족을 일본이 지배한다는 뜻이다. 일본 군국주의 시대에 창안되어 지금껏 이어지고 있는 국가 통치이념이다.

좌파 지식인 백남운은 우리 교육이 입각해야 할 '민족교육'의 원칙으로 ① 일제식의 사고방식을 근본적으로 말살할 것. ② 민주주의 정신을 불식할 것. ③ 과학사상을 발양發揚할 것 등 3원칙을 들고, 홍익인간 이념은 이들 3원칙에 모두 위배되는 반동적-비과학적 이념이라 공격하였다. (홍익인간에 대한 일제의 조작 사실을 까마득히 잊은 채 지나친 좌파논리에 빠진 어처구니 없는 주장일 수 있다고 생각되지만.)

그는 홍익인간 이념은 신화라는 '조국정신'의 한 유형으로 과학사상이 아닌 신화 전설에 근거하고 있으며, "조선의 민주적 건국정신과는 본질적으로 배치되는 것"이라 규정하였다.

백남운을 비롯한 서구식 교육을 받은 이들은 홍익인간을 비관하는 논거로 '과학'이 아니라는 유물론적 사관에서 비롯된 것이다.

그러나 백낙준은 "홍익인간이라는 말이 《제왕운기》나 《삼국유사》에 나온다고 하더라도 이들 저자들에 의하여 이념으로 정립된 것이 아니고, 다른 곳에서 빌려온 것도 아니고, 또 이것이 다른 나라를 배타하는 제국주의 사상도 아닌, 민족문화의 유구한 전통 속에서 영글어진 개념으로 민족적 이상을 가장 잘 나타낸 이념"이라고 반론했다.

그는 홍익인간을 '인간에 대한 최대의 봉사MAXIMUM SERVICE TO HUMANITY'로 번역하며 설명했다. 홍익인간 정신의 키워드도 기독교적 박애사상과 다를 바 없다는 백낙준의 설명에 수긍했다. 이렇듯 우여곡절 끝에 '홍익인간'이 교육이념으로 채택되었다. [참고: 이형래. 해방 후 단군인식과 현대 단군운동의 전개. 조흥윤. 홍익인간 사장의 연원과 의미 (2000)].

홍익인간은 2개의 단어, 즉 '홍익'과 '인간'에 관한 개념을 합쳐놓은 말이다. 앞에서 말한 것처럼 '널리 이롭게 한다'는 '홍익' 정신은 곧 다같이 더불어 살아가는 방식을 말한다. 이는 오늘날 새로운 자본주의 모델로 등장하고 있는 협동과 연대경제, 협력적 공유사회를 만들기 위한 기업의 사회적 책임과 공유가치 실현, 사회적 기업 내지는 협동조합 정신과 일맥상통한다.

오늘날 경제는 새로운 국면에 접어들고 있다. 이것을 흔히 '자본주의 4.0'이라고 표현하고 있는데, 이렇게 진보된 자본주의는 '인간'이 중심이 되는 개념이다. 즉 '인본주의적'인 자본주의를 말한다. 이것을 다르게 표현한다면, 바로 '홍익인간'적인 자본주의라고 말할 수 있다.

홍익인간은 단순히 국조 단군의 통치이념으로 해석한다면, 더 이상이 다룰 가치가 없을지 모른다. 그러나 홍익인간은 한국인의 정체성을 말하는 것이라고 해석한다면 지금부터 할 이야기는 많다.

홍익인간의 정신은 바로 화합과 협력을 통한 상생의 삶의 방식을 말하고 있는 것이다. 이 정신은 한민족이 지금까지 만들어왔고, 앞으로 만들어낼 창의적인 삶의 방식을 말하는 것이다.

홍익인간과 오늘날 표현으로 가장 근접한 것은 '기업가 정신'이다. 그러나 서양의 기업가 정신은 약간 부족한 부분이 있다. 바로 '공생과 공존의 철학'이 부족한 것이다. 그 이유는 서양의 기업가 정신은 자본주의와 개인주의를 바탕으로 발전한 것이기 때문이다.

따라서 새로운 단어가 필요하다. '협동 기업가 정신' 같은 단어 말이다. 우리가 '기업가 정신'이라고 말할 때 강조하려는 것은 바로 '창의성'이다. 기업가는 문제를 해결하는 탁월한 능력을 지닌 사람이다. '무에서 유를 창조'한다는 말이 있다. 이 말은 곧 기업가 정신에 적합한 말이다.

오늘날 사회 발전은 기업가 정신을 지닌 사람들에 의해서 만들어지는 것이다. 기업가들은 도전적이고 불굴의 투사와 같은 정신을 가진 사람들이다. 기업의 세계에서 본다면 시시각각 변하는 상황에 능동적으로 대처하는 능력이 절대적으로 필요하다. 모든 기업가 정신은 당연히 경제를 기본으로 한다. 사업이란 경제를 다루는 직접적인 일이기 때문이다.

오늘날 우리나라와 우리 민족이 직면하고 있는 위기는 여러 가지다. 일본과 중국 사이에서 풀어야 할 과제들이 많다. 그리고 국내에서 풀어야 할 숙제들도 많다. 무엇보다도 국민들의 삶이 고달픈 현실을 풀어야 한다. 이러한 시점에 위기에서 우리를 구할 그 힘은 어디에 있는가?

바로 홍익인간 정신이다. 우리가 홍익인간의 정신을 되살린다면, 이러한 위기는 도약의 계기가 되는 것이다. 이를 위해서 왜곡된 역사와 문화를 바로 잡아야 하는 것은 당연하다. 그래서 우리는 그것을 붙잡고 논쟁하고 있을 시간이 없다.

또한 가장 기본적인 역사 교과서도 제대로 만들지 못한 상태에서 너무 앞서 나가는 것도 홍익인간 정신에 부응하지 못한다. 그러니 우리는 홍익인간과 연계하여 너무 멀리 가지 않을 생각이다. 상고사 또는 치우천왕까지 문제로 치달을 생각이 전혀 없다. 솔직히 이런 영역은 경제, 경영학적 접근 방식이 아니라고 생각된다. 역사의 문제는 다시 다루기로 하자. 지금 우리에게 필요한 것은 생존에 필요한 시대정신이며, 우리 민족의 정체성 정립과 글로벌 브랜드를 향한 리더십 확보이다.

그래서 우리의 목적은 분명하다. 홍익인간의 정신을 바르게 정립하여 현실을 개척하는 모든 사람들에게 잠시 잊고 있었던 우리 민족의 위대한 정신, 대륙을 호령했던 개척정신을 함양시키고, 정신적, 물질적 위기에 처한 대한국인에게 뉴 프런티어의 기개가 있음을 알려 잠재된 '기업가 정신'을 끌어내고자 한다.

그렇다면 우리 민족을 통해서 전승되어오고 있는 홍익인간의 정신은 무엇이고 그 철학은 무엇인가?

오늘날 관점에서 해석한다면, 홍익인간 정신은 '다 같이 잘사는 세상'을 만드는 일이다. 모두가 잘 사는 세상은 모든 지성인들이 꿈꾸는 세상인지 모른다. 이것은 이상적인 국가, 즉 유토피아로서 단순히 꿈이나 이상으로만 생각하는 세상이라고 주장할 수 있을 것이다. 하지만 다함께 잘 사는 건 자유로운 직업을 바탕으로 주어진 기회를 충분히 발휘하는 세상을 말함이다. 자유로운 직업이란 자본주의적 요소와 인본주의적 요소, 그리고 공동체를 위한 협동과 연대정신이 잘 어우려진 인간의 삶을 말한다. 이 말은 곧 사람됨이 함께하는 정신을 일컫는다. 그래서 홍익인간은 편향된 이념과 사상을 앞세운 정치적 세력과 거대 자본을 앞세운 승자독식의 자본 논리를 추구하지 않는 것이다.

그래서 홍익인간은 '모두가 다 같이 잘 사는 세상'이 가능하다고 믿는다. 오늘날 지구상에 존재하는 국가들 중에서 어느 한 국가라도 '자유'와 '평등', '공정', '평화', '공존'이 필요하지 않는 나라는 없을 것이다.

홍익인간 정신은 세계사적 의미가 있다. 어느 국가, 민족이 이 같은 정신을 가지고 있는가? 홍익인간의 정신은 우리 민족의 심장에 면면히 흐르는 정신이면서 세계인과 함께해야 할 새로운 리더십이다. 이제는 정치, 사회, 경제, 문화, 자연 등을 홍익정신으로 경영한다면 지구가 좀 더 행복해질 수 있을 것이다.

｜홍익인간의 철학은 '평등과 공존'이다.

즉, 우리 사회가 안고 있는 극단적 이기주의와 물질만능주의, 이로 인한 가치관의 혼란과 사회적 부조리, 인간의 폭력화 현상을 극복하기 위해서는 개인과 개인, 개인과 집단, 개인과 국가 간의 올바른 관계 정립이 필요하다.

그것은 하늘과 땅과 사람이 모두 하나라는 천지인天地人의 사상에 의해서만 해결이 가능하다. 이것을 지나치게 형이상학적으로나 혹은 종교적으로 해석하지 말자. 또한 '천지인'을 '천인지'로 써야 한다고 주장하는 사람도 있다. 순서로 보면 그럴 수 있다고 생각한다.

중요한 것은 여기서 천天이 무엇이고, 지地가 무엇이며, 인人이 무엇인가에 대한 해석이다. 물론 이것은 하늘, 땅, 사람이라는 말이지만, 한편 천지인은 동양 철학에서 말하는 만물을 주재하는 요소로, 각각 하늘·땅·사람을 뜻하는 삼재三才라고 하며 우주를 구성하는 삼원三元인 하늘과 땅과 사람이라고도 한다.

김광린 서일대 교수, 정치학이 지적했듯이 우주 내의 모든 존재는 상호 분리할 수 없는 밀접한 관계로 얽혀져 있다. 유익을 상호 제공하는 존재로 서로를 인정해야 하는 천지인의 이념이 필요하다. 따라서 김광린 교수는 홍익인간 사상을 우주 내의 모든 존재를 포괄하는 '평화사상'이라고 해석했다. 인간만이 아니라 하늘, 땅, 사람이라는 모든 존재가 유익을 상호 제공하고 있고, 그래야 한다는 것이다.

그래서 개인과 개인, 개인과 집단, 개인과 국가 간의 올바른 관계정립은 화해와 공존의 이념에서 해결될 수 있다. 민족과 민족, 종교와 종교, 인간과 자연과의 관계 역시 마찬가지다.1)

홍익인간 속의 한국인들은 지난 수천 년 동안 원초적으로 나 자신과 민족, 인류 더 나아가 우주 내 모든 존재간의 상생과 공존번영을 지향해 왔다. 그것은 세계의 모든 사상과 철학, 종교가 지향해 왔던 최고의 목표와도 일맥상통한다.

그래서 홍익인간 사상의 중심에는 신과 인간의 동화同化가 있다. 인간이 만유의 중심이라는 인본주의나 신의 영광을 위해 인간이 존재해야 한다는 신본주의 어느 한쪽에 치우치는 것을 배격하고, 신과 인간이 하나라는 입장을 취하고 있다.

그것이 신인합일神人合一의 사상이다. 김광린은 이것이야말로 '인류사회에 기여할 수 있는 평화 사상'이라고 지적했다. 21세기는 신본주의와 인본주의가 변증법적으로 종합되는 시기, 곧 도덕적으로 성숙한 정신문명의 실현이 요청되는 시기이기 때문이다.

삼국유사 등에 나타나 있는 '재세이화', 홍익인간의 내용은 "(신이 직접) 이 세상에 살면서 정치와 교화를 베풀어 널리 인간을 이롭게 한다."는 의미라고 한다.

신이 인간 세상과 격리된 천상에 고고히 머물며 경배를 받기만 하는 것이 아니라 '홍익인간 하기 위해' 인간 세상에 내려와 직접 교화와 치세의 활동을 전개한다는 것이다. 그것은 천상의 원리가 천하에서도 동일하게 관철되어야 함은 물론 피안(彼岸. 진리를 깨닫고 도달할 수 있는 이상적 경지)과 차안(此岸, 삶과 죽음이 있는 현실의 세계), 신神과 인人, 또는 신의 세계와 인간의 세계가 별개가 아니라 하나이어야 함을 분명하게 설파하고 있는 대목이다.

따라서 '홍익인간 한다'는 것은 "인간이 사람됨을 찾아가는 길"이다. 우주의 본질과 목적을 깨달은 완성된 인간이 되는 길이다. 또한 신성을 되찾아 밝아진 인간, 즉 신인神人―여기서의 신인은 우주와 자연과의 동화를 일컫는 말이다―이란 홍익의 정신을 품은 사람, 곧 홍익인간을 의미한다.

즉, 신과 인간이 하나가 되어 신인합일된 사람이 바로 홍익인간이다.

홍익인간을 한국 역사의 구심력이자 교육이념으로 제시한 안호상은 "인간의 궁극적 이상과 목적은 큰 덕(大德 대덕), 슬기(大慧, 대혜), 힘(大力, 대력)을 지닌 신인神人이 되는 것"으로 보고, 그 사람을 홍익인간으로 해석했다. 그러므로 홍익의 마음을 갖춘 사람에게는 더불어 사는 삶, 개인의 완성과 전체의 완성을 모두 중시하는 조화와 대동의 삶이 주요 관심사가 된다.

이것이 오늘의 인류가 요구하는 한국인의 신인합일 정신이다. 그것이 바로 홍익인간을 중시한 천손天孫 민족의 근거이기도 하다.

Chapter 4

大한국인의 길 : 잃어버린 역사, 잃어버린 땅을 되찾아서

> "조선인들은 유구한 역사와 문화적 긍지가 높아 통치하기 어렵다. 그들을 대일본제국의 식민으로 만드는 방법은 그들의 가장 큰 자긍심인 역사를 각색하여 피해 의식을 삼는 것이다. 조선인을 뿌리가 없는 민족으로 교육하여 그들의 민족을 부끄럽게 하라." -아베 노부유키

우리는 '홍익인간'의 원형을 찾기 위해서 역사를 탐구한다. 그런데 여기서 우리는 역사에 대한 명확한 인식을 가질 필요가 있다.

┃ 역사는 해석이다

이 시점에서 우리가 생각하는 '역사'에 대한 견해를 먼저 이야기해야 한다. 역사가 무엇인가? 이에 대한 정의를 내리고 이야기를 시작할 필요가 있다.

이 개념이 학술적인 정의는 아니지만, 이렇게 정의를 내릴 수 있다.
『역사란 '현재의 관점에서 해석한 과거의 이야기'이다.』

여기서 중요한 부분은 '현재의 관점'이라는 단어이다. 역사는 과거도 아니고 미래도 아니고 현재의 관점에서 기술된 것이다. 모든 역사서는 그것을 쓸 당시의 현재라는 관점에서 기술된 것이다. 그러므로 어떤 관점에서 '역사'를 보고 있는가부터 파악해야 하는 것이다.

인류의 역사에는 수많은 전쟁이 있었고, 그 전쟁으로 수많은 민족과 국가가 사라졌다. 그러는 사이에 역사는 기록되어 전해진다. 자, 어떤 국가가 다른 국가를 침략했다고 해보자. 그들은 점령한 국가의 모든 것들을 자신들의 기준으로 바꿀 것이다. 아마도 침략을 정당화하기 위해서 모든 자료들을 편집할 것이다.

따라서 역사를 '일어난 일을 있는 그대로 기록'하는 것이라는 순진한 생각은 하지 않는 것이 좋다. 지금까지 기록된 수많은 역사서들도 그걸 기록하는 당시의 '주최 측의 입장'에서 기술될 수밖에 없는 것이다.

또 다른 문제는 과거의 기록들을 어떻게 해석하는가 하는 것이다. 즉, 어떤 관점으로 역사적 문헌들을 보느냐에 따라서 전혀 다른 해석이 나올 수 있는 것이다.

이 두 가지 맥락에서 역사는 매우 다르게 기술될 수 있다는 것이다. 역사를 기록할 당시에 말하는 사람이나 혹은 지금 해석하는 사람이 누구인가에 따라서 전혀 다르게 편집될 수 있다는 점을 인식할 필요가 있다.

실제로 똑같은 역사적 사실이라 할지라도 시대마다 다르게 해석되었다. 주체가 바뀌면서 수도 없이 다르게 해석되었다. 따라서 역사를 말할 때, 우리는 적어도 그 역사를 말하는 주체가 누구인가부터 이야기해야 하는 것이다.

누구나 알고 있는 흔한 이야기 하나를 가지고 이 두 관점을 적용해 보자.

신라의 삼국통일은 과거 유신 체제하에서는 이렇게 해석되었다.
[사분오열되어 있던 한반도에서 화랑정신으로 무장한 신라가 한민족의

역사에서 최초의 민족통일을 이루었다.]

즉, 이때 핵심은 '통일'을 했다는 것이 중요한 포인트였다. 가야, 백제, 고구려 등을 나당 연합군을 구축하여 무력으로 통합한 것이지만, 하나로 통일했다는 자체만 중요했던 것이다. 그래서 화랑을 높이 띄우고 김유신은 영웅으로 만들면서 나머지는 다 가려 버린 것이다. 무력으로 정권을 잡은 입장에서는 이러한 해석이 가능하며, 또한 필요할 수도 있었다.

하지만 오늘날 선진국으로 도약을 하면서 한국의 가장 큰 걸림돌이 되는 것은 영토와 인구이다. 그래서 이제는 우리도 위 문제를 새롭게 해석해야 한다.

[외세를 개입시켜 고구려의 영토 상당 부분을 남에게 넘겨주면서 반쪽짜리 통일을 한 것은 역사적 과오이다. 만일 고구려의 영토까지 포함시켜 통일을 했더라면, 우리의 역사는 완전히 달라졌을 것이다.]

두 가지 해석이 다 틀렸다고 할 수 없다. 다만 관점의 차이가 있을 뿐이다.

우리는 이와 같은 관점을 가지고 이것을 현재 한국의 '역사 교과서'에 적용해 보면 즉시 답이 나온다. 즉, 현재 우리 역사 교과서는 어떤 가치관을 가진 사람들이 집필한 것인가? 지금 어떤 가치관을 가진 사람들이 그 역사를 해석한 것인가? 이 질문의 답부터 구해 볼 필요가 있다.

사람들은 쉽게 역사를 '과거에 일어났던 일', 즉 팩트FACT로 인식하기 쉽다. 하지만 우리가 알고 있는 모든 역사는 실제로 일어났던 일이 아니다. 그런 팩트에 대한 기술자들의 해석이다.

사람들은 아마도 역사가 '해석된 것'이란 말에 약간 의문을 제기할 수 있다. 흔히 우리가 이것은 '역사적 사실'이라고 말한다면, 그건 사실이라고 간주하는 경향이 있다. 하지만 모든 역사는 실제 일어났던 팩트에 대해서 누군가가 어떤 관점으로 해석한 것이다.

예를 들어, 어떤 과거의 유물을 하나 발견했을 때, 전혀 다른 가치관을 가진 학자들이 있다면, 그들은 전혀 다르게 해석할 수 있는 것이다.
하나의 유물을 가지고 수많은 학자들이 다른 해석을 하고 그 결과 그 유물이 말하는 역사는 전혀 다른 '이야기'가 되는 것이다.

많은 사람들이 오랫동안 익숙한 경우에 '상식'이라고 말한다. 또한 상식을 우리는 진실이라고 생각하는 경우가 많다. 하지만 우리는 먼저 상식처럼 생각하는 많은 것들에도 오류가 있을 수 있다는 사실을 인식할 필요가 있다.
대개 '상식'이라는 그 시대의 주류를 형성하는 보편적인 관념들이다. 하지만 이러한 상식은 얼마든지 조작될 수 있다. 이 조작을 장기간에 걸쳐서 전략적으로 추진한다면 얼마든지 조작이 가능하다.

최근에 뉴스를 보면서 우리가 어떻게 상식을 갖게 되는지 생각하게 하는 것이 있었다. 잠시 화제를 바꾸어 '영화 이야기'를 해보자.

최근에 영화 중에서 관객 1,000만 명을 돌파한 영화들이 많아져서 영화산업이 엄청나게 성공하는 것 같은 인상을 받는다. 작년 한 해만 관객이 2억 명이 넘었고, 매출도 2조 원을 넘었다고 한다.
외형만 본다면 우리의 영화산업은 매우 성공적인 것 같다. 그러나 잠시

속 사정을 파악해 보자. 그러면 우리는 여기에도 부익부 빈익빈의 구조적 모순을 발견할 것이다. 속칭 '슈퍼갑'이 여기도 존재한다는 것을 쉽게 알 수 있다.

한 해에 천 편 넘게 상영되는 우리의 영화 시장에서 소위 '대박' 작품은 겨우 20편이 안 된다고 한다. 이것은 수천 편의 영화 가운데 겨우 20편이 극장 매출의 대부분을 차지하는 것이라는 뜻이다.

최근 뉴스에서 이 영화의 불공정 이야기가 나왔다. 그 내용은 이렇다. 영화의 흥행은 극장의 스크린 숫자에 비례한다. 즉, 어떤 영화가 얼마나 많이 상영되느냐에 승패가 달려 있는 것이다. (상영을 '스크린에 건다'고 표현한다.)
하지만 우리나라 영화산업은 다른 국가와 매우 다르다. 우리나라는 대기업이 거의 독점하고 있다. 말하자면 대기업이 영화의 기획에서 배급까지 장악하고 있다는 것이다. 참고로 미국의 경우는 대기업 독점을 법적으로 차단하고 있다고 한다.

한국의 경우 대기업이 만든 영화는 더 많은 스크린에 걸고, 영세한 제작자가 만든 영화는 스크린 자체를 확보하지 못한다는 것이다.

간단히 예를 든다면, 이런 것이다.
[명량]이라는 영화가 관객 1,700만 명을 동원했다고 한다. 역대 최다 관객 동원이라고 한다. 이 영화는 가장 많은 스크린을 확보하였다. 이 영화는 흥행면에서 대성공을 거둔 것이다.

〈개를 훔치는 완벽한 방법〉이라는 영화가 있다. 이 영화는 50억 원이라는 저예산으로 작은 영화사에서 만든 가족영화이다. 이 영화는 언론에서 호평이었고, 시연회에서 관객들의 반응이 매우 높았다. 그래서 모두 이 영화가 성공할 것이라고 말했다.
　그러나 대기업이 운영하는 영화관에서는 스크린을 확보하지 못해서 결국 관객 동원에 실패한 영화가 되었다. 문제는 극장 측에서 처음부터 이 영화에 스크린도 편파적으로 배정했다는 점이다. 이 영화는 상영시간이 아침 일찍 혹은 자정에 배정되었다. 이 영화를 보려는 사람들은 결국 시간이 맞지 않아서 관람을 못 했다.

　극장 측에서는 이런 주장을 했다. 영화는 스크린 점유율에 따라서 스크린 수를 배정한다는 것이었다. (대기업인 자기들의 영화도 똑같이 스크린 점유율로 결정한다고 말했다.)

　어느 한 개봉관에서는 낮 시간에 이 영화를 상영했다. 그랬더니 좌석이 매진되었다. 극장 측에서 스크린을 하나 더 늘렸는데, 그 시간이 자정 시간이었다. 당연히 관객이 없었다. 그래서 스크린 점유율이 50%로 뚝 떨어졌다. 그러자 '스크린 점유율'이 떨어졌다고 기존의 낮 시간대에 상영하는 것도 조조 혹은 자정 시간으로 돌려 버렸다.

　이에 관해서 관계자들은 극장 측의 불공정한 처사 때문에 영화가 망하게 되었다고 말했다. 이 내용을 보면 확실하게 불평등한 처사에 문제가 있다는 생각이 든다.
　그런데 영화관을 운영하는 대기업의 입장에서는 자사의 이익을 위한 스크린 운영이므로, 이것을 탓할 수는 없다. 이것은 우리나라의 영화산업

자체의 문제점이다.

　자, 여기서 일반인들이 인식하는 것은 스크린 점유율이 높다는 것은 진짜 영화를 보는 사람들이 많아서 그럴 것이라고 생각하는 것이다. 그러나 사실은 그렇지 않다.
　우리는 이 문제를 다루려는 것이 아니다. 이런 일을 통해서 일어나는 현상에 대한 일반인들의 생각, 즉 상식에 대해서 이야기하려는 것이다.

　기자가 일반 시민들에게 이 스크린 독과점 문제를 어떻게 생각하는지 물었다. 다시 말해서 대기업이 자사의 영화를 더 많이 스크린에 올리는 것에 대해 어떻게 생각하는지 물었다. 그런데 이런 답변이 나왔다.

　"관객의 편리를 위해 스크린을 많이 배정한 것이라 생각한다."
　"영화가 잘 되니까 더 많은 스크린을 배정한 것이겠지요."
　"스크린 수가 적은 영화는 관객이 적어서 그런 것 아닐까요?"
　"극장의 스크린 수는 반응 좋은 영화에 많이 배정되는 것이라고 생각한다."

　대부분의 관객들은 많은 상영관에서 상영하는 영화는 '관객'들의 반응이 좋아서 스크린이 많아진 것이라고 믿는다. 즉, 이것은 전혀 문제가 아니라는 것이다. 물론 문제가 아닐 수 있다.
　여기서 주목할 것은 실제로 대기업 영화사가 스크린을 자사 영화에 유리하도록 조정하고 있다는 것은 관객들이 인식하는 영역이 아니라는 점이다. 오직 영화가 많은 곳에서 상영되면, 그건 당연히 흥행이 잘돼서 그런 것이라고 해석한다는 점이다.

이와 같이 일반인들의 상식은 사실을 반영하는 것이 아닐 수 있다.

우리 [국사 교과서]에 '단군은 신화'라고 기록하고 있으면, 많은 사람들은 그렇다고 생각하는 것이다. 왜냐하면 '그것이 역사적 사실이니까 그렇게 교과서를 만들었을 것 아닌가' 하고 생각하는 것이다.

즉, 교과서에 기록된 것은 국가가 인정하는 전문가들이 만든 것이므로 당연하다고 생각하는 것이다. 마치 스크린을 많이 확보해서 관객 수가 늘어나면 그게 인기가 좋아서 혹은 좋은 영화라서 그런 것처럼 생각하는 것이다.

이런 현상은 출판 시장에도 마찬가지이다.

가끔 언론에 '베스트셀러'라고 소개되는 책들이 있다. 이런 책들 중에 상당수는 알고 보면 출판사의 마케팅 전략에 의해서 만들어진 '베스트셀러'일 뿐이다.
실제로 독자들이 많이 읽고 반응이 좋아서 베스트셀러가 된 것이 아니다. 그러나 일단 베스트셀러라고 알려지면 사람들은 그 책이 좋아서 혹은 많이 읽어서 그런 것이라고 상식적으로 생각한다. 진짜 베스트셀러인지 알아보려면 적어도 5년 혹은 10년간 계속 잘 팔리는 그런 책인지 확인해 봐야 할 것이다. 물론 일반적은 책들은 수명이 그렇게 길지 못하니 독자들이 언론에 노출된 정보를 여과없이 그대로 받아들이게 된다.

어떤 역사적 사실에 관해서도 수십 년 혹은 수백 년에 걸쳐서 아주 체계적으로 상식을 바꾸는 작업을 하게 되면, 그 후에 전혀 다른 결과가 만들어 질 수 있다. 세상에는 이러한 일들이 너무 많다.

　우리의 역사에 대해서도 마찬가지이다. 오늘날 우리 국민 다수가 알고 있는 역사란 '사실일 수도 있고, 그렇지 않을 수도 있다'는 중립적 관점에서 재검토해 볼 필요가 있다.

　먼저 역사적 사실이 변조되는 프로세서를 잠시 짚어보자. 어떤 민족 혹은 국가가 타 민족을 지배하는 시기에는 항상 일어나는 일이 있다. 바로 지배 민족 혹은 국가는 반드시 피지배 민족, 국가의 역사를 조작한다.
　가장 쉬운 방법은 그 민족, 국가의 모든 '인문학적인 자료'들을 제거하는 것이다. 한마디로 모든 문헌들을 없애는 작업을 시도한다. 인류의 역사에는 이런 일들이 수없이 일어났다. 일반인들도 알 수 있는 유명한 사례들도 많다.
　이런 일은 지구상의 수천 년간 각 민족, 국가의 변천 과정을 조금만 추적해도 쉽게 알 수 있는 일이다.

　여기서 우리의 역사는 크게 2가지로 문제가 생겼다고 정리할 수 있다. 하나는 일본이고, 다른 하나는 중국이다. 그런데 이것은 전혀 이상한 일이 아니다. 인류 역사에서는 이런 일들이 수도 없이 일어나고 있으며, 현재도 진행형이다.

　우리 민족, 한국의 역사를 돌아보면, 우리도 상당기간을 타 민족 혹은 타 국가의 침입을 받았던 시절이 있었다. 우리는 그러한 과거의 역사를 변조시키거나 혹은 덮어두려고 해서는 안 된다. 우리가 알아야 할 것은 그런 시기의 우리의 문화가 어떻게 변조 혹은 변질되었는지 제대로 알아야 하는 것이다.

아마 한국인이라면 누구나 알고 있는 역사 중 하나는 일제강점기의 역사일 것이다. 그러나 그 당시 소수의 식자들을 제외하고는 어떠한 일들이 진행되었는지 모를 수 있다.

일제강점기 동안에 변조되었고, 지워졌던 원래의 역사를 복원시키려는 운동이 일어나고 있는 것은 고무적인 일이다. 더 많은 학자들이 더 많은 역사적 근거들을 복원시키기를 희망하고 있다.

일제강점기에 일본이 했던 일을 한마디로 압축하면, 바로 우리의 역사와 정신을 담고 있는 '홍익인간'의 실체를 완전히 제거하는 일이었다.

당시 일본은 '위대하고 찬란한 한국의 고대 역사'를 완전히 망각하도록 모든 역사적 자료들을 철저하게 제거하는 작업을 했다. 그리고 과거의 역사를 '신화'로 조작하여, 한국인들이 스스로가 일본인보다 열등하다는 의식을 심어주는 작업을 했던 것이다.

그렇다. 고조선의 역사와 홍익인간 정신을 신화로 조작한 것이다.

한국의 역사와 문화를 제거하고 위조하여 일본 문화와 교묘하게 혼합하는 작업을 시작한 것이다. 그 결과 일본은 패망하여 한반도에서 물러갔지만, 그들이 위조한 역사는 성공적으로 한국 땅에 살아남게 된 것이다.

그들은 과연 어떻게 역사를 조작했을까?

1919년 9월 2일 일제 3대 총독으로 부임한 사이토 마코토는 이렇게 말했다고 한다.

"먼저 조선 사람들로 하여금 자신의 역사와 전통을 알지 못하게 만

듦으로써 민족혼, 민족문화를 잃게 하고, 조선인의 조상과 선인의 무위, 무능, 악행을 들춰 내어 가르침으로써 조선 청소년들이 부조父祖를 멸시하도록 만들고, 결과로 조선 청소년들이 자국의 인물과 사적에 대하여 부정적인 생각을 갖게 하여 실망과 허무감에 빠지게 한 후, 그때에 일본 사적, 일본 인물, 일본 문화를 교육하면 동화의 효과가 클 것이다. 이것이 조선인을 반半 일본인으로 만드는 요결이다."

그리고 조선 마지막 총통 아베 노부유키 이런 말을 했다고 한다.

"우리 대일본제국은 패전하였지만 조선은 승리한 것이 아니다. 내가 장담하건대, 조선인들이 다시 제정신을 차리고 찬란하고 위대했던 옛 조선의 영광을 되찾으려면 100여 년이라는 세월이 훨씬 걸릴 것이다. 우리 일본은 조선인들에게 총과 대포보다 더 무서운 식민교육을 심어 놓았다.
결국은 조선인들은 서로를 이간질하며 노예적인 삶을 살 것이다. 보아라! 실로 옛 조선은 위대하고 찬란했으며, 비록 찬란했지만 현재의 조선은 결국은 식민교육의 노예들의 나라로 전락할 것이다. 그리고 나 아베 노부유키는 다시 돌아올 것이다."

또 이런 내용도 있다.
"조선인들은 유구한 역사와 문화적 긍지가 높아 통치하기 어렵다. 그들을 대일본제국의 식민으로 만드는 방법은 그들의 가장 큰 자긍심인 역사를 각색하여 피해 의식을 심는 것이다. 조선인을 뿌리가 없는 민족으로 교육하여 그들의 민족을 부끄럽게 하라.

문화 역시 일본의 아류임을 강조하여 교육해야 한다. 그렇게 될 때 그들은 자신의 정체성을 잃고 스스로 대일본제국의 시민으로 거듭나고 싶어 할 것이다.

창씨개명을 통해 먼저 조상 단군을 부정하게 하라. 그것이 식민국민을 식민 국민답게 만드는 방법이다."

물론 이 말을 실제로 했는지에 대한 명확한 근거는 없다. 다만 이와 비슷한 이야기가 있었고, 여기에 약간의 살을 붙인 것이라는 견해도 있다. 이 이야기가 사실인지 아닌지는 중요하지 않다. 일본이 한국의 역사를 교묘하게 바꾸는 작업을 했다는 점은 이미 밝혀진 사실이기 때문이다.

그들이 역사를 변조하기 위해서 했던 일들은 여러 가지다.
당시 어린 학생들이 공부하던 우리의 교과서 강제 수거하고 모두 개량하여 일본식으로 바꾸었다.

데라우치 마사타케는 조선 총독으로 재직하면서, 일본화 교육을 통해 조선민족을 이른바 '황국신민'으로 동화시키기 위해서 많은 학교를 설립했다. 또한 이 사람은 토지조사사업을 통해서 조선의 토지 소유 제도를 근대화하면서 결과적으로 헐값으로 일본인 지주들에게 땅을 넘기면서 기존의 지주와 소작인들에게 커다란 고통을 주고 일본의 식민 지배를 강화하는데 활용했다.

조선총독부는 1925년에 조선사편수회를 만들고, 일본 민족의 우위성을 입증하고 한국인의 민족의식을 말살하는 작업을 시작했다. 그 결과 새롭게 각색된 〈조선〉35편, 〈사료총서〉102편, 〈사료복본〉1623편을 편찬했다. 조선 편수회는 1945년 8.15 광복으로 해산되었다.

당시 일본이 한국 땅을 떠날 때 못된 짓을 많이 하고 떠난 것은 분명한 사실이다. 한국의 역사적 가치가 있는 골동품들을 죄다 훔쳐 갔으며, 돈을 엄청나게 찍어서 인플레이션을 일으켜 놓고 떠났다.

아베 노부유키의 말 같지도 않은 예언이 사실이든 아니든, 100년이 지난 지금 한국은 새로운 기운이 흐르는 시대에 접어들고 있다. 지금 우리의 역사와 우리의 전통문화를 제대로 복구하여 '글로벌 시대'의 주역으로 자리 잡는 것이 과거사를 청산하는 가장 현명한 방법이다.

오늘날 한국에서는 반만년 역사라고 말하지만, 그에 대한 구체적인 자료들을 많이 갖고 있지 않다. 그것은 일제강점기에 완전히 변질되었기 때문만이 아니다. 그 이후에도 오늘날까지 충분한 시간이 있었고 마음만 먹으면 충분히 복구할 수 있었다. 하지만 학계에서는 밥그릇 싸움만 하느라 정신이 팔려, 제대로 역사를 만드는 그럴 여유가 없었을지도 모른다.

일제강점기 때 일본이 한 일이 무엇인가? 그걸 정확히 아는 것이 중요하다. 오늘날 우리의 역사 왜곡의 주된 원인은 일본에 의해서 일어난 일이다. 하지만 그것만으로는 부족하다. 지난 역사를 더 이상 통탄하지 말자. 지금 더 중요한 것은 우리 민족의 정체성이 홍익인간이었다는 점을 바로 세우는 일이다.

일제강점기에 일본이 우리의 민족성과 역사의식을 말살하고 한민족을 그들의 하등 부용(附庸. 대국에 딸려서 지내는 소국) 국민으로 만들기 위한 식민지 교육을 실시했다.1)
그들은 한국의 문화와 역사를 철저히 파괴하면서 일본 문화의 우월성을 주입시키고, 한국인을 식민지인으로 기르기 위해 어용학자들을 동원하여 식민지 사관을 정립했다.

그들은 한국의 국조 단군, 건국 연대, 건국이념 등을 없애 버리고 정치사상적 숙명론, 경제사적 정체론, 문화사적 패배주의 론으로 일관된 식민지 교육을 통해 우리의 역사를 철저하게 왜곡시켰던 것이다.2)

일본에 의한 황국공정의 또 다른 하나는 정치사상적 숙명론(宿命論. 날 때부터 타고난 정해진 운명과 팔자)에 의한 단군조선의 파괴 전략이다.

우선 대표적으로 동조동근론同祖同根論을 들 수 있다. 일본과 한국의 조상과 뿌리가 같다는 말이다. 그럴 경우 현대 일본인들은 과거 한국에서 건너간 단군의 자손들이어야 하는데, 그것은 인정하지 않고 있다. 단지 한국을 병합하고 식민지화시키기 위한 '숙명론'으로만 활용할 뿐이었다.

또 하나 비슷한 일본의 숙명론으로는 내선일체론內鮮一體論이 있다. 내지內地인 일본과 조선은 한 몸이라는 생물학적 동질성 논리다. 그러니 한국이 굳이 일본으로부터 분리 독립할 필요가 없다는 것이다.

이와 관련해 중앙일보는 1999년 12월 6일자 '단군 관련 사서史書, 일황실도서관에 가득'이라는 기사에서 "조선총독부 초대 총독 데라우치 마사다케寺內正毅의 명령에 의해 1910년 11월부터 이듬해 12월 말까지 고古사서 51종 20만여 권을 일본이 약탈해갔다"며, "그때 단군조선에 관한 서적 대부분이 사라진 것으로 되어 있고, 최근 일본 궁내청 쇼료부(書陵部 서릉부 ; 일본 황실도서관)에 '단군조선에 관한 책들이 쌓여 있다'는 새로운 주장이 등장하고 있다"고 보도한 바 있다.3)

이에 대해 유경문 교수(서경대)는 2000년에 발표한 〈홍익인간 사상과 경제〉에서 일본의 식민사관에 춤추고 있는 국내 일부 실증사학자들을 비판하고 있다.

그는 과거 왕조의 변화과정에서 새로운 지배계층은 자신들의 정당성을 확보하기 위해 옛 기록들을 파괴하게 되었고, 근대에는 일본에 의해 그나마 남아있던 단군조선사의 사료들마저 거의 대부분이 사라졌다고 밝히면서 다음과 같이 토로했다.

"이러한 역사적 과정을 고려하지 않고, 또한 고대 중국의 여러 사료에서 단군조선에 관한 기록이 엄연히 있음에도 불구하고, 국내 일부 사학자들은 자료가 없기 때문에 단군 조선사를 정사로 인정할 수 없다며 단군신화로 취급함에 비통함을 느끼는 동시에 그들이 역사학자로서 책임을 다하고 있는지 묻고 싶다."4)

단군 조선사를 일본의 황국공정이나 중국의 동북공정에 의해 한국사의 범위에서 벗어난다면, 한국의 역사는 고려 시대 이후로 한정되게 된다. 한국의 영토 역시 중국의 의도대로 대동강 이남으로 축소될 수밖에 없다. 그렇지만 지금 '다물정신'으로 무장된 많은 사학자들이 과거 역사 왜곡으로 축소된 영토와 문화, 그리고 그 속에 내재된 민족정신을 찾으려고 애쓰고 있다. 하지만, 이런 역사 왜곡을 수정하려는 많은 사람들의 노력을 왜 물거품으로 만들었는지 그저 분통이 터질 뿐이다. 과거 한때 우리의 국력이 약해서 아니면 일제의 잔재를 청산하지 못해 왜곡된 역사를 바로 잡지 못했다고 인정하자. 하지만 지금은 국력도 강해졌고, 또한 과학문명의 발달로 고고학 내지는 서지학적 고증으로 대한민국이 '상고사'의 진실이 개화되고 있지 않은가?

[참고로] 조선일보 1986년 10월 9日字 인용.

"역대 왕조의 단군 제사 일제 때 끊겼다" 대체 천天이란 말은 여러 가지 의미로 해석되지만 그중에서 천天을 군장의 뜻으로 해석할 때에는 개천절開天節은 즉「군장을 개설한다.」는 것이 되므로 개국, 건국의 뜻이 된다. 그러면 우리의 이른바 개천은 즉 최고 시조인 단군의 즉위와 개국을 의미하는 개천이라고 보아야 하겠다. 단군의 아버지 환웅이「홍익인간」의 이념을 가히 실현할 만하므로 하늘이 그를 인간세계에 내려보내 다스리게 하니 그는 풍백風神 우사雨神 운사雲神의 삼신을 거느리고 주곡 주명 주형 주 선·악 등 무릇 인간 삼백육십여사三百六十餘史를 주관하였다는 이야기가 있다.

이것은 일견 지상국가를 천상국가의 한 연장으로 관념한 데서 생긴 신화와 같이 보이나 이 신화를 검토하면 환웅천왕의 존재는 실상 '지상국가'를 개창한 군장이라기보다는 인간사회의 백사를 주관하는 수호신적 성격을 가진 존재임을 알 수 있다.

그래서 단군조선은 역사의 고증과 서지학을 통해 동쪽에서 태양처럼 떠오르고 있으며, 또 땅속 깊은 곳 샘처럼 솟아나고 있는 것이다. 역사를 왜곡하는 사람들이여! 닫힌 신앙과 왜곡된 믿음으로 하늘을 손바닥으로 가리지 말지어다.

중국의 동북공정

중화中華의 꿈 : 동북공정

중국과 일본이 세계 곳곳에서 불꽃 튀는 역사, 문화전쟁에 돌입했다. 일본이 중국 소프트 외교의 첨병인 공자학원에 맞서 미국과 유럽, 아시아 지역에서 일본 문화를 선전할 '재팬하우스' 설립에 본격 나섰다. 제2차 세계대전 종전 70주년인 올해 중국의 대일 국제 여론전에 대응하기 위한 새로운 외교전략이 가동된 것으로 분석된다.

6일 중국 참고 소식망에 따르면 일본 정부는 영국 런던과 미국 뉴욕, 브라질 상파울루에 재팬하우스를 설립한 후 세계 각지로 넓힌다는 계획이다. 아시아에서는 동남아뿐 아니라 중국 본토 주요 도시와 홍콩 등에도 재팬하우스 설립을 검토하고 있다. 일본은 이를 위해 500억 엔(약 4600억 원) 예산을 편성해 둔 상태다. NHK방송은 이미 영국에서 재팬하우스 건축 승인이 났다고 보도했다. 첫 재팬하우스 탄생지로 런던이 유력한 상황이다. 이는 최근 모일간지에 나온 기사 내용의 일부이다. 지금 중국과 일본은 그들 자국의 역사와 정신이 차후 세대에 얼마나 중요하다는 걸 깨닫고 역사를 왜곡해서라도 자국의 문화를 알리고자 노력하고 있다.

중국과 일본의 역사 왜곡은 하루 이틀 사이에 일어난 문제가 아니다. 그중 동북공정의 실체는 가장 심각한 역사 왜곡의 현실이다. 동북공정이 무엇인가? 이것은 중국이 자국의 국경 안에서 일어난 모든 역사를 중국 역사로 편입하려는 연구를 말한다. 다른 말로 표현하면 '단군 죽이기'를 통해 한국의 세계관과 역사적 영토 개념을 대동강 이남으로 축소시키려는 중국의 전략이기도 하다.

동북공정東北工程은 동북변강역사여현상계열연구공정(東北邊疆歷史與現狀系列硏究工程)을 줄인 말이다. 이는 '동북 변경지역의 역사와 현상에 관한 체계적인 연구 과제'라는 설명이다.

이 연구를 통해 중국은 고구려의 역사를 중국 역사로 편입하려고 노골적으로 시도하고 있다. 즉, 중국은 한족漢族을 중심으로 55개의 소수민족으로 성립된 국가이며, 현재 중국의 국경 안에서 이루어진 모든 역사는 중국의 역사이므로 고구려와 발해의 역사 역시 중국의 역사라는 주장이다.

동북공정에서 한국 고대사에 대한 연구는 고조선과 고구려 및 발해 모두 다루고 있지만, 가장 핵심적인 부분은 '광개토대왕비'라는 한국 역사의 물증이 있는 고구려 부분이다.

즉, 중국은 수단과 방법을 가리지 않고 고구려를 고대 중국의 지방 민족정권이라고 주장하고 있다. 그렇게 될 경우 고조선과 발해는 자동적으로 중국에 편입되는 역사관으로 이어진다.

동북공정은 1983년 중국 사회과학원 산하에 '변강역사지리연구중심'이란 단체가 설립된 이후 1998년 중국 지린성 통화사범대학 고구려연구소가 '고구려 학술토론회'를 개최하면서 본격적으로 추진되었다. 이후

2001년 6월 동북공정에 대한 연구를 계획하면서 2002년 2월 18일 중국 정부의 승인을 받아 공식적으로 동북공정이 시작되었다. 5년 동안 총 연구비 약 1,500만 위안(당시 약 23억 원)을 투입했으며, 중국 최고의 학술기관인 사회과학원과 지린성(吉林省. 길림성), 랴오닝성(遼寧省. 요녕성), 헤이룽장성(黑龍江省. 흑룡강성) 등이 연합해 추진했다.

동북공정은 2004년 6월 동북공정 사무처가 인터넷에 연구내용을 공개하면서 한국-중국 간 외교 문제로 비화되었다. 이후 중국은 이 문제를 정치 쟁점화하지 않고 학술적인 연구에 맡기며 한국의 관심을 고려한다는 구두 합의로 갈등을 봉합했지만, 근본적인 문제가 해결되지 않아 불씨는 계속 남아 있다.

동북공정은 1992년 한중 수교가 이루어지면서 많은 한국인들이 고구려와 발해의 유적을 답사하기 시작하면서 본격적으로 착수된 것으로 보인다.

2001년 한국 국회에서 재중동포의 법적 지위에 관한 특별법이 상정되었고, 같은 해 북한이 고구려의 고분군을 유네스코(UNESCO)에 세계문화유산으로 등록을 신청하자 이에 대한 대책을 준비하는 과정에서 나온 작업으로 보고 있다.

또한, 장기적으로는 남북통일 후 국경 및 영토 문제에 대비한 대책으로 여겨진다. 우리나라도 중국의 역사 왜곡에 체계적으로 대처하기 위해 2004년 3월 고구려사연구재단을 발족했다.5)

중국의 영토는 원래 만리장성 이남이었다. 흉노족, 몽고족, 여진족, 거란족 등 북방 오랑캐들의 침략을 막기 위하여 성을 쌓았는데, 그것이 진나라 시대부터 내려온 중국의 북방 경계선이었다.

만리장성 동단은 베이징(북경)에서 가까운 허베이(河北省. 하북성) 산하이관(山海關. 산해관)이다. 그곳에서부터 서쪽으로는 간쑤성(甘肅省. 감숙성)의 위먼관(玉門關. 옥문관)까지 약 6,350km나 이어진 성벽이다. 그것이 동북공정 초기 8,851.8km로 늘어났다. 그러다 2006년부터 갑자기 더 북쪽, 고조선과 고구려의 옛 영토에 이르기까지 만리장성의 연장에 나섬으로써 동북공정은 새로운 국면으로 접어들게 되었다. 그 결과 원래 6,350km이었던 것이 2만1,196km로 늘어났다. 2006년의 만리장성 보호조례를 제정하면서 본격 뻥튀기기가 시작된 것이다.

중국의 국가문물국이 새삼 재삼 만리장성을 자세히 살펴보니 서쪽 신장위구르에서 시작해 칭하이성(靑海省. 청해성)을 거쳐 동쪽 끝의 헤이룽장성(흑룡강성)까지 15개 성·시·자치구에서 추가로 발견할 수 있었다는 것이다.

그렇게 되고 보니 고구려와 발해의 옛 성들이 모두 만리장성 안쪽에 포함되게 됐다. 발해 용천 상경부와 중경 현덕부, 고구려의 부여성 · 개모성 · 백암성 · 요동성 · 안시성은 물론 신의주와 맞닿은 단동의 박작성까지 모두 원래의 중국 땅으로 둔갑하게 된 것이다.

중국의 논리는 영토에서 끝나는 것이 아니다. 2010년경부터는 한민족의 뿌리를 도려내는 작업을 하고 있다. 고조선과 부여 등, 또 치우천황부터 단군까지 중국 황제의 자손이라는 논리다.

중국의 계산은 더 나아가 남북한의 정세변동과 북한의 붕괴까지를 염두에 둔 것이다. 고구려가 중국의 지방정부였기 때문에 현재 평양과 대동강 이북 고구려의 옛 영토는 북한이 붕괴된다면 당연히 중국에 귀속되어야 한다는 논리가 성립되는 것이다.

중국이 일본과 서해상의 작은 섬 센카쿠열도를 놓고 1950년대 이후 서로 한 치의 양보 없이 대치중임을 감안할 때, 만일 북한이 붕괴될 경우 중국은 북한 주민들의 중국 탈출을 막고, 고구려의 영토를 수호한다는 명목으로 평양으로 진입할 것이 확연히 드러난 사실이다.

단군에 대한 신화론을 추종
이는 왜곡된 역사에 따른 아류이지만...

한편 '단군 죽이기' 방어에 나선 사람들은 "단군이 바로 서야 역사가 바로 선다."는 입장이다.

유경문은 21세기에 한민족이 생존하기 위한 가장 기본적인 요소는 대다수 구성원들이 공감하고 따를 수 있는 올바른 가치관의 재정립인데, 그것은 우리 민족에 면면히 흐르고 있는 홍익인간 정신에서 찾아야 한다는 것이다.6)

그는 홍익인간 사상이 단군조선사의 핵심으로 규정했다. 그러면서 실증사학자들에 대한 비판을 숨기지 않았다. 이유는 단군조선사가 실종됐기 때문이다. 우리 조상들의 건국역사인 실존했던 단군조선사도 우리 후손들이 우리 것을 제대로 지키지 못해 왜곡되었고 훼손되었으며, 많은 사료들이 증발해버린 것이다.7)

거기에는 실증사학자들의 해석상의 편견도 크게 작용했다. 지배계층에 의해 역사가 새로 쓰였다는 사실을 간과한 것이다. 대부분 피정복자나 피지배계층의 역사는 왜곡되고 훼손되어 실존했던 역사 자체가 말살되게 마련인데, 단군에 대한 기록이 부족하다는 이유로 단군의 존재 자체를 부정하는 것이다.

수천 년에 걸친 우리 조상들의 역사와 유물은 왕조가 바뀌면서, 그리고 외국으로부터의 침략과 점령으로 사라지거나 약탈당해야 했다.

그리고 현대사에서는 일본의 식민통치 기간 동안 일본은 전국을 돌아다니며, 민가에서까지 조상들의 귀중한 사료나 문헌들을 수집해 갔다. 따라서 일본이 단군조선에 대한 더 많은 자료를 소장하고 있을 것으로 추정되는 상황이다.8)

"이러한 역사적 과정을 고려하지 않고, 또한 고대 중국의 여러 사료에서 단군조선에 관한 기록이 있음에도 불구하고 국내의 일부 사학자들은 자료가 없기 때문에 단군 조선사를 정사로 인정할 수 없고, 단군신화로 취급함에는 비통함을 느끼는 동시에 역사학자로서 책임을 다하고 있는지 묻고 싶다"9)

유경문의 한탄이다. 그는 단군의 홍익인간 사상이 한갓 신화, 또는 토속종교 수준에 머물러 있는 이유에 대해 첫째는 ① 오랫동안 지속된 유교문화 ② 일본 제국주의의 말살정책 ③ 남북 분단의 이념대결 ④ 우리의 자기 비하 등 4가지 이유를 제기했다. 그것은 민족정신의 정립을 위해 시급히 극복해야 할 과제이기도 하다. 둘째는 일제에 의한 민족정신 및 민족영토의 말살 정책으로 인해 홍익인간 사상이 크게 위축된 점이다. 민족

정신 부분에 대해서는 앞에서 언급했다. 영토문제는 가장 큰 아쉬움이다. 홍익인간의 사상적 배후가 되는 만주와 간도의 땅은 일제가 그 지역에 만주국이라는 괴뢰정부를 세움으로써 중국의 동북공정을 유발시켰다. 또 일본과는 아직도 독도를 놓고 영토분쟁을 벌이고 있다.

홍익인간 사상의 재정립과 함께 일본이나 중국이 이의를 달 수 없도록 반드시 확고한 대한민국의 영역으로 고정시켜야 한다. 이에 대해 시인 김지하는 2세 교육을 위한 기본 콘텐츠인 교과서에 대해 불만을 토로했다. 단군조선을 전부 신화로 기술하고 있다는 것이다. 또한 우리의 역사 연대를 비파형 동검이 출현한 청동기로 한정해서 상고사의 시한을 기원전 1,000년으로 했다는 것이다. 그렇게 되면 역사서에 기록된 5,000년의 우리 역사가 3,000년으로 줄어들게 된다.

그로 인해 중국 본토에서 활동하던 동이족의 근거지 전부를 한반도 안으로 집어 넣어진다. 청동기시대 이전, 기원전 3000년 이전 신석기 구석기 시대에 발굴된 고조선의 유물은 모두 우리 것이 아닌 셈이다.

고대 한국의 땅이 "마치 쥐새끼를 자루 안에 집어넣은 것처럼 정부 평양 근처 아니면 구월산 근처"로 한정되어 있다는 것이다.

"동이족의 근거지는 사실 저 넓은 만주와 중국 본토 대륙이다. 우리는 영토 확장을 목표로 하는 민족이 아니다. 그러나 과거의 영토는 우리 정신의 크기이다.
쪼그라드는 만큼 2세 교육과정을 통해서 청소년들의 머릿속에 들어가는 조국은 쥐새끼가 들어가 앉아있는 조그만 부대자루에 불과하다. 지금 바로 영토 회복을 주장하는 바보 제국주의가 어디 있겠는가. 그 얘기가 아니다.
이 담론은 우리 마음속에 들어와 있는 스케일이 세계로 나아가고, 인류를 향해서 손을 뻗을 수 있는 것이 초보적 교육과정에서는 영토의 크기로 나타날 수 있다는 것이다. 그렇기 때문에 이 문제는 역사에서 회복되어야 한다."10)

시인 김지하는 우리 영토의 개념을 중국과 일본이 축소시키고 있는 이유에 대해서는 말하지 않았다. 하지만 영토 인식 이전에 역사의식을 명확히 할 필요성을 제기했다. 그것은 바로 '홍익인간'에 대한 인식이다. "홍익인간도 죽었는가?"를 외치는 그의 말은 홍익인간이 우리 역사에서 죽게 되면 우리의 영토와 인식의 스케일도 쪼그라들게 된다는 경고다.

셋째는 남북 분단시대의 이념적 대결로 인해 홍익인간 사상에 대한 연구를 등한시했다는 점이다.

주지의 사실이듯이 남한은 자본주의 체제다. 북한은 사회주의 체제다. 양 체제는 러시아의 볼셰비키 혁명과 중국의 인민해방군 혁명 이후 꾸준히 경쟁해왔다. 특히 남북한의 대립은 외세에 의한 분단이 직접적인 원인이 되었고, 극심한 이념대결의 양상이 벌어지면서 6·25 한국전쟁과 1·21 청와대 습격사건, 버마 아웅산 테러사건, 최근의 천안함-연평도 포격사건에 이르기까지 한 치의 양보가 없는 대결구도를 펼칠 수밖에 없는 '극한 경쟁'으로 치달아 왔다. 따라서 제3의 이데올로기이자 민족통합의 이념인 홍익인간 사상에 대한 연구는 양측 모두에서 큰 관심을 끌지 못했다고 볼 수 있다.

일제강점기 이후부터 남북분단 이전까지 민족주의 진영은 모두 독립을 갈망하고 있었다. 특히 3·1운동을 계기로 종교, 사회단체 모두를 아우르는 하나의 민족주의로 뭉칠 수 있었으나 러시아 공산혁명을 성공리에 마친 소련의 영향을 받아 '민족해방운동' 진영이 등장하게 됨으로써 한국 민족주의 내부는 분열하기 시작했다.

즉, 기존 민족주의 개념으로 뭉쳐있던 '민족주의' 진영과 공산주의 계급투쟁 지향의 새로운 '민족해방운동' 진영으로 분리되게 된다. 공산주의-사회주의 운동노선에서 보는 민족주의는 부르조아적-소부르조아적 이념체계이기 때문에 '민족해방운동' 측은 '민족'을 내세우거나 민족주의를 주창하는 집단에 대해서는 명확하게 비판적 태도를 취해야 했다.11)

이런 점에서 한국의 '민족해방운동'은 '계급' 문제를 '민족' 문제보다 우위에 두었다.12) 무산자 계급에 대한 해방과 자본가, 지주에 대한 투쟁이론이 홍익인간 사상보다 더 필요했던 것이 일제강점기 때의 그들 입장이었다.

사회주의 진영과 북한은 해방과 분단 이후도 '단군의 자손'으로서의 길이 아니라 '사회주의 민족'의 길을 걸었고, 홍익인간을 거부하는 문화 속에서 살았다고 볼 수 있다.13)

북한은 한 때 고조선 자체를 인정하지 않았다. 1956년에 나온 북한 발행 〈조선통사〉를 보면 단군을 신화적 존재로 취급하고 있기 때문이다. 그러다 1962년에 발행된 〈조선통사 개정판〉에는 고조선을 '노예제사회'로 인정하였으며, 1963년에 나온 〈조선력사〉에서는 단군신화가 원시공동체

사회의 말기에서 노예제 사회 초기에 걸친 시대적 특징들을 훌륭하게 반영하고 있다고 평가했다.14)

남한의 경우도 1945년의 해방 이전에 단군사상을 중심으로 민족운동을 하였던 '단군민족주의자'들이 해방 후 민족사회가 서구화-근대화 다양화가 진척되면서 크게 쇠퇴하기 시작했다.

그 이유는 민족 내부에서 '반反단군민족주의'적 분위기가 성장했기 때문이다. 정영훈에 따르면 그것은 크게 ① 실증주의적 역사학계의 학풍 ② 마르크스주의자들의 비판 ③ 기독교단의 우상숭배 반대 등의 세 방면으로부터 제기되었다.

그러나 이 과정에서 등장한 '단군민족주의'에 대해 정영훈(한국정신문화연구원 교수, 정치학)은 '단군을 민족 공동의 조상으로 간주하고, 그 이름 밑에서 민족적 자기 확인과 결속을 도모하며, 그를 토대로 하여 민족의 자주독립과 통일·발전을 추구하는 의식, 사상 또는 정치적·문화적 운동'으로 정의하고 있다.15)

이 개념은 앞으로 남북을 연결하는 중요한 키워드가 될 수 있을 것이라는 것이다.

한편 1990년대 들어 홍익인간 사상에 대한 북한의 변화가 감지되기 시작했다. 정영훈은 "1993년 이후 북한에서는 남쪽에서 약화되고 있는 단군민족론이 더 강하게 주창되고 있어 눈길을 끈다."고 소개했다. 북한은 단군릉을 재건하는 등 단군을 인민 통합을 위한 상승기제 속에서 강화해

가고 있으며, 남한과 해외동포들에게도 반만년 위대한 역사를 가진 단군 자손 단일민족으로의 대단결을 촉구하는 등의 변화를 보이기 시작했다는 것이다.16)

그러나 북한은 아직 홍익인간 사상까지를 체제 이데올로기 속에 영입한 것 같지는 않다는 것이 정영훈의 지적이다.

민족의 자주성을 강조하고 사람을 모든 것의 주인으로 간주하는 주체사상은 그 사상적 원류를 홍익인간으로까지 소급시킬 수 있다고 보이지만, 북한이 주체사상과 관련하여 홍익인간이라는 고유적 '이상理想'을 거론한 적은 아직 없다는 것이다.

1990년대 중반 북한의 이 같은 움직임에 대한 직접적인 반응은 아니겠지만, 남한 역시 1990년대 말 IMF 환란을 맞은 시기에 '홍익인간'을 등장시켰다. 1999년 3월 김대중 정부가 '창조적 지식 기반 국가 건설을 위한 교육발전 5개년 계획'을 발표하면서 '창조적 지식 기반 국가 건설을 주도하는 교육에 바람직한 인간상'으로 '홍익인간'을 내걸었다.

그러면서 '바람직한 홍익인간상'은 ① 유능하고 창의적인 인간 ② 양식과 인성을 갖춘 사람다운 사람 ③ 우리 문화에 자긍심을 가진 세계 시민의 3가지 요소를 포함하고 있다고 제시했다.

하지만 이 같은 움직임은 남북한의 체제강화와 상대방을 비방하기 위한 각종 논리 개발에 비해 매우 미미한 수준임에 틀림없다.

홍익인간 사상이 한갓 민족종교 수준에 머물러 있는 넷째 이유로 지적되는 것은 우리의 자기 비하적 나쁜 폐습이다. 우리의 것, 우리의 문화, 우리 학자들의 학문을 소중히 여기기보다는 외국의 것, 외국의 문화, 외국 학자들의 주장을 더 우위적인 것으로 인정하는 태도로 인해 홍익인간 사상은 발전하지 못했다. 사대주의적이고, 종속주의적이며, 패배주의적인 태도가 적어도 90년대까지 우리 사회와 학계의 태도였다.

오히려 한국의 홍익인간 사상이나 문화를 알아보고 세계 학계에 소개한 사람들은, 앞에서 말한 《25시》의 작가 게오르규(C.V. GHEORGHIU)와 《신과 나눈 이야기》를 쓴 닐 도날드 월쉬(NEALE DONALD WALSH), 《문명의 대충돌》을 저술한 새뮤얼 헌팅턴(SAMUEL P. HUNTINGTON) 등이었다.

또한, 프랑스 시라크 수상은 '한국인은 자랑스럽게도 성인이 출현하여 처음부터 나라를 세우셨고, 홍익인간 이념으로 세상을 교화하고 치세하였다.'라고 말했으며, 철학자 하이데거는 서울대 철학과 박OO 교수에게 "내가 당신을 초대한 이유는 당신이 한국 사람이기 때문입니다. 내가 유명해진 철학사상은 바로 동양의 무無사상인데, 동양학을 공부하던 중 아시아의 위대한 문명의 발상지가 한국이라는 사실을 알게 되었습니다. 그리고 세계 역사상 완전무결한 평화적인 통치를 2천년이 넘는 장구한 세월동안 아시아를 통치한 단군시대가 있었음을 압니다. 그래서 나는 동양사상의 종주국인 한국인을 존경합니다."고 했다.

이들이 있었기에 한국의 문화와 홍익인간의 개념이 보다 풍부한 스펙트럼을 가지게 됐다. 그 역으로 이들이 없었다면 홍익인간 사상은 그저 '우물 안 개구리'에 벗어나지 못했을 것이다.

그렇다면 한동안 우리 한국은 왜 홍익인간 사상과 같은 우리의 것에 대해 자신 있는 태도를 보이지 못한 것일까.

역사학자들에 의하면 역사는 구심력과 원심력의 조화에 의해 전개된다고 한다. 구심력은 그 나라 국민의 가치지향성, 연대성, 통합성, 총화적 의지 등을 중심으로 창조적이고 주체적인 발전의지, 즉 내적 요소의 역학 작용을 말한다.
대신 원심력은 외부로부터 밀려오는 외세, 또는 외부로 뻗어가는 힘, 즉 외적 요소의 역학 작용이라는 것이다.

이렇게 볼 때 한국은 그동안 급변하는 사회변동 속에 외래문화의 충격으로 생성된 후진적 모순이 누적되어 있는 사회였다. 내부의 구심력을 갖추지 못하고, 원심력에 의한 변화의 악순환적인 요소가 내포되어 있는 상태가 지속되고 있었다.
따라서 우리의 정신문화를 이끌어갈 수 있는 내부의 힘, 즉 '국민 철학'이 없었기 때문에 주체적 역사의 '지도이념'을 세우지 못하고 국민 간에 가치 합의의 구심점을 잃어버린 상태에서 우리 사회의 연대성과 통합성을 상실했다는 비판이다.

구심력을 세울 수 있는 이렇다 할 '국민 철학'이 없기 때문에 그동안 한국은 정신적 지주를 세우지 못하고 항상 남의 생각, 남의 지식에 혼이 빠진 무국적 정신 상태에서 자학 자조적, 부정적 의식이 사회의식으로 유전되어 왔다는 것이다.

그것은 우리 국민 개인에게도 큰 영향을 미쳤다. 일상생활에 있어서 한국인은 남의 정신, 남의 사상, 남이 만든 이데올로기, 남이 만든 학식과 기술 등을 수입, 모방하면서 자기 창조적 의지를 상실했다는 것이다.17)

결론적으로 이근창은 '국민 철학'으로 홍익인간 이념을 지지하고 나섰다. 그것이 국조 단군의 건국이념이고, 우리 정신사의 모태임이 밝혀졌다는 것이다.

결국, 우리 정부와 역사학계가 단군을 실존인물로 공식 인정한 것은 2007년이다. 그 이전까지 우리는 '국민 철학'을 세우지도 못한 채 일본의 황국공정皇國工程과 중국의 동북공정東北工程의 원심력의 영향을 받아 단군을 '신화적 인물', 또는 '가상의 인물'로 치부하고 있었다.

2007년 신학기 교과서에 드디어 단군이 고조선을 건국했다는 신화를 역사로 바로 잡았다. 2006년까지 교과서에 기술되어 온 "삼국유사와 동국통감에 따르면, 단군왕검이 고조선을 세웠다고 한다"를 2007년 새 교과서에는 "단군왕검이 고조선을 건국하였다.(기원전 2333년)"로 표현을 바꾸어 단군을 역사로 기술했다.

또 한반도의 청동기 시대 진입을 학계의 근래 연구를 토대로 1,000년 앞당겨 기술했다. 한반도에 청동기 시대가 시작된 시기를 기원전 10세기에서 기원전 20~15세기로 수정했다.18)

하지만 이 역사의 기술이 한국 역사의 구심력으로 계속 작용할 수 있을지는 또 다른 과제다. 일부 기독교단을 중심으로 지속적으로 단군을 우상으로 만들려는 움직임이 계속되고 있기 때문이다.

그런데 최근에 발견된 유물로 우리의 고대 역사가 좀 더 길어지게 되었다. 유네스코가 인정한 홍산문명 등 고고학적인 유물과 서지학적인 근거를 바탕으로 한국인의 기원을 추적한다면 최소한 7,000년의 역사를 가지게 된다. 이에 대한 구체적인 연구와 관련 자료들이 점차 늘어나고 있어서, 조만간 이것도 상식이 될 것이다.

물론 일부에서는 우리의 고대사를 수만 년까지 부풀리고 있지만, 이에 대한 서지학적 근거가 희박하기 때문에 우리는 무리하게 그런 것까지 포함시킬 생각은 없다.

드러난 역사 7,000년으로도 세계사적으로 인정하는 인류 문명의 발상에 관한 역사를 재구성해야 하는 것이다. 이런 부분은 사학자들에게 맡기고 우리가 알고자 하는 것만 집중해 보기로 하자.

우리는 우리의 유구한 역사를 통해서 우리 민족, 우리 국민이 가지고 있는 '정신'의 실체를 알고자 하는 것이다. 우리 민족의 역사가 얼마이든 우리가 가진 우리의 정체성을 다시 한번 조명해 볼 필요가 있다.

우리가 주목하는 것은 바로 '홍익인간' 그 자체이다.
우리는 홍익인간의 역사 그 자체를 알고자 하며, 이 홍익인간이 과연 오늘을 사는 우리에게 어떤 의미이고 미래의 후손들에게는 어떤 의미인지 그걸 분명하게 알리고자 한다.

홍익인간은 바로 우리 민족의 역사이며 동시에 우리의 얼이다. 우리의 존재이며 실존적 삶의 철학이기도 하다. 하지만 우리가 홍익인간에 대해서 공부하면 할수록 몇 가지 분명한 사실들이 드러나고 있다.

우리는 홍익인간의 이념, 사상 그리고 정신과 철학을 알고 싶어서 관련된 문헌들과 자료들을 조사해 보았다. 당연히 우리의 역사에 관한 많은 연구 자료들을 참고하였다. 여기서 얻은 것을 정리해 보면 실로 홍익인간에 대한 연구 자료가 생각보다는 적다는 점이다.

또한, 있다고 해도 뭔가 부족하다는 생각이 들었다. 그래서 우리는 이 홍익인간에 대한 더 많은 연구가 필요하다는 생각이 들었다. 앞으로 이 연구는 해당 분야 전문가들이 더 많이 할 것이라고 굳게 믿고 있다.

또 하나는 이 홍익인간에 대한 자료를 찾으려 하면서 우리의 역사에 대한 패러다임이 바뀌어야 한다는 생각이 들었다.
그것은 우리의 역사를 제대로 알아야 하는 것은 물론이지만, 이제는 우리 역사를 또 다른 민족주의 관점에서 재구성하지 말아야 한다는 것이다. 이에 대해서도 많은 전문가들의 견해를 참조해 보기로 하자.

그리고 우리는 홍익인간에 대해 새로운 각도로 조명하고자 한다. 그것은 오늘날 우리가 직면한 사회에서 우리가 어떤 정신을 구심점으로 살아가야 하는 것에 관한 것이다.

그것은 홍익인간이 우리 민족은 과거와 현재 그리고 미래의 중요한 '브랜드'요 '리더십'이다. 우리 민족의 찬란한 역사를 이 시대에 맞게 브랜딩화 하기 위해서는 홍익인간의 기원을 명확하게 기술하는 작업이 선행되어야 하고, 우리 민족의 역사적 뿌리를 미래의 꿈나무인 청소년들에게 알리는 것부터 시작해야 한다.

| 우리 민족의 기원

우리는 여기서 문제에 봉착하게 된다. 놀랍게도 교육열이 높기로 유명한 대한민국에서 역사 교과서 자체가 우리 같은 아마추어들이 보기에도 부실하다. 우리는 역사학자도 아니고 이 분야의 학식이 많지도 않지만, 매우 통탄스러운 일이다.

우리의 전문 분야는 사업이고, 경영이고 경제이다. 우리는 전 세계를 상대로 무역을 하고, 기업을 운영하고, 창업을 가르치고, 수많은 기업체들의 마케팅을 컨설팅한다. 그래서 지구촌의 수많은 다른 국가나 민족에 대해서 알아야 한다. 우리가 거래하는 사람들에 대해서 알지 못하고서 비즈니스를 잘할 수 없기 때문이다.

우리가 다른 나라에 대해서 알고자 한다면, 그 나라의 역사와 문화에 대한 자료들을 검토한다. 기본적으로 그 나라의 역사 교과서를 살펴보게 된다. 그러면 어느 국가나 민족이든지 자신들의 선조들과 건국 이야기는 비슷하다. 고증할 수 없는 고대의 역사가 있고, 실증이 가능한 역사가 있다.
그래서 그들의 역사 교과서는 나름대로 자국에 유리하도록 편집되어 있다. 심지어 작은 것을 크게 부풀리고, 없는 것도 만들어 넣기도 한다. 물론 정확하게 있는 그대로 기술하는 것이 가장 좋을 것이다. 문제는 한국인으로서 한국의 역사에 관한 교과서를 읽고 나면 무엇인가 심각한 문제가 있다는 생각을 하게 된다. 거의 동화책 수준으로 인식되기 때문이다.

우리는 비즈니스를 하기 위하여 지구촌 수많은 국가와 민족의 역사를 공부하게 되었다. 오히려 다른 국가 혹은 민족의 역사 속에서 우리나라와 관련된 이야기들을 읽기도 한다.

그런데 문제는 우리의 역사 교과서에는 우리가 알고 있는 역사가 기술되어 있지 않다는 것이다. 그래서 우리는 도대체 어떤 전문가들이 이런 역사책을 만들었는지 궁금하기도 했다.

우리의 역사 교과서에 관한 다양한 의견들을 정리해 보면 몇 가지 결론이 나온다. 우리나라에는 역사에 대한 중요성을 제대로 인식하는 학자들이 많지 않다는 생각이 든다. 아니, 많이 있겠지만 제도권에 있는 학자들 중에서는 거의 없다는 생각이 든다. 이에 대해서 수많은 자료들을 인용할 수 있겠지만, 이 책의 목적은 역사 교과서를 새로 만들기 위한 것이 아니므로 몇 가지만 언급하기로 한다.

우리가 비즈니스를 하면서 외국인들에게 우리의 역사에 대해서 말해줄 수 있는 제대로 된 역사책이나 교과서가 없다는 점에서 매우 안타깝게 생각한다.

현재의 역사 교과서에서 가장 아쉬운 대목은 상고사가 사라졌다는 점이다. 단군조선(고조선)의 역사가 실존사가 아닌 식민사관이나 다름없는 신화로, 아니 신화까지도 부정하고 단군에 관한 문헌이 위서라고 주장하는 당대의 저명한 문학, 역사학계, 고고학계의 지도층 인사들이 이런 역사 교과서를 만들었기 때문이다.

또 일부 반도사관을 가진 학자들은 고조선의 역사를 인정하지만 그들의 견해는 왜곡된 기준에 의한 것이라서 문제가 되는 것이다. 단군을 실존 인물로 인정하고 고조선을 역사적으로 인정하지만 그것을 한반도라는 영역에 꿰맞추고 있기 때문이다. 이는 우리가 찬란한 반만년이 넘는 역사를 역사로서 인식하지 못하고 하나의 신화 또는 다른 민족의 역사로 인식하고 있다는 점이다.

실제로 우리가 지금 접하고 있는 역사 교과서에 이러한 고대 역사에 대한 기술은 모두가 마치 외국인이 우리나라의 역사를 대하는 듯이 기술하고 있다는 점을 발견할 수 있다. 이것은 일본이나 중국의 사학자들이 주장하는 것과 유사한 관점에서 우리 역사를 다루고 있다는 점이다.

이미 명백하게 드러나고 있는 두 가지 사실을 우리 스스로 무지해서는 안 된다. 반드시 우리 역사에 대해서 당당하게 밝혀야 한다. 그 하나는 일제강점기 때 일본이 [우리의 역사를 완전히 삭제]하고 날조하여 허구적인 신화로 둔갑시키는 데 치밀한 작진을 수행했다는 점이다. 이에 대해서는 이미 일본의 학자들 중에서도 일부는 양심선언을 통하여 고백한 것이다.
하지만 우리의 학계에는 여전히 일본계 학자들이 자리를 차지하고 있어서, 왜곡된 역사를 바로 잡는 데는 시간이 좀 걸릴 것이라는 생각이 든다.

또 다른 사실은 중국의 동북공정이다. 이미 이는 세계가 다 알고 있는 사실이다. 어느 나라이건 자신들의 국익을 위하여 과거사를 조작하는 것을 정당화할 것이다. 중국민의 입장에서 본다면, 이러한 역사 왜곡을 눈 감아 줄 수 있을지 모른다.

이미 우리의 고대사는 중국의 역사로 편입되어 점차 굳어지고 있다. 아마도 1세기가 지나기 전에 우리의 고대사는 사라질지 모른다.

우리 민족이 한반도에 정착하면서 우리의 역사는 조금씩 중원을 장악한 중국인들에 의해서 변조되어왔다. 그것은 고려 시대를 거쳐 조선 시대로 오면서 더 심해진 것이고, 결국 일제강점기를 정점으로 완전히 변질되었던 것이다.

따라서 우리가 우리의 역사를 바로 보려면, 일본인들이 변조한 역사관에서 벗어나야 하고, 또 중국인들이 변조한 역사관에서 벗어나야만 하는 것이다. 이것은 기존의 사학계에서는 쉽지 않은 일일 것이다.

우리와 같이 당장에 글로벌 시장에서 사업을 추진하는 사람들에게는 역사 교과서가 제대로 복원되기를 마냥 기다리고 있을 수는 없다.

이에 따라 우리는 우리의 역사적 사실 속에서 찾아낸 홍익인간에 대해서 우리 스스로 정체성을 확립하여야 할 때라고 생각한다.

홍익인간에 관한 자료를 수집하면서 발견하게 되는 또 다른 문제는 이것이 우리의 민족정신이나 삶의 철학으로서 인식되는 것이 아니라, 종교적 도그마 혹은 추상적 상징으로 해석되고 있다는 점이다.

역사를 신화로 만들고 이런 식으로 또 다른 형태의 종교를 만드는 일은 그 자체가 역사적 실체를 부정하는 일이 된다. 단군신화에 얽힌 우상화는 그 자체가 또 다른 허구를 만들어내는 일이다. 이는 우리 민족의 정체성을 있는 그대로 표현하기보다는 환타지 소설로 둔갑시키는 일이다.

이런 이유로 역사 교과서와 종교적 접근이 이루어진다면, 이는 홍익인간의 이념과 사상이 변질되는 것이라고 생각한다.

홍익인간은 우리의 민족 역사와 함께 시작된 우리의 정체성을 말하는 것이다.

이는 단순히 하나의 가치기준으로 재단할 일이 아니다. 예를 들면 홍익인간을 하나의 종교적 영역으로 축소하려는 것도 알고 보면 다른 종류의 왜곡을 만들려는 사람들의 조작일 뿐이다.

단군신화를 기반으로 하는 모든 주장들은 우리의 역사 인식이 아니다. 이것은 제거되어야 할 독소이다. 기득권층은 스스로 잘못을 인식한다 해도 쉽게 진실을 인정하지 않을 것이다. 그것은 그동안 자신들이 주장했던 바를 뒤집어야 하는 일인데, 그럴 사람이 몇이나 있겠는가?

우리는 기득권을 가진 학자들에게 큰 기대를 하지 않는다. 그것은 그들의 철가방을 위한 삶의 방식이기 때문이다. 그렇다면 우리가 할 일은 무엇인가? 이것을 제거하기 위해서라도 우리는 올바른 홍익인간에 대한 개념을 정립해야 할 필요성이 있다.

이 책에서 우리가 살펴보고자 하는 것은 홍익인간이 가진 과거-현재-미래를 총체적으로 조망하는 일이다. 우리는 홍익인간이 우리 민족의 대표성을 말한다고 생각한다.

우리는 홍익인간의 역사적 탐구를 학술적 관점이 아니라 우리의 삶의 관점에서 해석하고자 한다. 오늘날 우리가 살고 있는 세상은 복잡한 시스템들의 상호 작용으로 구성되어 있다. 흔히 우리가 사는 세상을 '정치, 경제, 사회, 문화' 등의 영역으로 구분하여 생각한다. 그래서 홍익인간은 이 4가지를 총체적으로 묶어서 생각해야 하는 것이다.

물론 이 4가지 카테고리의 한 영역에서 나름대로 해석할 수 있을 것이다. 어떤 학자는 정치의 관점에서 해석할 수 있고, 어떤 학자는 문화의 관점에서 해석할 수 있다. 우리는 '경제 · 경영'의 관점에서 해석을 하고자 한다.

우리가 홍익인간의 정체성을 경제 · 경영적 관점에서 해석하면서 정립하게 된 것은 바로 '홍익인본주의'이다.
우리가 살고 있는 세상은 '경제 · 경영 즉 글로벌 마인드와 리더십'을 기반으로 구축되고 있는 '자본주의' 바탕의 세상이기 때문이다. 우리는 올바른 '경제 · 경영' 기반 위에서만 '문화'가 제대로 자리를 잡을 수 있고, 건전한 '사회'가 형성될 수 있으며 현명한 '민주정치'의 역할을 기대할 수 있다고 생각한다.

오늘날 우리의 삶은 '경제·경영'을 빼고는 이야기할 수 없다.

세계는 지금 '글로벌 마켓'이라는 단일 시장으로 통합되어가고 있다. 이러한 통합적 시장에서는 지구촌 전체에 거대한 경제 블록들이 형성되고 있다. 어떠한 경제 블록에 속하느냐에 따라서 모든 사람들의 삶이 직접적으로 영향을 받는다.
이러한 '글로벌 마켓'에서는 하나의 '국가'가 예전과 같은 막강한 힘을 행사하지 못한다. '국가'의 역할은 이제 '민족 단위의 정신이나 시민공동체'로 그 역할이 이양되고 있다고 해야 할 것이다. 앞으로 글로벌 마켓은 민족 단위와 시민공동체들 간의 협력적 연대 관계로 점차 발전되어갈 것이다.

누구나 다 알고 있듯이 경제적 관점에서 본다면, 이 세상에 숫자는 작지만 강력한 힘을 지닌 '유대민족'과 엄청난 숫자를 가진 '중화민족'이 뚜렷하게 카르텔을 형성하고 있다. 물론 여기에 '일본인'이나 '게르만족' 같은 독자적 세력을 구축하는 민족들도 있다.

그렇다면 오늘날 세계 상위의 경제력을 가진 한국은 글로벌 경제에서 '한민족'으로 이들과 같은 강력한 경제적 카르텔을 구축하고 있다고 할 수 있을까? 물론 지구촌 곳곳에서 한인들이 경제적으로 연합하여 많은 일들을 추진하고 있다. 그러나 한인 혹은 한민족이라는 확실한 브랜드는 무엇이라고 말해야 하는가? 그래서 우리는 우리의 역사 속에서 한민족의 확실한 정체성을 발견하였다. 바로 홍익인간이다.

우리 민족은 지금은 작은 반도에 머물고 있지만, 처음부터 이 작은 반도에서 시작한 것이 아니었다.

사람들은 '반도'에 살고 있는 한민족에 대해서 말하고 있지만, 그런 이야기들 대부분은 왜곡된 역사와 문화를 근거로 한 해석들이라는 것이 점차 밝혀지고 있다. 원래 홍익인간은 '글로벌'적이었다. 조금 세속적인 표현으로 바꾼다면, 원래 홍익인간은 대륙적 기풍을 지니고 있었다. 아니 5대양 6대주를 다 포괄할 수 있는 그런 '홍익'의 인간이었다.

한민족의 주 무대가 현재의 한반도가 아니었다는 것은 국내외의 많은 전문가들이 연구하여 구체적인 자료들을 제시하고 있다. 이는 역사적 사실들이지만, 우리는 우리 스스로 그 역사를 망각하고 있었던 것뿐이다.

홍익弘益협동연대경제, 기업의 경영민주화

우리가 관심을 갖고 있는 것은 '홍익인간'의 본질을 제대로 파악하는 것이 오늘 현실을 살아가는 우리들에게 어떠한 가치가 있는가 하는 점이다. 바로 이 책에서 말하고자 하는 결론이기도 하며 우리가 추구하는 '따뜻한 세상', 즉 〈大한국인의 길〉이며 사람 사는 세상을 만들어 가는 것이다.

홍익이란 단어가 '인간 세상을 널리 이롭게 한다.'라는 의미로 해석한다. 우리는 이러한 홍익인간 정신을 우리 민족의 전통적인 협동 정신에서 발견할 수 있다. 그래서 홍익은 전통적 의미의 '두레와 계'이고, 현대적 의미의 협동연대경제이며, 모든 기업의 경영민주화 요소이다. 또한 창조경제의 바탕에서 이루어지는 상생경제, 즉 생태순환경제의 원형이기도 하다.

PART II

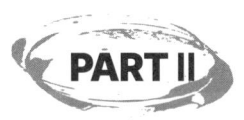

홍익인본주의 탄생과 발전

Chapter 1. 홍익인본주의의 탄생

Chapter 2. 한국인의 DNA : 홍익인간의 발전 요인

Chapter 3. 새로운 大한국인의 길 모색 : 혁신과 창조의 길

Chapter 4. 홍익인본주의의 발전 : 하늘민족

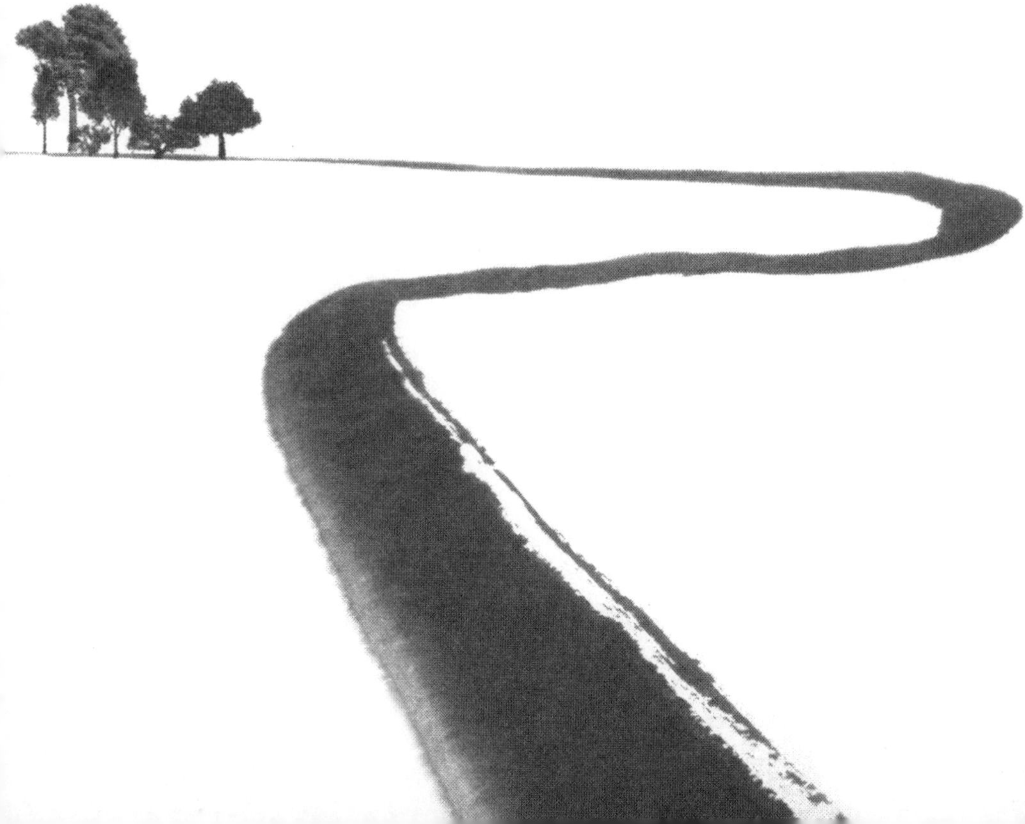

Chapter 1

홍익인본주의의 탄생

"여기서 우리가 말하려는 홍익인간은 서구적인 표현으로 바꾼다면, 전인 인간Total Person이다. 흔히 '전인격적 인간'이라고 말할 수 있다.
"전인격적 인간은 '영성, 지성, 감성을 바탕으로 가정, 사회, 경제, 건강'의 영역에 균형과 조화를 이루는 사람이라고 해석한다."

| 홍익인간, 그는 누구인가? : 현대적 의미의 해석

앞에서 우리는 홍익인간을 현재의 한국과 한국인의 관점에서 우리 역사와 문화 속에서 발견하는 작업을 시도했다. 이에 대해서 앞으로 학계의 전문적인 연구가 필요하다고 생각된다.

이번에는 우리의 역사와 문화에 드러나 있는 홍익인간을 오늘날의 시각에서 재조명해 보기로 하자. 지금 우리가 주목하는 것은 '글로벌 시대'에 홍익인간은 어떤 의미를 갖는가 하는 점이다.

"홍익인간, 그는 누구인가? 또한 현대적 의미를 어떻게 해석할 것인가?" 많은 사람들이 이 질문을 던졌고, 다양한 답이 나왔다.

"홍익인간은 자유, 평화, 평등, 공존의 사상을 가진 인간이다."
"홍익인간은 경세제민 · 인류공영을 추구하는 성숙한 인간이다."
"홍인인간은 인 · 의 · 예 · 지와 신을 수양하는 인문적 인간이다."

여기서 우리가 제시하는 홍익인간은 목표 추구형, 목적 완성형, 새로운 전인적全人的인 인간상人間像이다.

우리는 홍익인간은 '전인격적인 리더'라고 생각한다. 글로벌 시대를 이끌어갈 리더는 어느 한쪽으로 치우지지 않은 '성숙한 인간, 즉 균형과 조화를 중시하는 리더십'이어야 한다.

전인全人, '완전한 인간' 혹은 '완성된 인간', '성숙한 인간'이라는 의미에서 '홍익인간'을 재해석해 볼 필요가 있다. 그렇다면 성숙한 인간으로서 홍익인간은 어떤 성향 혹은 기질을 가진 존재인지부터 생각해 보아야 할 것이다.

홍익인간은 이 세상을 자유 민주의 관점에서 평화의 관점에서, 평등의 관점에서, 그리고 공존의 관점에서 사람 사는 세상을 만들어가는 사람들이다.

글로벌 시대에 가장 필요한 것은 자유민주, 평화, 평등, 공존의 가치관이다. 그런데 여기 중요한 것은 어떤 기준 혹은 어떤 가치관에서 자유민주, 평등이나 평화 혹은 공존을 생각하는 것인가 하는 점이다.

역사의 인물들을 바라보면서 홍익인간의 전범典範을 발견해 보자. 어떤 리더십이 합리적이며, 이성적이고 자연적·인류공영을 위한 리더십인가를 지난 과거의 행적을 돌아보면서 현실에 교훈을 얻어야 한다. 과연 우리가 생각하는 '성숙한 인간'으로서 리더십을 발휘했는가 아니면 그 이면이 잘못 알려져 있는가를 역사를 통해 직시해야 한다.

홍익인간 모습은 우리의 역사만을 한정할 필요는 없다. 또한 인류사에 중요한 역할을 하고, 소위 위인전에 등장하는 많은 분들이 어떤 기준에서 영웅적인 모습으로 기록된 것을 따지려고만 하는 것도 아니다.

상식적으로 생각해 보면, 문명이 발달하면 생활이 윤택해지고 인권이 신장되며, 삶이 더 행복해져야 하는 것이다. 하지만 지난 인류사를 뒤돌아 보면 자국의 이익을 위한 제국주의 만행과 개인의 부를 쌓기 위한 탐욕은 인류와 자연을 파괴하는 심각한 범죄를 저질렀던 것이다. 인간의 정신과 영혼을 제외한 물질만능이 만들어낸 역사를 통렬히 반성하기 위해서라도 우리는 홍익인간 정신을 재해석하지 않으면 안 된다.

과거, 소위 인류사를 이끌었던 '글로벌 리더'들이 저지른 비인간적 사실들을 거울에 맨 얼굴을 들여다보듯, 그 행동에 대한 잘잘못을 시비해야만 사람이 만들어가는 참 '인본주의' 세상을 그릴 수 있다.

20세기는 정복의 시대였다. 과학문명과 기술 발달은 시간·공간·정보를 바탕으로 제국주의의 야욕을 부채질했으며, 이즈음 자본주의 탄생은 무수한 민중들을 희생을 바탕으로 성장을 시작했다. 또한 1차, 2차 세계대전을 겪으면서 '글로벌 리더'들은 자국과 자본주의를 지킨다는 미명 아래 인류사에 엄청난 과오를 저질렀다. 아이러니하게도 우리는 이들을 영웅이라는 이름으로 역사에 기록하고 있다.

과연 그들이 위인전에 등장할 수 있는 영웅일까를 고민해 보자. 그리고 진정 21세기에 필요한 진정한 리더십은 무엇이며, 그리고 홍익인간의 정신을 통해 찬란한 역사와 문화를 만든 우리 민족의 위대한 리더십을 기억해 보자.

| 대영제국 영국(처칠)의 리더십

지난 1943년 인도 벵골에서 일어났던 일이다. 굶주림에 야윈 처참한 모습들 거리마다 즐비한 시체들 이는 인도 역사상 최악의 대기근이었고 이로 인해 700만 명이 굶어 죽는다.

67년이 지난 2010년 인도 벵골대기근을 연구하던 미국의 역사학자 무케르지가 문서 하나를 발견한다. 그 문서에는 벵골대기근에서 죽은 700만 명의 사람들이 누군가의 계략에 의해 죽었다고 기록되어 있었다.

미국 공익대 역사학과 교수인 마두우수리 무케르지[MADHUSREE MUKERJEE] 벵골대기근을 연구하기 위해 직접 벵골지역을 찾아갔는데 연구하는 과정에서 대기근이 발생했던 1943년 당시 벵골에서는 가뭄과 홍수 같은 자연재해도 없었고 쌀 수확량도 평년과 크게 다르지 않았다는 사실을 알게 된다. 그런데 어떤 이유에서인지 최악의 대기근이 발생했고, 이로 인해 7백만 명이나 사망한 것이었다.

그러던 어느 날 당시 벵골지역에 고문서를 검토하던 중 비밀문서 하나를 발견한다. 그 문서는 1943년에 있었던 대기근에 대해 당시 인도에 주둔하고 있던 영국군이 기록해 놓은 것이었는데 이 비밀문서에 대기근이 발생한 이유가 자연재해나 기상기후 때문이 아니라, 영국군이 자행했던 쌀 수탈 정책 때문이라고 기록되어 있었다.

영국군들은 벵골지역에서 판매되는 쌀들은 물론이고 각가정에 있던 쌀이란 쌀은 모조리 빼앗아 갔다. 그런데 더욱 놀라운 것은 이런 쌀 수탈 정책을 지시한 사람이었다. 그 사람은 바로 당시 영국의 수상 윈스턴 처칠(Winston Churchill)이었다. 처칠은 제2차 세계대전 당시 세계 평화를 지키기 위해 전체 주위에 맞서 연합군을 이끌던 영국의 지도자였다. 처칠은 왜 700만 명이나 되는 인도인들이 굶어 죽도록 쌀을 빼앗아 갔던 것일까?

제2차 세계대전 당시인 1942년 영국은 동남아 쪽으로 세력을 확장해 오고 있는 일본과 미얀마에서 치열한 접전을 벌리고 있었다. 하지만 영국은 일본에 밀려 당시 영국 지배령이었던 미얀마를 일본에 빼앗기고 만다. 처칠은 일본에 미얀마를 빼앗긴 후 인도까지 빼앗길까 두려웠다. 영국의 마지막 보류였던 인도를 잃는다는 것은 영국이 아시아에서 모든 패권을 잃는다는 것을 의미했다.

처칠은 인도를 지키기 위해 고민했고 한 가지 방안을 생각해냈다. 처칠은 벵골지역 쌀을 모두 거둬들이면 일본군이 쳐들어오더라도 보급품 부족으로 오래 버티지 못할 것이라고 생각했다. 처칠의 명령에 따라 영국군들은 벵골지역의 쌀을 모조리 수탈해 갔다. 굶주림에 지친 인도인들은 어떻게든 쌀을 구하기 위해 몸부림쳤지만, 쌀은 점점 더 구경조차 힘들게 되었다.

쌀 수탈 정책이 시작되자마자 쌀값이 천정부지로 치솟았다. 4개월 만에 쌀값이 무려 61%나 폭등했고, 그 후 6개월 만에 다시 4배나 올랐다. 쌀 수탈 작전이 몇 달 되지 않아 거리는 온통 굶주림에 지쳐 앙상하게 야윈 사람들로 가득찼고, 죽은 사람들의 시체가 여기저기 즐비하게 수북히 쌓이는 참담한 모습들이 이어졌다.

영국에서 파견되어 식민지 국무장관을 수행하고 있던 레오 아메리는 이 모습을 보다 못해 긴급구호 식량을 보내 달라고 영국정부에 건의한다.

"여기 아녀자와 아이들이 길거리에서 죽어 나가고 있습니다. 아무리 전쟁 중이라 하더라도… 최소한의 인권은 보호할 수 있도록… 구호

식량을 빨리 보내주십시오"

레오 아메리 국무장관이 영국정부에 여러 차례 긴급구호 식량을 요청했지만 처칠은 그때마다 단호하게 거절했다.

벵골대기근이 영국의 쌀 수탈 정책 때문이라는 사실을 전혀 알지 못했던 국제사회는 벵골지역 사망자가 계속 늘어나자 벵골지역에 구호식량을 보내기로 결정한다. 심지어 처칠은 다른 나라 배들이 직접 쌀을 싣고 오자 그 배들이 정박하지 못하도록 항구를 폐쇄해 버렸다. 결국 벵골은 국제사회의 도움도 받지 못한 채 수백만 명이 굶어 죽는 죽음의 땅이 되고 만다.

처칠의 행동에 크게 실망한 레오 아메리 국무장관은 자신의 일기에 "인도 문제에 관한 한 처칠이 제정신이 아니다"라고 적어 놓기도 했다. 벵골대기근에 대한 진상이 외부에 알려지기를 두려워했던 영국정부는 처칠이 당시 벵골의 쌀 수탈 정책을 지시했던 공식 회의록이나 보고서들은 모두 파기했고 벵골에서 있었던 대기근은 사람들에게 자연재해로 인한 참사로 알려지게 된다.

그러던 2010년 역사학자인 무케르지의 저서 《처칠의 비밀전쟁》 [CHURCHILL'S SECRET WAR]을 통해 벵골 대기근이 자연재해가 아닌 영국의 쌀 수탈 정책 때문에 일어난 것이라고 폭로했다. 전 세계 언론들은 벵골 참사로 사망한 700만 명은 제2차 세계대전 당시 히틀러가 죽인 유대인 600만 명과 맞먹는 수준이라며, 처칠의 벵골 홀로코스트는 제2차 세계대전 당시 나치의 유대인 홀로코스트보다 더 규모가 큰 학살이라고 처칠의 행위를 비난했다.

인도 역사상 최악의 대기근으로 700만 명이 굶주림 속에 죽어간 벵골의 굶주림, 그동안 당시 대기근이라고만 알려져 왔던 '벵골대기근'의 진실은 한 지도자의 전쟁에 대한 야망 때문에 빚어진 참사였다. 이런 이야기를 들으면 어떤 생각이 드는가?

| 세종대왕의 '홍익인간' 정신

우리 역사에는 창의적인 리더들이 많았다. 특히, 세종 시대에는 어느 시대보다 유난히 창의적인 인재들이 많았다. 과학면에서는 이천과 장영실, 학문적으로는 성삼문 등 집현전 학자들, 그리고 예술면에서도 음악의 박연이 있고, 관료로서 황희, 국방 분야에서는 대마도와 여진족 정벌에 성공한 최윤덕과 6진을 개척한 김종서 등 다양한 분야에서 인재들이 활약했던 시기이다. 그렇다면 어째서 세종 시대에만 각계각층에 인재들이 활약할 수 있었던 이유는 무엇일까?

우리는 바로 세종의 창의적 습관이 당시 사람들을 변모시켰다고 생각할 수 있다. 세종은 틀에 갇힌 '닫힌 생각'을 하는 리더가 아니라 '열린 생각'을 가진 '글로벌 마인드'의 리더였다.

즉, 세종은 '홍익인간'의 정신을 지닌 창의적인 리더로서 세상을 넓게 볼 수 있었던 왕이었다. 이런 리더가 있으면 국가나 기업의 창의성은 폭발한다. 실제로 세종은 사당을 지어 단군을 기자보다 더 위에 봉양했다(역사학자 이병도의 조선일보 증언). 그 후 단군의 제향이 끊어진 것은 일제강점기 때부터였다.

세종의 창의성을 다음 세 가지로 요약할 수 있다.

첫 번째, 창조적 요동을 지속적으로 유지하라.

창의적 요동은 문제를 인식하는 능력을 말한다.

세종이 창의적 리더가 된 것은 문제를 보는 능력이 탁월했기 때문이다. 왜 다른 왕들을 한글을 만들지 못했을까? 그것은 세종을 제외하고 다른 어떤 왕도 우리말이 한자와 맞지 않는다는 문제를 인식하지 못했기 때문이었다.

세종의 하루 일과는 특이했다. 오전 5시에 기상한 후에 9시에서 11시까지 사람들을 돌아가며 독대를 했다. 중요한 것은 영의정, 우의정 같은 관리들을 만난 것이 아니라, 바로 오늘날 사무관 이하의 사람들과 대화한 것이다.

점심을 먹고 오후 1시부터 3시까지는 경연을 했다. 경연은 신하들이 임금을 가르치는 자리이다. 나이든 관료와 집현전 젊은 학자들을 동시 참석시켰다. 왜 그랬을까? 매사 부정적으로 반응하는 나이든 관료들과 달리 젊은 학자들은 세상을 어떻게 볼까 궁금했기 때문이었다.

여기서 세종은 고위 관료와 젊은 학자 사이에 견해 차이를 발견할 수 있었다. 이것이 바로 문제를 보는 눈이다. 견해 차이란 바로 문제이기 때문이다. 마지막으로 저녁 10시에서 12시까지 구언求言을 했다. 백성으로부터 이야기를 듣는 것이다.

세종은 지독하게 문제를 찾아다니는 사람이었다. 그는 당대의 상식적인 방법들이 틀릴 수도 있다는 문제의식을 가지고 있었고, 자신이 진짜 문제를 못 보고 있다는 생각을 했던 모양이다.

세종 즉위 수년 동안 나라는 가뭄에 시달렸다. 이런 경우에 보통의 왕 같으면 기우제를 지내든지 전통의 방법대로 하면서 부덕不德의 소치所致 라 했을 것이다. 그러나 세종은 처방은 전혀 달랐다. 문제의 근원은 중국 의 역법曆法이 조선의 상황에 맞지 않으며 농사짓는 방법이 잘못된 데에 있다고 생각했다. 전혀 다른 시각으로 문제를 본 것이다. 그 결과 그는 집 현전 학자들에게 새로운 역법을 만들 것을 주문했고, 동래현 관청의 노비 였던 장영실을 등용해 하늘을 관찰하는 천문기구를 만들게 하였다.

그는《농사직설》이라는 책을 짓게 하였다. 책의 내용은 전국 최고 농부 들의 노하우를 정리한 것이다. 가뭄이 극심하던 강원도를 수시로 방문한 그는 농부들과 대화를 나누었다. 이렇게 다양한 사람들을 통해 정보를 얻 고 문제의 본질을 이해하는 과정에서, 이를테면 전라도 지역의 아무개가 농사를 기가 막히게 잘 짓는다는 말을 들었을 것이다. 이런 것을 모은 것 이《농사직설》이다.1)

어떤 리더는 자신의 조직에 문제가 있다는 것을 인정하고 싶어 하지 않 는다. 그는 항상 문제가 없는 상태여야 한다고 생각한다. 이것이 '닫힌 생 각'이다. 창의성은 문제를 보는 사고에서 시작한다. 창의적 요동이 있어 야 한다는 말이다.

그러나 문제를 싫어하는 닫힌 생각을 가진 리더들은 문제가 드러나면 야단부터 친다. 만일 기업이나 국가에서 이런 리더가 있다면 구성원들은 문제를 숨길 것이다. 따라서 이런 기업이나 국가는 닫힌 생각에서 벗어 나기 어렵다. 문제는 숨겨야 할 대상이 아니라 드러내 해결해야 할 대상 이다. 이것이 홍익인간 정신을 가진 리더와 그렇지 않은 리더의 근본적인 차이이다.

두 번째, 창조적 다양성을 수용하라.

세종이 닫힌 생각을 벗어나는 방법 중 하나는 반대 의견에 관대하기였기 때문이다. 역사상 세종 시대만큼 많은 신하들이 득실거릴 때도 없었을 것이다. 사소한 문제부터 큰 것까지 그는 온통 반대 속에 살았다. 그의 반대에 대한 관용은 도의 경지에 이르렀다.

한글 반포 후 최만리가 반대했을 때는 도가 지나쳐 세종도 화가 났던 모양이다. 하지만 그의 처벌은 특별했다. 하루만 상징적으로 옥에 가두고 다음 날 빼주었던 것이다.

우리가 가끔 듣는 말 중에 '참 고약한 사람이야!' 하는 경우가 있다. 일설에 의하면 세종 시대에 있었던 고약해高若海라는 신하 때문에 만들어진 말이라고 한다.2)

실록에 의하면 '고약해'가 반기를 드는 정도가 지나쳤다. 눈을 부라리며 세종을 노려보는 행동은 차라리 귀여운 정도였다고 한다. 보란 듯이 휑하니 나가기도 했다. 그러나 세종은 그를 대사헌이라는 자리까지 올려주었다. 왜 그랬을까? 그래야만 다른 신하들도 용기를 내어 말문을 열 수 있다는 것을 알았기 때문이다. 세종은 반대가 주는 다양성의 의미를 깊이 알고 있었던 것이다.

세 번째, 창조적 마음을 활용하라

그는 회의를 하면 꼭 싸움을 붙였다. 창조적 마찰을 조장한 것이다. 사용한 방법은 '견광지絹狂止'였다. '견'은 '하지 말자'는 뜻이 있다. 반대라는 것이다. '광'은 '해보자'는 뜻이 있다. 찬성이라는 말이다. 둘 다 논어에서 나온 말이다. '지'는 잠깐 쉬어 다시 생각해 보자는 뜻이다.

경연에서 고위 관료들은 대체로 '아니 되옵니다'를 외쳤다. 집현전 학자들은 '해 봅시다'라고 우겼다. 세종은 어느 한쪽 편을 든 것이 아니라 왜 안 된다고 하는지, 그리고 왜 해볼 만하다고 하는지, 그래서 이 둘을 통합할 방법은 없는지 고민했다. 〈이상은 이홍 광운대학교 경영학과 교수의 삼성그룹 사장단 강연 내용을 정리한 것이다.〉

창의적 국가, 기업이나 공동체가 되기 위해서는 무엇이 중요할까? 구성원들이 창의적일수록 좋다. 하지만 이러한 창의성은 바로 리더십에서 나오는 것이다. 세종은 홍익인간 리더십을 지닌 대표적 인물 중 한 명으로 손색이 없다.

단편적이기는 하지만 우리는 처칠과 세종의 이야기를 통해서 '홍익인간' 정신을 지닌 리더가 어떻게 다른지 이해할 수 있었을 것이다.
지금 우리에게 가장 필요한 것은 인류와 지구의 미래를 위해서 결국 '홍익인간' 정신을 가진 지도자들이 필요하다.

| 홍익인간은 전인격을 갖춘 성숙한 리더이다.

여기서 우리가 말하려는 홍익인간은 서구적인 표현으로 바꾼다면, 전인간TOTAL PERSON이다. 흔히 '전인격적 인간'이라고 말할 수 있다.
전인격적 인간은 '영성, 지성, 감성을 바탕으로 가정, 사회, 경제, 건강'의 영역에 균형과 조화를 이루는 사람이라고 해석한다.3)

사회적으로 완성된 인간' 혹은 '전인격적 인간'은 어떻게 이해되고 있을까? 이에 대해서 가장 근접한 개념인 '전인교육'에 관해서 잠시 살펴보자.

일반적으로 '전인'교육이니 하는 표현을 쓸 때, '전인全人'이라는 말은 다양한 의미로 쓰인다. 한국에서는 1895년 고종이 교육에 관한 조서를 발표하여 지육智育·덕육德育·체육體育을 모두 중시해야 한다고 하면서 전인교육을 주장한 바 있다. 고대 그리스의 전인교육론에서는 지식을 중심으로 인간의 의지와 정서가 내적 질서를 유지하는 정의로운 인간을 기르는 교육으로 이해되었다.

이런 개념은 르네상스의 인문주의에 영향을 미쳤으나 점차 지식 교육으로 변질되었고, 중세에는 전인교육이 신에 대한 경외심을 중심으로 재조직되었다. 근대에 와서는 인간의 본성을 긍정적으로 파악하여 타고난 자연성을 계발하는 자연주의 교육철학이 등장하여, 전인은 자연인으로 이해되기도 했다.

현대에 와서 전인교육의 개념은 산업사회의 물질만능주의와 규격화된 제도로 인간이 소외되는 현상에 대한 반작용으로 지식 중심의 학교교육과 달리 인간다운 사회를 창조할 수 있는 인간교육으로 주목받게 되었다.

C. R. 로저스는 이것을 만능기능인(FULLY FUNCTIONING PERSON)으로 정의하여 자아실현을 전인교육의 중요한 개념으로 제시했다. 또한 교육심리학자인 A. 매슬로는 개인의 재능·능력·가능성을 최대한으로 사용하고 계발하는 교육을 주장했고, 그러한 인간의 특성으로 자발성, 수용적 태도, 민주적 인격, 공동체적 감정, 창의성 등 14가지를 제시했다.

이러한 경향은 교육이 인간 특성의 전체적인 발달을 도모해야 한다는 의식을 반영한 것이다. 따라서 인간의 지知 · 정情 · 의意를 전면적으로 계발한다고 하는 경우에도 이러한 구분은 편의적인 것이며, 중요한 것은 교육이 전인격과 관련되어 있다는 인식이 필요하다. 현대사회의 전인교육에서는 이러한 관점에서 학습자의 능동적 · 주체적 · 창의적인 참여를 강조하며, 학교교육만이 아니라 가정교육 · 사회교육 등의 조화로운 관계를 중요시한다.

오늘날 사회에서 '전인'교육의 중요성이 대두된 이유는 분명하다. 그것은 지나치게 조각나 있는 사회구조 안에서 어느 한쪽에 치우치지 않는 '홍익인간'이 필요하기 때문이다.

이 전인全人, 즉 성숙한 인간은 과거에 '성인聖人' 혹은 '성자聖者: SAINT'라 부르는 사람들이 가장 근접한 모델일까. 공자가 말하는 '성인군자'가 이에 해당하는가?

오늘날 사회에서 이러한 '전인간'의 상이 희미한 것은 매우 심각한 일이다. 이에 우리는 '홍익인간'의 이미지를 새롭게 재조명할 필요가 있다.

동서고금의 '전인간'에 관한 내용을 '홍익인간'에 대한 적절한 개념이 무엇인지 '사드비프라(영적 혁명가)'를 인용해 정리해 보자.

사카르SAKAR가 말하는 '사드비프라'는 바로 '홍익인간'을 말하고 있는 것이다. 사카르는 '사드비프라(행동하는 영적지성인)의 전인적인 인간'이라고 정의내리고 있다.

즉, 스스로 육체적, 정신적, 영적 노력으로 네 계급의 긍정적인 자질을 모두 계발한 사람이라고 한다. 또한 도덕성과 약자를 보호하고 불의와 착취에 대항에 싸울 용기를 지닌 사람이다. 정직, 용기, 세상을 위한 헌신과 희생정신 등을 지닌 사람이다. 그는 보편성을 지닌 윤리 원칙을 가지고 있으며, 사회 복지를 위해 헌신하는 사람이다. 무엇보다도 자신의 모범적인 삶을 통해서 전일적全─的으로 진보적인 방법으로 사회를 고무하고 인도하는 사람이다.

| 사카르가 말하는 '사드비프라'(영적 혁명가)

사카르가 말하는 '사드비프라'를 이해하기 위해서는 먼저 사회계급과 네 계급에 대한 이해가 필요하다. 사회계급이란 '사회적인 관점에서 본 분류'의 형태이다. 사회학자들은 상중하의 3계급으로 사회를 나누는데, 상류 엘리트층, 중산층 그리고 하류층으로 구분한다. 이런 구분의 기준은 주로 가문, 부, 소득, 영향력, 권력, 교육 수준, 기타 직업의 귀천이다.

남아메리카의 경우에는 인종과 종족이 계급의 주된 결정 요인이다. 즉 백인은 식민지 시대의 엘리트층으로 특권을 지니고, 나머지 혼혈인종과 원주민, 아프리카계 후손들은 푸대접을 받는다. 마르크스 이론에서는 부르조아(생산 수단을 소유한 자)와 프롤레타리아(노동력만 소유하고 이를 임금이나 월급에 파는 자), 이렇게 두 계급만 인정한다.

반면 사카르는 인간이 자연 및 사회 환경과 관계를 맺는 방법에 기반을 둔 네 가지 기본적인 유형으로 분류하였다. 이는 산스크리트 '바르나 VARNAA' 또는 '마음의 색깔'이라 부른다. 이 바르나는 사회 변화의 역학을 분석하는데 유용한 개념이다. 이 개념은 개인의 성향을 파악하는 것보다 사회의 시대적 성향을 분석하는데 더 유용한 것이다.4)

사카르는 특정의 바르나 계급이 일정한 기간 사회를 지배하다가 다른 바르나로 순환하는 '사회순환이론'을 주장하였다. 이 이론에 의하면, 사회의 지배적인 가치와 권력은 하나의 바르나에서 다른 바르나로 순환하며 나선형으로 진보한다는 것이다.

사카르가 말하는 4계급은 인도의 카스트제도와 같은 용어를 쓰고 있지만, 전혀 다른 개념이다.5) 바르나는 수드라SHUDRAS(단순노동자 성향의 계급), 크샤트리아KSATRRIYAS(무사 성향의 계급), 비프라VIPRAS(지식인, 종교인 성향의 계급), 바이샤VAESHYAS(부의 축적 성향을 강하게 지닌 계급)이다.

흔히 알고 있는 카스트제도는 백인들이 인도를 점령하면서 인도인들을 종속시키기 위하여 원래 종교 수행의 목적인 바르나를 사회계급으로 변질시키고 악용했던 것이다. 역사적으로 보면 대부분의 정복자들은 그 지역의 고유한 문화, 전통, 사회 풍속 등을 변질시키고 자신들의 기준으로 재조립한다. 참고로 그 당시 인도는 침략자인 유럽 백인들보다 훨씬 높은 문화와 영성을 지니고 있었다. 그걸 참기 어려웠던 유럽인들은 문화를 깎아내리는 작업을 했던 것이다. 일본이 일제강점기 35년 동안 우리에게 했던 일도 이와 같은 맥락에서 해석할 수 있다.

그리고 프라우트PROUT의 계급이론도 원래의 바르나, 즉 하나의 심리적 성향으로서 주어진 어떤 환경에서 그 사람이 생존 및 성장을 해 나가는 특별한 스타일에 근거한 것이다.6)

모든 사람은 이 네 가지 바르나를 혼합적으로 가지고 있거나 잠재적으로 지니고 있으며 그 중 하나의 심리 상태가 지배적으로 나타나는 것이 일반적이다. 그러나 이러한 바르나는 교육, 훈련, 사회적 환경을 통해서 일부 또는 전부 계발될 수 있다고 말한다.

어느 사회이건 초기에는 정치, 문화, 경제 모든 면에서 대단히 역동적이다가 결국 지배계급이 자리를 잡으면서 (통제를 시작하면서) 동요하고 쇠퇴한다. 씨족 및 종족 사회는 수드라(노동자) 계급이 지배하는 시대… 생존을 위해 발버둥친다. 그러다가 점차 자신감, 용맹성, 군림하는 능력이 키워지면서… 크샤트리아(무사) 계급 사회로 발전한다.

크샤트리아, 이들의 황금기는 영토 확장과 정복의 시대였다. 선사시대부터 고대 역사의 대왕 시대까지 거쳐 로마제국 말기, 중국 진나라, 인도 아리안족까지 확장. 크샤트리아 시대에는 용감성, 명예, 규율, 책임감을 높이 삼으로써 해당 사회가 잘 조직되고 단합되게 하였다.

무사 사회의 투쟁 속에 인간 지성이 발달하면서, 지식인 계층들은 최고의 과학적 성취를 이뤄내면서 부상한다. 전쟁 기법이 복잡해지고, 개인적으로 육체의 힘과 전투 기술이 개발되고 무기, 전략, 운송수단 등이 발전하였다.

사회구조도 복잡하여 뛰어난 재상들이 행정을 담당하고 이런 지식인들은 무사 시대의 왕들에게 가장 중요한 자산. 시간이 흘러 이들이 무사들보다 더 큰 권력을 쥐게 되면서 조직화된 종교가 등장하게 되었고, 경전이나 법에 기반을 둔 사회 통치를 하게 되면서 재상, 성직자, 입법가, 자문가 등 지위를 차지하였다.

비프라(지식인) 시대에 와서 교육과 문화를 꽃 피운다. 문화기구, 종교기구, 정부기구들이 강력한 힘을 가지며, 과학, 예술, 기타 지적 분야들이 전성기를 맞이 한다. 인도, 중국, 동남아의 초기 불교와 중세 유럽 수도원의 교육센터가 이런 역할을 한다.

시간이 지나면서 안락함과 특권 의식에 대한 집착은 점점 물질적인 부를 가진 바이샤에게 스스로 종식시키는 결과를 낳는다.

탁월한 능력을 가진 바이샤(상인)들은 지구 탐험 항해로 해양 시대를 이끌고 비프라 시대 말의 미신과 혼란을 극복하며 금융과 정치 사회제도를 만들어낸다. 정복과 식민지화의 선두 주자들은 스페인, 포르투칼, 랑스, 영국 왕실과 재상과 교화가 지배하던 비프라 사회에서 바이샤 사회로 전이하는 과정이었다.

무사계급을 고용하여 뛰어난 무기를 가지고 세계를 침략하고 식민지 개척에 나서고, 노예를 포함한 자연 자원을 갈취해갔다. 유럽은 바이샤 시대로 전환되고 있었고, 라틴아메리카와 아프리카는 무사계급들이 지배하고 있었다.

유럽 자본가들은 성직자와 권력자들을 부추키어 정복지역을 기독교로 개종시키면서 그들에게 열등의식을 심어주고 주민들이 순종적이 되게 만들었다. 그리고 오늘날의 물질만능의 자본주의를 만들어냈다.

사회순환론에 의하면, 이제 자본가 시대는 막을 내리고 있다. 이들은 기아, 가난, 실업자들을 양산시키고 지구 환경파괴와 쓰레기 더미를 만들어 놓았다. 이것은 자본가계급의 극단적인 착취의 결과이다.

이제 새로운 계급의 시대로 전환되고 있다. 하나의 시대 안에서 생성, 성숙, 소멸의 정반합이 일어나고 이것은 확장, 정지, 위축의 형태로 나타난다. 사회는 매우 강한 진보의 시기가 있고 그 이후에는 정지기가 수반되는데 이때가 그 사회의 정점이 된다. 그리고는 결국 퇴락하여 축소되는데 그 이유는 지배계급이 다른 계급들을 억압하고 착취하기 때문이다.

사회순환이론은 인간 사회의 변천 과정을 이해하는 데 도움이 된다. 물론 이에 대해서는 보다 전문적인 연구가 필요할 것이다.

각 시대마다 이 4가지 타입이 공존한다. 다만 어느 하나의 계급이 우세하여 지배하는 것이다. 사회순환이론은 당대의 사회에서 일어나는 갈등을 파악하고 그것을 해결하는 가장 좋은 수단을 찾아내는 데 유용하다.
예를 들면 미국이 나토 동맹국들과 70년 이상 군사력, 정치, 경제적 수단을 동원하여 소련을 봉쇄하려고 시도했지만 실패했다. 그런데 러시아 반체제 지식인들과 학생들이 봉기하여 공산당 군사독재를 단지 사흘 만에 무너뜨렸다.

현재의 중국은 아직 무사 성향의 군사 지도자들이 강력하게 지배하고 있다. 베네수엘라는 비폭력적인 선거를 통해 지배계급을 바꾼 사례로 볼 수 있다.

1992년 직업 군인인 우고 차베스 중령은 베네수엘라 군대의 약 10%에 해당하는 130명 장교와 약 900명의 군인들을 조직해서, 당시 부정과 감시, 인권유린 독재를 하던 페레즈 대통령을 제거하고자 쿠데타를 시도했지만 실패하고, 2년간 감옥에서 살다가 사면으로 풀려난 후에 가난한 사람들과 어울려 선거로 1998년 대통령이 되었다.

2010년 12월 튀니지에서 경찰의 부패와 부당한 대우에 대항해 모하마드 부아지지라는 청년이 분신자살을 한 것을 시작으로, 역사상 미증유의 항거와 혁명적 파장이 북아프리카와 중동지역을 휩쓸었다. 2개월도 안되는 기간 동안 튀니지, 이집트, 리비아 등에서 역사를 바꾸는 혁명이 일어났으며, 그 외에도 심각한 항쟁이 알제리, 베라인, 지부티, 이란, 이라크, 요르단, 모로크, 오만, 시라아, 예만 등을 좌초시켰다.

'아랍의 봄'이라 불리는 이 사태에서 튀니지, 이집트, 리비아, 예맨 등의 국가 수장들이 실각했다. 이것은 동시다발로 일어난 민주주의 봉기로서 정부의 억압과 인터넷 통제의 여건 속에서 페이스북과 트위터와 같은 소셜 미디어가 사람들을 조직하고 일깨우는 역할을 했다.

1994년 멕시코 치아파스 지역에서 일어난 사파티스타 반란은 무사 상향의 사람들이 앞장을 선 수드라 혁명이었다. 기존 체제를 유지하고 하는 바이샤의 힘에 의해 중단되었지만, 혁명에 대한 호응도는 계속 높아지고 있다. 바이샤 계급의 지배에 항거하는 봉기는 일반적으로 저개발국에서 시작되는데 이런 국가는 착취와 불평등이 특히 심하기 때문이다.

'월가를 점령하라'는 운동은 2011년 9월 17일 미국 뉴욕시에서 시작되었으며, 한 달 이내에 82개국 951개 도시로 퍼져 사회적, 경제적 불평등에 항거하는 국제적인 운동으로 확산되었다.

이상의 설명한 사례들은 하나의 계급이 지나치게 착취나 억압을 하면서 새로운 계급으로 전이되는 과정에 대한 것이다.

사카라는 사회에서 여성의 지배를 점진적인 역사의 과정 하나로 보았다. 선사시대는 여성이 지도자인 사회였다. 모계사회에서 용감한 여성은 종족의 어머니로 인정되었고, 남성과 여성이 모두 종족의 어머니 이름을 지녔으며 여신 숭배는 어머니 자연을 상징하며 농업과 자손 번식을 나타냈다.

무사사회에서는 일반적으로 여성을 살해하는 것을 금지하고 약자를 보호하였고, 대부분의 여성과 남성 모두의 권리를 존중하였다. 그러나 점차 남성중심의 사회로 발전하면서 여성의 복종이 제도화되어갔다.

그 후 지식 계급이 지배하는 사회가 되면서 남성은 권력을 지키기 위해, 종교적 칙령으로 신으로부터 받은 계율을 만들어 여성의 권리를 빼앗고 임금을 지불할 필요 없는 노예로 전락시켰다. 여성의 교육이 금지되었고, 영향력이나 권력을 행사할 수 있는 지위를 주지 않았다.

유럽의 종교재판 시기인 12세기부터 18세기까지 가톨릭 교회에서는 영성치유가와 신비주의자를 마녀나 정신병자로 몰아 고문하고, 재판하고 처형했다. 유럽에서 약 6만 명이 그런 명목으로 화형당했다.

많은 종교는 여성이 영적으로 남성보다 열등하다고 가르쳤고, 여성 성직자 서품을 인정하지 않고, 여성에게는 이혼을 허락하지 않았지만 남편이나 심지어 성직자가 방탕한 성생활을 하는 것은 사회적으로 인정되곤 했다. 여성에 대한 착취는 자본가 성향의 계급시대에 더욱더 심화되었다.

아프리카 노예무역으로 사들인 여성은 남성 소유자의 법적 재산이며 마음대로 강간하거나 매매할 수 있었다. 대부분의 여성들은 소득에 대한 보장 없이 겨우 살아남기 위해서 결혼을 강요받았다.

서양에 민주주의가 들어섰을 때에도 여성은 제외되었다. 평등권을 위한 여성 투쟁은 19세기 및 20세기 들어와서야 강화되었다.

글로벌 자본주의 아래에서 여성의 지위 저하는 더 심해졌는데, 광고 산업과 대중매체가 섹시한 여성을 온갖 제품의 판매 증진을 위한 수단으로 이용하고 있다. 바이샤 타입이 지배하는 사회는 이윤 또는 최종 결과가 가장 중요한 목표이기 때문에 가치 기준이 이에 맞추어져 있다.

대중은 대중매체나 대중문화 공간에서 온갖 성적 환상적인 이미지에 대량 공략당한다. 여성들은 어려서부터 자신의 가치가 아름답고 날씬하며 섹시하게 보이는가에 달려있고, 그러기 위해서는 의상과 미용용품을 구매하는 것이 인간관계는 물론 인생에서 성공하는 열쇠라고 배우며 자란다. 이로 인해 완전한, 즉 섹시한 몸매를 갖기 힘든 많은 여성들은 다이어트 불균형과 자신감 결여, 우울증 등을 겪고 있다.

물질적 부의 탐욕은 일부 여성들이 다른 여성들을 착취하는 데 기꺼이 동참하게 만든다. 빈곤과 감정 불균형이 이러한 착취에 동참하는 대부분 여성들을 타락하게 만든다.

성경 창세기에 이브는 아담의 갈빗대로 만들어졌다는 이야기는 여성들을 종속적인 존재로 보이게 하는 것처럼(역할면에서 그렇다는 것이다),

많은 여성들은 어릴 때부터 자신이 불안전한 존재이며 감정과 재정, 지적인 면에서 남성들에게 의존해야 한다는 믿음을 사회적으로 주입받아 왔다. 심리적으로 많은 여성들은 자신의 정체성을 맨 먼저 아버지로부터, 그 다음에 남자 친구나 남편을 통해 발견하게 되며 따라서 남성들을 기쁘게 하여야 하고, 심지어 살아남기 위해서 남성들에게 종속되어야 한다고 느끼게 된다.

많은 여성들은 남성의 관심을 끌기 위해서 서로 불신하고 다른 여성들과 경쟁하도록 배운다. 그리고 많은 문화권에서 '독신녀'란 늙고 결혼하지 않은 여성에게 붙이는 '버려진 자'라는 사회적 오명을 받는다. 여성들은 다른 여성들의 외모에 대해 남성들보다 더 비판적이고 서로 증오하도록 배운다.

이는 산업혁명과 자본주의로 남성중심의 사회가 형성되면서 만들어진 성차별이다. 오늘날 성차별의 결과는 여성에 대한 폭력, 인신매매, 실종여성, 교육에서의 성차별, 경제적 착취 등에서 나타나고 있다.

홍익인본주의 사회에서는 이런 성차별 자체를 제도적으로 차단할 필요가 있다. 남성이나 여성, 인종, 사회적 지위 고하, 나이에 상관없이 모든 사람들은 평등하게 대우받아야 한다. 이것이 인간 존엄성이 보장되는 홍익인간의 사회이다.

앞에서 사카르SAKAR가 말하는 사드비프라는 우리가 말하는 진정한 홍익인간이다. 사람은 4가지 타입에서 모두 긍정적인 성향을 겸손히 배우고 자기통제와 봉사의 본보기를 실천함으로써 누구나 다 사드비프라(홍익인간)가 될 수 있다고 사카르는 말한다.

즉, 어느 한 계급이 좋거나 나쁜 것이 아닌 특성일 뿐이다. 따라서 모든 사람들은 이 4가지 타입의 긍정적 자질을 실천하고 계발할 필요가 있다. 예를 들어서 비프라(지식인) 타입이 지녀야 할 진화한 마음을 수드라(노동자) 타입이나 바이샤(자본가) 타입도 지녀야 하는 것이다. 또한 누구나 크샤트리아(무사) 타입의 특성인 건강한 몸과 강한 체력을 가져야 한다. 뿐만 아니라 바이샤(자본가) 타입의 특징인 경제적 능력과 감각을 다른 모든 타입들도 갖추어야 한다.

그래서 모두가 사드비프라, 즉 홍익인간이 되어야 하는 것이다.

홍익인간은 계급이 없는 사회—여기서 계급이 없는 사회란? 각 계급 간 차별을 없애고, 계급 간 절대적 가치보다 상대적 가치를 인정하는 것을 말함이다—를 추구한다. 즉 계급이 지배하는 사회가 아니라 상호적 질서, 상호관계와 소통, 협동과 연대 경세, 협력적 공유 사회를 추구한다. 이것을 목표로 설정하는 것 뿐 아니라 이걸 구체적으로 실천하는 안목이 있어야 하다.

한마디로 홍익인간은 기존의 경제학자나 혹은 이론가들이 말하는 것처럼 한쪽으로 쏠려있는 관점이 아니라, 모순되는 양면성을 두루 살펴 볼 수 있는 영성을 지닌 리더를 말하는 것이다.

즉, 각자의 타고난 4가지 타입 장점을 살리고 단점을 극복하며, 다른 타입의 장점을 도입하는 융통성을 통해서 성숙한 리더로 거듭나는 사람이 영성을 지진 리더가 되는 것이다. 누구든지 자신의 타입(직업에 관한 권한)이 지닌 정체성을 넘어서야만 비로소 보편적 관점에서 사물을 포용할 수 있게 된다.

홍익인간은 한 개인이나 혹은 하나의 계급의 관점에서 보는 것이 아니며, 한 민족이나 한 국가의 관점에서 보는 것도 아니다. 홍익인간은 도량이 크고 다 문화적이며 모두를 위한 정의에 투철한 리더이다.

홍익인간은 개인적 야망이 없고 보편적인 영적 시각을 가진 순수한 인간이다. 이런 홍익인간이 사회 속에 있을 때 각 계급의 발전을 돕고, 각 계급들이 순차적으로 사회를 이끌어 가도록 도울 수 있는 것이다.
홍익인간은 사회가 정체되거나 혹은 착취로 빠질 것 같으면 즉시 민중을 동원하고 다음 단계의 계급으로 무리 없이 이동할 수 있도록 정의의 힘을 사용한다.

홍익인간은 개인과 집단이 가진 모든 잠재력을 다 활용할 수 있도록 적극적으로 계몽하는 일을 한다. 그래서 정신적, 사회적, 영적인 잠재력을 최대한 끌어내서 더 진보적이고 활력 있는 사회를 만들어 가는 것이다.

홍익인간의 최우선 과제는 다른 사람들을 홍익인간으로 만드는 것이다. 그러기 위해서는 홍익인간 스스로가 올바른 품행, 높은 도덕성, 불의를 제거하는 투쟁정신과 함께 넓고 보편적인 시각을 갖추어야 한다.

홍익인간은 자애로운 이상주의와 정신적 진화로 인하여 모든 것을 사랑과 자비로 본다. 그래서 어떤 특정인이나 특정 시대를 차별하지 않는다.

다시 말해서 리더가 어떤 특정 집단(계급)에 대해 개인적 감정을 갖게 되면 그는 올바르게 지도할 수 없게 된다. 어떤 출신 국가 혹은 민족, 인종, 계급 등에 대해서 무의식적으로 우월감을 갖게 되면, 결국 공정한 판단을 내릴 수 없는 것이다.

| 자유, 평등에 대한 가치관은 매우 중요하다.

만일 어떤 민족이 우월하다는 생각을 하거나, 혹은 남성이 더 우월하다는 생각을 하게 되면 사람들을 공평하게 대하지 못하게 되는 것이다. 홍익인간은 다른 이들이 위대해지도록 동기를 부여한다. 그러기 위해서는 그들의 의견을 충분히 경청하고, 그들의 성공을 축하할 수 있는 열린 마음이 있어야 한다.

홍익인간은 지도자로서 명성과 지위에 연연하지 않는다. 오직 다른 사람들을 일깨우는 데 관심을 집중시킨다. 경제민주주의는 민중과 지역에 힘을 실어주기 위한 것이다. 따라서 홍익인간은 경제민주주의를 활성화시키는 데 적합하다.

지도자는 다른 사람들에게 긍정적이든 부정적이든 큰 영향을 미치게 된다. 기업에 있어서 지도자의 행동은 피고용인들이 자기 조직에 대해 느끼는 분위기에 70% 이상 영향을 미친다고 한다. 그래서 모든 지도자나 기업가가 '홍익정신'에 맞는 기업·사회문화를 만든다면 그 또한 대동 사회로 가는 경세제민의 역할을 하는 것이다.

Chapter 2

한국인의 DNA : 홍익인간의 발전 요인

> "하지만 지난 100년간 한국의 역사, 한국인의 홍익인간 정신은 많이 잊혀졌다.
> 이미 언급한 것처럼, 바이러스에 감염되어서 시스템에 에러가 발생하고
> 있었기 때문이다. 이제 바이러스를 완전히 삭제할 때가 되었다.
> 이 바이러스 삭제의 백신은 '홍익인간' 정신을 투입하는 것이다."

한국의 역사가 7,000년이라는 것은 여러 가지 의미를 지닌다. 오래 전에 우리 민족의 특성을 말하는 국사 교과서에서 이런 내용을 읽었던 기억이 있다.

"우리 민족은 5천 년 역사에서 무려 1천 번의 외세의 침략을 받았지만, 한 번도 굴복한 적이 없다? 우리 민족은 타국을 침략한 적이 없다?"

아마 초등학교 때인지 중학교 때인지 선생님들이 이렇게 말했던 것 같다. 물론 이 이야기는 우리 민족이 평화적이고 강하다고 말하려는 의도였을 것이다.

한국 민족이 오랜 역사 동안에 수많은 외침을 당했다는 대목을 눈여겨보자. 사실은 한국 민족은 지금보다 훨씬 넓은 영토를 가지고 있었다. 그러나 천 번의 외침을 겪으면서 계속 영토가 줄고 줄어서 이제는 겨우 한반도만 남았다. 이건 진짜 아쉬운 대목이다.

중요한 것은 수많은 침입을 당했고, 또 우리 역시 여러 번 침략한 적도 있지만, 민족과 정신이 사라지지 않았다는 점이다. 지구상에는 우리 민족처럼 고난을 겪는 동안에 이름 없는 풀꽃처럼 사라진 국가와 민족들도 많기 때문이다. 역설적으로 우리 민족은 그만큼 많은 역경을 딛고 일어섰다는 이야기로 해석할 수 있다.

한국은 일제강점기 35년 동안에도 버텼고, 결국 오늘날까지 살아남아서 이제 선진국이 된 것도 사실이다. (뭔가 약간은 부족한 듯하지만…) 하지만 지난 100년간 한국의 역사, 한국인의 홍익인간 정신은 많이 잊혀졌다. 이미 언급한 것처럼, 바이러스에 감염되어서 시스템에 에러가 발생하고 있었기 때문이다. 이제 바이러스는 완전 삭제할 때가 되었다. 바이러스 삭제의 백신은 '홍익인간' 정신을 투입하는 것이다.

원래 한국 민족은 홍익인간의 위대함을 지니고 있다. 그래서 그것을 다시 살려내는 일을 해야 한다. 한국인은 '글로벌 리더'로서 충분한 자질을 가지고 있다.

| 세상의 모든 역사에서 위대한 리더는 큰 위험과 도전을 맞이한다.

한국인의 DNA 속에 잠재한 홍익인간을 되살려 내기 위해서는 한 가지 해야 할 일이 있다.
그건 자신을 구속하는 콤플렉스와 약점, 두려움 등을 극복하고, 우리를 적대적으로 대하는 사람들이라고 해도 그들에게 증오, 분노, 자만에 사로잡혀서는 안 된다.

사람들은 대개 자신들은 고문이나 폭력적인 범죄를 저지르는 사람들과 다르다는 생각을 한다. 그러나 우리 내면에는 모두 선과 악의 잠재성이 숨어 있다. 사람들은 그럴만한 상황에 놓이면 숨겨진 본성이 드러날 수 있기 때문이다.

오늘날 길거리에서 어떤 남성이 여성을 구타하고 있는 장면을 목격했다고 해보자. 대개는 사람들이 못 본 체 지나간다. 많은 사람들은 비상 상태를 목격했을 때, 다른 누군가가 행동할 것이라고 생각하면서 방관자가 된다. 또한 우리는 말해야 할 때도 침묵하게 된다.

이것은 오랫동안 지속된 학습효과 때문이다. 정부나 기업의 범죄나 부패를 알리는 내부고발자들은 동료들의 따돌림과 신체적 위협, 실직 등을 경험한다. 그래서 피해를 당하지 않기 위한 심리 때문에 불의를 알고도 모른 체하는 것이다.

하지만 이런 불의에 당당하게 저항하고 문제를 해결하는 용감한 사람들이 있다. 이들은 세상을 바꾸어 놓으면 다른 사람들이 그의 용기를 보고 동조하기도 한다. 우리는 이런 사람들을 영웅이라고 부른다. 이처럼 세상에는 정의를 위한 영웅들이 있다.

한국 민족에도 이러한 영웅들이 많이 있다. 이들은 홍익인간의 유전자를 지니고 있는 사람들이다. 우리 역사에서 국난에 일어섰던 영웅들이나 사회적 부조리를 바로잡기 위하여 투쟁한 인물들이 많이 있다. 이러한 영웅들로부터 삶의 방식을 배워야 한다.

우리는 홍익인간 리더십에 대해서 다시 생각하고, 우리 마음속에 잠재되어 있는 인문적 홍익철학과 정신을 오늘날 기업가 정신으로 바꾸어야만 인류공영에 이바지할 수 있을 것이다.

| '홍익인간' 정신으로 바라본 이순신 장군의 명량해전

2014년 김한민 감독의 영화 〈명량〉은 숱한 화제를 남긴 작품이었다. 영화는 세계 해전사海戰史에 길이 남을 이순신의 명량대첩을 다루고 있다.

명량대첩이란 임진왜란 이후 왜군에 의한 재침인 정유재란 시기의 해전으로, 1597년(선조 30년) 9월 16일 이순신 장군이 명량에서 단 12척으로 330척의 왜선을 무찌른 전투를 말한다. 명량대첩 이전 조선은 파면당한 이순신 장군 대신, 삼도 수군통제사로 임명된 원균의 패배로 해상권을 상실한 상태였다. 그러나 누명을 벗고 복귀한 이순신 장군은 남아 있는 12척의 배로 지형적 환경과 치밀한 전술을 이용해 왜군을 크게 무찌르고 조선의 해상권을 회복했다. 명량대첩은 이순신 장군의 대표적 전투 중 거북선 없이 출전해 커다란 승리를 거둔 전쟁이다. 명량에서 패배했다면 일제강점기가 300여 년 앞당겨졌을 수 있다는 의견이 존재할 정도로 명량대첩은 조선의 역사를 바꾼 위대한 전쟁으로 기록되었다.

[序文]
十五日癸卯 晴
1597년 9월 15일. 맑음.

招集諸將 約束曰
여러 장수들을 불러 모아 약속하되,

兵法云 必死則生 必生則死
병법에 이르기를 반드시 죽고자 하면 살고, 반드시 살려고 하면 죽는다 하였고

又曰 一夫當逕 足懼千夫
또 한 사람이 길목을 지키면 천명도 두렵게 할 수 있다 했는데

今我 之謂矣
이는 오늘의 우리를 두고 이른 말이다.

必死則生 必生則死
두려움에 맞서는 자 역사를 바꿀 것이다!

-이순신, 《亂中日記》 중에서-

전 세계 명장들이 이순신에 대해서 이렇게 평가하고 있다.

"내가 제일로 두려워하는 사람은 이순신이며, 가장 미운 사람도 이순신이며, 가장 좋아하는 사람도 이순신이며, 가장 흠숭하는 사람도 이순신이며, 가장 죽이고 싶은 사람 역시 이순신이며, 가장 차를 함께 하고 싶은 이도 바로 이순신이다."

-일본 장수, 와키자카 야스하루

"위대한 해상 지휘관들 중에서도 능히 맨 앞줄을 차지할 만한 이순신 장군을 존재하게 한 것은 신의 섭리였다."

- 영국 해군중장, G. A. 발라드

"이순신은 천지를 주무르는 경천위지(經天緯地)의 재주와 나라를 바로 잡은 보천욕일(補天浴日)의 공로가 있는 사람이다."
- 명나라 장수, 진린

"이순신 장군이 만약 나의 함대를 갖고 있었으면 그는 세계 해상을 지배했을 것이다."   - 일본 해군 제독, 도고 헤이하치로

"호걸 이순신의 영명(英名)은 천추에 길이 빛날 것이다."
- 아오야기 난메이, '이조사대전(李朝史大全)'

"이렇게 훌륭한 장군이 알려지지 않았다는 것을 이해할 수 없다."
- 미국 역사학자, 토마스 브레너

왜 세계의 명장들이 이구동성으로 이순신을 극찬하는 것일까?

명랑이란 영화의 첫 도입부에서 우리는 중요한 단서를 하나 얻을 수 있었다.

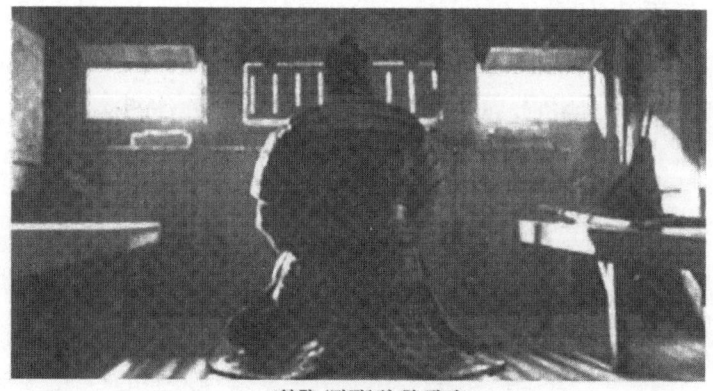

〈영화 '명량'의 한 장면〉

김한민 영화감독에게 가장 마음에 드는 장면을 꼽아달라고 하니 "이순신 장군이 어머니 위패에 절할 때 보이는 현판을 주목하라. 거기에 숨겨놓은 비밀이 있다."고 귀띔했다.

　상단 현판에 '재세이화在世理化 천산백양天山白陽 환桓'이라는 글귀가 보이고 가운데 치우천황의 모습인 도철문이 그려져 있다. '재세이화 천산백양 환' 뜻을 풀이하자면, '신교의 진리로 세상을 다스려 깨우치게 하는在世理化 천산의 큰 광명天山白陽인 환桓'이라는 뜻이다.

　'재세이화'는 본래 '일신강충一神降衷 성통광명性通光明 재세이화在世理 홍익인간弘益人間'의 일부분인데, 이것은 환웅천황桓雄天皇이 배달국倍達國을 건국할 시에 당시 환인桓因이었던 지위리智爲利 환인이 환웅에게 내려 말씀해주신 세상을 다스리는 법이다.

　풀이해 보면, '상제上帝께서 참 마음을 내려주셔서一神降衷 사람의 성품은 신의 큰 광명에 통해 있으니性通光明 신교의 진리로 세상을 다스리고 깨우쳐在世理化 인간을 널리 이롭게 하라弘益人間'이다. '환'이란 하늘의 광명天光明, 天一을 뜻한다. 또 땅의 광명地光明, 地一을 '단檀'이라 하고, 천지의 자손인 인간의 광명人光明, 太一을 '한韓'이라 한다.

　우리 민족의 첫 국가는 환국桓國인데, 이는 '하늘의 광명을 받는 국가'라는 뜻이며, 영화의 현판에서 '천산백양 환'이라 한 것은 이 환국의 건국지가 바로 천산이기 때문이다. 따라서 '천산백양 환'은 '우리 민족의 출발점인 천산을 크게 비추는 대광명인 환을' 뜻한다고 볼 수 있다.

또 '재세이화 천산백양'과 '환'을 나누는, 가운데 큰 그림은 도철문饕餮紋이라고 하는데, 이는 환웅천황이 세운 배달국의 14세 환웅이신 자오지慈烏支 환웅의 얼굴을 형상화한 것으로, 인간이 아닌 괴수의 얼굴처럼 무섭게 묘사해 놓은 것은, 이 분이 바로 중국에서도 군신軍神으로 모시는 인류 병법의 시작, 치우천황蚩尤天皇이기 때문이다.

이충무공 장군이 이 분을 모시고 제사를 지낸 것은, 군사의 신인 이 치우천황의 힘을 빌려 전쟁에서 승리하고자 하는 바램을 비는 목적도 있었을 것이라 생각한다.

실제로 충무공의 저서 『난중일기亂中日記』에 보면, 장군께서 둑제纛祭를 지내시는데, 이 둑제에서 모시는 신 또한 군신 치우천황이다.

Chapter 3

새로운 大한국인의 길 모색 : 혁신과 창조의 길

> "그래서 지금 '홍익인간' 정신이 절실하게 필요한 것이다.
> 전 세계 여러 나라에 흩어져 살고 있는 한인들,
> 특히, 한국인 3~5세들에게 인류공영의 사상인 '홍익인간' 정신을
> 일깨우는 일을 시작하는 게 가장 시급한 일이다."

500년 전쯤 전 세계의 10대 도시에는 서양에 영국 런던 1개, 북경을 포함한 나머지 9개는 동양에 있었다. 그 당시 베이징은 인구 60만으로 세계에서 가장 큰 도시였다. 그러나 500년 후 지금 세계 10대 도시 중 2개는 동양에 있고 나머지는 서양에 있다.

이것은 500년 전에는 문명이 동양에 있었고, 그 후에 서양으로 이동했음을 의미한다. 그런데 이제 다시 동양의 시대로 돌아오고 있다.

앨빈 토플러는 '서양에서 동양으로' 권력이동이 될 것이라고 말했고, 존 나이스비트 역시 21세기에는 아시아가 세계의 중심이 될 것이라고 말했다.

이영권 박사는 동양 경영학이 서양을 압도할 가능성이 높다고 말한다. 그는 서양의 합리적, 논리적, 과학적인 방법에 동양의 휴머니즘 HUMANISM과 FLEXIBILITY가 합치면 엄청난 파워를 갖고 동양 기업들이 서양 기업보다 글로벌 마켓에서 우월한 상태로 경쟁할 수 있는 시대가 온다는 것을 이야기하고 있다.

경제·경영의 관점에서 재조명한 홍익인간

200년 전에 유럽이 경제적 우위에 있었지만, 유럽에서 이주한 청교도들이 아메리카 대륙을 점령한 후로는 경제의 주도권이 미국으로 넘어갔다. 근래 이후 다시 점차 동양으로 경제권이 넘어오고 있다고 한다.

사실 오늘날의 경제의 권역이 이동하는 것은 현재의 자본주의와 직접적으로 관계가 있다. 이것은 단순히 이렇게 해석해도 된다. 이제 경제를 발전시킬 수 있는 시장 자체가 아시아이기 때문이다. 아마도 아시아 지역이 다 개발되면, 그 다음에는 아프리카 대륙이나 남미로 시장이 바뀔지는 모르겠다. 하지만 아직은 아세아가 특히 동아시아가 대세이다.

산업 혹은 경제개발의 관점에서 볼 때, 오래 전에 유럽은 다 개발되어 더 이상 개발할 곳이 없고, 지난 200년간은 북아메리카에서 개발을 했다. 그리고 지난 100년간은 일본이 개발되었고, 한국도 지난 70년간 개발되었으며, 홍콩이나 대만, 싱가포르는 이미 비슷한 방식으로 개발되었다.

20년 전부터 중국의 개발이 진행되고 있다. 중국은 땅덩어리가 워낙 커서 앞으로 수십 년간 더 개발될 것이다. 그리고도 남아있는 시장이 어디일까? 이제 유력한 시장은 동남아 시장이다. 그래서 여기에 전 세계 선진국의 이목이 집중되는 것은 당연한 일이다.

지금까지의 자본주의식 개발은 확실한 부의 결과를 만들었다. 그러나 글로벌 자본주의는 부의 소득뿐 아니라 그로 인한 부작용이 심각할 정도이다. 아세아로 눈을 돌린 서구식 자본주의는 선진 기술이나 과학기술을 도입하여 '글로벌 자본주의'를 확장할 것이다. 공장을 짓기 위해 땅을 파고 나무를 베어내고 산을 깎아내릴 것이다. 고속도로가 건설되고 높은 빌딩과 아파트 단지가 들어서고, 자동차가 늘어나고, 도심지에 쇼핑센터가 설치되면서 확실히 발전하는 모습을 보일 것이다.

그러는 동안에 인간을 살리는 환경을 파괴할 것이고 공해물질을 만들어낼 것이며, 결국 지금 우리가 당하는 고통만큼 가슴 아파할 것이다. 이것이 지난 수백 년간 자본주의가 만들어낸 발전이고 개발이다.

도대체 뭐가 문제일까? 이미 많은 지성인들이 지적했듯이 서양의 글로벌 자본주의 시스템은 무소불위의 권력을 쥐고 있는 자본이라는 괴물이 인간을 소외시키면서 만들어냈다. 또한 개인주의와 물질만능이 만들어낸 과잉 생산과 소비문화는 결국 지구를 병들게 하는 원인이 되기도 한다.

하지만 지금은 200년 전 아메리카 인디언들을 몰아내고 총으로 땅을 빼앗고 아메리카를 개척할 때와는 시대적 상황이 다르다. 무력적 힘으로 밀어붙이는 하드웨어적 파워가 먹히지 않는다는 것이다. 이는 그동안 잘 굴러간다고 생각했던 서양의 〈글로벌 자본주의〉라는 시스템 자체가 더 이상 통하지 않는다는 이야기이다.

또한 아세안이 주목받는 것은 아마도 '글로벌 시장'의 관점에서 서구적 경제를 효과적으로 확장시킬 수 있는 기회이기 때문이다. 그러나 이제 더 이상 서양의 '글로벌식 자본주의'가 또 다른 시행착오의 오류를 간과해서는 안 된다. 그러기 때문에 이제 새로운 동양의 인본주의가 필요한 것이다.

| 홍익인본주의의 필요성

오늘날 세상은 원래의 사람됨, 사람이 근본인 인본주의로 돌아가야 한다. 이제 그럴 시기가 도래했다. 인간중심의 경영이 절대적으로 요구된다. 그래서 한국이 아시아의 중심 국가로 자리를 굳히는데 몇 가지 해야 할 일이 있다.

하나는 전 세계에 흩어진 홍익인간의 후예들을 연합하는 일이고, 또 다른 하나는 그들에게 홍익인본주의를 통해서 경제와 문화적 영토를 넓히고 공유하는 일이다. 이를 위하여 홍익인간을 다시 불러내는 일이 필요하다.

이는 한반도 안에 살고 있는 한국인은 물론 전 세계 흩어져 살고 있는 한국인들에게 절대적으로 필요한 일이다.

그래도 한국인들은 민족 고유의 문화적·정신적 원형을 지니고 있다. 민족문화와 정신은 사는 장소를 벗어나 매우 강한 유대감을 갖게 만든다. 우리는 지나친 민족주의자가 되는 일을 경계하지만, 그렇다고 한민족의 동질성을 부정해서도 안 된다.

만일 우리가 하나의 공통되는 한민족 고유의 정신을 공유한다면, 지금 어디에 살고 있든지 한민족이라는 공동체의 일원으로서 각자의 역할을 충분히 할 수 있기 때문이다. 우리가 한민족 네트워크를 구축하는 것은 다른 민족들과 좀 다른 관점에서 의미가 있다.

즉, 우리는 홍익인간 정신을 가지고 공동체를 형성한다는 점이다. 다시 말해서 우리 민족만 잘 살기 위해서라든지 혹은 우리 민족만 특별하다는 우월성을 갖는 것이 아니라, 우리 민족은 다른 민족들을 포용하고 함께하는 홍익정신이 타 민족 문화와 근본적으로 다르기 때문이다.

지금 전 세계에는 한인의 후예들이 각 국가와 지역에서 나름대로 자리를 잡고 있다. 21세기에는 한민족의 시대라고 누군가 말했는데, 그 구체적인 방법은 제시하지 못했다.

| 우리는 구체적인 방법을 제시한다. 바로 문화적 경제 영토를 넓히자는 것이다.

한국인은 반도라는 너무 작은 땅에 몰려서 살고 있다. 오늘날 국가의 경계선이 분명한 세상에서 과거처럼 무력으로 땅을 되찾는다는 생각은 무리수이다. 하지만 같은 한국 사람들끼리 협력하는 문화적 경제 영토는 국경과 상관없이 전 세계 어디나 확장할 수 있다.

그래서 지금 '홍익인간' 정신이 절실하게 필요한 것이다. 전 세계 여러 나라에 흩어져 살고 있는 한인들, 특히, 한국인 3~5세들에게 인류공영의 사상인 '홍익인간' 정신을 일깨우는 일을 시작하는 게 가장 시급한 일이다.

이것은 다른 민족이나 다른 국가에 홍익인간 정신을 가르치려는 시도보다는 훨씬 쉬운 일이다.

정신문화가 같은 민족은 역사적 뿌리를 찾고 싶은 게 인지상정이다.

고려인은 소련 붕괴 후의 독립국가연합(러시아, 우크라이나 등과 우즈베키스탄,

카자흐스탄 등 중앙아시아 지역) 전체에 거주하는 한민족을 이르는 말이다. 흔히 카레이스키(Kopeůcku)라고 불리지만 이는 형용사형이다. 한국인은 까례이찌(KOPE[bl)라고 해야 한다. 그러니까 러시아에서는 고려인을 카레이스키라고 부르지 않는다. 러시아에서는 '고려 사람'(Kopë-capam/ 까료 사람)이라는 명칭을 쓴다.

고려인, 고려 사람의 유래에 대해 흔히 알려져 있기로는 조선인이라고 하면 남한에서 싫어하고, 한국인이라고 하면 북한에서 싫어하기 때문이라고 하는데 이건 사실이 아니다. 남북한이 분단되기 이전에도 고려인이라고 불렸는데 그 이유는 간단하다. 러시아어로 우리 민족과 국가를 가리키는 '한국, 조선, 고려'가 '까례야(Kopea)'기 때문. 중국어와 일본어에선 '조선'이, 영어에선 KOREA가 이에 해당된다.

한국=남한, 조선=북한으로 정착한 것은 한반도에서도 한국전쟁 이후로 50여 년 정도밖에 안 된다. 아울러 중국조선족의 조선 역시 고려인의 고려와 마찬가지로 단지 COREAN이란 뜻이다. 정착한 지역이 중국이냐 러시아냐의 차이 일뿐 결국 같은 이름이다.

약 40만 명의 고려인들이 러시아를 비롯해 중앙아시아를 중심으로 거주하였으며, 남부 러시아의 볼고그라드 부근, 러시아 서쪽의 에스토니아 · 라트비아 리투아니아 등의 발트 3국과 캅카스에도 소수 고려인들의 공동체가 존재한다. 이들은 대부분 19세기말의 극동 러시아에 거주하던 고려인에서 기원한다.

한반도 북부지방 출신→ 두만강 건너 연해주 정착→ 스탈린의 중앙아시아 강제이주 트리. 그 외에 사할린 섬에 한민족 사회가 형성되어 있는데, 사할린은 한때 일본 열도 본토로 취급받는 제5의 섬이었으나 제2차 세계대전에서 일본이 패망하면서 소련에 넘겨진 땅이다. 이곳의 고려인들은 일본 땅으로 일하러 갔다가 전쟁이 끝나고 땅 주인이 소련으로 바뀌는 과정에서 버려진 것이다.

사할린섬에 있는 한국인들은 중일전쟁과 제2차 세계대전 때 일본제국 전시체제 당시 강제징용을 당해 탄광으로 끌려가 강제노역 당한 사람들이었다. 그 때문에 중앙아시아의 고려인과 사할린 고려인의 정체성은 아주 다르다. 사할린 고려인은 재일 한국인의 그것과 비슷했으나 그들과도 냉전 시대의 분단 때문에 독자적인 정체성으로 남았다.

고려인은 1860년대 초 무렵부터 연해주 지역으로 이주한 조선인들로부터 시작된다. 얼마 전에 방송에서 카레이스키 다큐를 방영했다. 내용은 고려인들 일부가 한국 자동차로 한국까지 오는 과정을 그린 것이다. 현재 고려인은 한국인 4세 혹은 5세대들인데, 대부분 한국말을 잘 모르고 한국의 문화도 잘 알지 못한다. 단순히 할아버지의 나라가 한국이라는 정도만 기억한다.

그럼에도 불구하고 한국을 찾아오려는 사람들도 있다. 또한 소수이긴 하지만 한국말과 한국문화를 익히고 그것을 계속 자손들에게 전해주고 있는 사람들도 있다. 이들이 관심을 갖는 것은 한국에 대한 것들이었다.

만일 그들에게 '홍익인간' 정신에 대해서 제대로 전달한다면, 한국의 역사와 문화에 대해서 새로운 인식을 갖게 될 것이다. 이는 매우 중요한 일이다.

고려인들뿐만 아니라 전 세계에 흩어져 있는 한국인 후손들은 모두 한국에 관심을 가지고 있다. 그래서 이들에게 '홍익인간'의 정신을 전달하는 일은 매우 가치 있는 일이다. 또한 한민족의 우수성과 자존감을 홍보하는 일이기도 하다.

| 새로운 "한국인의 길" 모색이 필요하다. 지금은 국가의 명운이 백척간두에 서 있다.

그리고 모든 분야에서 대한민국의 새로운 도약을 위한 '플래쉬 몹 FLASH MOB'이 도처에서 일어나고 있다. 기업은 기업대로 정부는 정부대로 학교는 학교대로 혁신과 창조를 위해 노력을 경주하고 있다.

하지만 여전히 과거의 성공 경험에 집착한 60년대식 근면성, 상명하복의 경직된 의사소통 체계, 권위적인 위계질서 등 바뀌지 않는 문화가 도처에 아직도 남아있다. 지금 대한민국은 변해야 한다. 과거 서양식 성공문화만으로 정치, 사회, 경제 등을 이끌어 갈 수 없다.

지금 대한민국이 당면한 위기의 기저에는 기업들의 글로벌 경쟁력 약화, 낡은 정치문화, 비합리적 사회문화, 비정상적 경제관계 (특히, 유통시장의 비정상화를 정상화시키는 것이 가장 시급하다.)가 총체적으로 얽혀 있다. 대한민국이 GDP 순위 13 국가이지만, 소득 2만 달러에서 10년 가까이 제자리걸음을 하고 있다는 것은 더 이상 경제를 활성화시킬 수 있는 동력이 사라지고 있다는 증거이다.

세계 최강으로 평가받던 제조, 조선 등의 경쟁력이 일본에 치이고 중국에 밀려 적신호가 켜진 지 오래다. 지금 대한민국 호號는 정치·사회·경제적으로 중요한 기로에 서 있다. 대한민국 호가 '잃어버린 20년'을 보냈던 일본 경제의 답습을 겪지 않으려면 새롭게 변신하지 않으면 안 된다.

대한민국의 기업들은 세상에 없던 새로운 시장을 만들어 내기 위해 불철주야 노력을 다하고 있다. 하지만 그들의 노력만큼 결과가 시원치 않은 것도 사실이다. 그래서 우리가 지난 과거에 가지고 있었던 창의성과 혁신을 이끌었던 '홍익인간'의 정신을 복원해야 하는 당위성이 여기에 있다.

지금 우리 한민족의 정신 속에 잠재된 우수한 '창의성과 혁신'의 DNA를 끌어내기 위해서는 홍익弘益의 넓은 마음으로 다문화를 포용하고, 또한 세대간 지역간, 기업간 소통을 통해 새로운 인재를 창출해야 한다.

Chapter 4

홍익인본주의의 발전 : 하늘민족

> "하늘을 형이상학적으로 으로나 종교적으로 해석할 수 있다.
> 또한 이것을 '홍익인본주의적으로 해석할 수도 있다.
> 홍익인본주의 개념으로 해석한다면, 하늘은 곧 삶의 원리,
> 사람의 이치를 말하는 것이다.
> 세상에는 순리 혹은 원리라고 말할 수 있는 '삶의 법칙'이 있다."

우리의 역사를 과대포장하기 좋아하는 사람들은 우리 민족이 특별히 선택받은 민족이라는 점을 자랑하고 싶어 한다. 이것을 천손사상天孫思想이라고 한다. 또한 천손사상은 우리만 가지고 있는 정신이라고들 주장한다. 물론 틀린 이야기만은 아니다. 예로부터 우리 민족은 하늘을 숭상하고, 어비이처럼 받들어 하느님과의 소통을 좋아 했던 민족이다. 그렇다면 천손 민족의 근거는 어디에서 찾아야 할 것인가?

▎하늘민족과 고조선의 역사

고조선을 건국한 단군은 어디서 왔는가? 하늘나라에서 태백산 신단수 아래로 내려온 환웅이 신시를 열고 웅녀를 아내로 맞이하여 단군을 낳았다. 단군은 은나라에서 온 기자에게 나라를 물려주고 떠났다. 기자조선을 쓰러뜨린 위만은 연나라에서 온 망명인이었다.

마한을 세운 준황은 기자조선에서 쫓겨온 사람이었다. 부여를 건국한 동명왕은 북방의 고리국에서 온 사람이었다. 북부여를 건국한 해모수는

하늘에서 내려온 사람이었다. 동부여를 건국한 래부루도 서방에서 옮겨온 사람이었다. 고구려를 건국한 주몽은 해모수의 아들이라고 자칭하지만 동부여에서 졸본부여로 건너와 나라를 세웠다. 백제를 세운 온조는 고구려에서 남쪽으로 내려온 인물이었다.

또한, 사로국을 세운 6촌의 족장들도 하늘에서 내려온 사람들이었다. 신라를 건국한 박혁거세는 야산 기슭에서 말과 함께 나타난 사람이었고, 그 부인 알영도 홀연히 나타난 용이 낳은 사람이었다. 신라 석씨 왕조를 연 탈해도 왜국 동북쪽 1천리 너머에 있는 다파나라 출신이었다. 신라 김씨 왕조를 연 알지는 닭 울음과 함께 계림 숲 속의 금궤에서 홀연히 나타난 사람이었다.

가야를 세운 수로왕도 하늘의 명에 의해 하늘로부터 내려왔다. 수로왕의 왕비는 아유타국의 공주 허왕옥이었다. 대가야의 건국 시조 뇌질주일(또는 아진아시, 또는 내진주지)은 가야산신 정견모주와 천신 이비가지 사이의 아들이었다.

일본의 경우도 천신 이자나기와 아자니미 사이에서 아마테라스의 자손이 진무천왕이 되었다고 한다. 중국도 북두칠성의 첫째 별에 번개가 치는 것을 본 소전국 왕비 부보가 잉태하여 24개월 만에 낳은 이가 황제라고 한다.

은나라 시조는 제비가 알을 떨어뜨린 것을 받아먹고 태어났다고 한다. 주나라 시조는 거인의 발자국을 밟고 태어났다고 한다.

주의 시조인 기의 전설은 동명 전설이나 주몽 전설과 똑같다. 불길하다고 생각하여 버렸는데 동물들이 그를 보호해서 다시 데려왔다고 한다.

진秦나라 시조의 전설은 은나라 시조의 전설과 같다. 제비가 떨어뜨린 알을 받아먹고 태어났다고 한다. 한고조 유방도 교룡이 어머니를 겁탈하여 태어났다고 한다.

지금으로부터 약 4,800여 년 전에 쓰여진 현존하는 인류 최초의 영웅 서사시 갈가메시는 자기의 3분의 2는 신이라 했는데, 이는 그가 신의 아들이라는 뜻이다. 그리스 도시국가의 왕들은 하나같이 신을 아버지로 두고 있었다.

로마의 왕도 트로이에서 왔다. 하찮은 종자로 보였던 아서왕은 펜드래건의 숨겨진 아들이었다. 이런 신화 이야기의 공통점은 모두 아버지가 없다는 것이다. 아버지 없거나 있어도 이야기에는 등장하지 않는다.

이러한 이야기들이 사실인가 아닌가는 상식적으로 생각해 볼 일이다.

유대인들은 자신들만이 특별한 민족이라는 선민사상을 내세운다. 같은 방식으로 게르만족도 그 인종이 우수하다고 주장한다.

이처럼 우리도 천손민족 혹은 하늘민족이라는 생각은 민족주의적 가치관으로 이해할 수는 있지만, 이것이 결코 한국인의 특별한 점이 될 수는 없는 것이다.

┃ 그러나 홍익인간의 정신에서 말하는 '하늘'은 종교적인 관점에서의 해석과 다를 수 있다.

'하늘'을 형이상학적으로 해석할 수도 있고 종교적인 해석을 할 수도 있다. 또한 이것을 '홍익인본주의'적으로 해석할 수도 있다. 홍익인본주의 개념으로 해석한다면, 하늘은 곧 삶의 원리, 사람의 이치를 말하는 것이다. 세상에는 순리 혹은 원리라고 말할 수 있는 '삶의 법칙'이 있다.

여기서 천지인天地人 개념도 현실적으로 해석할 필요가 있다. 하늘은 모든 자원이고, 땅은 도구이다. 인간은 이를 운영하는 존재이다. 천지인 사상은 곧 인간의 삶을 위해서 주변의 모든 자원을 어떻게 '홍익'의 관점에서 활용할 것인지를 인간이 결정한다는 의미가 들어 있다. 따라서 너무 지나치게 형이상학적인 해석에 안주해서는 안 된다.

그러므로 천손민족이라는 것은 민족주의적인 발상에서 단순히 민족의 우월성을 의미하는 선민사상으로 해석하는 것은 일리는 있겠지만, '글로벌 시대'에 있어서 정치적 가치는 별로 없다. 오히려 이런 발상은 다른 민족들과의 분쟁을 초래할 뿐이다.

여기서 민족주의자들은 단 5천만 명만 한민족이라고 간주한다. 그리고 특별한 민족이라는 우월성을 내세운다. 사실 이러한 시도는 심리학적으로 설명할 수 있다. 동물 중에서는 자신이 약하다는 것을 감추기 위해서 몸을 부풀려 크게 보이게 하는 '허풍쟁이'가 더러 있다. '물 위를 걷는 도마뱀'이라고 불리는 녀석도 허풍쟁이다.

천손민족이라 함은 하늘, 즉 자연의 본성을 지니고 있는 민족이라는 의미로 이해하는 것이 좋다. 다시 말해서 자연, 우주의 관점에서 세상을 생각하는 그런 '큰 그릇'이라는 상징성을 갖는 것이다.

진실로 홍익인본주의는 한국인이 유일한 선민이라고 말을 하지 않는다. 모든 인류가 바로 선민이라는 사실을 말한다. 또한, 한국인을 하늘이 준 대임을 완성할 천손의 리더라고 말할 뿐이다.

홍익인본주의의 특징은 너와 나를 따로 구별하여 편 가르기를 하는 것이 아니라는 점이다. 홍익인본주의는 동시대를 살아가는 지구의 모든 사람들, 즉 인류를 평등하게 생각한다.

세계의 모든 인종, 민족, 국가들이 어울려서 잘 사는 세상을 말한다. 진정한 홍익인본주의는 지구의 문제를 해결할 수 있다. 그래서 홍익인본주의는 지구적 사고를 지닌 '삶의 공동체'라고 말할 수 있다. 또한 이것이 하늘로부터 부름을 받은 '천손민족'의 대임이라고 생각한다.

예를 들면, 벅민스터 풀러는 홍익인본주의적 사고를 지닌 위대한 지구인이다. 여기서 벅민스터 풀러를 비유하는 건 홍익인본 사상이 우리 민족에게만 국한된 것이 아니기 때문이다. 이는 앞에서 세종과 이순신 등을 설명하는 것과도 같은 맥락이다.

벅민스터 풀러에 대한 수식어는 다양하다. '20세기의 다빈치'라 불리는 그는 철학자, 발명가, 시인, 디자이너, 건축가, 수학자, 과학자 등으로 활동하였다. 그는 1950년대 이미 세계가 어디로 움직이는지 꿰뚫어 본 선

지자였다.1)

 그는 최초의 지구인, 세계에서 가장 먼저 글로벌하게 생각한 사람, 1960~1970년대 미국 청년들의 우상, 미국 인명사전 〈후즈후〉에서 가장 많은 페이지를 차지한 사람, 미래학의 창시자, 지오데식돔의 발명자, 28개의 미국 특허와 30권 이상의 저서, 예술, 과학, 공학 등 여러 분야에서 72개의 명예 박사 학위를 받고 미국 건축학회와 영국 왕립건축학회 금메달을 포함한 수십 개의 건축 및 디자인 수상자이다.
 그가 만든 신조어로 지구인EARTHIAN, 다이맥션DYMATION, 시너지 SYNERGY, 우주선 지구호SPACESHIP EARTH 등이 있다. 하지만 그는 출발이 좋은 편이 아니었다. 그는 1985년 미국 메사추세추주 밀턴에서 태어났다. 초년에는 가족들에게조차 인정받지 못했다. 집안에서 유일하게 하버드를 끝까지 마치지 못했고, 다른 형제들과 달리 키도 작고 못생겼으며, 사업에서 실패한 사람이었다.

 32살 때 그는 어린 딸 알렉산드라를 소아마비와 수막염으로 잃고서 자살 직전까지 갔다. 사업 실패로 파산하여 친척들이 투자한 돈까지 날렸고 그로 인하여 딸까지 구하지 못했으니, 그는 절망적으로 자살을 결심한 순간 한 줄기 빛 같은 깨달음이 떠올랐다. '인간이라는 존재는 우주의 일부이다. 그러니 쉽게 생을 마감해서는 안 된다.'
 그는 다음 순간 집으로 발길을 돌리면서 이제부터 가난하고 무지한 사람들에게 희망을 줄 수 있는 일을 하기로 마음먹었다. 그리고 그는 지구의 유한한 자원을 책임 있게 사용해야 한다는 철학을 갖고, 가장 적은 재료로 최대의 효과를 내려면 인간과 에너지, 환경을 어떻게 보안해야 하는지 연구하는 데 일생을 바쳤다. 자원을 최소한 소비하면서도 모든 이가 양질의 삶을 누리게 하는 것, 최소 자원의 최대 활용(DOING MORE WITHLESS)한 개념을 실천한 다양한 발명품을 세상에 내놓았다.

| 벅민스터 풀러의 홍익인간 사상

벅민스터 풀러는 진정한 '홍익인간'의 삶을 살았던 인물로서 손색이 없다. 무엇보다도 그는 '홍익' 즉 '글로벌 마인드'를 지녔다는 점이다. 그는 오늘날 글로벌 자본주의가 추구하고 있는 개념과는 정반대이다. 즉, 글로벌 자본주의는 더 많은 생산을 하고 더 많은 소비를 부추기며, 더 많은 자연파괴와 환경오염을 만들어내는 일을 하고 있으며, 결과적으로 소수의 부자들만 부를 독식하며 인류 대부분을 가난과 질병과 노예의 삶으로 내 몰고 있다.

그런데 벅민스터 풀러는 정반대의 일을 추진했다. 최소 자원을 가지고 최대한 활용하면서, 인간과 에너지, 그리고 환경을 낭비하거나 파괴하지 않는 방법을 모색했다. 한마디로 벅민스터 풀러는 홍익인본주의를 실천한 인물이라 할 수 있겠다.

벅민스터 풀러의 발명품들은 매우 경제적인 것들이었다. 여기서 경제적이란 표현은 '최소의 노력으로 최대의 효과를 거두는' 것을 의미한다.

예를 들면 그의 대표적인 발명품인 '지오데식돔'을 살펴보자. 이것은 그때까지 지구상에서 지어진 어떠한 집보다 가볍고 강하며, 가장 적은 재료로 만들 수 있는 집이었다. 이 집의 가장 큰 특징은 내부 구조물의 지지 없이도 넓은 공간을 만들어낼 수 있는 데 있다. 또한 같은 크기의 다른 집들에 견주어, 크게 지으면 지을수록 그에 비례하여 더 가볍고 튼튼하게 설치비도 적게 들었다. 설치도 너무 쉽다. 1957년 하와이 호놀룰루에 세워진 대형 행사장 '지오데식돔 오디토리엄'은 부속품들이 모두 도착한지 불과 22시간 만에 세워져, 수많은 사람들이 그 안에서 편안하게 앉아서 음악회를 즐겼다.

그가 만든 다이맥션 주택은 그의 철학을 그대로 보여주는 발명품이었다. 대량생산이 가능하고 재난 지역 어느 곳으로든 수송할 수 있으며, 몇 시간만 투자하면 안전하고 위생적인 주거 환경을 제공하는 주택이 바로 다이맥션 주택이다.

그는 이미 인류의 공동자원인 귀중한 땅을 개인적으로 독차지하는 부동산이 부당하다고 비판했다. 또한 사람들이 들어가서 사는 곳이 아니라 소유함으로 재산을 불려 주는 집이란 '비생산적인 부'라는 것이 그의 생각이었다.

그가 발명한 다이맥션 주택은 대량생산이 가능하고, 비용이 매우 적게 들면서, 가볍기 때문에 운반이 용이하며, 설치 시 1명이 할 수 있을 정도로 모든 부품을 10파운드가 넘지 않게 만들었다. 이 주택사업은 대성공

할 것 같았지만, 아쉽게도 실패하게 된다.

그 이유는 자명하다. 자본주의는 매우 낭비적으로 소모성이 심한 것들을 생산하여 돈을 벌기 때문에 이렇게 실용적인 상품은 사업이 안 될 수밖에 없는 것이다.

벅민스터 풀러는 1959년에 이미 2000년대가 되면 인류는 빈곤의 재앙을 만날 것이라고 예견했다. 미국 과학자 조직인 NASA는 1977년 풀러의 예언에 근거가 있다고 판단하여 1,500명의 과학자들을 소집하여 이 문제를 연구했다. 그 결론은 '정치가들의 의지만 있다면, 광범위한 빈곤의 악순환을 끊고 최악의 상황을 모면할 수 있다'는 것이었다. 그러나 불행히도 그의 예언대로 에티오피아와 소밀리아 등 최빈국들에서는 기아로 굶어죽는 사람들이 늘어나고 있다.

벅민스터 풀러는 인류가 물질주의 부의 증대로 가난을 정복할 수 없다고 했으며, 이를 위해서는 정치이념의 벽이 무너지고, 부에 대한 새로운 자각이 따라야 하며, 공생의 가치를 실현해야 한다는 단서를 달았다.

벅민스터 풀러가 말한 것처럼, 이제 새로운 경제체계가 필요한 시대가 오고 있다. 글로벌 자본주의는 한계에 다다랐다. 이제는 따뜻한 자본주의가 필요한 것이다. 바로 우리가 주장하는 홍익인본주의가 필요한 것이다.

진실로 우리는 부에 대한 새로운 자각을 해야 할 때에 이른 것이다.

벅민스터 풀러는 말했다. "에너지 위기란 없다. 다만 무지로 인한 위기가 있을 뿐이다." 문제는 현재의 정치, 경제, 사회 시스템을 바꾸어야 하는 것이다.

모든 사람들이 더 나은 삶을 살 수 있기 위해서 필요한 것은 기술이 아니라, '인간성의 회복'이라고 일찍이 벅민스터 풀러가 강하게 주장했던 것이다.

여기서 인간성 회복은 무엇을 말하는 것일까?

바로 인류의 공영을 생각하는 인본주의이다. 그것이 바로 홍익인간이다.

벅민스터 풀러는 오늘날의 자본주의와 개인주의, 그리고 부의 독점에 대해 비판한다. 자연에 대한 착취를 발판으로 무한 생산과 무한 소비를 추구하는 방식을 버려야 한다. 그리고 절제와 협력, 공정한 분배로 인류 전체가 살 길을 모색해야 한다고 주장했다.

벅민스터 풀러는 인류가 마음만 먹는다면, 모두가 풍족하게 살 수 있다고 단언했다. 그는 개인의 독창성이 얼마나 위대한 힘을 발휘할 수 있는지 보여준 인물이다. 인간성을 회복하면, 인류는 에너지 절약과 환경보전, 무한한 부의 새로운 영역으로 진화하는 것이 가능하다는 걸 주장했다.

참고로 기존의 많은 애국 애족주의자들이 주장하는 천손민족 한국의 위대함은 지극히 '우리 것이 제일이다'는 사고방식에서 시작한다. 여러 가지 문헌과 주역, 종교 경전까지 동원하여 우리 민족이 특별하다는 점을 말하고 있다. 이런 내용이 참과 거짓임을 주장하거나 아니면 오류에 대한

반론을 제기할 생각이 없다. (이 대목은 이 책에서는 논외로 한다.)

 우리가 생각하는 천손민족, 하늘민족의 다른 의미는 하늘, 즉 자연, 우주의 질서와 생태의 원리를 안다는 점이다.

 정말 하늘의 뜻이 무엇일까? 앞에서 인용한 벅민스터 풀러와 같이 어느 민족, 국가, 혹은 이데올로기나 종교가 아니라, 지금 이 순간 '우주선 지구호'의 승객으로서 우리가 할 수 있는 가장 가치 있는 일을 해야 하는 것이 아닐까 생각한다.

 지금 인류는 '글로벌 자본주의와 개인주의'로 인하여 '인본주의'가 소실되어가고 있으며, 전 세계에서 많은 인구가 결핍으로 인한 가난과 질병, 그리고 전쟁으로 고통 받고 있는 게 현실이다. 이것은 전혀 자연재해도 아니고 천재지변에 의한 것도 아니다. 모두가 자본적 인간이 만들어낸 '인재'인 것이다.

 진정한 하늘민족은 인류를 생각하는 민족이다. 그건 단순히 유대민족이냐 한민족이냐를 넘어선 우주적 가치체계를 지닌 사람이라는 의미이다.

 하늘이란 차별이 없는 평화의 세계를 의미한다. 그리고 또 다른 의미로 모든 가능성을 의미한다. 오늘날 인류의 가난과 질병과 불행은 결코 우리가 살고 있는 지구 자체가 '결핍'된 곳이어서 일어난 문제가 아니다.

 지구는 원래 모든 것들이 풍족하다. 자원도 풍족하고 식량도 풍족하다. 오직 그것을 남용하고 오용하고 그리고 소수가 독점하는 이상한 사유재산 시스템의 악용에 의한 것이다.

　하늘민족은 인류의 의식 진화 차원에서 본다면, 성숙한 인간을 의미한다. 인류는 유아기-청년기-성인의 과정으로 성장하고 있다. 하늘민족은 성년에 도달한 사람들을 뜻하는 것이다. 한 사람의 인간은 '우주적 모든 가능성의 총체적인 산물이다. 실제로 한 사람의 현명한 생각은 수많은 사람들의 삶의 질을 끌어올릴 수 있다.

　오늘날 인류에게 필요한 것은 새로운 경제 시스템으로 모두가 풍족하게 살 수 있는 인류공영의 삶을 창조하는 것이다.

　하늘민족은 창의성을 지닌 민족이다. 새로운 혁신과 블루오션을 만들어낼 수 있음을 말한다. 또한 하늘민족은 영성, 정신, 육체를 아우르는 전인적 인간을 말한다.

　진정한 하늘민족은 창의적인 정치 · 사회 · 경제 · 경영 모델인 홍익인본주의를 실천하는 사람인 것이다.

PART III

홍익인본주의 정치 · 경제

Chapter 1. 자본주의 모순 : 부익부 빈익빈의 소득 격차

Chapter 2. 신자유주의 : 소수를 위한 자본주의

Chapter 3. 역逆 사회주의: 공동체경영의 장애 요소

Chapter 4. 중용의 정치 · 경제 : 사람의 정치 · 경제

Chapter 1

자본주의 모순 : 부익부 빈익빈의 소득 격차

"다만 자본주의가 지나친 자본위주의 경제구조만을 고집한다면 사람이 소외되고 생태경제의 순환체계가 무너져 모든 질서가 파괴로 전환되기 때문에, 지금부터는 바로 '인본주의' 즉 〈사람사는 세상〉을 중시하는 사회·경제 시스템을 복원하자는 것이다."

| 자본과 노동의 대립

어느 시대, 어느 정치·경제·사회 등에서 사람들에겐 핵심 가치와 중심 사상이 있게 마련이다. 이를 사회학에서는 인간행동의 기본이 되는 이같은 중심사상을 이데올로기라 칭한다. 가령 원시인들은 천연자원의 가치를 제일로 치고, 채집과 수렵을 어떻게 할 것인가에 모든 사상을 집중시켰다. 그들은 마치 아프리카 대초원의 야생동물들처럼 계절 따라 채집과 수렵을 풍부하게 할 수 있는 지역을 이동해가며 유목생활을 했다. 그러기에 원시사회의 이데올로기를 '자원주의'라고 명명한다.

농경사회의 핵심 가치는 농경지에 모아졌다. 농경지 면적의 크기가 바로 부富의 전부였고, 삶의 터전이었기 때문이다. 개인과 가정, 부족과 봉건영주에게도 농지 확보는 생존의 문제였다. 토지로 쌓아 올린 봉건제도와 전제군주, 농지를 가꾸기 위한 노비와 농노, 그리고 노예제도의 탄생, 토지 확보 쟁탈전 등은 농경사회의 일관된 특징이었다. 이 시대의 중심사상 역시 농지로 귀속될 수밖에 없었다. 따라서 농경사회의 이데올로기는

'농지주의'였다.

그 후 산업사회의 이데올로기는 '자본주의'다. 인간이 만든 모든 생산요소, 즉 생산활동에 필요한 기계와 기구, 장비와 생산자재 등을 통틀어 자본이라 부른다. 그래서 공장은 자본의 상징과도 같다. 그러기에 자본의 축적이 부의 축적이요, 자본의 규모가 바로 부의 크기와 마찬가지다. 그런 자본주의도 산업사회의 쇠퇴와 함께 선진국으로부터 서서히 변화되어 가고 있다.

| 자본주의 이후의 새로운 이데올로기

마르크스가 자본론1)을 집필하고 있던 시절, 애덤 스미스와 데이비드 리카도의 주장들은 굉장히 폭넓게 받아들여지고 있었으며 맬서스의 아이디어는 시대적인 반향을 불러일으켰다. 1800년대 초중반은 산업혁명의 전성기로서 많은 공장들이 도시에 들어서고 농촌의 인구들이 도시로 진출하여 공장 근로자로 생활하던 시기였다. 애덤 스미스와 리카도의 이론대로라면 분업과 기계를 통한 대량 생산으로 인해 이들의 삶은 많이 개선되어야 했다. 그러나 이들의 희망찬 전망과 달리 농민과 도시 근로자들의 삶은 그다지 나아지지 않았다.

도시의 노동자들은 장시간의 공장 노동에 시달렸으며 여성뿐만 아니라 이제 겨우 10살을 넘긴 소년들까지 장시간의 고된 노동에 시달렸다. 거기에 도시 지역의 노동자들은 전 연령대에서 농촌지역의 사람들보다 높은 사망률을 보였다. 영국이 낳은 위대한 작가 중 한 명이자 '노동자의 친구'라 불렸던 찰스 디킨스 또한 이러한 시기에 12살 때부터 10시간 이상의 공장 노동을 견디며 성장했다. 이 시기에 이런 계층이 어떠한 삶을 살았는지는 찰스 디킨스의 소설들을 보면 대충 이해될 것이다.

이러한 삶이 지속되다 보니 노동자들에게는 불만이 쌓일 수밖에 없었고, 노동으로 인한 그 긴장감은 갈수록 커질 수밖에 없었다. 이러한 시기에 마르크스의 자본론이 등장한다.

방대한 부피와 난해한 서술로 마르크스는 우리가 개념적으로만 알고 있던 〈가치란 무엇인가, 상품이란 무엇인가〉와 같은 질문을 던졌다. 그리고 자본주의 체제의 이론적 바탕을 제공한 스미스와 리카도의 이론에 반론을 제기하기 위해 그들이 사용하던 아이디어와 개념들로 자본론을 서술했다. 그 중에서도 가장 핵심적으로 채택한 것이 '노동가치설'이다.

노동가치설은 상품 생산에 들어간 노동이 바로 그 상품의 가치란 주장이다. 사회 평균적인 숙련도와 노동 강도로 노동자가 생산에 투자한 시간이 그 상품의 진정한 가치란 것이다. 이 말은 노동이 가장 중요한 자원이자 부가가치란 뜻이다. 마르크스는 노동을 제외한 자본을 '죽은 노동력'이라고 말한다.

그래서 마르크스는 이러한 생산 과정에서 자본주의라는 체계가 가질 수밖에 없는 결함으로 인해 자본가가 노동자를 수탈할 수밖에 없다고 주장했다.

또한, 화폐의 특성상 화폐의 수량은 유한하지만 그 힘은 무한하고 더 많은 화폐를 보유하기 위해서 노동자를 착취할 수밖에 없다고 하는 것이다. 하루 일을 하다 보면 노동자가 자신의 노동가치에 정확하게 해당되는 가치를 창출하는 지점이 존재한다. 그렇다면 자본가는 잉여가치를 더 얻기 위해서는 노동자로 하여금 그 이상의 초과 근무를 시켜야 한다. 노동자가 초과 근무를 하는 시간만큼 자본가에게는 그 노동이 잉여가치로 변하면서 돈이 된다. 말 그대로 '시간이 돈이 되는 것이다.

따라서 하루에 더 많은 시간 동안, 1년에 더 많은 날을 일하게 하려는 유인책을 강구하게 된다. 그래서 자본가들은 노동자들이 쉬엄쉬엄 일하지 못하게 아주 타이트하게 관리하여 생산력을 극대화시키고자 한다. 이러한 환경에서 수많은 경영관리 기법들이 탄생한 배경이다. 또한 근대 경영학의 출발이기도 하다.

여기서 자본과 노동의 가치가 대립하게 된다. 노동자는 임금을 받고 자신의 노동력을 제공한다. 자본가는 임금을 주고 노동자로부터 노동력을 제공받는다. 자본가는 구매자로서의 권리를 주장하며 좀 더 긴 노동시간과 노동일을 원한다. 반면 노동자는 판매자로서 자신의 노동에 대한 정당한 가치를 주장할 권리가 있다. 그렇기 때문에 항상 자본가의 권리 대 노동자의 권리가 충돌할 수 밖에 없다. 동등한 권리간의 충돌에서는 힘이 문제를 결정짓는다. 이러한 힘은 물리적인 투쟁이 될 수도 있고 혹은 상대방을 압박할 수 있는 정치적 행위가 될 수도 있다.

일반적인 상황에서라면 자본가는 노동자에 비해 사회적으로나 정치적으로 영향력이 크고 힘이 강하다. 따라서 노동자는 자신의 노동력을 착취당할 수밖에 없다. 이러한 이유로 인해 마르크스가 노동자들에게 단결하여 투쟁하라는 다소 과격해 보이는 구호를 외친 것이다. 단결하여 힘을 행사하고 대항하라는 것이다. 이러한 힘의 싸움이 19세기 이후 오랜 기간 동안 쉬지 않고 이어졌으며, 지금도 자본가와 노동자의 투쟁(노사분규)은 계속되고 있는 것이다.

힘의 논리를 통하여 잉여가치를 습득한 자본가들은 그 잉여가치의 대가를 자본으로 축적하기 시작한다. 자본이 축적되면 노동자들의 평균 임금이 상승하기 시작하게 되고, 농촌 사람들은 도시의 노동자로 취직하고자 하는 유인이 생기게 된다. 그러는 한편 자본가는 임금의 상승으로 인해 잉여가치 생산이 하락하기에 노동력을 기계로 대치하고자 하는 상대적 유인이 발생한다.

자본가는 기계를 구매하면 여기에서 노동에 대한 함정에 빠지게 된다. 처음에 노동가치설에서 살펴보았듯이 잉여가치는 노동자에 의해 발생한다. 그렇기 때문에 노동자를 기계로 대치하는 순간 잉여가치 생산의 하락이 발생하게 되고, 자본가는 남은 근로자들을 좀 더 혹독하게 다루게 된다. 자본가 스스로가 기술혁신을 이루어도 마찬가지다. 그러한 기술혁신은 잠깐 생산량 향상으로 더 많은 잉여가치를 가져다 줄지 모르지만, 곧 경쟁자들에게 금방 따라 잡히게 될 뿐만 아니라 다른 경쟁자들도 그 잠깐의 잉여가치의 우위를 위해 더 많은 기술혁신을 시도한다. 하지만 이러한 기술혁신 또한 잉여가치를 갉아먹게 되는 원인이 되기도 한다.

자본가들이 이러한 치킨게임으로 돌입하게 되면 좀 더 많은 자본을 가진 대자본가들이 굉장히 유리한 위치에 서게 된다. 하지만 소규모 자본가들은 이러한 경쟁에서 패하여 사라지거나 흡수되어 이들도 일개 노동자로 굴러 떨어지게 된다. 결국, 이러한 상황에서 자본가들이 계속 자본을 축적하고 있으면 사회에서 쓸 수 있는 돈이 사라지게 된다. 노동자들을 기계로 대체한 상황에서 누가 소비를 할 수 있겠는가.

또한, 자본가들도 그들의 돈을 축적할 뿐 쓰지 않기 때문에 수요가 사라지게 되니 불황이 닥치게 된다. 불황이 도래하게 되면 고용 중인 노동자들은 그들의 임금을 삭감하여 고통을 버틸 수밖에 없다. 그렇게 되면 경기는 다시 불황에 빠지게 되어 경기의 악순환은 반복된다. 그리고 노동자들의 삭감된 임금으로 인해 자본가들의 잉여가치는 회복되게 된다.

문제는 이런 식의 불황으로 자본주의가 일시적으로 위기에서 벗어 날 수는 있지만 이런 반복으로 인해 그보다 더 큰 위기가 닥치게 된다. 또한 이런 식의 위기는 대공황의 원인이 되기도 한다. 즉, 자본주의는 제 살을 깎아먹으면서 체제를 겨우 유지시키는 자가당착의 함정에 빠지게 되는 것이다.

한편, 기계의 노동 대체와 불황으로 인해 해고된 노동자들은 실업자가 되어 도시 언저리에 자리하게 된다. 이들은 일단의 '산업 예비군'으로서 자본가에 의해 다시 고용되기만을 기다리게 되는데, 이들의 존재로 말미암아 자본가들은 기존에 고용된 노동자들의 조건을 더 억누르며 착취하기가 유리해진다. 왜냐하면 여차할 경우 해고하고 '산업 예비군'들 중에서 고용하여 이 자리를 채우면 되니 말이다.

하지만 위와 같은 불황-회복-불황이 반복되면서 더 많은 사람들이 산업 예비군이 되게 되고, 이들은 실직, 가난, 박탈감으로 인해 불만이 쌓이게 되고 산업 예비군이 늘어날수록 힘이 약해지는 노동자들은 노동시간

연장, 휴가 박탈, 임금 삭감 등으로 인해 불만이 쌓이게 된다. 결국 이것이 어느 임계점을 넘어가게 되면 이러한 프롤레타리아 계급에 의해 자본가들에 대한 역습이 일어나고, 결국 자본주의 체제는 종말을 고하게 된다.

이것이 바로 마르크스가 연구를 통해 예측한 자본주의의 종말이자 공산주의 탄생의 배경이다.

하지만 마르크스의 예언처럼 소비에트식 공산주의가 지구상에 나타났지만, 자본주의보다는 우의적 경제체제는 아니어서 결국은 1980년대를 기점으로 영원히 사라지게 된다. 그렇지만 자본주의는 스스로 자정 능력을 통해서 노동의 지위를 인정하였고, 과학문명의 발달과 더불어 그 성장을 계속하고 있다. 하지만 21C '글로벌 자본주의'의 등장은 또 한번 '부익부 빈익빈' 등 상대적 빈곤의 위기를 맞고 있으며, 그 위기를 극복하기 위한 새로운 자본주의를 요구하고 있는 것이다.

한편 마르크스의 자본론이 대단한 것 중의 하나는 무엇보다도 마르크스의 이 이론이 스미스와 리카도, 존 로크 등의 기존 경제학자들의 이론으로는 도저히 설명할 수 없는 '불황'의 원인을 짚어냈다는 점이다.

대표적인 것이 마르크스가 자본론을 저술함에 있어서 근본으로 삼았던 '노동가치설'이다. 마르크스는 노동자들의 노동을 최우선시 했는데 이에 따르면 자본가들은 단 1g의 가치도 생산하지 못한다는 이야기이기 때문이다. 하지만 마르크스 비판론자들은 자본가들의 의사결정과 위험 감수, 기다림 등이 사회에 더하는 가치가 노동자들의 노동만큼이나 큰 가치라고 주장한다.

그리고 마르크스 비판론자들의 또 다른 주장으로 마르크스가 이야기한 프롤레타리아의 비참한 몰락으로 인한 자본주의의 몰락은 도래하지 않았음을 이야기한다. 왜냐하면 비참하다 해도 하층민의 생활 수준은 늘 발전하고 있기 때문이었다. 실제로 20세기 서민의 생활 수준이 18~19세기 상류층의 생활 수준보다 나으며, 18세기 사람의 생활 수준은 15세기 왕족보다 풍족한 삶을 살고 있기 때문이다. 또한 빈국에 대한 저임금 노동 또한 그런 식으로 설명하고 있다.

마르크스주의에 대한 여러가지 비판점과 문제점이 많기는 해도 마르크스의 자본론이 자본주의에 미친 영향은 매우 크다.

마르크스와 자본론 전에는 노동자와 하층민의 생활에 특히 무감각했던 자본주의 체제는 이후에 노동자의 권리에 대한 보장에 관심을 갖기 시작했다. 아동의 노동에 대해 관대했던 기존의 사회는 이후 아동을 노동으로 착취하는 것으로부터 보호하는 한편, 빈부격차에 대한 정부의 사회적 책임을 인지하고 이후 분배 문제에도 관심을 가져 사회보장시스템을 갖추기 시작한 것이다.

물론 이 모든 것은 마르크스 혼자 이룬 것은 아니다. 찰스 디킨스 같은 깨어있는 부르주아 개혁층의 사회 비판과 노동자와 서민층들의 적극적인 권리 요구와 쟁취 노력, 이 모든 것이 어우러져 자본주의의 현대적 모습이 탄생할 수 있었던 것이다.

| 글로벌 자본주의의 모순2)

오늘날 자본주의가 만들어 놓은 그릇된 믿음 가운데 하나가 국가나 기업이나 개인도 마찬가지로 '이 사회가 부유해진 배경은 우리가 더 현명하고 더 열심히 일했기 때문'이라는 가정이다. 이것은 교육 수준이 매우 낮은 중산층 이하 서민들도 이런 생각에 지배를 받고 있다. 반대로 말하면 가난한 국가, 기업, 개인은 결국 현명하지 못하고 게을러서 그렇게 되었다는 의미가 된다. 하지만 이 말은 거짓일 수 있다.

수백 년 동안 부유한 국가들은 세계 여러 곳에서 부를 훔치고 착취해왔다. 이런 국가들은 불공정한 방식으로 이윤 극대화, 이기주의, 탐욕으로 세계 인구의 절반을 가난 속에 고통받게 하고 있다.

이런 글로벌 자본주의의 본질은 불평등의 심화, 부의 편중, 생산보다 투기에 집중, 계속 늘어나기만 하는 부채를 만들어 냈고, 스스로 고통받고 있다. 또한 글로벌 자본주의는 오염과 환경파괴로 인류의 모체인 '지구촌 생명지지시스템'에 치명적 위협이 되고 있다.

이런 글로벌 자본주의가 어떻게 탄생하였고 어떤 일을 했는지 역사를 잠시 짚어보자. 우리는 이 역사적 현장을 승자의 논리가 아닌 '인본주의'의 입장에서 정리해 볼 필요가 있다. 과거 우리의 세계사 교과서는 모두 서양의 정복자들이 교묘하게 만들어 놓은 위조가 많이 된 역사들이라는 점도 상기할 필요가 있다.

예를 들어, 오늘날 글로벌 자본주의의 배경이 되는 상업주의 때문에 인류가 잘 살게 된 원인으로 우리는 알고 있으며, 그래서 어려서부터 콜럼버스를 위인이나 영웅처럼 생각하도록 교육받았었다. 과연 콜럼버스는 어떤 인물일까?

1492년 콜럼버스가 바하마 군도에 왔을 때, 여기에는 타이노족이 살고 있었다. 이들은 마을공동체를 이루며 옥수수, 야마, 카사바를 재배하는 발달한 농업 기반으로 외부인에게도 친절을 베푸는 수준 높은 문화를 지니고 있었다.

그러나 콜럼버스 일당은 원주민들을 노예처럼 묶어서 스페인으로 끌고 갔는데, 항해 도중에 많이 죽었고 이후 노예로 살다가 모두 비참하게 죽었다. 역사적 기록으로 보면 콜럼버스 일당이 이스파놀라섬에 처음 왔을 때 타이노족은 약 200만 명 있었지만, 이들은 모두 노예로 끌려가 광산과 거대한 농장에서 죽도록 강제 노동을 했다. 20년 후에는 5만 명으로 줄었고, 1550년에는 겨우 500명이 살아있었고, 1650년에는 한 사람도 남지 않았다.

결론적으로 150여 년 만에 200만 명이나 되던 한 종족을 완전히 죽인 것이다. 콜럼버스와 그 일당들은 사람을 파리 목숨처럼 생각했던 것이다.
이 당시 유럽의 백인들은 자국의 이익을 위해서 닥치는 대로 사람들을 죽이는 비인간적인 행위를 서슴지 않았다. 이들은 '인간의 존엄성' 자체를 인식하지 못하는 아주 저급한 야만인 수준의 문명인이었으며, 철저하게 못된 상업주의로 무장한 상태로 지구촌 곳곳을 무력으로 점령했다.

또한, 이들은 라틴 아메리카 지역의 금, 은, 토지, 기타 모든 것들을 스페인과 포르투칼로 가져갔으며, 원주민들을 노예로 만들고 대량 학살했다. 그 결과 콜럼버스의 첫 항해 이후 100년 만에 유럽의 금과 은의 총 규모가 8배나 늘었다고 한다.

　영국, 프랑스, 네덜란드 외의 유럽 국가들이 똑같은 방법으로 나머지 대륙들을 침탈하였고, 식민지가 된 곳은 기업가들에게 원자재 형태로 막대한 부를 제공했다. 지하자원 외에 또 하나의 거대한 부를 축적하는 원천이 '노예무역'이었는데, 9세기 이슬람 국가들은 아프리카 대륙에서 주민들을 노예로 납치하기 시작했으며, 그 후 유럽 국가들은 약 2,000만 명 정도를 납치해 갔는데, 노예가 되면 인간성이 박탈되고 언어와 문화, 종교까지 말살시켰고 그들의 자손들도 역시 노예가 되어야 했다. 오늘날까지 아프리카인들은 인종차별과 경멸을 당하고 있다.

　유럽의 엘리트들을 부자로 만들고 산업혁명에 필요한 자본을 조달하기 위해서 아메리카 대륙의 대농장과 광산에서 원주민들과 아프리카인들을 노예로 삼았던 것이다. 우리는 산업혁명과 자본주의에 의한 부유한 국가, 기업 그리고 개인들이 어떻게 탄생했는지 그 이면을 알고 있어야 한다. 당시 유럽의 부는 결국 인간으로 도저히 할 수 없는 악행에서 탄생되었던 것이다.

　1776년 애덤스미스가 '국부론'에서 당시 식민 지배국들의 부의 축적과정을 다루며, 자유방임주의를 제시했다. 그는 인도주의적인 가치를 가지고 착취에서 벗어나기 위한 차원에서 자본이 지역적으로 그리고 생산적인 방향으로 투자되는 지역연대 경제를 제안했다. 하지만 오늘날 결과만 놓고 본다면, 그의 제안은 이론에 그쳤다.

　19세기 들어 산업혁명을 바탕으로 공산품들이 늘어나자, 식민 지배국의 교활한 기업가들은 식민지를 자신들의 상품을 파는 시장으로 만들었다. 예를 들면 인도는 19세기 초까지 직물 산업이 호황이었고 각종 면제품을 수출하고 있었다. 그런데 영국은 인도의 전통적인 무역과 기술을 파괴하고, 인도 직물 제품 수출을 금지하는 법을 만들었고, 인도인들은 영국 맨체스터 공장에서 생산된 의류만 사도록 강요당했다. 영국이 중국과 두 번 전쟁을 일으킨 이유가 인도에서 생산된 아편을 중국인들에게 판매하게 하라는 압력을 넣기 위해서였다.

당시 식민 지배국들이 만든 노예제도는 20세기에 들어와서 선진국에서 불법화되었지만, 이로 인해 오늘날까지도 전 세계는 인종차별의 벽을 다 허물지 못하고 있다.

20세기 들어서 극우 정권이 들어선 독일, 일본, 이탈리아가 다른 나라를 침공하면서 제2차 세계대전이 발발했으며 거의 7천만 명이 희생되었다. 이런 전쟁을 통해 많은 사람들은 '우월한 인종'이나 '우등 민족'의 허구성과 '제국주의', '식민주의'의 실상을 조금이나마 알게 되었다.

세계대전 후에 더 이상 무력으로 다른 나라를 침탈할 수 없게 되자 부유한 국가의 자본가들은 부를 착취할 수 있는 다른 방법들을 찾게 되었다.

전후 세계는 미국과 소련의 냉전시대로 접어들었는데, 명목상으로는 공산주의를 봉쇄하는 전략이지만, 실상은 가난한 국가들을 미국과 그 동맹국의 우산 아래 두어서 그 지역에 있는 자원들을 사회주의 국가들이 가져가지 못하게 막기 위함이었다.

남아메리카, 아프리카, 아시아 대륙에서 대중의 지지를 받던 정부가 무너지고 군사 독재자들이 미국 등의 지원을 받았는데, 그 이유는 독재자들은 다국적기업의 사업에 필요한 질서 및 유리한 조건들을 유지시킬 수 있었기 때문이었다. 이 당시 반체제 인사, 사회운동가, 언론인, 교사, 성직자들은 독재 정권과 맞서 항거했지만, 결국 공산주의자로 낙인찍혔고 인권과 경제적 자주 독립을 요구하던 사람들은 고문받고 살해되었다.

1970년대 석유수출기구(OPEC) 산유국들이 막대한 석유 수익금을 미국 은행에 예치해 두었고, 이 돈들은 주로 독재 정부가 지배하는 개발도상국에 융자해 주는데 사용되었다. 이런 개발도상국에서는 부패한 정치인과 장군, 기업가들이 공공사업에 할당된 돈의 상당 부분을 착복했다.

오늘날 대부분 개발도상국에서 세계적인 갑부들이 많이 탄생한 이유를 모르는 사람들은 거의 없을 것이다. 사실 개발도상국들이 선진국으로 진입하지 못하는 경우 대부분은 그 사회에 만연한 부정부패 때문이라고 해도 과언이 아닐 것이다. 이것은 글로벌 자본주의가 의도한 결과일 수 있다.

또한, 국제통화기금(IMF)도 1944년, 단기적인 국제수지 불균형의 어려움을 극복하기 위해 회원국에 자금을 공급하기 위해 창설되었다. 대규모 대외 부채를 안고 있는 국가들에게는 IMF가 유일한 자금줄이다.
이 자금을 받으려면 IMF가 제시하는 경제정책 기획안을 담은 구조조정 프로그램을 따라야 하는데, 이 내용들은 신자유주의적 자유시장 경제학이 주장하는 것들이다. 이 구조조정에 따르면, 그 나라의 부유한 엘리트들은 더 크게 혜택을 입게 된다.

1998년 한국의 경우에도 그런 결과가 현실로 나타났다.

| 결국은 독점상업주의가 금융자본주의와 결합하여 '글로벌 자본주의'라는 거대한 공룡-홉스의 리바이던LEVIATHAN-을 만들어낸 것이다.

과거 1600년대 영국과 네덜란드가 설립한 동인도회사는 오늘날의 다국적 회사들의 원조 격이라 할 수 있다. 다국적기업들은 이윤을 지역공동체에 재투자하지 않는다. 그 이윤을 주주들에게 배당하고 각 지역에 진입장벽을 만들어 다른 기업들이 도전하지 못하게 만든다.3)

우리 모두가 주지하듯이, 다국적기업의 철통같은 진입장벽으로, 막대한 창업 자금, 규모의 경제, 파괴적인 저가 정책을 펼치고 엄청난 광고로 시장을 장악하며, 기업 M&A로 경쟁기업을 제거하고, 각종 법률가, 로비스트, 정부의 규제 등으로 시장을 장악한다. 뿐만 아니라 지적재산 명목으로 특허권 침해 소송으로 경쟁사를 망하게 만들고, 모든 제품이나 서비스에 관련된 원료, 재료, 상표권까지 모든 것들을 독점한다.

또한 다국적기업들은 교활한 회계 기법으로 세금을 한 푼도 내지 않고 사업을 하거나 회계장부 조작으로 주가를 조작하여 막대한 자금을 소수의 자본가들이 독식하다가 급기야 대형 부도를 내기도 한다.

이런 다국적기업들은 결코 환경이나 인권에 관심이 없다. 다국적기업들이 바로 지구촌의 모든 환경파괴와 노동착취의 주범들이 되어가고 있다. 이런 실상에 대해서 일반인들이 잘 알지 못할 뿐이다.

2000년대 글로벌 금융위기도 내막을 들여다보면 심각한 '글로벌 자본주의'적 결함을 알 수 있다. 예를 들면 1997년에서 2006년 사이에 미국의 주택이 무려 124%나 껑충뛰면서 8조 달러의 거품이 형성되었는데, 이때 집주인들이 집을 담보로 1차, 2차 대출을 하면서, 미국 가계의 연간 가처분 소득대비 평균 부채 비율이 1990년의 77%에서 2007년에는 127%가지 급증했다. 집값이 2006년 최고점에서 점차 하락하자, 많은 집주인들이 원리금 지급 불능 상태가 되었고, 급기야 파산하게 되었다. 결국 총 자산이 6,910억 달러의 글로벌 금융기업인 리먼브라더스는 2008년 9월 15일 역사상 가장 큰 규모의 부도를 냈다. 이후 뉴욕증시는 폭락하며, 전 세계가 일순간 금융위기에 빠지게 되었다.

이때 미국은 이 서브프라임 모지기 위기를 벗어나기 위해서 미연방준비은행은 총 3조 3,000억 달러를 이런 위기를 만든 장본인인 그 은행들에게 지원했다. 놀라운 것은 이런 지원을 하면서 이 부도덕한 기업경영사들의 급여를 제한하거나 모기지를 안고 있는 주택 소유자를 돕는 정책은 실시하지 않았다.

그 후 2010년 초에는 글로벌 금융 위기가 유럽 지역에서 국가부채 위기를 촉발시켰는데, 그것은 납세자들의 돈을 민간은행들을 구제하는데 사용했기 때문이다.

오늘날 세계가 심각한 경제공황에 빠져있다. 그런데 이 경제공황의 이면에는 '글로벌 자본주의'의 모순이 내재해 있다. 기업들은 경제학 이론(기업의 목적을 사회적 가치창출이라고 했어야 했는데... 역시 짜고 치는 고스톱이란 생각이 든다)에 따라 이윤을 극대화하고 비용을 줄이고 시장을 유지하거나 늘리는 시도를 한다. 이때 노동비용을 줄이기 위해 직원을 해고할 것이다. 그러면 실업이 늘어나고 실질임금이 줄어든 대중들의 구매력이 줄고 결과적으로 모든 산업은 매출이 격감하는 악순환이 시작되는 것이다.

한편 글로벌 자본주의는 다음과 같은 치명적인 4가지 결점이 있다. 이를 극복하는 것이 현 자본주의를 유지 발전시킬 수 있다.

첫 번째는 부의 극단적인 집중이다. 부익부 빈익빈 현상은 지나친 탐욕, 다른 사람들의 필요한 것들을 모두 빼앗는 이기심 때문이다. 다국적 기업의 CEO들은 엄청난 보수와 스톡옵션을 받는다. 지난 수십 년간 소수의 백만장자들의 재산은 계속 증가하고 있고, 지구촌의 가난과 고통은 계속 증가추세에 있다. 세계은행은 2008년에 4억 인구가 절대빈곤, 즉 하루 1.25달러 미만으로 살아가는 고통을 겪고 있으며 27억 인구가 하루 2달러 미만으로 살아간다고 추정했다. 1920년대 경제 대공황의 주원인이 심각한 부의 편중 때문이었고, 2007년 시작된 글로벌 금융위기도 부의 편중 때문이었다. 하지만 이런 것이 자본주의의 만성적이고 치명적인 문제점이라고 생각하지 않는 것이 더 큰 문제이다.

두 번째는 현재의 투자 대부분이 생산부문이 아니라 투기부문이라는 점이다. 거부들의 돈은 결코 창업이나 고용, 제품 생산에 투자되지 않고 있다. 그 이유는 이윤이 적기 때문이다. 대신 단기에 큰 수익이 나는 금융시장, 즉 주식시장, 선물시장, 부동산, 환거래, 파생상품 등에 투기한다. 이런 경제의 금융화는 거품을 유발시키고 실물경제를 위기로 몰고 간다.

왜냐하면 이 금융시장은 엄청난 투기의 도박판이며, 실물 경제에 투입되어야 할 자금들이 쉽고 빠르게 큰돈을 벌기 위해 여기에 모이는 것이다. 미국 가계의 절반 이상이 저축을 주식시장에 투자했고, 기업들이 퇴직금 프로그램도 주식시장에 투자함으로써 직장인들은 비자발적으로 주식시장에 투자하고 있는 셈이다. 근데 문제는 오늘날 주식시장은 전 세계가 상호 연동되어 있어서, 미국의 뉴욕증시가 흔들리면 거의 동시에 전 세계 모든 증시도 흔들린다는 점이다.

2009년 국제통화기금은 세계 경제의 총 가치를 70조 2,100억 달러로 추정했는데, 세계 총 파생상품 가치는 615조 달러에 달했다. 이는 글로벌 경제 규모의 8배를 넘는 것이다. 이는 세계 경제를 불안정하고 위험하게 만드는 요인이다.

세 번째는 소비자와 사업가 모두가 부추기는 신용구매로 인한 부채이다. 오늘날 신용카드는 과잉소비를 촉진시켜 빚더미에 앉게 만들고, 결과적으로 악덕 대부업체들의 고금리에 시달리던 경제적 약자들이 개인 파산에 이르게 하는 사회악을 조장한다. 미국은 국가채무가 13조 6,000억 달러로 세계에게 가장 큰 부채 국가이다.

네 번째는 자연환경을 착취하고 무시하는 일이다. 인간에게 극심한 고통을 야기할 뿐 아니라 자본가의 탐욕과 잘못된 경영은 환경을 파괴하여 인류의 생존을 위협하고 있는 것이다. 석유는 산업발전의 가장 중요한 자원이지만, 오늘날 지구온난화의 주된 원인을 제공하고, 플라스틱 같은 부산물들은 지구를 거대한 쓰레기장으로 만들고 있으며, 원유의 유출로 해양생태계를 파괴하는 등 심각한 문제를 만들어내고 있다.

오늘날 글로벌 자본주의는 소수의 자본가들을 위한 결함이 드러난 경제 시스템이다. 하지만, 아이러니하게도 현재까지는 자본주의 경제구조보다 더 나은 경제구조는 현재까지는 없다. 물론, 우리가 주장하는 것도 자유민주주의 하의 자본주의 경제구조를 다 뜯어 고쳐 새로운 혁명적 사회를 구성하자는 건 더더욱 아니다. 다만 자본주의가 지나친 자본 위주의 경제구조만을 고집한다면 사람이 소외되고 생태경제의 순환체계가 무너져 모든 질서가 파괴로 전환되기 때문에 지금부터는 바로 '인본주의'가 중시되는 사회·경제 시스템을 복원하자는 것이다.

그리고 경제적 불황이나 공황은 자본주의나 사회주의 국가들 어디서나 피할 수 없다. 그 이유는 불황이나 공황의 본질이 상대에 대한 억압과 탄압, 압박에 따른 착취의 결과이기 때문이다.

따라서 이와 같은 경제적 불황이나 공황을 극복할 수 있는 길은 상대적 노동착취를 최대한 제거하고, 지역경제·건전한 사회단체(NGO)·중소기업 등과 연대하는 협력적 공유사회, 즉 사회적 기업·협동조합에 기반을 둔 새로운 공동체경제를 구축하는 것이다. 그리고 초기업 등 다국적기업이 사회공동체에 대한 '사회적 책임과 공유가치' 분배를 실현하는 것이다.

Chapter 2

신자유주의 : 소수를 위한 자본주의

> "앞으로 신자유주의 정책과 '글로벌 자본주의'는 음·양경제와 중용의 정치에 따라 그 명·암이 바뀔 것이다. 1%의 소수의 부자든 99%의 빈자든 서로 상생할 수 있어야만 지속 가능한 사회나 국가, 그리고 민족을 영위할 수 있기 때문이다."

▎글로벌 자본주의의 탄생

신자유주의(新自由主義, NEOLIBERALISM)는 1970년대부터 부각하기 시작한 경제적 자유주의 중 하나로 19세기의 자유방임적인 자유주의의 결함에 대하여 국가에 의한 사회 정책의 필요를 인정하면서도, 자본주의의 자유 기업의 전통을 지키고 사회주의에 대항하려는 사상이다.

토머스 우드로 윌슨(THOMAS WOODROW WILSON) 대통령이 1920년대 제창했던 새로운 자유(THE NEW FREEDOM) 정책, 그리고 정치적, 문화적 자유에도 중점을 두었던 자유주의와는 다른, 고전적 자유주의에 더 가까운 것이며, 사회적인 면에서는 보수자유주의적인 가치를 지향한다.

대공황 이후 20세기 중반을 풍미했던 케인스주의가 오일쇼크와 영국병, 스태그플레이션 등을 통해 약발이 다했다는 평가를 받으며 한계가 나타나자 그 경제적 대안으로 대략 70년대부터 급부상했다. 그 후부터 2000년대 중반까지 30여 년에 걸쳐 구미 선진국의 경제적 재흥을 이끌면서 끝내 공산주의 진영의 GG 선언과 자본주의 국가로의 변신을 이끌어낼 정도로 각광을 받았고, 국내에서도 IMF의 빠른 극복에 공헌했다는 평가를 얻기도 했으나 2008년 세계 경제위기로 그 인기는 시들해졌다.

신자유주의(自由主義, NEOLIBERALISM)는 국가 권력의 개입증대라는 현대 복지국가의 경향에 대하여 경제적 자유방임주의 원리의 현대적 부활을 지향하는 사상적 경향이다. 고전적 자유주의가 국가 개입의 전면적 철폐를 주장하는데 비해, 신자유주의는 강한 정부를 배후로 시장경쟁의 질서를 권력적으로 확정하는 방법을 취한다. 서구의 신자유주의는 1980년대의 영국 대처 정부에서 보는 것처럼 권력기구를 강화하여 치안과 시장규율의 유지를 보장하는 '작고도 강한 정부'를 추구하였다.

한국 사회에서 신자유주의의 기원은 대체로 김영삼 정부의 후반기로 소급된다. 주로 노동 시장의 유연화(해고와 감원을 더 자유롭게 하는 것), 작은 정부, 자유시장경제의 중시, 규제 완화, 자유무역협정(FTA)의 중시 등의 형태로 나타나고 있다.

신자유주의는 기본적으로 국제 체제를 무정부적으로 규정하며, 국가를 유일한 합리자로 간주한다. 국가의 보호에 있었던 국민들이 더 이상 국가의 보호 없이 세계 자본에 직접적으로 마주하는 것을 의미한다. 신자유주의에서 국가가 국민을 더 이상 보호하지 않는다는 것은 국가의 존재에 대해 부정적으로 바라보는 시각인 것 같다. 국가는 충분히 자국민들을 정치, 경제, 안보 등 다양한 부문에서 보호해야 할 의무를 갖고 있다. 실제로 신자유주의를 실현한다는 국가들의 경우를 보면, 국가들이 자유시장 자본주의와 국가 자본주의를 혼합해서 하지만 자유시장 자본주의에 더 치우치고, 국가 정책 결정과정에서도 신자유주의가 더욱 두드러질 뿐 완전한 경쟁상태를 만들지 않고 있기 때문이다.

신자유주의NEOLIBERALISM는 케인즈 학파와 밀접한 인연이 있다. 세계 대공황을 계기로 케인즈의 유효 수요 이론이 경제학의 주류로 자리 잡았으나, 그 후 세계적인 스태그플레이션에 따라 케인즈 학파의 이론의 타당성에 대하여 반기를 든 시카고 학파(CHICAGO SCHOOL OF ECONOMICS)가 생성되었다.

| 시카고 학파는 '통화주의자'라고도 불리며 이 이론은 신자유주의에 바탕을 둔 레이거노믹스의 근간이 되었다.

신자유주의는 예전의 자유주의와 같이 경제적인 자유를 추구한다. 즉, 자유 시장, 규제의 완화, 재산권 등을 중시한다. 신자유주의는 정치적 방법들을 통해 타국의 시장을 여는 것을 선호한다. 신자유주의자들은 시장의 개방을 자유 무역과 국제적 분업(DIVISION OF LABOUR)으로 지칭한다.

또한 세계무역기구(WTO), 세계은행(특히 IBRD: 국제부흥개발은행), 아시아 개발은행(ADB: Asian Development Bank)을 통한 다자간 압력의 시장 개방 역시 선호한다. 하지만 예전의 자유주의(고전적 자유주의)와 신자유주의 사이에는 분명한 차이점이 있다.

예전의 자유주의 경우는 이론상 자유방임주의를 표방한다. 예전의 자유주의는 자유시장이 다양한 인적 · 물적 자본의 자유로운 흐름을 말하고, 이를 억제하려는 국가의 능력을 제한하는 것이 자유로운 사회를 형성한다고 주장한다. 이에 대해 신자유주의도 시장에 대한 국가의 제한이라는 자유방임주의를 인정하지만 그 접근이 다르다. 후자의 경우는 시장이 경쟁을 기초로 하지만 문제가 있을 때 자체 수정이 가능하고 자원을 효율적으로 분배할 수 있으며, 공적 이익에 부합한다고 전제한다.

또한, 신자유주의는 예전의 자유주의와는 다른 시장의 자생적 질서를 인정했다고 볼 수 있다. 다시 말해, 신자유주의는 물질주의적인 탐욕과 단순한 자유주의 이론이 아니라 무질서한 시장에 도덕성을 부여하고, 윤리성을 지니는 이론이라고 주장한다. 하지만, 글로벌 국가 미국에서는 지나친 시장주의와 규제 완화로 인해 갖가지 부작용이 나오자 이에 대한 비판이 크게 제기되고 있다.

특히, 예일대 경제학과 로버트 쉴러 교수는 "자본주의 경제는 규제가 없으면 제대로 작동하지 못하며, 우리에게는 착한 행동을 강요할 누군가가 필요하다. 왜냐하면 모두가 선의를 갖고 있는 게 아니며 모두가 관대하고 공익 정신을 갖고 있는 건 아니기 때문이다. 따라서 우리에게는 사람들이 할 수 있는 행동을 제한할 규칙이 있어야 한다."라고 말한다.

신자유주의에 대한 구체적인 정의는 존재하지 않고 사용하는 사람들마다 의미가 조금씩 다르지만, 보통 시장의 순기능을 강조하고, 자유무역과 규제 철폐를 옹호하는 정치적 이념 혹은 기조를 일컫는다. 서구 자본주의의 황금기라 불렸던 1950년대~1960년대 고도의 경제 성장기에 이어 나타났으며, 1980년대에 영국의 대처와 미국의 레이건 정권이 대표적으로 이 이념을 사용했다는 평가를 받는다.

| 신자유주의 주요정책 방향

하이에크는 "인간의 이성은 불완전하기 때문에 인위적으로 경제를 통제하는 것은 오만이며, 오히려 자연스럽게 놓아두는 것이 합리적이다. 공황마저도 자연스럽고 주기적인 것이므로 일부러 억제할 필요가 없다. 만약 인위적인 경제 통제를 감행한다면 시장가격의 왜곡(ex: 초인플레이션)을 초래하고, 따라서 파시스트와 같은 파국을 낳게 된다."고 하였다.

하이에크에 따르면, 인간은 무엇을 모르고 있는지도 모를 정도로 불완전한 존재이기 때문에 공산주의로 대표되는 정부의 강력한 개입, 더 정확히는 관료들의 가격통제와 생산량 결정 등은 절대로 이상적인 결과를 내놓지 못한다. 정치적인 영향력에 휘둘리는 건 차치하더라도, 무수한 변수와 온갖 정보가 난무하는 시장을 통제한다는 것은 인간의 불완전한 이성으로는 불가능하기 때문이라고도 역설하기도 했다.

반면 자유시장(FREE MARKET)은 그러한 인위적 통제가 아닌 자생적 질서로서 인간들의 불완전한 이성으로도 잘 돌아갈 수 있다. 가령, 공산주의 체제 아래에서 관료들이 어떤 품목의 가격과 통제량을 결정하려면 그에 영향을 받는 말 그대로 헤아릴 수조차 없는 어마어마한 양의 정보와 변수들을 감안해야 한다.

그게 불가능해서 나타난 부작용이 대표적으로 공산주의 국가들의 만성적인 생필품 부족이다. 반면 자유시장 체제 아래에서 경제 주체들은 그럴 필요가 없다.

경쟁이 치열해지면 가격을 내리고, 반대라면 올리면 되고, 수요자 입장에서는 가격이 내려가면 더 소비를 하고, 반대로 올라가면 소비를 줄이거나 대체제로 갈아타면 그만이다. 불완전한 인간의 이성으로도 아무 문제 없이 할 수 있는 당연한 일들이다. 시장가격으로 표현되는 정보시스템이 바로 이것이다.

실제로 신자유주의의 부작용이니 어쩌니 말들이 많지만 최소한 공산주의로의 회귀를 바라는 세력은 거의 존재하지 않는다. 하지만 신자유주의는 좌파 정당들은 물론 최소한 일반 대중들한테도 무시당하고 학계에서는 말할 것도 없이 철저하게 외면당했던 쓰라린 기억도 있다. 무엇보다 하이에크는 공산주의가 득세했을 때 프리드먼과 함께 싸웠던 신자유주의 맹렬 사상가임은 분명하다.

| 신자유주의 하의 정부의 기능

신자유주의는 경제적으로는 19세기와 같은 자유방임 시장 경제를 선호한다. 비효율적으로 성장과 분배가 일어나는 이유를 시장의 부재나 정부의 개입으로 여기므로 국영화된 사업들도 모두 민영화되어 시장 기능에 맡기고, 시장의 영역이 아니었던 부분의 경우(예, 공교육)에는 시장을 만들어야 한다고 본다. 또한 정부가 큰 폭의 재정적자를 내면서 재정정책을 사용하는 것을 반대한다.

작은 정부를 주창하긴 하지만 그렇다고 해서 정부 기능의 약화를 요구하는 것은 아니다. 오히려 공정한 경쟁을 위해 규칙을 준수하는지 감시하고 지키지 않는 이를 처벌하는 권위적인 정부의 역할이 필요하다고 본다.

또한 사회 안전망의 폐기를 주장하는 것도 아니다. 오늘날 신자유주의의 원조 사상가로 취급받는 하이에크와 프리드먼조차 저소득층에 대한 부의 소득세, 시장에서 퇴출당한 근로자들을 위한 소득제도를 주장했다. 가령, 이런 발상에 근거하여 공공경제학자들은 임금보조제도나 근로소득보전세제 등의 사회적으로도 덜 비효율적이면서 저소득층을 지원할 수 있는 제도를 개발해왔다. 오히려 사회안전망의 국가적 포기를 주장하는 이가 있다면 신자유주의를 잘못 이해하고 있는 광신도에 불과하다.

| 세금제도

신자유주의는 소득에 왜곡을 일으키는 누진세에는 반대하며, 지속적인 혁신과 투자를 유도하기 위해서 자본에 대한 세금을 폐지하거나 줄여야 한다고 본다.

| 각종 혜택과 보조금 축소

신자유주의에서는 사회 통합을 중요시 여기며 소수가 특권을 누리거나 보호를 받아서는 안된다고 본다. 따라서 노동조합의 활동은 제한되고 소수민족이나 특정 계층을 보호하기 위한 정책은 폐지된다.

| 규제 축소

신자유주의 하의 정부는 신규 투자자/기업가가 참여할 수 있도록 규제를 줄여야 한다고 주장한다.

| 재산권 보호

개인의 재산권을 보호하는 데는 정부가 적극적으로 참여해야 한다고 보며, 특히 지적 재산권에 대해서 더 강한 보호제도를 운영할 것을 요구한다.

| 외환시장 개입 금지

정부가 인위적으로 외환시장에 개입해서 환율을 조정하면 수출이나 수입 양쪽 중 한쪽은 피해를 입으므로 수요와 공급에 맡겨야 한다고 본다. 단, 급격한 환율변동을 막기 위한 개입에 대해서는 의견이 갈리는 편이지만 일반적으로 이런 개입에 대해서도 부정적으로 본다.

| 자유무역과 국제관계

신자유주의 내 시장주의자들은 시장의 완전 개방, 자본 이동의 자율화와 관세 철폐를 이상적 정책으로 여긴다. 그래서 국제사회에서는 국내와 같이 합의된 일관적인 제도나 이를 강제할 기관이 존재하지 않기 때문에, 국제적인 투자와 진출을 보장하는 각종 조약과 무역협정, 그리고 이를 관할하는 기구에 대해서는 매우 호의적인 태도를 취한다.

특히 신자유주의는 '신'자가 붙어 있어 자유주의와 유사할 것 같지만 다르다. 단, 국가권력(그리고 그 권력을 독점한 집단)이 개인의 자유와 권리를 침해할 수 있다고 여기는 점에선 고전적인 자유주의와 비슷한 점이 있으며, 그리고 개인의 재산권 보호를 그 중심원리로 삼는 점에선 경제적 자유주의의 일종이라 할 수 있다. 그러나 이론이 아닌 실상에서는 경제 환경의 보장과 정책적 추진력을 위한 정부의 역할이 크게 중시되며 국가 간 무역을 넘어서는 권역간 무역 측면에선 오히려 특정한 경제 블록을 형성한다는 점에서 자유주의와는 현격한 차이를 보이기도 한다.

신자유주의의 경제이론으로는 오스트리아 학파(빈 학파)와 시카고 학파의 거시경제학 중 새고전주의 경제학과 연관이 깊다. 보통 신자유주의의 기반이 되는 근거를 새고전주의 경제학이 많이 제공하는 편이고, 신자유주의에 연관된 경제학자들이 보통 새고전주의에 속하는 경우가 많지만, 신자유주의는 국가 정책에 관한 이념이고, 새고전주의는 거시경제이론이므로 둘은 엄밀히 다르다. 다시 말하면, 정치사상과 경제이론의 차이다.

한편, 신자유주의는 일방적 경제정책과 몇몇 소수의 '글로벌 자본주의'의 모순을 극복해야 하고, 또는 세계의 새로운 경제 질서를 만들기 위해서는 부자 나라들이 무역을 통해 발전하려는 개발도상국가들에게 비대칭적인 보호주의를 용인해야 하고, 따라서 자국에 대한 보호의 수준을 개발도상국들보다 훨씬 낮출 필요가 있다는 것을 인정해야 한다고 주장한다. 특히 개발도상국들의 유치산업을 장려하기 위해 필요한 도구인 보호관세, 보조금, 외국인 투자규제 등을 자유롭게 사용할 수 있도록 '국제무역기구 등' 선진국이 앞장서서 약소국을 보호해야 한다는 것이다.

이게 곧 '홍익 인본주의' 가 추구하는 새로운 자본주의의 모습이기도 하다.

Ⅰ 신자유주의 등장의 역사적 배경

신자유주의라는 용어는 첫 번째, 1938년 뤼스토프가 어느 회의에서 말하면서 처음 나타났다. 그는 애덤 스미스식 자유방임주의가 실패했다고 하면서 강력한 국가 개입을 옹호하는 자신의 자유주의를 신자유주의라지칭했다. 뤼스토프의 기준에서 본다면 오늘날의 '신자유주의'는 원조 '신자유주의'의 논적이라 할 수도 있다.

두 번째로 신자유주의라는 용어와 그것을 사용하는 집단은 서독의 질서자유주의자들이다. 이들은 경제정책 측면에서 자유방임을 추구하여 규제 완화, 민영화 등을 시도한 반면 사회복지에 관해서도 일부분 신경을 쓴 자유주의의 일파에 속했다. 초기 질서자유주의자들 중 일부는 스스로를 신자유주의자라고 지칭하기도 했으나, 정작 오웨켄 등의 거물들은 신자유주의라는 용어의 사용을 거부했으며, 이것은 오늘날 주류 질서자유주의자들의 일반적인 경향으로 나타나고 있다.

세 번째는 시카고 학파나 오스트리아 학파, 혹은 마거릿 대처나 레이건 등과 엮인 신자유주의가 있다. 이것이 일반적으로 알려진 실천적인 신자유주의이다.

• 냉전 초기(~ 1970년대)

신자유주의의 사상적 배경은 소위 '빈 학파'라고 하는 1920년대 독일-오스트리아계 학자들이 정리했다. 그러나 1929년에 발생한 대공황과 뒤이은 제2차 세계대전을 거치면서, 이들의 주장은 큰 반향을 일으키지 못하고 묻히게 된다. 대공황의 해법으로 각광받은 것은 소위 케인스주의로 불리는, 시장에 대한 국가의 (일시적인) 통제와 개입을 정당화하는 접근법이었기 때문이다. 게다가 2차대전에서 각국은 1차대전을 능가하는 총력전에 돌입하게 되었고, 국가의 통제가 당연시 될 수밖에 없는 전시경제의 특징은 전후인 1950년대와 1960년대 세계 경제에까지 큰 영향을 미치고 있었다.

이 시기의 세계 경제에 문제가 많았다면 국가 개입을 죄악시하는 이들의 주장이 먹힐 구석이 있었겠지만, 1950~1960년대는 세계가 나름대로 전후 성장과 호황을 맞이한 시기였고, 세계의 경찰로서의 미국의 지위 역시 전혀 흔들림이 없었다. 특히 미국 가계의 수입이 크게 늘면서, 지금까지도 미국적인 것하면 연상되는 모든 것들이 이 시기에 정립되었다.

예를 들면, 하얗게 칠한 교외의 2층 주택, 바비큐 그릴과 잔디깎기, 스프링클러가 갖춰진 아담한 정원, 포드 머스탱, 노란색 스쿨버스를 타고 등교하는 아이들… 이 같은 중산층의 신화가 바로 이 1950~1960년대의 것이었다는 것이다.

이 당시 미국도 국가가 개입해서 잘 돌아가고 있는데, 굳이 다른 대안을 찾을 필요가 없었을 것이다. 이것이 당시 미국 사람들의 일반적인 생각이었다는 얘기가 있다. 특히, 리처드 닉슨 대통령 때 프리드먼이 신자유주의로 전환해 보자고 정책건의를 해 보았지만 "국민들에게 인기가 없을 것 같다."는 답변을 들었을 뿐이다.

- **신자유주의의 부상(1970년대 말~1980년대)**

인간사가 무릇 시작이 있으면 끝이 있는 법이다. 역설적이게도 세계가 전쟁의 폐허를 딛고 안정기에 접어들면서 오히려 세계 경제에는 혼돈의 기미가 보이기 시작했다.

독일과 일본의 공업 생산이 빠르게 회복되고, 이들 나라 공산품에 대한 미국의 수입이 급증하면서 금 1/35 온스로 고정되어 있던 미화 1달러의 가치가 액면 이하로 떨어지는 현상이 나타난 것이다. 여기에 속전속결로 점쳐졌던 베트남전이 예상을 뒤엎고 지지부진해져가면서 미국의 정치적·경제적 위상은 결정적인 타격을 입게 되었고, 미국은 결국 1973년 달러화의 금태환(달러를 제시하면 금을 내주는 것)을 전면적으로 중지하기에 이른다.

때마침 수차례에 걸쳐 일어난 중동전쟁의 산물로 오일 쇼크가 일어나면서 세계 경제는 빠르게 혼돈 속으로 빠져들고 있었다.

한편 오스트리아 학파계 경제학자 프리드리히 하이에크는 1950년대를 시작으로 고전학파의 이론을 정리해서 케인즈에 맞섰으며, 밀턴 프리드먼은 케인지언 해법, 즉 불황이 시작될 기미가 보이면 정부가 대규모 재정정책을 사용하고, 금리 인하를 통해 경제활성화를 추구하는 방식이 비효율을 발생시키며 위험성을 안고 있다는 점을 지적했다.

어쨌거나 현대의 신자유주의의 시초는 하이에크와 프리드먼에게 있는 것은 분명하지만 현재의 신자유주의가 그들이 만들어낸 산물이라는 것에는 논란의 여지가 있다.

하이에크의 경우 유대계 인물로 나치 전체주의의 감각을 온몸으로 경험한 점도 있다. 그는 국가가 주도하는 교육은 필연적으로 전체주의의 가능성을 열어놓기 때문이라는 이유로 공교육에 대해 반대하는 정도였다. 이들의 사상은 정부가 잘못된 지식을 가지고 개입해서 리스크를 초래하는 상황을 경계하는 것이지, 지금처럼 정부와 중앙은행이 모두 나서서 대기업을 밀어주는 체제는 아니었다.

즉, 지금의 신자유주의 체제가 폭주하게 된 것은 후대에 의한 것이지, 그들에게 직접적인 책임을 지울 수는 없다.

이런 경제학적 이론을 기반으로 정부의 규제 철폐와 공공부문의 민영화를 골자로 하는 정책이 1970년대 후반~1980년대 초반에 걸쳐 미국에서 로널드 레이건의 공화당 행정부가, 영국에서 마거릿 대처의 보수당 행정부가 채용하면서 신자유주의는 정치의 전면에 나서게 된다. 이 신자유주의의 기수들은 영국병을 치유하겠다는 논리로 20여 년에 걸친 평화가 끝났음에도 단꿈에서 깨지 못하고 있던 노동에 전면적인 공격을 가한다.

파업은 무력을 앞세운 정부의 강경 진압에 끝장났다. 실제로 대처는 석탄 광부들의 파업에 군대를 동원했다. 당시 영국의 광부 노조도 거의 게릴라라는 표현이 어울릴 정도로 공격적이었으니, 서로 주고받으며 험악해진 결과라고 할 수 있다. 영화 《빌리 엘리어트》가 이 시기 영국을 다룬 영화로 유명하다.

어쨌든 공공부문이 대거 민간에 매각되고 막대한 실업자가 발생했으며 기존의 사회보장제도가 대거 철폐되어 노동계급의 생활 수준이 급전직하하였다. 그러나 여기에 가장 강경하게 대응해야 했을 노동계급은 의외로 이에 맞서 싸울 힘을 잃은지 오래였다. 20여 년의 평화와 안정, 그리고 귀족적 안일주의에 빠진 영국의 노동조합은, 그야말로 필사의 각오로 덤벼드는 국가와 자본의 공세에 맞설 힘을 잃었고, 그리고 68운동으로 노동조합 및 공산당·사회민주주의 정당의 보수성을 똑똑히 목도한 지식인과 학생들은 노동조합과의 연대를 거부하면서 왕따 신세가 된다. 이것을 계기로 20년 동안 지속되던 영국병이 치유된 듯 보였다.

- **금융자본주의 시대의 개막(1990년대~ 2000년대)**

이와 동시에 미국과 영국을 필두로 한 신자유주의 정부는 세계적인 산업구조의 재편에 돌입한다. "네 마리 용"이라고 불리어진 동아시아 국가-물론 대한민국 역시 여기에 포함된다-들이 세계적인 공업 중심지로 성장한 것도 이 시기의 일이다.

미국과 유럽에 집중되어 있던 중화학공업이 대거 이들 신진 공업국으로 이전하였고, 기존의 선진국들의 산업은 본격적으로 금융업을 중심으로 재편성되면서 미국과 유럽의 상품자본주의는 완전히 종말을 맞이하게 되고, 그 대신 대공황 이후 파탄이 나버렸던 본격적인 금융자본주의의 시대가 다시 개막하게 된다. 각 대학의 MBA가 본격 유망 코스로 자리잡게 된 것도 이때부터이고, 공부 좀 한다 싶은 사람들이 전부 통계학을 기반으로 한 금융공학에 올인하면서 월 스트리트로 진출하는 것도 이때부터의 일이다. 이는 국가 경제 및 경영에 대한 패러다임 자체가 변화한 것으로 평가할 수 있다.

또 다른 신자유주의적 변환의 중요한 요소는 바로 금융시장의 세계화이다. 간단히 설명하자면 IMF 위기 이후 한국에서 일어났던 외국 자본에 의해서 국내 기업이 대거 인수합병되는 현상이 세계적 차원에서는 1980년대부터 일어나고 있었다는 말이다.

한편으로 오늘날 케인즈주의가 위기에 처함에 따라, 신자유주의는 전통적인 공동체들을 파괴할 뿐만 아니라 과거 시장의 압력으로부터 사람들을 방어하는 투쟁의 승리로 얻어진 정부의 사회프로그램마저 파괴하는 것을 합리화하고 있다.

또한 신자유주의는 삶의 모든 영역에 시장적 가치를 강조한다. 공공프로그램의 사적 영역으로의 신자유주의적 전환은 시장적 힘으로부터의 어떠한 보호조치도 제거하기 위해 안간힘을 써왔다. 신자유주의는 권력이 또한 입법부에서 행정부로 넘어감에 따라 삼권분립이 강화되어 과거와 같은 일방적인 입법부의 횡포가 줄었다는 평가가 있다. 여기에 대한 반론으로 아래로부터의 로비가 갖는 효력은 줄어들었다는 의견도 있지만, 지금 한국의 실정은 그렇지만도 아닌 것 같다.

지금 이런 현실적 변화는 많은 저항에 직면해 왔는데, 그러한 저항은 사회적으로 이익이 되는 프로그램을 보호하려는 노력처럼 단편적인 기반에서 이루어졌거나, 아니면 현재의 정치체제 내에서는 거의 찾아볼 수 없는 민주주의를 방어하려는 노력과 같이 때때로 구조적으로 이루어지기도 했다.

이들 투쟁에서 얻어낸 성공사례는 우리가 종래에 알고 있던 것보다 많았다. 신자유주의자들이 하고자 했던 것과 그들이 지금까지 할 수 있었던 것들을 비교해 보면, 그들의 실패 정도를 알 수 있다. 그러나 대부분의 저항이 갖고 있는 문제점은 단지 제한적 개혁만을 희망함으로써 체제의 구조 그 자체는 그대로 수용한다는 데 있다. 신자유주의에 저항하는 최선의 방법은 신자유주의의 비민주적 구조 외부에 있으며, 그러한 구조에 반해서 저항하는 데 있다.

신자유주의 명·암

신자유주의에서 강조하는 자유는 영역이 너무도 불분명하고, 결국 이 '자유'가 정부의 통제가 적으나마 필수적으로 존재해야 한다는 모순적인 문제가 있다. 따라서 신자유주의라는 이념을 직접적으로 비판하는 사람들은 이를 "제한된 자유"라고 비판하거나 "근본적으로 리버럴이라는 것이 성립할 수 있는가?"라는 비판을 하게 된다. 또한 신자유주의에서 강조하는 공정한 경쟁이란 무엇인가라는 윤리적 문제를 남기기도 한다. 예를 들면 "거의 제한을 받지 않고 성장해온 선진국들의 산업과 개발도상국의 산업이 같은 규제(환경이나 저작권)를 받으며 경쟁해야 하는가?"라는 질문을 들 수 있다.

또한 평소에는 자유경쟁을 내세우며 가난한 사람들이 가난한 건 그들의 의지 탓이지 경제제도의 문제가 아니며, 따라서 정부가 도울 필요 없다고 했던 사람들이 정작 서브프라임 모기지 사태 당시에는 구제금융을 구걸했던 의지드립도 비판거리가 되고 있다.

이와 같이 주로 사기업들이나 보수 성향 언론에서 호가호위하는 식으로 빌붙어 신자유주의의 브랜드를 아전인수식으로 해석하는 데서 주로 이런 문제가 생긴다. 덕분에 자유지상주의 성향 학자들은 "사기업은 자유시장 경제의 위험한 존재들이며 사기업들이 자유에 찬성하지만 정작 자기들이 필요할 때마다 정부 개입을 원한다."고 해석한다.

실제로 2008년 세계금융위기가 닥쳐 리만브라더스가 파산하고 AIG마저 파산 직전에 내몰리게 되자 이 문제가 집중적으로 거론되었다. 혹자는 리먼이 파산하게 되자 신자유주의가 몰락할 것이라고 성급한 예견까지도 했다.

신자유주의 시대의 상징이 된 조지 소로스 본인도 리만 브라더스 파산 이전인 2008년 1월에 이미 "글로벌화와 규제 완화라는 미국식 경제 모델이 도를 지나쳤다. 그것이 현재의 위기를 초래했다. 이제 그런 경제 이념은 끝났다."는 말을 남겼다.

그리고 장하준 교수도 "나쁜 사마리아인들"에서 이들의 이중성을 비판했으며 이 외에도 신자유주의 비판서로는 데이비드 하비의 《신자유주의 역사 개략》이나 제이미 펙 외 저 《신자유주의화 하는 공간》, 울리히 벡의 《위험 사회》, 《쇼크 독트린》(나오미 클라인 저) 등이 있다.

• **빈부격차 심화**

1980년대 이후 신자유주의적인 개혁으로 인해 세계적으로나 국가 내부적으로나 빈부의 격차가 확대되었다는 주장이 있다. 이런 주장을 지지하는 좌파가 앞장서서 신자유주의를 적대한다 (단, 1990년대 영국 노동

당처럼 신자유주의 노선을 받아들인 예도 있다. 이 외에도 영국의 우파들 중 일부는 오히려 대처가 전통을 파괴하고 계층 질서를 무너뜨린다고 해서 대처를 싫어했다. 동시에 같은 이유로 좌파들 중 일부도 대처를 그런 점에서 좋게 본 케이스도 있다).

또한 신자유주의가 강조하는 공정함과는 반대로 대기업과 자본가(그리고 서구권에서는 백인)에게 일방적으로 유리한 정책을 폈다는 주장 역시 지속적으로 제기되고 있다. 다만, 1980년대 이후 빈부격차 확대는 신자유주의 개혁 외에도 IT 혁명으로 많은 이들을 고용하기보다 고급의 소수 인력을 고용하는 경향이 부익부 빈익빈, 그리고 청년 실업 등을 야기하는 원인이 되기도 했다는 소수의 주장도 있다.

| 신자유주의와 민주주의

특히 신자유주의 체제 실시를 위해서는 민영화와 같은 대대적인 정책을 실시해야만 하는데, 민주주의 제도상에서 엄연히 보장되어 있는 파업이나 데모 등 다수의 반발을 무릅쓰고 정책을 감행하기 위해서는 강력하고 억압적인 정부가 필요한 것이다.

그래서 대체적으로 신자유주의를 도입하는 그 순간에는 국민 여론보다 정부의 단호함이 더 중요시된다. 적절한 타이밍으로는 해일, 폭풍과 같은 재해를 입은 경우나 갑작스런 정부 교체, 전쟁 등으로 인해 정책을 받아들였을 때의 예상 피해 계층이 정상적인 반응을 보일수 없는 상황인 때가 많다. 그게 안 될 때에는 그런 상황을 만들기 위해서 노력한다는 시각도 있다. 예를 들어서 캐나다의 경우, 금융 · 기업인들이 민영화 정책을 추진하기 위해서 정부의 적자를 부풀리는 식으로 홍보하며 무디스에 자국의 신용등급을 깎아달라는 요청을 한 적도 있다는 주장도 있다.

영국의 대처는 계급의식을 허물기 위한 수단으로 재산 민주주의라 하여 주식시장을 개인 투자자들에게 개방(매물은 민영화된 기업)하고 공공주택을 국민에게 분배(이것도 민영화다)한 바 있다. 물론 그 결과 고질적인 영국병이 완화되고 시장이 활력을 띄는 성과를 거두었으나 근본적 해결인지는 미지수이며, 어떻게 본다면 위험한 방향으로 악용될 여지도 있다 하겠다.

정치적으로는 신자유주의의 토대인 야경국가주의와 정반대에 있는 경찰국가주의, 쉽게 말해 준독재국가들이 오히려 신자유주의에 기대는 상황을 종종 볼 수 있다. 좋은 예로 피노체트 휘하의 칠레가 있다. 단, 칠레의 사례는 피노체트 정권 수립을 비롯한 모든 과정이 신자유주의 정책을 거의 국가 실험 수준으로 진행시킨 것으로, 신자유주의자, 반신자유주의자 사이에서 그 해석이 분분하다.

남미 칠레는 초기에는 정책 설계를 잘 못한데다 남미 외채위기로 경제가 파탄에 빠졌지만, 차후 정책을 수정한 끝에 그 유용성을 훗날의 민주화 정권에게도 인정받아 오늘날 남미 최부국이 되었다.

오히려 그렇기에 보수주의자들은 자유민주주의를 훼손할 여지가 큰 신자유주의에 대해서 부정적인 경우가 많다. 위에서도 설명했지만, 애초에 보다 규제를 없애고 자유로워지자고 하는 슬로건 속에 필연적으로 정부의 제한이 있지 않으면 성립하기 어렵기 때문이다.

다만 여기서 알아둬야 할 것이 흔히 신자유주의자라고 지칭되는 이들, 가령 밀튼 프리드먼, 프리드리히 하이에크, 로널드 레이건, 마거릿 대처 등은 제각기 생각하는 경향도 달랐고 스스로를 신자유주의자라 부르려 하지도 않았다. 특히 프리드먼이나 하이에크는 스스로를 자유지상주의자라 칭했고, 로널드 레이건이나 마거릿 대처 등은 신자유주의라는 말을 듣자 '신보수주의자'라고 불리어지는 것을 오히려 더 좋아했다.

특히 신자유주의자 소리를 듣는 인사들 중에는 알고 보면 케인지안 혹은 케인지안의 정책을 사용하는 케이스도 꽤 있다. 맨큐나 그린스펀 등이 이런 오해의 피해자에 속한다.

거기에 더해 신자유주의에 대한 비판 역시 따지고 보면 좌파주의 색깔론의 재탕에 보다 가까워지고 있는 것이 현재 실정이다.

인터넷 등을 살펴보면 대체로 '시장, 민영화, (경제 환경의) 개방=악'이라는 전제를 깔고 들어가는 주장들이 판치기도 하고, 이 항목만 봐도 알겠지만, 신자유주의란 게 누군가 구체적인 인물들이 나름대로의 사상 체계에 기반을 깔고 이론적 논점을 펴 가면서 주창한 하나의 체계적인 이론이나 이념이 아니라, 학계, 정계, 재계에서 비롯하여 사회 전반까지 70년대부터 2000년대까지 크게 보자면 친시장, 반규제를 노선으로 묶을 수 있는 다양한 조류와 경향들을 묶어서 싸잡아 부른 것에 가깝기 때문에 주장이나 비판 모두 허공에 뜬 양 애매한 부분이 넘칠 수밖에 없다.

하지만 반대로 말하면 애초에 존재도 불분명한 신자유주의를 깎아내리는 게 아니라 신자유주의자로 분류된 수많은 정치적(신보수주의), 경제적(자유무역주의 등) 노선을 제각각 비판하는 꼴이라고 볼 수도 있다.

| 신자유주의와 한국

대한민국의 신자유주의는 자유주의라든가 '글로벌', '세계화' 등 지금 기준으로 보기에 신자유주의를 이루는 요소라 할 만한 정책은 이미 IMF 한참 이전부터—역사적 연원을 따라가면 이미 구한말 시기부터—있어 왔지만 (사실 이건 신자유주의보다는 세계통합주의 쪽에 더 가깝다), 사실상 본격적인 정책적 이념으로서의 신자유주의 도입은 IMF 외환위기 직후 '국민의 정부' 때라는 게 정설이다. 정확하게는 '김영삼 정부' 말기부터이지만 이때는 레임덕에 시달렸을 때라 실질적으로는 '김대중 정부'부터라고 볼 수 있다.

한국은 여전히 시장 자유도가 다른 선진국들과 비교할 경우 그렇게 높은 나라는 아니다. 다른 영역은 선진국들 평균, 혹은 그 이상을 찍지만 정부의 부패나 각종 규제, 노동시장의 경직성이 평균을 깎아먹는 요인이다.
물론 국민의 정부가 신자유주의를 도입한 것은 일정 부분 반강제적인 측면도 있었는데 국민의 정부 출범 직후 IMF 외환위기 극복이란 명분하에 해고를 비롯한 구조조정과 신자유주의적 개혁은 불가피한 것으로 받아들여졌으며, 많은 부작용에도 불구하고 결과론적으로 외환위기 극복에 유의미했다는 평가를 받기는 했다.

여담으로 한국의 FTA 전략은 꽤나 대국적인 전략이었다. 1차로 칠레나 싱가폴 같은 소국과 FTA를 추진해서 관련 숙련도를 높이고, 2차로 EU, 미국, 중국, 아세안, 인도와 같은 대규모 경제권과 추진해서 본격적으로 경제에 구조조정을 실시하고, 3차로 구소련 지역 중앙아시아 국가들 같은 몇몇 개도국과 체결해서 안정적인 자원 수급을 하는 전략이었다.

당시 민주당 정부의 옹호 측에서는 신자유주의 정책 도입의 불가피성을 미국 등 세계적 흐름과 외환위기의 압력, 전경련과 보수 언론이 주도한 "샌드위치 경제론"에서 찾고, 비판 측에서는 FTA를 노사모 등 지지세력의 반대에도 불구하고 강행했던 노무현 정권에게 상당한 책임을 묻는다. 이는 "민주당은 진보가 아니라 중도 보수"라는 비판도 이런 맥락의 비판이다 (자유주의 대 사회주의의 전통적인 대립점이기도 하다).

이후 정권교체와 함께 한나라당은 FTA 추진과 민영화에 역점을 두었으며 특히 이명박 대통령의 대통령 선거 당선 초기 연설에선 대놓고 '작은 정부'와 '신자유주의'를 정책기조로 삼을 것임을 밝혔다. 그 결과 인천국제공항과 KTX의 민영화, 감세 문제를 두고 대립이 심화되었다. 그러나 2011년 재보선에서 한나라당이 연이어 패배한 후 2012년 한나라당이 새누리당으로 당명을 바꾸면서 선거를 통해 신자유주의적 요소를 대폭 제거, 신자유주의를 상당히 탈피하는 모습을 보이기도 했다.

이를 대변해 주는 2012년 대선 정국 최대의 키워드가 바로 경제민주화라 할 수 있다. 하지만 정작 새누리당 내의 경제민주화 정책을 고안한 인사들은 예상대로 대선 이후에 큰 힘을 발휘하지 못했고, 2013년 상반기 남양유업 대리점 사건을 기점으로 경제민주화 논의가 점화되기는 했으나 이후에 점차 흐지부지되어서 "도로 아미타불"이 되었다.

어느 순간 경제민주화는 쏙 들어가고 대신 나온 게 '규제를 죽입시다.'이다. 규제는 나의 원수, 경제 활성화, 창조경제, 그 이전에 각 행정부마다 뭔가 '창조', '혁신', '개혁' 이런 단어를 좋아하는 경향이 많았는데 이 행정부도 마찬가지일 뿐이다. 국가나 정부의 정책은 시대적 환경에 영향을 받을 수밖에 없다.

또한 우방국가의 정권과도 관계가 있기 때문에 자국의 통치권을 마음대로 변화시킬 수 는 없지만, 국민의 눈높이에서 바라보는 일관된 리더십은 매우 중요하다고 생각한다.

또한, 기업이나 국가는 경제 환경에 따라 일시적 경기 침체나 경제적 불황이 올 수 있다. 그래서 잘사는 국가를 중심으로 '국제기구' 등을 만들어 경제적 위험에 대비하고자 하는 것이다. 결국 이런 국제기구를 통한 국제적 협력과 연대가 자국의 이익을 보호 할 수 있는 최소한의 장치이기 때문이다.

앞으로 신자유주의 정책과 '글로벌 자본주의'는 음·양 경제와 중용의 정치—다음 4장에 나오는 중용의 정치·경제 편 참조—에 따라 그 명·암이 바뀔 것이다. 1%의 소수의 부자든 99%의 빈자든 서로 상생할 수 있어야만 지속 가능한 사회나 국가 그리고 민족을 영위할 수 있기 때문이다.

이 말은 결국 한국인이 가지고 있는 '홍익인간 정신', '홍익인본주의'가 그 해답을 줄 수 있는 유일한 방안이다. 이건 우리가 만들어낸 억지 논리나 견강부회牽强附會가 아님을 지난 역사와 현실을 통해 알 수 있다. 그래서 우리는 우리의 책무가 얼마나 중요한가를 다시 한번 깨달아야 한다.

Chapter 3

역逆사회주의: 공동체경영의 장애障碍요소

> "이런 글로벌 자본주의의 본질은 불평등의 심화, 부의 편중, 생산보다 투기에 집중, 계속 늘어나기만 하는 부채를 만들어 냈고, 오늘날 스스로 고통 받고 있다. 또한 글로벌 자본주의는 오염과 환경파괴로 인류의 모체인 '지구촌 생명지지 시스템'에 치명적 위협이 되고 있다."

▎정부의 통제와 규제 : 선의와 불의

정부의 역할에 대해 이야기하기 전에 먼저 국가와 정부에 대한 정의부터 살펴볼 필요가 있다. 국가國家 또는 나라는 일정한 영토를 차지하고 조직된 정치 형태, 즉 정부를 지니고 있으며 대내 및 대외적 자주권을 행사하는 정치적 실체이다. 대체로 학계에서 동의하는 국가성의 조건은 독립성 인정과 국제 협약을 맺을 수 있는 능력 등이 포함된다. 그러나 몬테비데오 협약 등의 몇몇 학설에 따르면 이런 조건이 꼭 필요한 것은 아니다. (이하는 '지식자료'를 인용했다.)

또한, 막스 베버에 의하면 '국가'는 국내적인 상황에 따라 정의될 수도 있다. 베버는 "국가는 일정 영토 내에서 물리력을 단독으로, 그리고 합법적으로 사용할 수 있게 되는 상황 발현에 성공한 인간의 무리이다."라고 말하였다. 베버의 정의는 여러 가지 방식으로 이해되고 있는데, 이는 '합법적'이라는 단서에 붙이는 의미에 따라 다르다. 마르크스에 따르면 "국가는 부르주아 자본가의 이익을 대변하는 집행위원회"이고, "지배계급의 지배도구에 불과 하다"고 표현했다.

그리고 국가는 일정 지역의 인간이 그들의 공동체적 필요를 위하여 창설한 것으로, 그 구성원들을 위하여 일체성과 계속성을 가지고 요청을 수행하며, 내외의 적으로부터 공동체를 지키고 유지하려는 목적을 가진 조직이다. 이는 하나의 정치적 단위로, 일반적으로 국민 국가만을 의미하며 국민이 해당 국가의 통치 없이 존재할 때 이를 나라라고 부르지 않는다. (예: 팔레스타인 자치 정부 설립 이전의 팔레스타인 국민) 한편 국가만 존재하고 그에 상응하는 국민이 존재하지 않거나, 또는 이 국가가 국민국가가 아닐 때 (말하자면 주권을 행사하는 영토를 가지지 못할 때) 이를 또한 나라라고 부르지 않는다.

오늘날 세계에는 220여 개의 국가가 있으며, 이들의 형태와 기능은 저마다 차이가 많이 난다. 또, 역사적으로 넓은 뜻에서 국가로 칭할 만한 정치조직은 수없이 흥망을 계속해왔다. 그러므로 국가의 개념은 확립된 것이 아니며, 그 기원과 역할에 대한 의견은 여러 가지이다. 또 무엇을 국가로 간주할 것인지도 의견이 분분하다. 그러나 오늘날 선진 국가는 복지국가를 자처하며 "요람에서 무덤까지" 만인의 행복과 복지를 위해 노력하는 것을 지표로 하고 있다.

마키아벨리는 저서 《군주론》에서 "사람들에 대하여 명령권을 가지고 있었고, 또 현재 가지고 있는 통치영역은 국가이며, 그것은 공화국이나 군주국 가운데 하나"라고 함으로써 국가라는 단어를 처음으로 학문에 도입하였다. 이와 함께 그는 국가의 구성요소로 토지, 인간, 지배력을 들고 있다. 이는 지금까지도 국제법의 통설로 통하는 국민, 영토, 주권의 국가

3요소 설로 계승되었다. 또한 국가의 권리와 의무에 관한 몬테비데오 협약은 국제법상의 국가로 인정받기 위해서는 항구적인 주민, 일정한 영토, 정부, 다른 국가와 관계를 맺을 수 있는 능력을 가져야 한다고 한다.

근대국가 이후 국가 3권부와 언론 등의 모든 것을 감시, 견제하고 비판하는 제3의 세력인 시민사회(단체)가 급격히 대두해 강한 영향력을 발휘하고 있다.

이에 비해 정부(政府, GOVERNMENT)는 어느 지역 또는 국가를 통치하는 단체나 기관을 말한다. 넓은 의미로는 국가기관과 지방자치단체를 모두 포함하며, 좁게는 행정부만을 의미하기도 한다.

정부는 대통령제와 내각제를 합한 국가라면 내각도 포함한다. 그리고 공산주의 국가, 당 국가라면 당도 포함한다. 대한민국의 경우 정부는 내각, 행정기관(입법, 사법, 행정), 여야 4당, 기타 다른 당, 지자체, 국회, 행정부, 보건복지가족부, 통일외교통상부 같은 부서 등을 이룬다.

우리 사회에서 정부의 개념은 다의적으로 사용되고 있다.

첫째 정부는 행정부는 물론 입법부·사법부 기타 모든 국가기관을 총망라한 국가의 통치 기구 전체를 의미하고, 영어의 'GOVERNMENT'가 이에 해당한다.

둘째 정부는 국가의 정치 기구 중 입법부·사법부를 제외한 집행부, 즉 행정부만을 의미하고 영어의 'EXECUTIVE'가 이에 해당한다.

셋째 정부는 행정부 중에서도 행정의 실권자, 즉 미국식 대통령제 국가에서는 대통령을, 영불식(英佛式) 의회제 국가에서는 행정의 실권을 가지는 내각만을 의미하기도 한다.

정부의 개념을 이렇게 사용하면 영불식 의회제 국가에서는 명목적인 권한밖에 가지지 못하는 국왕 또는 대통령과 같은 국가 원수는 정부에 포함되지 않게 된다.

이들 중 정부라는 뜻에서는 첫 번째 개념이 역사가 가장 오래되고, 또 소박한 개념이라고 볼 수 있다. 국가 기능이 입법·행정·사법으로 분화되지 않은 과거 절대군주국가에서는[개명전제국가(開明專制國家)에서는 사법은 어느 정도 분화되었다고도 볼 수 있었지만] 국가의 모든 통치기구를 정부라고 볼 수밖에 없었다. 그러나 과거의 절대군주국가에서는 군주가 정부를 상징하였고, 정부라는 독특한 개념은 아직 발생하지 못했다고도 볼 수 있다.

일반적으로 정부 형태(政體)와 국가 형태(國體)를 구별하고, 국가 형태는 주권이 1인에게 존재하느냐 또는 다수인에 존재하느냐에 따라서 군주국과 공화국을 구별하고, 또 공화국은 그 다수인을 국민 전체로 구성하느냐, 또는 특정 계급으로 구성하느냐에 따라서 민주 공화국과 계급제 공화국(귀족 공화국 및 영농제(榮農制) 공화국)으로 분류하지만, 결국은 국가(중앙정부) 형태는 정부 형태에 따라서 결정될 수밖에 없고, 현재 군주 주권을 공공연히 표방하는 국가는 거의 없다시피 되어 있다.

현대적 의미의 정부는 삼권간의 권력 분립주의를 선택하며, 이는 삼권간의 권력 분립을 어떻게 하는가에 따라서 여러 정부 형태가 구별된다. 그러나 사법권을 입법권과 행정권으로부터 가능한 한 최대한도로 독립시켜야 된다는 데 대해서는 어떤 국가에서든지 인정을 받고 있고, 따라서 사법권과 입법권·행정권과의 권력 분립에서는 국가 간에 그리 큰 차이가 나지 않는다.

물론 여기에서도 그 나라의 사법부가 민선의회民選議會가 제정한 법률이 헌법에 위반되는 여부를 심사할 수 있는가, 또 그 나라의 사법부가 민·형사 사건뿐만 아니라 행정 사건까지도 관할할 수 있는 이른바 사법형 司法型의 국가인가, 또는 그것이 불가능한 행정형行政型의 국가인가에 따라서 약간의 차이는 날 수 있다.

이와 반대로 입법권과 행정권과의 권력 분립은 국가 간에 크게 차이가 나는데, 여기에서 미국의 대통령제와 영불식英佛式의 의회제가 갈라진다. 미국의 대통령제는 입법권과 행정권간의 권력 분립을 되도록 엄격하게 하려고 노력한 데서 나온 정부 제도이고, 이는 입법권과 행정권 간의 조정에 의한 상호 의존을 도모하는 정치제도이다. 한편 영국의 의회제는 영국 왕의 수중에 마지막으로 남았던 행정권마저 의회가 인수하여 정치력을 결정하는 제도이며, 이는 의회가 발달하는 과정에서 발전한 정부 제도라고 말할 수 있다. 이 모든 것은 입법권과 행정권 간의 권력 분립을 원칙으로 하지만 내각의 국회로의 통합에 의한 상호 의존을 도모한다.

| 한국정부의 형태

한국의 정부 형태는 미국식 대통령제, 영국식 의회제, 프랑스(제5공화국)의 드골식(式) 정부 제도를 절충한 독특한 정부 형태이고 원리상으로는 미국식 대통령제에 속한다. 즉 현행 헌법상 국가의 원수이며 외국에 대해 국가를 대표하는 대통령은 실질적인 행정권자일 뿐만 아니라 국가의 독립. 영토의 보전, 국가의 계속성과 헌법을 수호할 책무와 조국의 평화적 통일을 위한 성실한 의무를 지고 있다(헌법 66조).

그리하여 대통령은 일반적으로 국가 원수가 가지는 선전 포고와 강화권, 조약의 체결 비준권, 외교 사절의 신임. 접수 · 파견권, 국군 통수권, 긴급 처분권, 계엄 선포권, 공무원 임면권, 사면권, 국회에 대한 의견표시권 등을 가진다.

그뿐만 아니라 국가 권력의 정상적 기능을 유지하고 국론國論의 통일을 기하기 위하여 현행 헌법은 또 대통령에게 권력 분립의 원리를 초월하여 입법 · 행정 · 사법의 3권을 통합 조정하고 중재하는 국정의 통합 · 조정권을 부여하고 있다. 즉 대통령은 헌법 개정안의 제안권, 국가 안위에 관한 중요 정책을 국민 투표에 붙일 수 있는 권리, 국회 임시회의 집회 요구권 등 강력한 권한을 가지고 있다.

또 대통령은 헌법상의 필수 기관인 국무회의의 의장으로서 국무회의 주재권을 가지고, 국무회의 심의 안건을 제출할 수 있는 등 정치의 일선에 나가고 있다. 물론 정부의 권한에 속하는 중요한 정책은 대통령 외에 국무총리와 국무위원으로 구성되는 국무회의의 심의를 거쳐야 하고, 헌법 제88조에 열거된 사항, 즉 거의 행정 전반에 수긍하는 여러 문제는 반드시 국무회의의 심의를 거쳐야 하고, 또 대통령의 국법상 행위에 관한 모든 문서에 국무총리와 관계 국무위원의 부서副署가 있어야 하지만, 이 국무회의의 심의권과 국무총리와 관계 국무위원의 부서권副署權으로 인하여 대통령의 권한이 제약될 가능성은 희박하다. 국무위원은 국무총리의 제청에 의해서 대통령이 임명하고, 국무총리는 대통령이 국회의 동의를 얻어서 임명을 하고 국회는 국무총리 또는 국무위원에 대하여 해임을 대통령에게 건의할 수 있다.

원칙적으로 대통령제 정부 형태에서 국회가 내각에 대하여 해임 건의를 할 수 없으나 대한민국의 정부 형태가 절충형을 취해 의원 내각제적 요소를 가미하고 있기에 이러한 권한을 국회에 부여하여 정치적으로 행정부, 즉 대통령을 견제하기 위함이다. 구 헌법에서는 해임 건의권 대신 더 강력한 해임 의결권을 국회에, 이에 대하여 대통령에게는 국회 해산권을 각각 부여하였으며 국회가 국무총리·국무위원 해임 의결을 결의하였을 때에는 대통령은 반드시 이에 따라야 한다는 규정을 설치했었다. 그러나 제9차 개정 헌법은 대통령의 국회 해산권을 삭제하는 대신 국회의 국무총리·국무위원 해임 의결권도 해임 건의권으로 완화하고 또한 이행 의무 규정도 삭제하였으므로 국무총리·국무위원은 임면권자인 대통령에게 책임을 지울 뿐이며 국회에 의한 대통령의 권한을 제약할 가능성은 적을 수밖에 없고, 따라서 행정의 실권은 명실공히 대통령에게 귀속될 수밖에 없다.

이 행정의 실천자인 대통령에 대해서는 국회가 불신임 결의권不信任決議權이 없음은 말할 것도 없고 (국회가 탄핵 소추는 할 수 있지만, 본래 탄핵은 정치적인 책임을 묻는 제도가 아니다), 대통령은 국민의 보통·평등·직접·비밀 선거에 의하여 선출되므로 의원 내각제 정부 형태에서의 수상처럼 국회에 대하여 정치적 부담을 지지 않을 것이고 더욱이 야당이 국회의 다수당이 되더라도 대통령은 재적 의원 과반수의 출석과 출석 의원 3분의 2 이상의 다수결에 의한 재의결再議決에 의하지 않고는 극복되지 않는 강력한 법률안 재의권法律案再議權을 가지고 있으므로 능히 야당 국회의 정치적 공세를 좌절시킬 수 있다. 이와 같이 대통령의 임기 5년간은 행정부는 국회의 제약을 받음이 없이 안정될 수 있는 강력한 행정부를 한국 헌법은 규정하고 있다고 볼 수 있고, 헌법 규정상 절충식 정부제도이지만 실제 운영상에서는 미국식 대통령제로 나갈 수밖에 없다.

| 국가와 정부의 권력

예나 지금이나 권력權力은 정치제도에서 가장 필요한 요소이다. 권력은 국가, 정부집단과 국민 간 일반적 의미의 권한 행사 또는 인간의 지도 행위를 넘어 '보이지 않는 힘'의 무소불위의 권위를 갖는다. 이러한 권력(權力, 독일어: MACHT, 영어: POWER)이란 일반에 있는 주체가 상대방에게 원치 않는 행동을 강제하는 능력을 말함이다.

권력이라는 개념은 17세기 '역학'의 발전을 배경으로 출현하였다. 물체는 위치 에너지와 운동 에너지의 역학적 에너지를 생성시키는데, 이와 같이 어떤 '권력수단', '기초가치'를 가짐으로써 어떤 사람이 타인을 그 뜻에 반하여 행동하게 할 수 있는 특별한 '힘'을 보유하고 있다는 이해가 생겨났다. 이러한 권력관權力觀을 '실체적 권력관'實體的 權力觀이라 한다.

그러므로 권력은 사회의 모든 방면에서 성립할 여지가 있다. 일반적으로 정치적인 측면에서 이용되는 권력이라고 하면, 일정 범위의 주민 모두에게 미치는 강제력을 가지며 이를 복종하게 하는 권력을 가리킨다. 오늘날 정치권력이란 국가권력을 가리키는 것이 통례이다. 국가는 법의 제정권, 경찰과 군대, 정부와 관료 집단을 독점적으로 보유함으로써 효율적인 통치권을 확보한다.

또한, 물리적 강제력이 따른 정치권력을 유지하는 것으로는 정치적 정당성을 확보하는 데까지는 이르지 못하고, 안정적인 지배를 유지하기 어려우므로(권위의 결여), 정치적 정당성을 확보하기 위해서는 정치권력·국가권력이 피지배자에게서 지배에 대한 자발적인 동의와 복종을 조달할 필요가 있다.

잠시 살펴본 바와 같이 국가, 정부 그리고 권력의 의미를 종합해 본다면 몇 가지 추론을 할 수 있다. 즉, 국가나 정부 그리고 권력은 시대적으로 변화, 발전하면서 오늘에 이른 것이다.

오늘날 국가는 가장 강력한 힘을 행사하는 공동체라고 정의할 수 있다. 또한 국가권력을 행사하는 주체로서 정부를 생각해 보자. 정부의 본질적 기능은 국민을 위한 봉사여야 한다고 생각할 수 있지만, 이건 아주 순진한 발상일 뿐이다. 원래 정치권력은 순기능을 발휘한다면, 국민의 기본권(자유권, 생존권, 행복추구권)을 지켜주어야 하고, 외부 침략으로부터 지키며 내적 치안을 유지하여야 하며, 국가를 유지 발전시켜야 하는 것이다.

그러나 오늘날 정부는 정치권력의 일종의 집단이기주의 행태를 보이고 있는 경우가 많다. 이를 공적인 권력의 사유화라고 해야 하지 않을까?

정치권력이 본질적 역할을 벗어나서 사적인 목적추구로 변질됨에 따라서 소위 '공권력'은 형평성을 잃는 경우가 허다하다. 이런 관점에서 현재 지구촌 대부분 국가에서 정부는 도에 지나친 막강한 권력을 행사하는 경향이 있다. 물론 오늘날처럼 글로벌 시대에서는 한 국가의 정치권력이 국민의 기본권을 일방적으로 통제하고 규제하기는 쉽지 않다.

그러나 일반적으로 개발도상국에서 경제적 선진국으로 발전하는 과정에서 종종 정부는 독재적 성향을 갖게 되고, 이는 사회 전반에 걸쳐서 필요 이상의 통제와 규제로 나타난다. 한국의 경우에도 예외는 아니었다고 볼 수 있다. 정부의 통제의 대표적 사례 중 하나는 언론통제이다. 여기서 말하는 언론통제는 정부나 국가 기관이 적당하게 여론을 조작하는 행위까지를 포함한다.

이러한 언론통제는 소위 독재국가에서는 말할 것도 없고, 일반적으로 국제적인 교류가 제한된 폐쇄된 국가일수록 심할 수밖에 없다. 그러나 오늘날처럼 국가 간의 교류가 활발해지고, 인터넷 등의 글로벌 매스미디어의 발전으로 이러한 언론통제는 점점 힘을 잃는 것이 보통이다. 따라서 일부 국가에서는 인터넷에 대해 엄격한 통제를 하는 경우도 있다.

아마도 정부의 통제와 규제가 가장 심한 영역은 경제·경영 분야일 수 있다. 그 이유는 정부는 결국 국민의 세금으로 운영되는 조직이므로, 그 재원을 확보하기 위하여 정치권력을 행사할 수 있기 때문이다.

어느 국가이든 가장 많은 세금은 '사업'의 세계, 즉 기업체들로부터 나오기 때문이다. 따라서 사업 행위에 관련된 통제와 규제는 그러한 재원, 즉 '돈'의 관점에서 보면 이해하기 쉽다. 특히 개발도상국의 경우에 정부는 도로, 항만, 공단 건설 등 기간산업을 육성하면서 특정의 기업 혹은 기업집단에 특혜를 주는 사례는 흔하다. 이 흔한 사례가 정권 교체 후 '부정부패 척결', '비리근절' 등의 이유로 법의 심판을 받게 되는 경우가 많다.

'글로벌 자본주의'와 '다국적기업'들을 조사해 보면, 개발도상국에서 천문학적인 돈을 만들어내는데 이는 별로 특별할 것도 없다. 흔히 이것을 정경유착이라고 말하지만, 이는 막대한 자금을 손쉽게 확보하는 전략으로 정부가 적극적으로 후원하는 사업이라고 생각할 수 있다.

결과적으로 이런 정경유착이 오늘날 소위 재벌이라 불리는 대기업들의 성공신화가 만들어진 배경이다. 맨손으로 자수성가한 재벌 총수의 자수성가 스토리에는 항상 숨겨진 이면의 스토리가 들어있는 것이다. 이는 마치 기업의 이중장부처럼 숨겨진 실체이다.

이 말은 오늘날 대부분 국가의 대기업, 혹은 재벌들은 권력의 비호 하에 엄청난 이권 사업으로 대성공을 거둔 것이다. 이는 결과적으로 부익부 빈익빈 사회를 만드는데 정부가 결정적인 기여를 한다는 의미가 되는 것이다.

사회 전반에 걸쳐서 정부의 통제와 규제가 심할수록 결국 사회는 극단적인 양극화 사회가 될 수밖에 없다. 그래서 정부의 '지나친 통제와 규제'는 양쪽의 칼날처럼 선의와 불의를 구별할 때만이 그 역할을 다 할 수 있는 것이다.

귀족 노동주의 : 집단이기주의

귀족적 노동주의의 출발은 영국의 노동 귀족론에서 파생된 개념이 아닌가 생각된다. '노동귀족'이라는 개념이 19세기 영국 자본주의로부터 파생된 개념이기 때문에 영국의 마르크스주의자들이 논의하기에는 적절한 주제라고 본다 (노동귀족이라는 단어의 파생을 고전적 의미로 해석한 것이다).

한편, 레닌이 '노동귀족'을 언급할 때는 영국에서 배타적으로 나타난 노동자계급에서 형성된 일정한 층(STRATUM)을 의미했다(비록 레닌의 제국주의의 노트에서는 대영제국의 백인 노동자 그룹에서 비슷한 현상이 보인다고 언급했어도). 이 말 자체는 1885년에 엥겔스가 쓰고 1892년에 개정판이 나온 [1844년 영국 노동자계급의 상태] 서문에서 사용한 용어를 차용한 것이다. 엥겔스는 여기서 "노동자계급 중에 귀족"이 형성되고 있는 영국의 거대 노동조합에 대해 이야기하고 있다 (이하는 '지식자료'를 인용했다).

실제적인 노동귀족의 용어 채택은 엥겔스가 했다고 볼 수 있지만, 이 개념은 특별히 1880년대 영국의 사회 정치적 논의에서 익숙한 단어였다. 이 시기 영국의 노동자계급은 이에 해당하는 일정한 층은(STRATUM) - 소수이기는 하나 수적으로 큰 하나의 단위 '장인들' (예를 들면 숙련된 기술자들-남성노동자들)을 지칭하거나, 특별히 노동조합이나 여타 노동자 조직에서 조직된 사람들을 언급했던 것이다.

한편, 외국인들이 이 용어를 사용했던 것은, 예를 들면 레닌이 [제국주의론] 8장에서 칭송한 슐츠 가버니츠(SCHULZE-GAEVEMITZ)는 주로 이런 의미였다. 노동귀족에 대한 전통적인 개념은 전체적으로 유효한 개념은 아니지만, 그러나 분명한 사회적 실체로서 노동자계급의 상위층이라는 일반적인 개념으로 사용되었다. 말하자면 마스크스나 엥겔스, 레닌 모두 노동귀족이라는 말을 고안한 것은 아니다. 19세기 영국의 후반에 사회 전반에 자연스럽게 나타났던 용어일 뿐인 것이다. 더군다나 이 용어는 중요한 의미가 있는 어떤 확실한 목적을 위해 사용된 것은 아니었다. 그래서 레닌은 제국주의 시대가 도래할 때까지 사실상 노동귀족은 없었다고 주장했다.

한편, 엥겔스 논의가 갖는 의미는 다른 점에 있다. 엥겔스는 노동귀족이 영국의 세계 독점산업으로 가능해졌으며, 그리하여 독점의 종말은 나머지 프롤레타리아트를 통해 가능할 것이라고 주장했다. 레닌은 바로 엥겔스의 이점을 계승한 것으로서, 실제로 1914년 이전에 여러 해에 걸쳐 영국 노동운동이 급진화 되었을 때 엥겔스의 후반기 저작이라 할 수 있는 "자유노동자 정책에 대한 영국에서의 토론(1912년)", "영국노동운동"(1912년), "영국에서 기회주의의 비참한 몰락"(1913년) 등에서는 이런 점을 강조하는 경향이 있었다.

노동귀족이 영국 노동운동의 "자유-노동자주의"나 기회주의의 기초라는 점에 대해선 의심할 바 없었으나, 레닌은 이 시기까지는 노동귀족 논의가 갖고 있는 국제적 의미에 대해선 강조하지 않았다. 예를 들면 레닌은 분명하게 수정주의의 사회적 뿌리로 노동귀족을 언급하지 않았다. (1908년 "마르크스주의와 수정주의", 1910년 "유럽 노동운동의 여러 차이" 등의 저작을 참조)

오히려 레닌은 "무정부적 조합주의"같은 수정주의가 자본주의 발전과정의 주변에서 프롤레타리아의 대열로부터 교대로 특정 중간계층-소상점, 국내 산업 노동자들 등등-을 일상적으로 창출하고 있으며, 이런 결과로 쁘띠부르주아적 경향이 필연적으로 프롤레타리아 정당에 침투하게 될 것이라는 점을 강조하고 있다.

원래 노동은 자본에 대한 상대적 우위와 협상을 유리하게 하도록 하기 위하여 노동조합을 만들었다. 이 조합이 근대에 들어서면서부터 프롤레타리아 정당으로 등장하여 새로운 정치적 권력화가 되어가고 있다. 한편으로 이는 현대적 의미에서 '신노동 귀족주의 권력'이 세속화되어 가고 있다는 증명이기도 한다.

| 한국적 의미의 귀족 노동운동

한국의 거대기업 및 공기업 (공무원 포함) 정규직에 대해서 노동귀족 논란이 많다. 그런데 이런 노동귀족 논란은 한국만이 아니라 유럽에서도 나타나고 있음을 볼 수 있다. 미국에서도 2008년 금융위기 과정에서 파산하기 전의 GM 노동자는 다른 자동차공장 노동자에 비해 임금이나 의료보험에서 특권적 지위를 누렸다(파산 이후엔 사정이 달라졌지만).

현대적 의미의 귀족 노동행위는 노동자간 즉 정규직과 비정규직의 차이, 또한 임금 간의 격차이다. 특히 노동자 사이의 임금 격차 문제는 일찍이 애덤 스미스(A. SMITH)가 『국부론』에서 다룬 바 있다. 그에 따르면 임금 격차는 작업 환경, 소득 안정성, 교육훈련, 책임성 등 비금전적 불이익을 보상하는 것이다. 사실 이런 식의 임금 격차라면 사회적으로 그리 큰 문제가 되지 않는다. 예컨대 막장에서 일하는 광산 노동자들에게 일반 노동자들보다 임금을 더 준다고 문제되지는 않는다. 이 말은 비금전적 불이익을 도대체 어떻게 금전적으로 환산할 수 있는가 하는 문제이다.

그런데 애덤 스미스의 임금 격차 이론은 노동시장의 자유로운 경쟁상태를 전제로 한다. 만약에 특정한 일자리로의 이동이 자유롭지 않다면 사정은 달라진다. 애덤 스미스는 고려하지 않았지만, 자본의 자유로운 이동이 힘들 때도 마찬가지다. 예를 들면 임금 결정에 대해서 부두의 하역노동자들이 조합을 결성해 독점력을 행사한다면 임금 결정은 달라진다. 오랫동안 우리 부두의 항운노조는 이런 특권을 행사해왔다.

또한 자본의 경우도 마찬가지다. 독점자본이 독점력으로 초과이윤을 획득하고 있는 상황이 지속되고 있으면, 거기에 취업한 노동자들도 특권적 지위를 누릴 수 있다. 원래 노동귀족이란 용어는 바로 이런 현실과도 관련된 것이었다.

　자본주의 하에서 모든 상품의 가격은 수요와 공급, 그리고 제도에 의해 결정된다. 여기서 제도라는 것은 예컨대 최저임금제나 자격증제도처럼 시장 밖으로부터 시장 내부로 주어지는 요소이다. 임금도 노동(력)이라는 상품의 가격이므로 마찬가지다.
　그런데 노동시장과 자본시장이 왜곡되어 있으면, 수요와 공급이 자유경쟁적으로 움직이지 않는다. 임금 격차가 애덤 스미스 식으로 결정되지 않는 것이다. 이런 상황에서 노동자간 임금은 단순한 임금 격차라기보다는 "노동귀족-노동평민-노동천민"의 차별을 논할 필요가 생기는 것이다.

　한국에서 '신이 내린 직장'이란 말이 있다. 또한 '귀족노조'라는 말도 있다. 이에 대한 구체적인 사례들을 일일이 언급하지 않아도 무엇을 말하는지 충분히 짐작할 수 있을 것이다.

　오늘날 고액 임금 뿐만 아니라 많은 특권을 누리는 귀족 노동자들이 파업을 강행하면서 집단이기주의를 보이는 경우를 종종 목격할 수 있다. 이들이 귀족노조를 결성하고 상식적으로 납득하기 어려운 권리를 주장하며 장기간 파업을 하고 있다는 뉴스를 접할 때가 있다. 이들의 주장도 일리는 있지만, 사회적으로 보면 열악한 환경에서 저임금에 시달리는 중소기업체 노동자들은 상대적 박탈감을 느끼게 만든다. 이는 임금 격차에 따른 노동자들 간 불화를 조성하는 원인이 되고 있다. 그리고 우리 사회 곳곳에 '귀족 노동주의'와 같은 직능 단체뿐만 아니라 비영리를 위장한 이해 집단들이 집단 이기주의를 형성하여 홍익의 이념과 사상을 무너뜨리고 있다.

그러나 여기서 한 가지 분명하게 짚고 넘어갈 부분이 있다. 그것은 언론에 등장하는 노동 귀족론의 실상을 오도하는데 있다. 예를 들면 노동귀족들이 파업을 해서 문제가 생겼다는 뉴스가 나온다. 우리가 말하고자 하는 문제는 여기에 권력의 입김이 작용하고 있다는 것이다. 이 또한 노동귀족에 대한 왜곡이 심하다는 뜻이기도 하다. 정부와 기업주들은 일부 어용 노조에게 정부와 사측에 협조한 대가로 기사 딸린 고급 세단이나 타고 다니며 온갖 특권을 누리는 일부 어용 노조 지도자들에게는 '노동귀족'이라고 비난하지 않는다. 오히려 '합리적 노동운동가'로 치켜세운다.

반면 사측이 저지르는 불법, 차별, 폭력에 맞서 공장을 점거하고 싸움에 나선 현대차 비정규직 노동자들까지 '노동귀족'이라는 미명으로 싸잡아 비난한다. 보통의 비정규직 노동자보다 두 배 가까운 연봉을 받는다는 산술적인 이유로 말이다.

우리가 말하고자 하는 노동귀족은 일부의 어용세력을 포함한 것을 의미한다. 이는 노동자들의 정당한 단체 행위를 저지시키려는 정부의 적절한 행위로 이용되기 때문에 우리는 이를 심각한 공동체의 장애障碍라고 말하고 있는 것이다.

| 정당정치의 명·암

정당政黨은 공공 이익의 실현을 목표로 하여 정치적 견해를 같이 하는

사람들이 자발적으로 조직한 집단을 일컫는다. 정당은 정치의 기구·조직 가운데서 비교적 최근에 발달한 편에 속한다. 사회가 근대화됨에 따라 정치가 다원화하는 것을 반영하는 데 있어서 의회만으로는 충분하지 못하게 되어, 여기서 생기는 투입과정의 차질을 보완하기 위하여 점차로 정당이 형성되기 시작되었다(이하는 '지식자료'를 인용하였다).

서구의 정치사에서는 근대정당의 성립과 발전을 대체로 19세기 초부터 잡고 있으며 의회정치를 기준으로 해서 볼 때에는 나라에 따라 19세기 말에 이르러서야 정당정치의 전통이 확립되었다. 근세 이전은 말할 것도 없고 16세기에 이르는 사이에 정당이 발달하지 못했던 이유는 여성들의 참정권參政權 제한으로 정치에 참여하는 인구가 한정되어 있었기 때문이다.

정치가 귀족이나 지식을 가진 계층에 의하여서만 이루어질 때 정치를 좌우하는 것은 합리성이며 또한 그 바탕은 동질적인 것이다. 이러한 단일의 정치적 주체에 대하여 처음에는 부르주아지가, 그리고 뒤이어서는 노동계급이 도전하게 되어 정치는 복잡한 투쟁관계로 변모하게 되었다.

정치 투쟁의 첫 단계에서는 주로 폭력이 이기고 지는 것을 가름했으나, 이는 어느 쪽이 종국적인 승리도 할 수 없다는 사실을 깨닫게 되어서는 타협과 선의의 경쟁이 룰RULE이 되었고 이에 정당이 필요 불가결한 것으로 등장하게 된 것이다.

정당의 기본적인 개념을 정치 사회적으로 보아 다원적 경쟁사회에서 성립하는 것으로 여길 때 현대의 전체주의적 국가에서 볼 수 있는 단일

정당은 정당이라고 하기보다는 특수 기능을 장악한 정부의 한 조직으로 판단할 수 있다. 정당이란 어휘 자체가 원래 '부분적인 모임'이라는 뜻에서 만들어진 것이다. 또 현대의 신생 제국에서 대개의 경우 정당의 존재를 확인할 수 있긴 하나 서구적인 기준에서 보면 정당이라고 하기보다는 지배자의 손발과 같은 사조직이라고 하는 것이 타당할 때가 많다. 정당의 특징을 몇 가지로 정리해 보면 다음과 같다.

첫 번째, 그것은 집단적 조직이라는 것이다. 어떤 나라에서는 법률로써 최저 몇 명 이상의 당원이 있어야 정식으로 정당이 될 수 있다고 규정하고 있지만 일반적으로 생각할 때에도 어느 정도 이상의 사람이 모여 있지 않으면 안 된다.

두 번째, 정당은 독특한 조직을 갖는다. 정당에만 고유한 어떤 조직이 있는 것이라기보다는 사회에 존재하는 조직의 모든 종류 가운데 정당 목적에 합당한 것이면 곧 이용된다. 가부장제적 조직, 군대식 조직, 세포와 같은 비밀조직, 또는 민주적 조직이 있다. 20세기에 들어와 마이헬스(R. MICHELS)가 민주주의를 표방하는 대중정당의 조직에서 과두적 경향을 적발해 내었던 사실은 유명하다.

세 번째, 정당은 사회단체와는 달리 정치권력의 획득을 수단으로 정치에 영향을 끼칠 수 있다. 양당정치라고 하는 것은 두 개의 정당이 교대하여 정권을 담당할 때 일컫는 말이며 다당제에서의 군소정당은 정권을 획득하는 데 목표를 두기보다는 정권에 참여하거나 또는 영향을 미침으로써 만족한다. 정당은 정권을 지향한다는 점에서 교회나 노동조합, 그리고 기타 사회단체 및 압력집단과 구별된다.

네 번째, 정당은 공익성을 그 요건으로 한다. 18세기의 영국에서 정당과 의회의 공익성을 주창했던 버크(E. BURKE)의 말을 빌려보자. "정당이란 여러 사람이 한데 뭉쳐 공동의 노력으로 국가적 이익의 향상을 위해 활동하는 집단인데 이때 각 당은 자체의 합의에 입각한 독특한 주장을 내세운다." 이 기준에 의하여 우리는 정당과 파벌(FACTION)을 구별할 수 있다. 현대는 정당의 대부분이 국민 정당으로 되어 있으나 지난날에는 한때 계급 정당이 발달하여 배타적으로 싸웠고, 또한 사당이 존재하여 국가 이익 같은 것은 돌보지 않았었다.

다섯 번째, 정당은 선거와 병존한다. 정당이 민주정치에 반드시 필요한 이유는 선거를 치르는 데 있어서 후보자를 내고 선거의 쟁점을 내어놓으며, 국민이 정치에 참여하도록 권하며, 당선 뒤에 책임정치를 하게 하는 일을 모두 정당이 맡아 보는 까닭이다. 이와 같이 정당의 일반적인 공통점을 말할 수는 있으나 정당은 각국의 정치문화 및 정치기구의 특징에 따라 그 면모는 각양각색이 된다. 그러나, 대체로 의원내각제와 대통령중심제 및 후진국의 유형으로 나누어 볼 수 있다. 의원중심제 정부형태의 모델로는 영국이 가장 적절하다. 그리고 대통령 중심제 정당은 미국의 유형이 적절하며, 후진국형은 대체적으로 아시아 소수국가의 유형을 말하기도 한다.

제2차 세계대전 후에 수많은 나라들이 독립하였고 대부분의 나라들은 서구의 정치를 모방하는 과정에서 정당을 만들었다. 그러나 서구의 사회, 경제, 정치적인 여러 여건이 구비되어 있지 않은 처지에서 정당정치는 흔히 비뚤어져 갔다. 선거에 의하여 정권이 교체되지 않기 때문에 이른바 1과 ½의 정당제가 되고 말며, 또한 정당은 정치과정에서 국민과 연결되지 못하고 지배자의 친위당이 되고 말아 책임정치를 수행하는데 아무런 도움도 주지 못했다.

| 근대 의회정치의 출현

인간이 도당 또는 당파를 조직해서 정치적 목적을 달성하려고 한 역사는 오래된다. 이것을 인간의 투쟁본능의 표현으로 보는 설도 있으나, 어떻든 단결이 힘의 결집수단으로서 효과적이라는 단순한 이유가 작용하고 있음은 틀림없다. 정당도 이러한 의미에서는 당파현상이라고 표현할 수 있겠으나 단순한 도당과 정당 사이에서는 유사점보다도 상위점 쪽이 더 중요한 의미를 갖는다. 정당은 근대적 의회제도 아래서 정치권력을 위해 투쟁하는 조직이지만, 도당은 역사적으로 그 이전의 현상이며, 정치권력이 개인 내지 폐쇄적인 집단에 독점되었던 시대에 거기에 대항하는 집단으로서의 도당은 직접 폭력수단에 호소하지 않으면 안 되었다.

즉, 암살이나 협박, 반란 같은 수단에 의존했는데, 권력측도 이에 대항해서 투옥, 사형 등의 위력수단으로 준열한 탄압을 가했다. 그 결과 반정부 세력은 종종 비밀결사의 형태를 취하게 되고, 당파의 목적·구성원·조직·활동은 일체 비밀에 붙여지고, 이 비밀의 유지를 위해서는 엄격한 규율이 준수되었다. 한편 정당은 근대적 의회정치와 더불어 발전해 온 조직이다.

근대적 의회정치는 첫째, 유권자의 범위에 넓고 좁은 차이는 있어도 어떻든 일반 국민이 선거에 의해 국민 가운데서 전체 국민을 대표하는 의원을 선출하고, 둘째, 의회가 입법, 예산 및 정부 감독의 권한을 가지며, 셋째, 의회의 의사가 공개된 장소에서 토론과 설득의 절차를 거쳐 최종적으로 다수결에 의해서 결정되는 제도를 말한다.

'전 국민을 대표하는 의원'의 개념은 고정적 이해의 대립을 초월한 공적인 국가의 성립을 전제로 하며, 이해관계나 의견의 대립을 무력이 아니라 토론과 다수결로 해결한다는 것은 다수와 소수를 초월한 전체라는 개념이 인정되고 있는 것을 의미하며, 근대적 의회정치가 시민사회를 기초로 하는 근대국가에서 비로소 가능하게 되었다는 것을 말해 주고 있다.

이리하여 의회 내부에서 동지로서 의원을 모아 다수파의 자리를 차지하기 위한 노력이 벌어지고, 의원의 원내조직으로서 정당이 생기게 된 것은 극히 당연한 일이었다. 의회의 세력이 한층 더 강화되어 정부가 의회의 다수파를 기초로 해서 설립되게 되자 정당도 정권의 획득, 유지를 위해 그 결속을 한층 더 강화하게 되었고, 또 유권자의 범위가 한층 더 확대됨에 따라 정당 자체가 선거활동의 영역에까지 그 활동범위를 넓히게 되었다. 이렇게 정당의 활동은 의회정치의 구조와 불가분의 관계에 있다.

현대정치에서의 정당은 의회정치라는 기계를 움직이는 엔진이라고 할 만큼 중요한 공적 조직이며, 정당이 없는 민주정치는 생각할 수도 없다. 미국의 대통령선거나 비례대표제의 의원선거는 정당의 존재를 떠나서는 생각할 수 없으며, 의회의 의사운영도 정당이 없다면 극도의 혼란을 빚을 것이 틀림없다. 그리고 여당이 결정한 정책은 정부에 의해 실제로 시행될 수 있다. 이렇게 정당이 국가적 의의가 있는 중요한 공공의 기능을 가지고 있기는 하나 그렇다고 정당에 국가기관적 성격이 있는 것은 아니다.

오히려 정당은 국가와는 다른 의미에서 사회에 기초를 두는 정치세력이며 본질적으로 다른 여러 가지의 결사와 동일하게 사적 성격을 띤다. 다시 말해서 정당은 근대국가에 있어서의 결사의 자유를 전제로 하는 정치결사로 특정의 정치적 목적을 공통으로 갖는 사람들의 자발적 결집체이다. 그러므로 정부가 특정 정당의 활동자금을 보조하거나 세법상 특혜를 준다면 이는 민주국가의 헌법에 위배되는 처사가 된다.

정당은 집권을 목적으로 하는 투쟁단체이고 정책단체는 아니나, 정당과 정책 사이에는 밀접한 관계가 있다. 근대적 의회제도 자체가 편견이나 폭력이 아니라 토론과 이성에 호소하여 문제를 처리하는 제도이므로 이 제도 하에서 활동하는 정당이 일정한 원리에 입각하여 주의, 주장, 정책을 놓고 투쟁한다는 것은 당연한 일이다.

그래서 선거는 본래 '인물'의 선택을 의미했으나, 정당이 선거 때에 정책을 발표하게 되면서부터 '정책'의 선택이라는 의미도 갖게 되었다. 이것은 유권자의 수가 격증하고 사회적으로 많은 계층적 이질요소가 형성되어 종전처럼 입후보자나 그 지지자인 명망가들의 지명도나 권위에만 의존해서는 표를 모으기가 곤란해진 데서 온 결과이며, 또한 정부의 시책에 의해서 적절한 해결을 기대할 수 없는 문제의 범위가 넓어졌기 때문에 유권자가 정책을 주목하는 경향이 생긴 데서 오는 결과이기도 하다.

지금의 정당은 사적 성격을 갖고 있지만 그 활동은 의회정치에서 불가결한 공적 기능을 가지고 있다. 선거는 의원, 대통령 및 기타 공직자의 지명절차이며, 각 정당은 입후보자를 내세우고 강령을 발표하며 유권자의 지지를 획득하기 위해 선거운동을 전개한다.

이러한 것에는 두 가지 의미가 있는데, 그 하나는 정당이 정치지도자 선출의 파이프로서 당에서 양성하고 선정한 자를 국민에게 제공한다는 의미이고, 또 하나는 정당이 중요한 정치문제를 쟁점으로서 국민에게 제시하고, 거기에 대한 당의 정책을 밝혀 국민의 선택을 기다린다는 의미이다.

한편 유권자는 본래가 아무런 조직도 없는 개개인의 단순한 집합체에 불과하여, 공통의 이해나 명확한 정치적 의사를 갖추고 있는 것이 아니므로, 주권자라고는 해도 실은 수동적인 존재에 불과하다. 유권자 자신들이 정치지도자를 내세우거나 정치적 요구의 통일을 기한다는 것은 도저히 불가능하다.

입후보자와 정당이 선택의 자료를 유권자에게 제공하고 유권자는 그것을 기준으로 해서 지지 정당을 선택한다. 이런 의미에서 유권자는 정당의 활동을 통해서 비로소 효과적으로 그 정치적 발언을 할 수 있는 것이다. 정당이 유권자의 개별적 의사와 이해를 통합, 집약하는 기능을 가지고 있다는 것은 이 점을 두고 하는 말이다.

그러나 유권자는 정당에 의해 비로소 정치적 발언이 유효하게 되었으나 실제로는 그 발언이 매우 한계가 좁았다는 사실에 주의할 필요가 있다. 즉 유권자에게 제시된 것은 한정된 정당의 후보자와 정책에 불과하며, 정치참가를 단념하지 않는 한 유권자는 제시된 선택의 자료 중 하나를 선택할 수밖에 없게 되는 것이다.

또한 유권자 앞에 제시되는 정책이 전부 내용이 막연하여 구별의 기준이 생기지 않을 때는 유권자의 선택이 무의미해져 버린다. 선거란 정당이 유권자를 위로부터 조종하여 민의를 유도하고, 체제를 택하는 소란스러운 형식적 절차라는 비판이 나오는 것도 이 때문이다.

또 정당이 정치적 쟁점을 명시하여 정치문제에 있어서의 정보를 제공하고, 여론의 형성을 지도함으로써 유권자의 정치의식을 높이는 정치교육을 행하는 것과, 혹은 선거 이외의 기회에 야당이 여론형성을 지도하여 이 여론을 배경으로 해서 정부를 비판하고, 여당이 정부의 정책을 수정시키는 것 등 국정과 여론 사이의 교량역할을 하는 것이 정당의 부차적 기능이라고 보는 설도 있다.

선거 결과 양당제의 국가에서는 의회에서 다수의 의석을 차지한 정당이 집권하고, 다수정당제의 경우에는 정당 사이의 절충으로 성립된 연립내각이 정권을 담당한다. 미국에서는 보통 과반수의 선거위원을 차지한 정당의 입후보자가 대통령이 되어 국정을 담당한다.

이렇게 정권을 담당하는 당이 여당이고, 그 밖의 정당이 야당이다. 다수정당제의 국가에는 준여당과 준야당도 있을 수 있으나, 정당은 본래가 투쟁단체인 만큼 엄밀한 의미에서의 중립은 있을 수 없고, 각 정당은 정권 지지와 반대의 양진영으로 갈라진다. 정당의 국정기능은 주로 정권을 둘러싸고 이 양진영이 하는 역할을 중심으로 한다.

먼저 여당은 당내에서 선정한 정치지도자를 정부에 보낸다. 정부의 수반은 여당 당수인데 그 밑에 여당 간부가 각료로 취임한다. 적재적소라는 말은 구호에 그치고 있으며, 당내 분파의 영수들에게 약간의 포스트를 배정하는 일이 많으며 분파의 밸런스를 중요시하고 있으나, 이 관직 분배로 오히려 분파의 불만이 생기는 경우가 많아, 내각개편을 불가피하게 만드는 예가 종종 있다.

다음에 여당은 다수의 유권자의 지지를 얻는 원인이 된 '표방하는 정책'을 의회와 정부를 통해서 실천할 책임이 있다. 다수정당제하의 연립내각은 정권에 참여한 각 정당 사이에서 성립된 정책협정을 기초로 하고 있으므로 선거 때에 각 정당이 내세운 정책이 그대로 실시될 수 없음은 물론이다.

양당제의 경우에도 '표방하는 정책'과 '수행하는 정책'이 일치하지 않을 때가 많다. 그것은 공약의 '해석'을 대체로 왜곡되게 하고 '정세의 변화'라는 둔사遁辭에 의해 사문화되는 것이다.

이것은 정당의 '이끌리는 사회적 이익'과 '대표하는 사회적 이익'이 다르다는 점에 근본적 원인이 있으며, '표방하는 정책'이 득표의 편의라는 견지에서 정해진다는 사실에 근본원인이 있다. 그래서 여당은 의회에서는 정부를 지지하는 것이 주된 임무이며, 마치 변호사의 형사재판刑事裁判에서의 피고인의 변호인 역할과 동일하다.

한편 의원내각제의 경우에는 정부를 조직하는 정당이 동시에 의회의 과반수 의석을 차지하는 것이 보통이므로, 정부와 의회는 여당을 통해서 밀접한 관계를 갖는다. 바꾸어 말한다면 정부와 의회의 쌍방을 통제하는 강력한 힘이 여당에 있는 것이다.

다음으로 야당의 임무는 주로 정부와 여당을 비판. 공격하는 데에 있다. 세상에서는 시시비비주의是是非非主義를 말하면서 야당의 '무조건 반대'주의를 비판하는 일도 없지 않으나, 이는 야당의 본질을 잘못 이해하는 데서 나온 소리이다. 야당은 학자나 평론가의 집단이 아니라 적의 수중에서 정권을 탈취하는 일에 전력을 기울이는 투쟁조직이다. 그러므로 기회만 있으면 적을 공격하고 적에게 조금이라도 타격을 입히려는 것이 그 본연의 자세이다. 야당의 주된 투쟁장소는 토론장으로서의 의회이며, 오히려 의회 자체의 입장에서 보더라도 야당의 존재는 필요 불가결하다. [이하는 '지식자료'를 인용한 것임]

오늘날 의회에서의 토론은 매스컴을 통해서 유권자에게 호소하여 정부와 여당에게 타격을 입히는 것을 그 주된 목적으로 한다. 야당의 주된 투쟁장소는 의회이지만 유세활동 및 선거구에서의 일상 활동을 통해서 직접 유권자와 접촉하여 호소하는 것도 매우 효과적이다. 야당은 이렇게 정부와 여당을 비판 공격하는 한편으로 정권인수 태세를 갖추지 않으면 안 된다. 즉 행정책임을 맡을 능력이 있는 인재의 양성과 즉각 실천할 수 있는 현실적 정책의 연구와 준비를 게을리해서는 안 되는 것이다.

| 한국 정당의 명과 암1)

과거 한국 정당의 문제점은 민주주의를 추구한다는 구호와는 달리 당 총재의 의사에 따라 거의 모든 것을 결정하는 권위주의적 체질을 들 수 있다. 이런 권위주의적 당 체질은 정치발전을 가로막는 심각한 장애 요인으로 인식되어 왔다. 그 당시 우리나라 정치가들이 권력을 모으는 방법은 대개 돈과 계보를 통해서였다. 공직선거 후보자의 공천도 돈과 계보 소속에 의해서 결정된다. 철저히 중앙 집중화되어 있는 우리 정당들의 권력구조 때문에 지구당 위원장이나 국회의원 입후보자들의 선출은 당 대표와 중앙당의 각본대로 이루어졌다.

특히 전국구 후보자의 선정은 당 대표의 의지에 전적으로 달려있다. 그러므로 전국구 순위가 높으면 높을수록 '공천가'는 더욱 높아지는 것이다. 그래서 지역 입후보자의 공천에서도 당선 확률이 높은 곳일수록 전국구 후보 선정에서와 마찬가지로 더 많은 정치 자금의 헌납을 요구받았다.

또한 과거 우리 정당들은 대체로 총재와 가신家臣들로 이루어진 소수가 당을 장악해 당 운영은 물론 정책과 방향, 공천에 이르기까지 모든 것을 좌우하는 마치 총재와 당원의 관계가 주군君과 가신家臣 관계, 즉 봉건시대의 사당私黨 형태를 취한 것이 문제이다.

이는 정당에서 보스의 공천권 독점이야말로 정치 발전을 가로막는 가장 급소에 자리잡은 장애물이다. 정당의 사당화, 언론경색 등의 현상이 모두 여기서 나온다. 지역에 따라 '공천=당선'이니까 사실상 의원을 임명하는 것이나 다름없고, 국민의 선거권은 유명무실해진다.

우리나라 정당들은 대체로 이념적 동질성을 가지고 형성되어 있지 않다. 따라서 정당의 이데올로기가 불명확하다. 정책이나 사상 혹은 이념보다는 돈과 계보에 크게 의존하고 있는 것이 현실이다(지금은 많이 정화되어 있지만).

그리고 우리나라 정당들은 당원의 당비에 의해 운영되는 것이 아니라 국가보조금이나 후원금, 기부금, 선관위 기탁금 등으로 운영되고 있으며, 과거에는 당 실력자들의 정치자금이라는 '검은 돈'에 의해서 운영되기도 했다.

또 다른 문제는 이와 같은 천문학적 액수의 국고보조금이 지원될 경우, 비록 각 당은 1년에 한 번씩 「정당회계보고서」를 제출한다고 하지만, 그 사용 내역을 완전히 공개하지 않고 있으며, 또한 감시할 제도적 장치가 아직 우리에게는 없다는 점이다.

한국 정치의 가장 큰 문제는 국민들이 법과 제도보다 한 사람의 인물에 의존하는 정치문화가 강하게 작용한다는 것이다. 이것은 인물중심의 정치문화를 낳게 하였는데, 그것이 결국 우리의 정치를 제도화하는 것을 가로막았을 뿐만 아니라 한 인물이 사라지면 당 자체도 사라지는 철새 정당으로 전락시키고 있다.

우리나라에서 드러난 정당의 대표적 폐해 중 하나는 아마도 국회의 파행적 운영이 아닐까 생각된다. 한국의 정당들은 국민들의 관심과 이익을 대변하기보다는 오히려 당파적 이해관계와 정치적 이익을 추구하기 위해 존재하는 듯하다. 또한 한국의 정치인들은 여전히 정치를 협력 또는 타협보다는 오히려 투쟁으로 간주하는 듯하다. 가령 중요 법안들이 국회의원들 간의 투쟁으로 지연되거나, 또는 여당 의원들에 의해 일방적으로 통과되는 등 국회의 파행적 행태가 지속되고 있다는 점에서 한국 정치의 민주주의 강화가 바라는 수준까지는 아직 요원함을 나타내준다.

| 학벌 사회의 폐단

한국 사회에서 학벌은 매우 중요한 출세의 수단이었다. 아직도 여전히 그렇게 인식되는 경향이 짙다. 학벌의 중요성은 우리의 교육 문화에서 그대로 드러난다. 즉, 그동안 한국의 교육은 전적으로 학벌을 형성하기 위한 입시위주 교육이었다.

예전부터 가난한 집이나 어려운 환경에서 열심히 공부해 명문대에 들어가면 흔히 "개천에서 용났다."라는 표현을 쓸 만큼 주변에선 인정을 해주고 좋은 학벌이 성공하기 위한 중요한 열쇠 중 하나였다. 오늘날에는 학벌에 따른 불평등을 해소하자는 사회 자체의 노력이나 정부의 노력 등으로 예전보다 약해졌지만, 그래도 취직할 때나 사회적 인식에 여전히 중요한 영향을 끼치고 있다.

이러한 이유로 수많은 젊은이들이 더 좋은 대학에 가기 위해 반수, 재수, 편입에 매달리고 있다. 물론 학벌도 정보비대칭 하에서 일종의 신호 역할을 할 수 있다. 하지만 학벌만으로 그 사람이 가지고 있는 능력의 모든 걸 평가하거나 상위계층과 하위계층 사이의 장벽 역할을 하는 것은 문제가 된다. 또한 학벌은 한국을 비롯한 선진국, 개발도상국을 불문하고 정도의 차이만 있을 뿐 공통적으로 사회문제가 되고 있다.

예를 들면 프랑스의 그랑제콜이나 미국의 아이비 리그와 명문 사립고, 일본의 사립대학-중고교-일관제와 관계에서의 도쿄대제국주의, 영국의 퍼블릭 스쿨과 옥스브리지 등, 세계 각국에서도 학벌이 특정 학교 출신의 폐쇄적 결속을 조장하는 원인으로 비판받는다. 지금도 학벌에 따른 사회적 차별은 분명 개선되는 추세이나 아직까지 학벌 및 학력이 낮으면 사회에서 무시당하는 경우가 많으며 당장 인터넷만 봐도 지·잡·대(지방에 있는 대학을 낮춰 부르는 말)에 다니는 학생들이나 고졸들을 무시하는 사람들은 수도 없이 많으며 앞으로 어떻게 될지는 모르겠지만 이러한 인식들이 아~주 오랫동안 고쳐지지 않을 것으로 보인다.

그리고 이 문제는 좌우가 없고, 남녀노소도 없다. 그야말로 한국 전체에서 부정하지만, 동시에 한국전체에서 암암리에 통용되는 문제이다. 'ㄱ' 대학교 나와도 기자할 수 있습니까? 라고 물었다는 모 대통령 후보의 사례는 그래도 알려지기라도 했지만, 모든 정치가나 명망가 등 사회 지도층 인사들이 겉으로는 사회적 평등을 외치면서 한편으로는 학벌을 따지는 모습을 보면 자기모순이 따로 없다.

건국대 경제학과 교수인 '정영섭'은 이와 관련해서 [학벌지배의 6가지 부정적 효과] 논설을 했는데, 그 내용은 다음과 같다.

사전에는 학벌學閥의 '벌' 이를 출신, 이해, 인연 따위를 함께 함으로써 서로 뭉치는 세력이나 집단, 혹은 어떤 방면의 지위나 세력을 뜻하는 말 등으로 풀이되고 있다. 영어로는 LINEAGE, PEDIGREE 등 주로 혈통에 의한 가계家系나 부족 등으로 표시될 수 있다. 여기에서 문벌, 족벌, 재벌, 군벌 그리고 학벌이라는 합성어가 생겨났다.

이러한 '벌'들이 득세하면 역사가 보여주듯 사회적으로 유익하기보다는 유해할 뿐이다. 물론 '벌집' 속의 사람들은 막강한 벌의 보호막 안에서 성공의 자양분을 공급받고 동시에 외부의 위험으로부터 안전할 수가 있다. 연줄에 의하여 발탁, 승진되고 유용한 정보를 사전 입수하여 권세와 부귀를 누릴 수 있는 것이다. 또 잘못을 저질러도 조직적으로 대응하여 피해를 입지 않는다. 작은 교통법규 위반에서부터 큰 형사 및 민사사건에서도, 그리고 병들었을 때는 종합병원에서도 우대를 받는다.

그러나 벌집 밖의 사람들은 소외와 억압 하에 '단물'을 제공해야만 한다. 이들은 벌집사람들과 같은 조직 내에서 발이 닳도록 뛰어도 결정적인 승진심사에서는 탈락된다. 왜냐하면 조직의 높은 자리일수록 정부, 금융기관 등 외부에 대한 로비활동의 중요성이 커지므로 발이 아니라 손가락으로 일을 하기 때문이다.

그러나 실수를 하게 되면 튼튼한 연줄이 없는 한 유전무죄, 무전유죄의 법대로 벌을 받고 탈락대상이 된다. 이러한 과정 속에서 사회 전체는 점차 피폐해져 몰락에 이르는 것이다.

과거 봉건제, 군주제, 또 일당독재의 역사가, 그리고 우리나라의 조선 오백년 역사가 이것을 증명하고 있다. 구한말 왕족과 문벌들은 피폐해져 껍데기만 남은 나라의 주권을 왜국에 넘기고 그들만은 계속하여 풍요로운 삶을 누린 것이다. 해방 이후에도 이러한 벌들의 지배는 계속되어 오늘에 이르고 있다.

수십 수백 년을 국내외의 벌들에 의하여 억압, 착취되어 온 우리 백성은 이제 자주의식이 거의 마비된 것 같다. 인권이 유린되고 재산과 생명을 잃어도 자신의 팔자를 탓하며 아리랑 같은 곡조로 한恨을 풀며 체념하는 것이다. "나를 먹어 버리고 가시는 님은 십리도 못 가서 발병 난다♪." 그러나 이 시대는 체념이 아니라 신념을 가지고, 가시는 님을 쫓아 그 덜미를 잡고 응징하여 우리의 존엄을 회복할 때다.

학벌, 군벌, 재벌의 집단군이 미치는 것을 보면, '공동체 사회'의 반정서가 심각한 수준에 이르렀다. 특히, 학벌의 집단이기주의는 더 많은 위화감을 형성하는 데 앞장서고 있다.

학벌, 군벌, 재벌의 집단군인 '벌'들은 무서운 괴물의 형태로 나타나는 것이 아니다. 다정한 이웃으로, 교수, 작가와 같은 지식인, 국회위원, 장관, 법관 등 정치인, 고급관료로서 다가와 순박한 백성을 현혹하는 것이다. 과거 일제의 식민정책, 공산당의 선전, 그리고 현재에도 권세에 편승하는 지식인, 정치인들의 미사여구가 그것이다.

'벌' 중에서 학벌이 가장 위험하다. 왜냐하면 족벌은 비교적 작은 규모로서 혈통으로 구분되고, 군벌은 가시적인 무력으로 유지되어 판별이 용이하고, 재벌은 권력의 지배하에 있으며 언론의 표적이 될 수 있다. 그러나 학벌은 비교적 큰 규모로서 사회 각 분야의 요처, 요처에 침투되어 있고 지배방법은 이론과 합법성과 제도로 교묘하게 치장되어 그 실체와 폐해가 뚜렷이 드러나지 않기 때문이다. 그러나 가공可恐할 학벌지배의 부정적인 효과는 다음과 같다.

첫째, 한 학벌에 의한 사회적 지배는 전 국민의 지배학벌에 대한 맹목적 열망을 유발하고 있다. 학벌 자체가 인간승리이고 성공의 필요충분조건으로 부각되는 것이다. 그러므로 우리가 목도하는 바 초·중등학교의 실질적인 교육목표가 학벌의 취득이 되었고 본래의 교육의미는 실종되었다. 각 지방자치단체 역시 교육행정의 현실적 목표를 소속지역의 가능한 한많은 지배학벌의 확보에 두고 있다. 왜냐하면 이것이 후에 그 지역발전의 원동력이 되기 때문이다. 학생 자신은 물론, 자녀를 가진 모든 학부모는 '학벌우상學閥偶像'의 강력한 명령을 거부할 수가 없다. 그리고 지배학벌의 취득자는 정말로 그들의 '승리'에 도취해 있는 것이다. 국민의 이러한 맹목적인 열망이 다름 아닌 집단적 최면효과催眠效果인 것이다.

둘째, 지배학벌과 여타 학벌 간 공정한 경쟁이 불가능하다. 연줄을 중시하는 풍토에서 친숙한 동문이 생소한 타교 출신보다 우선될 수밖에 없다. 더구나 지배학벌의 구성원들은 사회적으로 '실력을 인정받았다. 공산당의 당원이 당성黨性과 능력을 전제로 한 것처럼 지배학벌은 그들의 충성과 실력을 주장하고 있다. 그러므로 사회의 요직을 선점하는 것이 당연하고 자연스럽다. 이러한 배타성이 또한 학벌의 속성이고 매력이며, 또 배타적이지 않으면 학벌로서의 의미도 없다. 이와 같이 여타 학벌은 의식, 무의식적으로 억압, 구축驅逐되는 것이다. 이러한 배타적인 기능을 구축효과驅逐效果라 한다.

셋째, 지배학벌 내의 경쟁 역시 공정하거나 효율적일 수가 없다. 왜냐하면 이미 인정받은 친숙한 그룹 내에서의 경쟁은 다양성, 객관성, 엄정성, 역동성, 창의성, 정직성 등이 제약되고 기존의 위계질서와 타성적惰性的인 친분관계에 의하여 조작되기 때문이다. 그리고 무엇보다 지배학벌 자체의 이기적인 이해관계의 범위를 결코 넘을 수가 없는 것이다. 사회적으로 나타나는 표면적인 경쟁, 공식적인 계약, 사법수사 및 판결은 무대 위의 연출에 불과하고, 실질적인 결정은 이미 친숙한 선후배간의 막후교섭에 의하여 이루어지는 것이다. 이것을 타성효과惰性效果라 한다.

넷째, 이같이 하여 득세한 학벌에는 조직의 생존본능에 따라 영원히, 있는 그대로 존속하려는 관성慣性이 지배한다. 더구나 학벌은 '숭고한 교육'에 의하여 생성되었기 때문에 신성시되며 개인과 국가의 최고선最高善으로 인식된다. 구성원들은 모교인 지배학벌을 우상으로 추앙하며 수호하고, 이에 대한 도전이라 생각되는 일체의 움직임을 분쇄하여 학벌의 영원한 존속과 발전에 기여해야 한다는 엄숙한 소명감을 갖게 된다. 여기에서 지배학벌의 끈질긴 관성효과慣性效果가 발생한다.

　다섯째, 지배학벌은 성공의 조건이기 때문에 학벌 내부인들이 보호하고 성장을 도모한다. 이를 위하여 학벌 명성에 기여한 동문들을 표창하여 널리 알린다. "자랑스런 00대인"이란 포상이 그 한 예이다(국민들에게는 국립 00대인이 모두 자랑스러운데 그들이 또 자랑스럽다고 추겨 세우는 그 자랑이 어느 차원인지 어리둥절할 뿐이다). 그리고 학벌 외부인들은 인맥과 연줄을 얻기 위해 몰려들어 지배학벌은 팽창, 확대되는 성향이 있다. 이것이 지배학벌의 팽창효과膨脹效果이다.

　여섯째, 결과적으로 지배학벌의 정당성은 절대적 규범이 되어 이에 대하여 의문을 제기하는 자체가 반체제적 내지는 신성모독으로 간주되고 있다. 모든 사회활동은 의식, 무의식적으로 지배학벌의 지배 내에서 이루어져야 한다. 또 그럴 수밖에 없고, 또 그래서 그렇게 이루어지고 있다. 정치, 경제, 교육, 사회, 종교 분야의 모든 활동이 이렇게 제약되어 순수성을 상실한 것이다. 결국 학벌의 이익이 국가의 이익을 초월하는 것이다. 이것은 역사적으로 모든 독재체제에서 필연적으로 나타나는 현상이기도 하다. 이것을 지배학벌의 초월효과超越效果라 한다.

　이상과 같은 가공할 학벌지배의 부정적 효과는 이 시대에 고발되어야 한다. 합법성과 제도의 외투를 입은 지배학벌의 몸체를 확인하고, 그 존재의미를 재평가할 때다.

　모든 제도는 내구재임에는 틀림이 없으나 영구재永久財는 아니다. 시민의식의 성숙에 따라 성장을 제약하는 헌 외투를 벗어버리고 자유와 인권이 숨 쉴 수 있는 새 외투를 입어야 한다. 인간다운 인간사회의 건설은 어느 시대나 각각 저마다의 모습으로 새롭게 다가오는 인간의 숙명적인 과제이기도 하다.

거의 대부분의 사람들의 학벌주의 사회는 잘못되었다는 사실에는 동의한다. 하지만 개선 방법이나 해결책에 대해서는 차이를 보인다. 학벌 등 집단 이기주의가 때론 사회 발전을 위해 '필요악'이라는 시선도 있다.

하지만 분명한 건 지나친 학벌주의 등 집단 이기주의는 과거의 골품제도와 다를 게 없다. 또한 이 시대에 사회발전에 저해가 되고 있는 '학피아', '관피아' 등의 해악의 뿌리이기도 하다.

그래서 우리는 사람 사는 세상, 즉 공동체경영의 장애障碍 요인으로 지나친 '정부의 통제와 규제', '정당정치의 문제점', '학벌사회의 패단', '귀족적 노동주의' 등을 지적하고 싶다.

이는 우리사회가 미래지향적인 '홍익인본주의'를 정치·사회·문화·경제·경영에 접목하여 새로운 구심체를 만들어 가는데 필요할 뿐 아니라, 한편으로는 '글로벌 자본주의'의 모순을 극대화시키는 집단 이기주의적 행위이기 때문에 반드시 척결해야 할 요소이다.

Chapter 4

중용의 정치·경제 : 사람의 정치·경제

> "지금 우리에게 가장 필요한 것은
> 음(물질)·양(정신, 영혼)이 조화하는 중용 경제의 미학美學이다.
> 그래서 현대적 의미의 음·양은 모든 분야에 적용되는
> 융·복합의 에센스이다."

| 홍익인본주의HUMANISM 소고

홍익인본주의는 따뜻한 자본주의, 창조적 자본주의, 토닥토닥 자본주의, 공유자본주의라고 부른다.

홍익인본주의는 자본적 시장논리의 장점을 적극 수용하고 동시에 사회적 자본인 공동체의 공유가치를 적극 활용하여 각각의 단점들을 제어할 수 있는 신자본주의의 새로운 경제 체제를 말한다.

- **자본주의** : 개인의 이익과 자유만 주장 ▶ 개인주의와 자유주의 사상의 극대화 ▶ 인간의 차별과 소외를 조장할 수 있는 체제이다.

- **사회주의** : 공익과 평등만을 주장 ▶ 전체주의와 평등주의 사상의 극대화 ▶ 또 다른 인간의 역차별과 소외를 조장할 수 있는 체제이다.

- **홍익인본주의** : 개인과 전체의 이익 함께 아우르고 ▶ 경세제민을 바

탕으로 한 화합 협동주의이며 조화주의 ▶ 사람과 사람(人), 사람과 물질(地), 사람과 자연(天)과의 평화 상생할 수 있는 체제이다.

| 중용의 정치·경제

'홍익인본주의'를 기반으로 하는 정치와 경제는 일종의 중용의 가치체계라고 할 수 있다. 이는 전자로 설명한 바처럼 이 시대의 개인주의 성향이 큰 '글로벌 자본주의'와 이념과 사상만을 중심으로 정치적 목적만을 중시한 '사회주의'와는 다른 가치체계인 홍익인본주의 내에 중용과 인본정신이 존재하기 때문이다. 이 대목이 우리의 '홍익인간' 정신과 서양의 인본주의가 다른 부분이다.

즉, 홍익인간은 '홍익정신' 안에 '인내천' 사상을 가지고 있다. 흔히 '인내천'은 '사람이 곧 하늘'이라는 의미로 동학의 사상으로 알려져 있다. 물론 틀린 이야기는 아니다. 하지만, 일반적으로 동학은 종교적 개념으로 해석하지만, 이는 당시 우리 사회의 현실에 대한 '홍인인간'의 활동으로 이해하는 것이 타당하다고 본다. 그 이유는 조선 후기에 우리 사회는 매우 혼란스러웠다. 전국 각지에서 반란, 외국의 간섭, 정치 문란 등으로 사회 전체가 불안과 긴장의 연속이었다. 특히 한국의 전통적인 종교는 이미 부패하여 제 기능을 하지 못하고 있었고, 민중은 신앙적인 안식처를 찾지 못하고 있었다.

이런 사회적 배경에서 최제우는 제세구민濟世救民의 뜻을 품고, 1860년 서학西學, 즉 로마 가톨릭교회에 대립되는 민족 고유의 신앙을 제창, '동학'이라고 이름 짓고 종래의 풍류 사상과 유儒·불佛. 선仙의 교리를 토대로 "인내천人乃天, 즉 사람이 곧 하늘이므로 모든 사람은 멸시와 차별을 받으면 안된다."라는 "천심 즉 인심(天心人心, 하늘의 마음이 곧 사람의 마음이다.)"의 사상을 전개하였다.

본래 '인내천'의 원리는 인간의 주체성을 강조하는 '사람다운 삶', 즉 모든 사람이 사람답게 사는 새로운 세상을 세우자는 이념과 모든 사람이 평등하다는 인권과 평등사상을 표현하는 것이다. 당시 동학은 조선의 지배논리인 신분·적서제도嫡庶制度 등을 부정하는 현실적·민중적인 교리에 대한 민중들의 지지를 받았으며, 사회적 불안과 질병이 크게 유행되던 삼남지방에 재빨리 전파되었다.

인내천人乃天은 처음에 〈하느님을 내 마음에 모신다.〉는 의미에서, 〈사람을 하늘같이 섬기라〉는 의미로, 그리고 〈사람이 곧 하늘〉이라는 개념으로 발전한 것이다. 〈사람이 곧 하늘〉이다. 즉, 인본사상인 인내천人乃天에 기초하여 근대에 한반도에서 자생한 동학이 있는 반면, 또한 프랑스의 시민혁명도 이 사상을 기본 이념으로 한다. 그래서 이런 가치체계를 우리는 종교적 개념으로 해석하기보다는 '홍익인본주의'적인 발상으로 해석하는 것이다.

만일 정치나 경제의 영역에서 인간이 중심이 되는 '인내천人乃天' 사상, 즉 인간의 존엄성을 최우선 가치로 채택한다면, 그것이 바로 '홍익인본주의'를 실천하는 것이다. 또한 이는 '중용'의 정치·경제, 즉 사람의 정치·경제를 의미하기 때문이다. 흔히 중용을 유학 사상의 핵심이라고 한다. 하지만 우리는 중용의 이론적 배경과 형성과정이 우리 민족과 무관하지 않다고 생각한다(이 부분은 여기서 논하지 않는다. 이는 이 책의 의도가 경제와 경영의 범주를 다루려고 하기 때문이다). 그리고 우리는 중용에 대한 일반적 해석을 중심으로 홍익사상과 정치·경제를 어떻게 실천할 것인가? 또한 우리의 '홍익인간'은 중용의 핵심 사상을 통해 이 시대의 글로벌 자본주의 모순을 어떻게 극복시킬까? 하는 리더십이 더 중요하기 때문이다.

흔히, 중용(中庸, GOLDEN MEAN)은 어떠한 일에서나 사실과 진리에 알맞도록 하여 편향, 편중偏重하지 않는 것이다. 중中이란 정도와 적중을 말하는 것으로서 산술적, 기계적 평균이 아니다. 중용은 때때로 상례나 관행慣行에 따라서 무리 없이 평온하게 사는 생활태도가 되기도 하나, 철학적으로는 심오한 뜻을 내포하고 있다. 동양에서는 유교의 경전, 사서오경에 들어 있으며, 서양에서는 아리스토텔레스가 말하는 삶의 자세에서 양극단에 치우치지 않는 이상적인 자세를 의미한다. 또한 영국의 성공회도 가톨릭과 개신교의 극단에 빠지지 않는다는 의미로 중용을 채택하고 있다.

정치에 대한 이야기를 하자면 복잡해질 수 있다. 하지만 정치는 인간관계의 갈등을 조정하고, 사람 사는 세상을 만들어야 하는 당위성을 가지고 있다. 더불어 하늘이 인간에게 준 사명이기 때문에 매우 중요한 인간의 행위이다. 특히, 사람과 자연 그리고 하늘이 서로 관계되는 것이 정치이다. 그래서 중용의 정치는 인문의 정치이며, 인문의 정치는 곧 홍익의 정치이기도 하다. 중용정치의 핵심을 현대적 의미로 해석한다면, 대의민주주의代議民主主義를 무르익게 하는 '숙의민주주의熟議民主主義'라고 표현할 수 있다.

특히, 정치는 경제와 함께해야 한다. 경제행위가 곧 정치행위이기 때문에 사람과 정치, 사람과 경제를 어떻게 운영하느냐? 이게 곧 현대 정치와 경제, 경영의 새로운 해석이다. 그래서 우리는 경영·경제의 관점에서 중용의 정치·경제를 인식해야 하는 이유이다. 흔히 국가의 정치를 '국가경영'이라는 개념으로 본다면, 정치를 경영의 방편으로 해석해도 그다지 무리하지는 않다.

정치의 본질과 목적

정치의 본질적 목적은 국가 경영을 통하여 '국민들의 이익'을 극대화하여 행복한 사회를 만드는 것이다. 우리가 생각하는 국민들의 이익은 매우 간단하다. 국민이 잘 사는 것, 즉 '사람의 삶의 질'을 향상시키는 것이다. 잘 산다는 것은 경제적으로 풍족하고, 정신적으로 행복을 느끼는 삶을 말한다.

한 국가의 정치적 수준을 평가하는 가장 쉬운 방법은 그 국가의 국민이 얼마나 행복하고 즐겁게 잘 살고 있는지 평가하면 된다. 물론 이것은 우리의 생각이다. 오늘날 정치하면 쉽게 '투쟁'을 연상시킨다. 우리가 매일 보고 있는 것이 무의식적으로 영향을 미치기 때문이다. 우리는 정치인이 매일 뭔가를 싸우는 사람으로 보여진다. 국회의원들의 회의 장면을 보면 항상 구름 낀 날씨를 보는 듯하다. 잔뜩 찌푸린 얼굴에 목소리는 깔고 공격적인 자세로 말을 한다. 어깨에 힘을 주고 거만한 자세로 사람들을 쳐다보는 듯한 인상을 풍긴다.

본래 정치는 두 가지 면으로 설명할 수 있다. 그 하나는 갈등을 해결하고 다툼을 종식하는 '갈등 해소로서 정치POLICES AS CONFICT-RESOLUTION'이며, 다른 하나는 미래의 공동체를 만들어가는 '공동체 형성으로서 정치POLICES AS COMMUNITY-BUILDING'다. 그러므로 인간 사회에서는 정치라는 행위가 필요하다. 그것이 있어야 갈등을 해소하고 질서를 만들며, 미래로 진보하여 바람직한 인간 공동체를 형성할 수 있기 때문이다. 이런 점에서 정치는 인간사회에서 필요한 조건이라기보다는 삶 그 자체라고 보는 것이 타당할 것이다.

정치의 개념을 좀 더 명확하게 파악하기 위해서는 아리스토텔레스가 말한 '인간은 정치적 동물MEN ARE BY NATURE, POLITICAL ANIMAL'이라는 진정한 의미를 이해해야 한다. 왜 인간과 인간은 투쟁해야 하는가? 왜 인간사회에는 갈등과 조화, 다툼과 평화가 항상 혼재하는가? 인간은 동물적 욕구에서부터 천사 같은 정신에 이르는 다양성을 지니고 산다. 그러므로 파스칼은 "인간은 천사도 아니요 금수도 아니다. 그런데 불행한 것은 천사의 흉내를 내려는 자가 금수의 흉내를 내곤 한다."라면서 인간을 자연의 중간자로 해석했다.

동물의 세계에도 본능적 질서는 존재한다. 그러나 인간사회와 같은 정치현상은 불가능하다. 오직 인간만이 정치적 동물임에 틀림이 없다. 그래서 아리스토텔레스는 인간이면서 동시에 동물의 습성을 지닌 인간을 '정치적 동물'이라는 말로 표현했다. 정치는 인간사회에도 필요하고 인간사회에서만 가능한 현상이며, 따라서 인간은 천성적으로 정치적 동물이라는 말이다.

또한 러셀(B. RUSSELL)의 설명에 따르면 인간의 생활현상은 세 가지 투쟁으로 나타난다고 한다. 첫째, 인간과 자연의 투쟁이다. 이것으로부터 인간은 자연과학의 발전을 성취했고, 물질문명을 발전시켰다. 둘째, 인간과 인간 자신과의 내부투쟁이다. 이로부터 인간은 종교·예술 등의 정신문화를 발달시켰다. 셋째, 인간과 다른 인간과의 투쟁이다. 이러한 투쟁을 종식하고 평화와 질서를 확립하려고 할 때 인간사회에는 정치라는 현상이 나타난다. 그러므로 정치는 인간과 인간의 투쟁을 조정하여 사회질서를 확립하는 인간의 생활현상이라고 할 수 있다.

그래서 정치는 국가라는 공동체의 비전을 제시하고 국민들을 잘 살 수 있도록 다양한 정책들을 수립하고 실천하는 과정이라고 말한다. 정치를 권력투쟁으로 보지 말아야 한다고 전문가들이 지적한다. 지당한 말씀이다. 우리도 그랬으면 좋겠다고 생각한다. 아마도 다른 어떤 분야보다도 '중용'이 필요한 곳이 정치가 아닐까 생각한다.

중용연구에 집중했던 최상룡 고려대 명예교수는 "정치적 사고는 이분법이 아니라 양극의 중간에 있는 다양한 가능성에 착안하는 배합적(配合的, CONFIGURATIVE) 사고인 점을 생각하면 중용이야말로 정치적 사고의 정수精髓이고, 또한 정치적 중용은 당연하게도 인간적 성숙成熟과 함께 고난도의 지성知性을 바탕으로 하는 것이다"라고 했다.

우리 상고사 기록을 보면 대한국의 정치사상은 질적으로 매우 고양되어 있었으며, 중용정치의 다양한 가능성이 내재한 이상적 리더십이 존재하고 있었다. 그 이상적 리더십은 하늘사상에 뿌리를 둔 '홍익인간 정신'이었으며 이 사상의 지류가 동학 내지는 서양종교의 폭 넓은 수용도 가능하게 했던 것이다.

| **음陰·양陽 사상과 경제학**

지금 한국뿐만 아니라 아시아를 괴롭히고 있는 것은 오직 하나다. 그것

은 바로 지금까지 급격하게 확산되었던 서구식 글로벌 자본주의의 흐름이다. 흔히 우리는 자기 일, 자기 나라만을 생각한다. 그러나 냉정하게 생각해 보면 한국과 일본, 그리고 아시아에서 살고 있는 우리 모두를 크게 동요시키고, 때로는 적대시하면서까지 평온을 뒤흔들고 있는 무엇인가가 보일 것이다. 그것은 바로 너무나도 강력한 서구의 그늘이며, 그 그늘을 동양식 표현으로 '陰陰'이라고 한다. 그래서 陰陰은 물질중심의 사고이며, 陽陽은 정신적 영역의 삶을 표현하기도 한다.

그렇지만 서양 즉 陰陰만 탓하기에는 이미 늦었다. 서양의 그늘이 된 주원인을 찾아내어 제거하고자 했지만 결국 무의식적으로 그것을 복사한 시스템을 받아들여 우리 것으로 만들어온 과정이 아시아에서 살고 있는 우리들의 역사이기 때문이다.

그러므로 바로 지금 아시아에 살고 있는 우리가 먼저 제동을 걸어야 한다. 우리의 미래와 희망을 무너뜨리고, 그 압도적인 힘으로 계속해서 우리를 농락하는 그 '서구적인 것'을 말이다.

이 책은 우리의 말에 공감하는 사람들을 위해 집필한 책이다. 달리 말하자면 서구식 글로벌 자본주의 다음 단계를 모색하는 데 필요한 준비를 위한 안내 서적이라고 할 수 있다. 하지만 다음 단계를 모색한다고 해서 특별히 어려울 게 없다. 오히려 우리가 이 책에서 기술하는 방식은 실천적이며, 지금 그 방향으로 가는 공감대가 형성되었기 때문에 매우 쉬운 일이기도 하다.

탈 서구시대에 요구되는 진정한 삶의 길은 과연 무엇인가? 단도직입적으로 말하면 동아시아에서 살아온 우리들의 역사와 문화 속에 그 답이 있다. 그리고 그 핵심 코드가 바로 '음陰과 양陽'이다.

중용 사상과 음양 사상은 동양철학의 정수이다. 이는 물질만능주의인 '글로벌 자본주의'를 극복할 수 있는 '홍익인본주의'의 핵심 키워드이기도 하다. 이 사상의 핵심은 세상엔 변화지 않는 것은 하나도 없다는 거다. 즉 창조와 혁신의 DNA가 음·양이라고 표현해도 무리는 아닐 것이다.

| 뉴 노멀 시대를 이끌어갈 근본원리 '음·양 사상'

서구식 금융자본주의, '글로벌 자본주의'을 극복할 수 있는 동아시아의 공통의 근본원리는 분명히 존재한다. 그것은 논쟁과는 다르며, 종교와 이데올로기를 초월하여 사람들을 리드하는 힘을 지닌 것이어야 한다. 그것이 음·양사상이다. 음·양사상은 자연과 더불어 홍익인간 정신을 태동시킨 인과의 사상이기도 하다.

세계는 음과 양으로 나뉘어져 있으며, 이는 서로 별개이면서 상호 보완 관계를 유지하고 있다. 이것이 곧 음·양 사상이다. 역사 속에서 이 사상은 동아시아에 널리 확산되어 각 나라와 지역에 뿌리를 내려 하나의 사고방식으로 자리했다.

게다가 이는 종교도 아니고 그렇다고 과학이라고 말할 수도 없다. 그렇지만 현재를 살고 있는 우리의 시각과 관점으로 보더라도 이 사상은 더할 나위 없이 정연하며 그런 만큼 매력적이지 않을 수 없다.

그래서 이 책에서는 동아시아의 근본 원리인 '음·양의 사상'을 균형경제의 형이상학적 철학으로 표현하고자 한다. 물론 각각 중점을 두는 대상은 다르지만, 근본적인 사고방식은 동일하다. 다만 오늘날에 이르러 그 모습이 크게 달라져 있기 때문에 자칫 초자연적 현상으로 인식할 위험성을 전혀 배제하지는 못하지만 그래도 동양을 지배하는 위대한 철학의 요소인 것만은 분명하다.

서구의 물질과 동양의 철학이 잘 조화된 세상을 만드는 경제·경영이 우리가 추구하는 '사람 사는 세상'이기 때문이다. 그리고 이 시점에서 동아시아에 살아가는 우리들이 지금 서구식 '글로벌 자본주의'를 초월할 수 있는 무엇인가를 원리로 삼아야만 하는 시급한 이유이다.
그리고 지금까지 근·현대사는 정복과 확대 일변도였던 이상, 그것과의 균형을 취하기 위해 앞으로의 역사는 오히려 축소 지향적인 길로 가야한다. 이것이야말로 바로 '음과 양'의 경제·경영학이다. 아시아가 아시아인을 위해 존재해야 하고, 그렇게 하는 것이 세계 전체를 평화롭게 하는 조화와 균형일 수 있다.

| **그리고 음·양의 경제 요소는 반드시 다음과 같이 이루어져야 한다.**

음양을 단순히 올라가고 내려간다는 움직임, 그 변동성VOLATILITY 그 자체가 아니라 그 사이에 있는 균형점을 최선의 덕목으로 삼는 정치경제 체제를 지향해야 한다. 그와 같은 체제에서는 저절로 빼앗고 빼앗기는 게 아니라 중용과 평화가 기본 방향으로 설정되어야 한다.

한편, 무엇을 가지고 균형점이라고 하는지는 주관적으로 결정되는 게 아니다. 우리들 인간이 살고 있는 이 지구 그리고 대지(자연)와 하늘(우주)에서 도출되어야 한다. 그리고 자연이 이뤄내는 균형 잡힌 시스템 속에 있는 것을 항상 의식하고 거기에 일치하는 정치·경제를 지향해야 한다.

　음·양의 균형점은 정치 및 경제·경영과 같은 거시적인 세계에서만 추구하는 게 아니다. 개인이 영위하는 일상생활에서도 필요한 게 균형점의 수렴이다. 육체적인 균형점에서 벗어난 개인이 아무리 많이 모인 곳인들 그 사회는 균형점으로 수렴하지 않는다. 그와 같은 의미에서 식생활 분야도 재검토할 필요성이 있다.

　분명히 음양 사상은 3000년 이상 동아시아를 지배한 전통이기는 하지만, 지금에 와서는 추상적인 개념으로 흐르고 있는 게 사실이다. 하지만 음양의 교체로 사계절이 순환하듯 정치·사회·경제에서도 음·양의 교환은 분명히 필요하다. 앞장에서 말했듯이 음陰은 물질을 상징하는 형이상학적 표현이다. 그래서 음陰을 서구적인 과학, 즉 실사구시實事求是의 경제라고 표현해도 지나치지는 않을 것이다. 서구적인 과학 실사구시가 21C 인류에게 풍요를 안겨 주었다(하지만 아직도 빈곤에 허덕이는 게 문제이지만).

　이런 풍요는 양陽의 세계를 희생시키는 인과로 나타나기 시작했다. 지금 우리에게 가장 필요한 것은 음(물질). 양(정신, 영혼)이 조화하는 중용경제의 미학美學이다. 그래서 현대적 의미의 음·양은 모든 분야에 적용되는 융복합의 에센스이다.

　또한 지금 음·양이 필요한 것은 분명히 막다른 골목에 들어선 미국과 유럽 등, 그리고 그 유럽을 계승함으로써 생겨난 서구식 글로벌 자본주의이다. 마치 그것이 의도적인 행보인 것처럼 보이기도 하지만, 미국과 유럽의 시선은 은밀히 그리고 분명하게 동아시아가 지니고 있는 음·양 정신을 향하고 있다.

그렇기 때문에 지구, 그리고 대지自然와 하늘에 대해 너무나 순박한 삶을 지향하는 음·양 사상이 찬란하게 비쳐오는 것이다. 음·양 사상은 우리들에게 다른 사람을 굴복시키거나, 그들에게 무언가를 빼앗는 행위를 통해서는 결코 얻을 수 없는 충족감을 준다. 그리고 말과 행동을 통해 마음의 넉넉함을 세계 사람들에게 골고루 나눠주는 것이 '글로벌 자본주의' 이후 전개될 새로운 시대를 향해 나아가는 우리 한국인들이 분명히 해야 할 역할이다.

그래서 아시아의 삶의 토대이며 규범이라 할 수 있는 음陰·양陽이 세계사를 움직이는 원리가 될 날이 한발 앞으로 다가왔다. 또한 음·양 사상과 음·양 경제는 곧 동양사의 핵심인 중용의 균형경제학과 그 맥을 함께한다.

대한민국은 음·양의 핵심원리를 국기에 그려놓은 유일무이한 국가이다. 그래서 세계의 정치와 정신 철학의 지도자들은 대한민국을 세계문명의 발생지요, 아시아의 혼魂이라고 했다.

| **'홍익**-사람 사는 세상-**인간'과 자유정신**

홍익인간의 재세이화在世理化는 시장경제를 통한 경제성장과 경제·경영 민주화를 이루는 길이다. 자유 없이 경제발전과 정치발전을 이룩할 수 없다. 정치적으로 인권의 존엄성은 자유의 가치가 신장되면서 인정되기 시작했다. 경제적인 측면에서도 자유는 경제발전에 결정적인 역할을 했다.

그리고 인류가 급속한 경제발전을 이룩하기 시작한 시기인 19세기 후반부터 자유와 공동체 의식은 국가발전과 세계사 형성의 중요한 동인이 되었다.

특히 자유는 창의성을 유발하여 신제품을 만들어 내고, 이는 다시 상품의 수요를 유발시켜 경제발전의 선순환을 가속화시키는 역할을 했다.

지난 250년간 창의성을 유발한 개인의 자유가 신장되었고 공동체를 훼손하지 않는 범위에서 자유를 추구하였다. 그러나 자유가 지나치면 책임을 수반하지 않는 자유방임주의가 나타나거나 과잉이기주의로 변하여 '글로벌 자본주의' 같은 대립과 갈등을 유발시키는 원인이 되기도 한다.

지금 이 시대는 자유를 기반으로 개인의 존엄과 공동체의 중요성을 인식하는 의식의 변화가 절대적으로 필요하다. 그리고 사회 전반적으로 국민이 편안하고 행복하게 살려면 경제뿐만 아니라 정치·사회·문화의 선진화도 같이 이루어져야 한다. 이는 질 높은 국가지도력과 동시에 국민의식과 제도가 질이 높아져야 한다는 뜻이기도 하다. 하지만 책임없는 자유와 질서가 존재하지 않는 공동체 정신은 '글로벌 자본주의'의 또 다른 새로운 모순으로 등장하기도 한다.

그래서 노블레스 오블리주가 정치인 등 선진 시민에게 솔선수범과 공익 우선의 자세를 견지하라고 강요하는 것이며, 또한 시민사회의 품격과 절제된 언어, 겸손한 자세, 세계화와 정보화 시대의 흐름을 간파하는 통찰력과 이웃에 대한 봉사 정신과 공동체 정신을 강조하는 것이다.

| 사회적으로 공중도덕과 민주적 법치로 질서가 바로 서야 한다.

사회가 발전할수록 각자가 하는 일이 다른 사람에게 해가 되지 않고 생산적이고 이로운 일이 되도록 자기 맡은 일에 대해서 최선을 다하는 자세가 중요하다. 조직과 조직, 사람과 사람 사이에 상호 정직, 신뢰, 진실, 협동, 투명함이 필요하다. 우리는 이것을 '사회적 자본'이라고 말한다. 이와 같은 사회적 자본이 클수록 선진화된 사회이며, 글로벌 리더십을 가진 덕망있는 국가라고 할 수 있다.

요즘 사회적으로 화두가 되고 있는 '갑질'과 을사乙死는 홍익인간과 자율적 행동, 그리고 공동체 정신을 무너뜨리는 가장 나쁜 사회악 중 하나이다. 그래서 대기업과 하도급업체 같은 조직 간에 상호신뢰 속에 정보를 공유하고 협동적 관계를 유지하는 것이 필요하다. 이러한 선진 사회의 적합한 정신 자본이 바로 홍익경제의 근본적 토대이다.

'홍익인간' 정신을 경제·경영적으로 풀어본다면, 사람과 사람, 사람과 법인, 법인과 법인 사이에 서로 공존번영하는 생산적 관계로 정의할 수 있다.

앞서 말한 것처럼 홍익인간 제세이화는 인간 세상은 물론 모두가 더불어 상생 번영한다는 성장과 나눔을 의미한다. 상생 번영한다는 것은 성장의 과실인 부를 고르게 배분하는 것을 의미하고 보편적인 자유, 정의, 평화의 방향으로 잘 다스리라는 것으로 이해할 수 있다.

그래서 홍익인간의 사회는 '사유재산권'과 '자유노동권自由勞動權'에 입각한 자유시장自由市場 경제체제經濟體制를 바탕으로 시장질서에 의한 국부

증대國富增大와 공평한 소득분배라는 공동선公同善을 추구하는 사회이다.

또한, 홍익인본주의는 자유노동, 자유기업 및 자유무역이 인간의 경제적 번영의 지름길이며, 이는 공동체적인 공유경제를 바탕으로 부의 선순환이 가능한 사회를 추구한다.

그리고 홍익인본주의는 개인이나 가족, 사회 그리고 국가, 더 나아가서 인류가 자유를 바탕으로 경제적인 풍족함을 공유할 수 있다는 결론에 이른다.

| 홍익인간형 경영리더

'홍익인간'형 경영리더는 공공과 생태계의 순환이익을 추구하는 '융·복합형 전략가'여야 한다. 리더의 필수적인 소양은 균형 잡힌 통합전략가가 되는 것이다. 전략이란 목표나 목적에 입각한 우위창출체제이면서 때로는 수직이 아닌 수평과 균형을, 즉 통합 전략가적 체제를 고안하는 사람이어야 한다. 성공적인 전략의 첫 단계는 목표나 목적을 명확히 세우는 일이다.

21C 각 분야의 리더는 공동체를 생존할 수 있도록 끝없이 변화하게 만들어야 한다. 이런 통합전략이 유효하기 위해서는 계속 바뀌는 상황에서도 지속적으로 가치를 창출할 수 있어야 하며, 중용적인 균형감각과 혁신을 받아들이는 자기개혁의 주도자가 되어야 한다.

그리고 우리 모두가 현명하고 중용적이며, 통합적 사고를 지닌 융·복합형 전략가가 되어야 한다. 이는 역사의식을 통한 주체적 사명감을 몸에 습관화시켜야만 시대의 변화에 적응할 수 있다는 뜻이다.

따라서 홍익인간의 '전인적 인간형TOTAL PERSON'은 통합적 전략가의 모범이라고 할 수 있다. 그래서 21C 모든 리더들은 '홍익인간' 정신을 갖추어야 한다. 그래야만 우리 사회를 지속적으로 정화하고 통합할 수 있으며 민족화합과 남북통일을 이루고, 세계화 시대에 즈음한, 한민족 모두에게 건강하고 올바른 민족정체성을 정립시키는 데 기여할 수 있기 때문이다.

더불어 홍익인간 사상은 자유민주주의 기본정신과 부합될 뿐만 아니라 우리 민족 고유의 정신이며, 유교의 인, 기독교의 박애 정신, 불교의 자비심과 상통하여 대한민국의 상생발전 정신과 전 인류의 공동체 사상으로도 손색이 없다.

PART IV

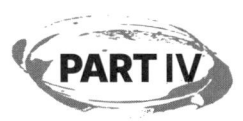

홍익인본주의 사회 · 문화

Chapter 1. 서양인본주의와 동양인본주의 사회

Chapter 2. 한국적 인본주의 사회

Chapter 3. 홍익인본주의와 공동체 문화

Chapter 4. 홍익인간 성공학

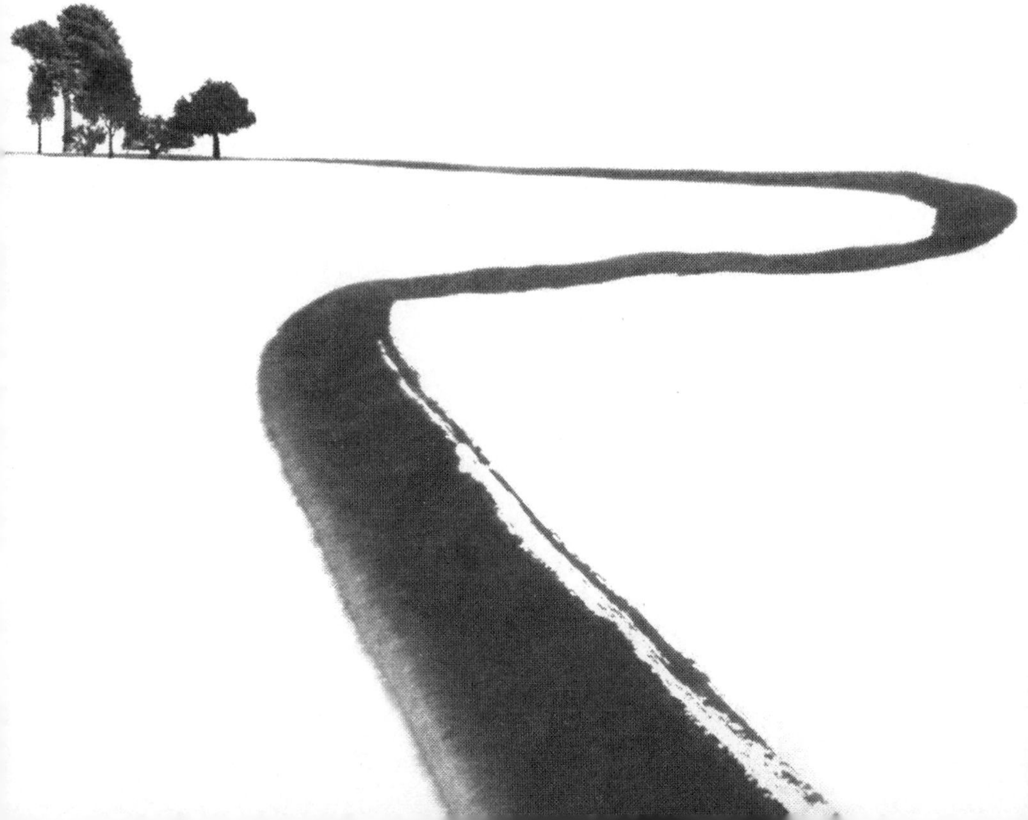

Chapter 1

서양인본주의와 동양인본주의 사회

"서양의 인본주의는 독립적이고 원자적인 인간의 자율성 확대라는 점에 중점이 있다. 예컨대 남의 권리나 임무를 침범하지 않는 것 등을 들 수 있다. 반면에 동양의 인본주의는 대체적으로 관계적이고 유기체적인 인간의 자율성 확대에 그 중점이 있다고 할 수 있다."

| 서양의 인본주의

고전적 또는 귀족적 인본주의(14~15C)는 봉건주의 사회의 내부 모순으로 시작, 스콜라 학파의 신본주의 철학을 태동시킨다. 그 후, 중세 교회의 부패로 인해 인간의 자유와 자립성 확보 운동이 일어나며, 루터의 종교개혁과 인간성 회복 운동인 르네상스가 부흥한다. 이때부터 새로운 인간성 탐구가 서양철학의 핵심 화두가 되어 자유, 평등, 개인주의의 모태가 만들어지기 시작한다. 결국 서양의 르네상스 운동은 문화의 귀족적 개인주의 한계를 극복하지 못한 채 시민 혁명기를 맞이하게 된다.

그 후, 시민적 부르주아 인본주의(17~18C)가 등장하면서 과학의 합리적 정신과 결합한 인본주의 전성기를 거쳐 계몽주의로 발전한다. 그리고 18C 시민혁명을 통한 부르주아적 사회가 건설되면서 자본주의가 싹트기 시작한다. 또한 19C에는 성적 평등, 사상적, 종교적 자유를 추구하면서 르네상스식 인본주의가 시민민주주의로 발전한다.

20C에는 실존주의적 인본주의가 자본주의와 과학의 급속한 발전을 이루게 하는 원동력이 되었으며, 20C 인본적 자본주의가 제국주의적 군사력과 함께 인류에게 가장 커다란 고통을 안겨준다. 그 후, 제국주의적 자본주의가 국가연합이라는 미명하에 '글로벌 자본주의'로 변신하게 된다. 글로벌 자본주의는 인간 소외, 물신주의 풍조 만연으로 인간의 자유, 평등, 존엄성을 저해하게 되는 요인이 된다.

'글로벌 자본주의'는 인간에게 물질의 풍요를 안겨준다. 하지만 물질의 풍요는 인간과 자연을 더욱더 소원하게 만들고, 그 결과 자연 파괴와 환경오염, 부익부 빈익빈, 소득 격차로 인한 상대적 빈곤 등을 양산하는 괴물로 성장해버린 것이다.

21C 초 세계 지도자들의 모임인 스위스 다보스 포럼에서는 '글로벌 자본주의'에 대한 각성을 촉구하는 지성인들의 컨센서스가 도출되고, 금세기의 최고의 부자인 빌 게이츠는 글로벌 자본주의를 수정하는 '창조적 자본주의'를 선보이게 된다. 결국 '창조적 자본주의'는 오래전부터 등장하기 시작한 홍익인본주의의 또 다른 이름이기도 하다.

빌 게이츠는 물신주의가 팽배한 이 시대의 자본은 국가와 개인의 역량으로는 극복할 수 없으며, 협동과 연대 정신만이 인류 공동체를 살릴 수 있는 유일한 대안임을 말한 것이다. 이는 '홍익인본주의'가 내세우는 인간성 회복이 곧 신인본주의 부활이며, 한민족이 7,000년전부터 내세운 인류 경영의 근본 철학이기도 하다.

Ⅰ 인본주의의 사전적 의미와 해석

우리가 해석하는 인본주의는 신본주의와 연관되는 개념이지 우의나 독립적인 개념이 아니다. 또한 중세기에 즈음한 신본주의의 반대적 개념도 아니다.

인본주의란 무엇인가? 즉, 인간이 모든 것의 중심이 된다는 사상. 즉, 신神 중심적인 세계관과 비교적으로 인간 중심적인 세계관에 적용되는 말이다.

인본주의는 인간의 가치를 주된 관심사로 삼는 주의이다. 그렇다고 신의 실재, 혹은 신의 비인간적 목적을 무시하거나 거부하지 않는다. 인본주의는 인간의 본성에 가치를 부여하고 인간의 이상을 실현하는 방편으로 종교적 감성 또는 덕성을 함께 활용한다 (특히 우리가 말하는 인본주의는 '신의 영역'을 부정하는, 불손을 저지르는 유물론적 사고가 아님을 분명히 밝혀둔다).

여기서 사전적 의미의 '인본주의'라 할 때는 인간의 고통을 극소화하고 복지를 증진시키려는 모든 도덕적·사회적 운동을 통칭하는 것으로 본다. 그리고 신神이나 자연이 숭배 대상이 아니라 오직 인간HUMANITY만이 존귀하다고 믿는 실증주의적 인간성 숭배의 사상을 일컫는다.

인본주의 철학의 시작은 '인간은 만물의 척도'라고 한 헬라의 궤변론자인 프로타고라스(PROTAGORAS, B.C.485-415년), '경건의 대상은 신이 아닌 인간이어야 한다'고 주장한 꽁트(AUGUSTE COMTE, 1798-1857년), '세계는 우리가 만드는 것이다'라고 한 영국의 철학자요 프래그마티즘(PARAGMATISM,

실용주의)의 선구자인 실러(F.C.S. SCHILLER, 1864-1937년), 무신론적 실존주의를 표방한 니체나 사르트르 등이 대표적인 인본주의자라 할 수 있다.

또 다른 관점에서 인본주의는 『역사적인 운동과 철학적인 교의이다. 비록 인본주의적 운동은 인류에게 위협적인 반동으로서 역사에서 재차 출현하였지만, 인본주의는 14세기 후반과 15세기 동안 서유럽에서 발생한 문학, 지성의 운동이었던 르네상스와 역사상 가장 밀접하게 연결되어 있다.

근대 인본주의는 예술, 문학, 사상에서의 폭넓은 변화-그리스와 라틴 고전에 대한 새로운 해석, 정신의 해방, 제한된 권위에 대한 반대, 지성의 자유와 긴밀하게 연결되어 있다는 중세의 엄격한 종교적 통일성과 스콜라주의에 반기를 드는 것이었다. 그것은 다른 어떤 일련의 사건들보다도 중세에서 근대로의 이행을 상징화하였다.

인본주의 사상에는 수많은 다양성이 존재한다. 대부분은 특정한 종교적, 철학적 사명을 강조하는데, 그것은 인간의 선천적 선함, 신의 존재, 인간의 가능한 영역 내에서 자신의 개인성을 최대한 펼침으로써 완전한 인간존재로 전환될 필요성 등에 대한 신념과 같은 것들이다. 더욱이 히브리의 선지자와 그리스 철학자의 시대로부터 인본주의는 초자연적이거나 단순히 자연적인 것보다도 인간성이 인간이 갖는 관심의 중요한 대상이라는 사상과 결합되어 왔다.

그러나 철학적 교의로서의 인본주의의 핵심적 측면은 인류가 모두 같다는 신념과 인간이 자신의 노력으로 완전해질 수 있다는 가능성

에 대한 신념이다.』(사회학사전, 2000.10.30, 사회문화연구소)

❙ 인본주의는 보다 더 〈인간다움〉을 존중하는 데 그 본질이 있다.

인본주의는 인간성의 해방과 옹호를 이상으로 하는 사상 또는 심적 태도, 인간과 인간성을 존중하고, 인간을 억압하고 구속함으로써 인간성을 말살시키려는 모든 장애로부터 인간을 해방시키려는 것으로서, 인간주의·인본주의·인문주의·인도주의, 휴머니즘 등으로도 불린다. 〈인간성〉을 의미하는 라틴어 〈휴머니타스 HUMANITAS〉에서 유래하였으며 그 사상이나 운동·형식 등에서 다양한 모습을 보이지만 인류 역사상 어느 시대에나 존재해 왔다. 인간성·인류·교양 등 여러 의미로 쓰이나 〈인간다움〉을 존중하는데 그 본질이 있다.

또한, 인본주의는 그리스에서 로마로 전해진 뒤 M. T. 키케로가 처음 하나의 용어로 사용하였으며, 14~15세기 르네상스 때부터 역사적 개념으로 쓰이기 시작하였다.

인본주의는 인간정신의 기본자세이다.

인본주의는 명확한 윤곽을 가진 하나의 사상 체계라기보다도 인간 정신의 기본적인 자세이다. 인본주의는 인간에 대한 하나의 근본적인 태도를 의미한다. 현대적 의미의 인본주의를 이렇게 해석하는 것이 인본주의에 대한 정당하고도 실증적인 해석이라고 하겠다. 우리는 어떤 눈으로 인간을 보고, 어떤 태도로 인간의 문제를 생각하고, 어떤 심정으로 인간을 다루고, 또 어떤 이념과 방향으로 인간의 생과 역사를 이끌고 나아갈 것인가? 이러한 인간의 근본 문제에 대한 하나의 기본적인 정신적 자세와 태도가 곧 인본주의의 내용을 구성한다. 인문주의人文主義 또는 인본주의人本主義는 모든 사람의 존엄과 가치를 중시함을 기본으로 한다.

특히, 세계는 신만이 지배한다는 교조적 신본주의에 반대하며, 이는 사람과 더불어 사는 인본주의에 근간한 정치사상이자 사회사상이다. 이것을 우리는 인간주의나 휴머니즘으로도 부른다. 또한 이것을 중요하게 간주하는 사람을 인본주의자나 휴머니스트라고 지칭한다.

일반적으로 인간성의 해방과 옹호를 이상으로 하는 사상 또는 태도를 인본주의라고 한다. 서양의 인본주의는 독립적이고 원자적인 인간의 자율성 확대라는 점에 중점이 있다. 예컨대 남의 권리나 임무를 침범하지 않는 것 등을 들 수 있다. 반면에 동양의 인본주의는 대체적으로 관계적이고 유기체적인 인간의 자율성 확대에 그 중점이 있다고 할 수 있다. 하지만, 동서양을 막론하고 인본주의 정신은 인간의 존엄성과 자율성을 확대하는데 많은 역할을 해왔으며, 지금도 포스트-모더니즘이라는 이름하에 여러 가지 소외되었던 존재들에 주목하며 진행되고 있다.

그래서 인문주의는 광범위하게는 철학의 한 분과인 윤리학에 해당한다. 인문주의를 윤리학의 범주에 두는 것은, 윤리학은 합리성을 비롯한 보편하는 인간의 처지에 호소하여 시비를 판단할 능력에 그 바탕을 두기 때문이다.

| 서양의 인본주의 부활 : 현대 서양철학의 근간

르네상스는 14세기에서 16세기에 서구 문명사에 나타난 문화사상 운동으로서 학예 부활이라는 뜻이고, 고대의 희랍·로마 문화를 생각 가능한 범위에서 가장 완전하다고 간주하여 이런 것을 부흥하게 하여 신문화를 창출하려고 한 민면黽勉한 활동으로서, 그 범위는 생각·문학·미술·건축을 위시해 여러 방면에 걸쳤다.

이후, 거대한 제국 로마가 몰락하면서 중세가 시작된 5세기에서 르네상스기까지 시기를 즉, 미개해서 문화 수준이 낮은 시대, 인간의 본성을 뭉개어 아주 없애 버린 시대로 확실하게 이해하고 다시 고대를 부흥하게 하여 미개하고 문화 수준이 낮았던 이 시대를 극복하려는 점이 다른 시대와 비교하여 특별히 눈에 띈다.

통설에 의거하면, 14세기 후반에서 15세기 전반에 걸쳐 이태리에서 시작된 르네상스는 독일, 불란서, 영국을 위시한 북유럽에 전파되어 각각 다른 것과 견주어 다른 점이 있는 문화를 형성하였고, 근대 유럽 문화가 생기려는 기운이 발아하는 기초가 되었다. 이때 르네상스 외에도 예컨대 카롤링거 왕조의 르네상스, 오토 왕가의 르네상스, 12세기의 르네상스, 상업의 르네상스, 로마법의 르네상스를 위시해 문화 부흥 현상이 정로된 여타 시대를 대상으로 해서도 이 용어 르네상스를 사용한다.

이미 당대에 문예부흥, 즉 르네상스의 개념이 형성되었다.

"르네상스 생각의 기본 요소를 이미 설정하고 고대를 문화 발전이 최고조에 달한 시기로 간주하면서 중세를 인간의 창조성이 기독교에 기생한 사람들로 말미암아 철저히 무시된 암흑기라고 판단하여 고전 학문의 부흥을 이용해 문명을 다시 일으키고 사회를 개선할 수 있다"고 프란체스코 페트라르카가 한 주장은 당시 인간을 중시하고 인간의 능력과 성품과 현재 소망과 행복을 소중히 간주하는 태도를 좇는 사람들이 흉중에 품은 거대한 소신이기도 했는데, 이 사람들은 간단한 라틴 학문의 부흥에 그치지 않고 인간의 유식하고 창조하는 힘을 다시 일으키려는 신념에 차 있었다.

당시 레오나르도 브루니는 자기 시대의 학문의 부활을 있는 그대로 열거하여 서술했고, 16세기에 조르조 바사리는 『이태리의 가장 뛰어난 화가, 조각가, 건축가의 생애』에서 "고대 세계가 몰락하고서 쇠퇴한 미술이 지오토 디 본도네 덕분에 소생했다"고 하여 RINASCITA를 그대로 사용했다. 또한, 프랑수아 마리 아루에는 14세기에서 15세기 이태리에 학예가 부활한 사실을 재지적했고, 쥘 미슐레는 16세기 유럽을 '문화상 신시대'라고 하여 용어 르네상스를 최초 사용했다.

그리고 르네상스를 "인간의 본성 해방과 인간의 재발견, 이치에 부합하는 사유와 생활 태도를 타개한 근대 문화의 선구"라고 간주한 해석을 정초定礎한 야코프 크리스토프 부르크하르트가 1860년에 출간한 《이태리의 르네상스 문화》에서 시대로서 르네상스라는 판단 방식이 정착되어 오늘까지 하는 연구에 큰 영향을 끼치게 되었다.

한편 야코프 크리스토프 부르크하르트는 르네상스와 중세를 완벽한 대립으로 파악하고 근세는 중세가 아닌 고대에서 시작했다고 주장했으며, 중세를 지극히 정체된 암흑기라고 가혹하게 비평했으나 이후에 한 여러 연구는 이것에 이의를 제기하기도 하여 르네상스의 맹아를 고대에서 구하지 말고 중세에서 찾아야 하고 르네상스를 근대의 특징이 될 만한 경향이나 성질이 있다는 판단은 오류라는 주장도 대두된다. 하지만 서양의 인본주의는 르네상스 시대를 거치면서 재조명되었고, 근대적 서구사상의 기초가 발아된 것도 사실이다.

| 동양의 인본주의

동양철학東洋哲學은 인도, 이슬람, 중국, 일본, 한국 등 아시아의 철학이다. 동양이란 범주 자체가 하나의 범주 안에 묶이는 너무 다양한, 즉 오리엔탈리즘의 시각이 강하다고 현대에 와서 비판받고 있기 때문에 (중동과 동북아시아를 한 범주로 묶는 것은 사실상 불가능하다) 다른 범주로 나눠야 할 필요성이 오래전부터 제기되고 있다.

한국에서는 동양철학이란 말은 대체로 중국철학과 인도철학을 포괄하는 단어로 사용되고 있다. 유학, 노장철학, 불교 등이 강한 영향력을 가지고 있으며 약 BC 5세기 전후로부터 여러 학파를 통해 계승되어 왔다. 동양철학에서 주로 다루게 되는 주제로는 윤리학, 우주론, 인식론 등이 있다.

우리가 동양의 인본주의를 다룰 때에도 마찬가지로 중국, 인도, 이슬람을 포함할 필요가 있다. 하지만 한국에서는 동양이라 하면 대개는 중국만 떠올린다.

그래서 동양의 인본주의를 연구함에서도 중국의 사례만 조사하게 된다. 그러나 인도와 이슬람도 연구해 볼 필요가 있다. 과거에 이슬람과 인도는 고도의 문명과 문화가 있었다. 그러나 20세기 이후에 모든 문명과 문화는 전부 서양의 기준에 의하여 재구성되었고, 현재 한국의 경우도 지난 100년 동안 서구적인 문화가 우리의 삶에 파고 들어와서 자리 잡았다. 이제 우리의 사고방식도 매우 서양화되어 있음을 부인할 수 없을 것이다. 동양의 인본주의는 중국과 인도까지만 살펴본다 (이슬람의 인본주의는 좀 더 연구한 후에 언급할 필요가 있다).

중국의 경우에 공자, 맹자, 순자로 이어지는 유가적인 인본주의가 있고, 노장의 도가적 인본주의가 주류를 이루고 있다. 반면 인도와 동남아 지역에는 다양한 종교와 문화와 철학이 있지만, 한국에서는 그렇게 많이 인식되지 못하고 있을 뿐이다. 인도에는 다양한 종교사상이 있지만, 현대까지 영향을 미치는 것은 베단타 철학과 사상이다. -인도의 철학은 '베다 VEDA'에서 기원한다. '베다VEDA'는 지식과 지혜를 뜻한다.

베단타 철학은 고대 인도의 범신론적 관념론을 기반으로 하고 있다. 그리고 요가와 탄트라 사상 등을 생각해 볼 수 있다. 이러한 인도의 사상들은 영국의 무력 지배에 무저항 비폭력으로 대항했던 간디의 인본주의 정신에서 잘 드러난다.1)

| 유학으로 본 인본주의

중국철학의 인문주의 요소는 위에 나온 서양철학의 정의에서 벗어난다. 이것은 천 개념에서 나타난다. 천天 개념에는 여러 가지 파생이 있다. 특히 유교는 중국 전통 천 개념의 독특한 전용을 통해 역으로 인문주의 정신을 강조한다. 유교에 따르면, 세계의 이치는 천이라는 개념에 집약되어 있다. 그리고 옳음은 이치에 따르는 것, 곧 순천順天하는 것이다.

여기까지만 보면 하늘만 절대적인 옳음이므로, 인간이 종속적인 존재라고 보기 쉽다. 그러나 맹자의 사상을 보면 인간은 여전히 자율적인 존재이다. 맹자는 인간이 자연의 일원으로서 이치를 갖는데, 인간의 이치는 인간 윤리라고 말한다.

따라서 순천順天하여 자기 존재의 옳음을 다하기 위해 인간은 세계가 부여한 윤리의 씨앗인 사단을 따라야 한다. 사단은 목적의 면으로만 보자면 인간의 윤리적 자율과 실천을 강조하기 위한 개념이다. 사단을 함양하면 옳음을 좇으며, 궁극적으로 정치적 옳음(의, 義)을 위한 참여는 가장 크게 순천하는 수단이 된다.

맹자의 천天은 헤브라이즘처럼 신비성을 좇거나 불합리함을 수용하지 않으며, 사람 사이의 일은 사람 사이에서만 해결할 뿐 신에 의존하지 않는다. 겉으로는 인간 밖의 대상인 하늘에 절대적인 옳음을 부여하여 의존하는 것 같지만, 사실은 절대성만 세계 전체라는 개념에 포함되어 있을 뿐 옳음을 실천하는 것은 인간의 몫이다. 동학의 인내천人乃天 사상도 이 측면에서 이해할 필요가 있다.

유가적 인본주의 특징은 종교적 세계관 탈피, 계급주의에 의한 인간차별 타파, 정신적 도덕적 의미의 내재적 인격인 '인간'을 발견, 남을 사랑하는 '인'의 실천을 강조한다.

도가적 인본주의 특징은 편협한 인간중심주의 탈피, 자연주의와 결합한 인본주의를 주장하며 그 중에서 노자의 인본주의는 자연 관계적이면서, 서로간 유기적인 인간의 자율성 확대를 지향한다.

Chapter 2

한국적 인본주의 사회

> "홍익인본주의는 무엇보다도
> 모든 '인간의 존엄성'을 바탕으로 한다.
> 따라서 특정 개인이나 혹은 단체, 조직만이 아니라
> 민족, 국가 단위까지 확장해서 생각하는 가치체계이다."

인본주의라는 단어에 매우 민감한 사람들은 주로 종교인들이다. 그만한 이유가 있다. 인본주의란 말 자체가 신본주의와 상대적 개념이기 때문이다. 그러나 우리가 다루고자 하는 인본주의 개념은 결코 종교나 철학, 사상을 전제로 하는 것이 아니다 (전장 인본주의 설명 참조). 우리는 경제와 경영의 차원에서 인본주의를 다루고 있는 것이다. 또한 인본주의는 신을 부정하거나 종교와 대척점을 가지려는 게 아니다. 왜냐하면 인본의 뿌리는 하늘에서 나왔기 때문이다. 하늘과 신은 '인본'의 근본이기 때문에 부모와 같은 존재이다.

우리가 말하는 인본주의는 '인간의 존엄성'을 인정하는 가치체계를 의미한다. 여기에 '홍익'이란 말이 추가된 것은 바로 '세상의 모든 사람들이 포함되는 '범세계적'이란 가치체계라는 의미를 포함한다. 그래서 명칭을 〈홍익인본주의〉라고 칭한 것이다.

오늘날 우리 사회를 경제·경영적 관점에서 해석한다면, 한국이 세계 13위권의 경제 대국으로 급성장한 이면에는 '홍익인간' 정신이 바탕이 되어 있었다고 말할 수 있다.

한국은 기본적으로 자유민주주의와 자본주의 경제체제를 채택하고 있는 나라이다. 이 책의 기본 목적도 자유주의적 사상과 시장지향적 자본주의 정신으로 본 내용을 저술한 것이다. 또한 대한민국은 자본주의적인 시장경제를 바탕으로 전후戰後 세계 최빈국 중 하나에서 70년 만에 선진국으로 도약한 것이다. 이는 자본주의와 자유·민주적 사상이 아니라면 감히 상상도 할 수 없었던 일이다. 그래서 우리는 자본주의에 대한 수정과 대안을 제시하려고 하는 것이다 (그러나 분명히 밝혀두지만, 우리는 '신자유주의'와 '글로벌 자본주의'의 미명은 반대한다. '글로벌 자본주의'는 사회공동체 내지는 지역공동체와 협동·연대하여야만 진정한 인류공영을 추구할 수 있기 때문이다).

오늘날 세계사를 살펴본다면, 인본주의를 중시하는 나라와 그렇지 못한 나라는 엄청난 경제적 차이가 있다. 200개 국가 중에서 민주주의와 시장경제를 가진 국가는 150여 개와 그렇지 못한 국가를 비교했을 때, 인간의 존엄성을 중시하는 민주주의를 택한 국가가 훨씬 더 부강한 나라이다. 경제 대국의 70%는 인본주의적 소양이 많은 국가들이다.

| 한국인의 인본주의 정신

흔히 한국인의 기질을 말할 때 '혼자서는 잘 하지만 뭉치는 것은 잘 못한다'는 의미로 '진흙이 아니라 모래알과 같다'는 비유를 한다 (이런 종류의 비하는 일제의 잔재이며, 일제는 우리 민족의 협동정신을 불온사상을 전파하기 위한 모임으로 격하시키는 데 그 원인이 있다). 한동안 이런 식의 한국인 스스로를 비하하는 표현들이 자주 언급되었다.

하지만 이제는 이런 표현들을 수정해야 할 것이다. 한국인은 세계 어느 민족보다도 잘 뭉치는 민족이다. 다만 그러한 기회가 주어지지 않았던 것이고, 현재 서구의 개인주의적 자본주의와 결합한 양육강식의 글로벌 자본주의가 우리 사회 전반에 퍼져있는 것이 문제일 뿐이다.

즉, 한국이 지난 70년간 경제 강국으로 성장하는 이면에 서양의 인본주의가 한국인의 생활 속에 스며들었던 것이다. 앞에서 언급한 것처럼 서양의 인본주의는 태생적으로 '신본주의'의 반동으로 일어났던 것이다. 그래서 초기에 인간의 존엄성을 중시하는 인본주의로 시작하였지만, 지금은 지나친 개인주의와 지나친 사유재산 중심으로 흘러서 변질되어 가고 있는 것이다.

하지만 우리가 주장하는 진정한 의미의 인본주의는 영혼, 정신, 육체의 건강을 필요로 한 전인적 인간상과 사회적 안전과 번영, 그리고 협동사회를 근간으로 건강한 사회공동체가 만들어지는 게 그 목표이다. 그래서 인본주의를 위한 노블레스 오블리주의 실천을 요구하는 것이다.

경제적 권력을 가진 사람이 '갑질'을 하는 잘못된 사회를 만들어 내는 것이고, 결과적으로 '돈이면 다 된다'는 형태로 인본주의 본질이 변질되어 버린 것이다. 이는 인본주의로 무장해야 할 자본주의가 '돈'이 주체가 되어버리고 인간을 사람과 기계, 자연과 과학, 그리고 부자와 가난한 사람으로 구분하는 양분법적 논리로 인간 소외를 더욱더 부채질하여 이 세상을 '돈 본주의'로 만들어 버렸다. 그래서 우리가 주장하는 한국적 인본주의는 '신본주의'에 반대되는 인본주의도 아니다. 우리의 역사 속에서 발견되는 인본주의는 '서양의 인본주의'보다 한 차원이 높다. 이는 우리 역사와 문화 속에서 발견해 낼 수 있다.

'홍익인본주의'는 무엇보다도 모든 '인간의 존엄성'을 바탕으로 한다. 따라서 특정 개인이나 혹은 단체, 조직만이 아니라 민족, 국가 단위까지 확장해서 생각하는 가치체계이다.

홍익인본주의는 여기서 끝나는 것이 아니다. 다른 인종, 다른 종교, 다른 민족, 다른 국가를 모두 인정하는 범세계적인 가치체계이다. 이는 모든 종류의 문화를 수용한다는 뜻이다.

홍익인본주의는 일종의 '범세계적인 인류 공동체'를 위한 인본주의라고 할 수 있다. 다시 말해서 '공동체 협동정신'을 가진 인본주의라고 할 수 있겠다.

| 역사에서 배우는 인본주의

신라의 화백제도의 화백和白은 신라 때에 나라의 중대사를 의논하던 귀족 회의 제도이며, 의결 방법은 만장일치제였다. 화백회의는 중대 사건이 있어야 개최되고 회의의 참석자는 보통 인민이 아닌 백관이라는 것, 또 여기서 한 사람의 반대라도 있으면 회의의 결정은 내리지 못하였다는 것을 알 수 있다.

화백의 원칙은 귀족뿐 아니라 신라 전 사회에 널리 행하였고, 각계각층의 독재력의 발생을 억제하여 신라 국가의 완전성을 증가하는 요인이 되었다.

서양의 경우에 민주주의 방식은 대표적으로 과반수 이상의 찬성으로 의사결정을 하는 것이다. 이는 현대정치에서 대의민주주의로 표현되어지고 있다. 이 방식에서는 언제나 소수의견이 무시될 수 있다. 하지만 홍익인본주의적인 방식은 '멤버' 모두에게 기회를 주는 것이다. 이것을 흔히 '만장일치'라고 표현한다. 이는 대의민주정치의 한계를 극복하려는 '숙의민주주의' 정치이기도 하다.

오늘날 숙의라는 의미는 '숙려해서 논의하다'라고 설명할 수 있다. 자신의 의견을 가능하다면 명확하게 표명하는 동시에 다른 사람의 다른 의견에 주의 깊게 귀를 기울이고 자신의 잘못을 인정한다면 자신의 의견을 수정하게 된다. 그것은 '무리한 관철'이나 '고집', '논파'와는 확연히 다르다.

숙의熟議민주주의는 집계민주주의와 대의代議정치의 문제점을 극복할 수 있는 충분한 가능성이 있다고 할 수 있다. 정치가 여론에 의해서 좌우되지만 이권 획득의 장이 되지 않기 위해서는 무엇이 타당하고 무엇을 해야만 하는가에 대해서 여론 그 자체의 질을 높여 '잘 만들어진 여론', 즉 만장일치에 가까운 심사숙고는 다수결에 익숙한 정치가를 통제할 필요가 있다.

이와 같은 숙의정치의 뿌리가 신라의 화백제도에 녹아 있었다는 사실은 대한국의 민주주의의 근간이 서양보다 훨씬 앞선다는 것이다. 모두의 동의를 구한다는 것 자체가 '모든 인간은 다 동등한 가치가 있다'는 인본주의가 바탕이 되어야 가능한 것이다. 이와 같이 한국의 인본주의는 소통과 설득을 전제로 한 숙의민주주의熟議民主主義적 성격이 강하다.1)

Chapter 3

홍익인본주의와 공동체 문화

> "한국경제의 지속적 성장은
> 겨레의 숙원인 남북통일 비용을 충당하고
> 심각한 실업문제를 해결하기 위하여 꼭 필요하다.
> 한국이 더 많은 일자리를 만들기 위해서는
> 창의적인 공동체 정신이 절대적으로 필요하다."

| 인본주의 : 공동체 문화

홍익인본주의는 동양의 인본주의와 서양의 인본주의의 양면을 모두 수용하며, 개인뿐만 아니라 공동체의 자율성 확대에 초점이 맞추어져 있다. 홍익인본주의는 자유민주주의의 기본정신과 일맥상통하며, 유교의 인, 기독교의 박애주의, 불교의 자비심과 상통한다. 홍익인본주의는 대한민국의 상생발전 정신과 전 인류의 공동체 사상으로도 손색이 없다.

한국경제의 지속적 성장은 겨레의 숙원인 남북통일 비용을 충당하고 심각한 실업문제를 해결하기 위하여 꼭 필요하다. 한국이 더 많은 일자리를 만들기 위해서는 창의적인 공동체 정신이 절대적으로 필요하다.

앞으로 지구촌의 경제는 자본주의의 문제를 해결하고 발전된 형태의 '따뜻한 자본주의'가 필요하다는 점은 충분히 설명한 바 있다. 우리 민족은 오랫동안 공동체 정신을 잘 살려오고 있었다. 이런 공동체적인 문화는 지난 100년간 역사가 왜곡되면서 그 중요성이 가려졌지만 이제는 우리의 전통적인 가치를 되살려 낼 때가 된 것이다.

우리 민족은 유사 이래 '따뜻한 자본주의', 즉 홍익인본주의라 부르는 모델을 가지고 있었다. 다만 최근 역사에서 그 흔적이 많이 사라진 것뿐이다.

조선 후기 농촌 사회에는 서로 도우며 살아가기 위한 조직이 발달하였는데, 향약과 두레, 계 등이 그러한 조직이다. 이는 오늘날의 협동조합이나 사회적기업과 일맥상통하며, 홍익인본주의 모델로 손색이 없다.

▎자주정치의 모델 : 향약

조선 시대 양반 지배층이 유교 사상을 바탕으로 만든 향촌 사회의 자치 규약이다. 농민들을 결속시키고 유교적 이념을 보급하여 향촌 사회를 안정적으로 이끌어가는 것을 목표로 모인 사람 결사체이다.

향약의 유래는 중국 송宋의 여씨 형제가 만든 '여씨 향약'에서 시작되었으며 조선 중종 때 조광조를 비롯한 사림파의 주장으로 처음 시도되었으며, 조광조가 기묘사화로 죽는 바람에 성공하지는 못 하였다. 그러나 그 뒤 이황, 이이 등 지방의 유학자들이 자신들의 정치 기반을 강화할 목적으로 향약을 널리 보급하기 시작하여 선조 때에는 전국으로 확산되었다.

전통의 향약은 계나 두레와 함께 상부상조의 아름다운 풍속으로, 마을마다 조금씩 차이는 있지만 대체로 4대 덕목을 기본으로 운영하였다. 그 첫째가 환난상휼患難相恤 어려운 시기에 서로 돕는다. 두 번째, 과실상규

過失상규過失相規 잘못된 일은 서로 규제한다. 세 번째, 예속상교禮俗相交 아름다운 풍습은 서로 나누어 본받는다. 네 번째가 덕업상권德業相勸으로 착한 일은 서로 권하는 아름다운 미풍양속이다.

향약은 농촌 사회에서 그 지방 양반들이 중심이 되어 자치적으로 시행하던 조직이었다. 따라서 농민의 이익보다는 유교적 사회 질서를 유지하려는 양반 계층의 이익을 중심으로 운영되었다. 그리고 향약의 중심 계층이 양반이라 나중엔 민중을 억압하고 소수의 기득권들의 사치와 향락으로 도방정치의 피해가 있었지만, 민주정치의 뿌리라는 걸 간과해서는 안 되는 요소이다.

공동체 문화의 기원

홍익인간이 만드는 세상은 인간의 존엄성을 바탕으로 한 평등과 협동과 공유의 '공동체'이다. 이 공동체의 원형은 우리 민족의 역사 속에 있었다. 우리 역사에서 이러한 홍익인본주의를 실천했던 협동조합의 원조가 바로 '두레'와 '계'라고 할 수 있다.

이 두레나 계의 기원은 삼국시대 향도까지 거슬러 올라간다는 것이 일반적인 정설이다. 향도香徒는 '아름다운 무리'라는 뜻으로, 처음에는 불교 신도들의 모임이었다. 이 말은 나중에 그 모임의 성격이 변했다는 뜻이다. 향도에서 하는 일은 불교를 후원하는 활동이다.

주로 절(사찰)을 짓거나 불상, 석탑, 종 같은 것을 만들려고 하면 많은 노동력과 자금이 소요되는 바, 이를 지원하는 신앙 조직 역할을 했다. 고려 시대 향도는 향촌의 대표적인 신앙 조직이자 농민 공동체 조직이다. 그렇다고 해서 단순히 종교 조직으로만 봐서는 안 되는 분명한 이유가 있다.

당시는 씨족사회이므로 주로 혈연관계에 있는 사람들이 한 마을을 이루고 살았다. 그런데 이런 마을에서 새로운 가르침을 따르는 무리인 향도가 조직되었던 것이다. 이는 기존의 혈연으로 조직된 것이 아니고 불교라는 가르침을 바탕으로 한 일종의 지식 공동체였다고 할 수 있겠다. 따라서 그 당시에는 상당히 혁명적인 조직체였다고 할 수 있다.

이것이 왜 혁명적인 것이었는지는 당시의 사회상을 생각해 보면 쉽게 이해가 될 것이다. 이 대목에서 잠시 한국의 종교적 흐름을 살펴보자. 불교는 삼국 시대에 한국에 들어와서 잡았다. 기록상으로 고구려 소수림왕 때 전래되었다고 알려져 있지만 그 보다 더 이전에 고구려 각처에 불교가 퍼져 있었던 것으로 파악된다.

고려 시대에는 정치 이념인 유교와 함께 불교는 강력한 통치 이념이었다. 그러나 고려 말기에는 불교가 권력화하여 고려 왕조의 몰락을 가져왔다. 그래서 조선에 들어와서 배불숭유 정책을 초래하였다. 조선 시대는 유교가 우세하였으나 세조 때는 불교를 다시 부흥시키기도 했다.

초기 불교가 대중을 파고드는 과정에서 향도는 분명한 역할을 했을 것으로 보인다. 불교의 입장에서 본다면, 향도는 전초부대 역할을 담당하던 결사체였다.

결국 불교가 대중화되면서 향도는 마을에 여러 곳에 향도가 만들어지게 되었다. 향도가 전국적으로 발전하면서 공동으로 여러 가지 마을의 일들 추진하게 되면서 점점 종교적인 색체보다는 지식 공동체로서의 색채가 짙어지게 되었다.

시간이 흐름에 따라서 한 마을에 자리 잡은 향도에는 점차 농민들이 참여하기 시작하면서 농사 및 마을의 대소사를 공동으로 풀어가는 공동노동 조직 형태로 변모해갔다. 그러나 여전히 향도를 이끄는 우두머리는 그 지역 사회의 양반들이었기 때문에 이들은 향도가 농민들이 참여하면서 세력이 강해지는 것을 바람직하게 생각하지 않았다.

조선 시대에 와서는 향도의 세력을 약화시키기 위해서 향약鄕約을 만들었다. 향약은 앞에서 설명한 것처럼, 조선 시대 향촌 사회의 자치규약으로 조선 중기 지방 사림이 농민·노비 등 하층민의 지배를 강화하기 위하여 유교 윤리를 기반으로 향촌의 공동 조직을 재구성한 것이다. 서원과 함께 향촌 사회에서 사림의 지위를 강화하는 데 기여하였다.

향약을 만들면서 기존의 향도를 둘로 나누었다. 새로 만든 향약을 상계上契로 하고 기존의 향도를 하계下契로 구분하여 지배하려고 시도하였다.
향약은 지역의 농민과 노비 등 하층민의 지배를 강화하기 위하여 유교 윤리를 기반으로 하는 향촌의 공동 조직을 재구성한 것이다. 향약은 서원과 함께 향촌 사회에서 사람의 지위를 강화하는데 기여했다.

| 협동노동 : 두레

두레는 농민 중심으로 이루어진 농촌 자조 조직으로, 주로 경기 이남의 농촌에서 조직 운영되었다. 두레는 조선 시대 후기 이양법이 보편화되면서 농촌에서 농사일을 공동으로 하기 위하여 향촌 주민들이 마을·부락단위로 둔 공동 노동 조직이다. 상호부조, 공동오락, 협동노동 등을 목적으로 마을 단위로 조직되었다. 여성들의 길쌈을 위해 조직된 '길쌈두레'와 남성들의 삼(대마) 농사를 위한 '삼두레'가 있다.

또한 두레는 농촌에서 서로 협력하여 공동 작업을 하는 풍습, 또는 이를 위하여 부락이나 리里 단위로 구성한 조직을 말한다. 부락 이 단위의 모임은 '만두레'라고 한다. 동회洞會·동제洞祭와 같은 씨족사회 유풍이다. 주로 농번기의 모내기에서 김매기를 마칠 때까지 시행된다.

두레의 조직은 부락 내의 장정이 주가 되며, 참여 자격은 노동 능력에 따라 두레의 역원이 재가한 후 가입이 허락된다. 역원의 구성은 통솔자인 행수行首 1명, 보좌역인 도감都監 1명, 두레작업의 진행을 지휘하는 수총각首總角 1명, 두레규약을 감시하는 조사총각 1명, 유사有司 1명, 방목지의 가축으로부터 전답을 보호하는 방목감放牧監 1명으로 되어 있다. 행수·도감은 자작농민 중에서 인망과 역량이 있는 자를, 그 외에는 소작농이나 머슴 중에서 선출하였다.

두레노동은 동네 전체의 이앙 · 관개 · 제초 · 수확 등의 주요 작업에만 한정하는 경우가 많았다. 작업에 앞서 수총각이 논두렁에 농기(農旗: 두레기)를 세우고, 농악에 맞추어 작업에 들어간다. 농악은 일꾼들의 피로를 덜게 하고 서로 일손을 맞추어 준다. 두레에 딸린 농악대는 작업이 있기 전 미리 마을을 돌며 전곡錢穀을 거두어 출역出役에 따라 분배하고, 일부는 적립하였다가 교량가설 · 야학시설 · 농악기 구입 등에 사용한다. 두레가 끝나면 풍농豊農을 기원하고 술과 노래, 농악으로 마을잔치가 벌어지기도 한다. 이 같은 고유의 공동 작업조직인 두레도 현대에 들어와서는 개인주의적인 화폐경제가 발달함에 따라 원래의 성격은 거의 사라졌으며, 농촌의 공동경작에서 그 유풍을 찾아볼 수 있는 정도이다.

두레의 의미는 지역 공동체를 위하여 평등의 원칙에 의하여 운영했다는 점에서 매우 의미가 크다. 경지면적과 노동력에 따라서 임금을 결산하여 주고받는 방식으로 협동 경제의 한 형태로 지역사회의 다양한 기능을 했다. 두레가 대내적으로는 노동단체·예배단체·도의단체·유흥단체의 의의를 가졌었으며, 한편 대외적으로는 군사단체로 동지동업同志同業의 순수한 결사의 뜻을 가졌다.

그것이 오늘날에는 농촌의 민간에만 잔존하여 여러가지 민간 협동체를 파생시킨 것이다. 두레는 또한 공동노동 조직임과 동시에 일종의 오락이라고도 할 수 있다. 두레는 오늘날의 지역 기반의 협동조합의 원조격에 해당한다고 볼 수 있다.

| **전통적 협동조합 : 두레**

두레는 초기의 불교를 지원하던 향도와는 달리 마을의 각종 공동노동과 상호부조를 하는 협동조합의 역할을 하게 된 것이다.

두레는 순우리말로서 그 어원이 '두르다', '둘레', '두루'에서 나왔다는 것이 정설이다. 첫 번째는 순우리말 '두르다'에서 나왔다고 할 때, 이 단어는 우리가 보통 '둥그렇게 원을 두르다' 혹은 '성곽을 두르다'라는 말을 연상하게 된다. 여기서 원이나 성곽을 둘러싸는 것은 '밖으로부터 내부를 보호하기 위하여 경계를 만들다'는 의미를 내포하고 있는 것이다. 이 말은 내부적으로 단단한 결속력을 갖는다는 의미로 해석할 수 있다. 즉, 서로 친근한 우애를 갖는 상태를 의미하는 것이다. 즉 이 말에서 '두레'는 두터운 우애를 기초한 호혜 시스템이었다고 생각할 수 있다. 즉 일종의 결사체ASSOCIATION이었음을 의미한다.

이렇게 결사체가 만들어지면, 구성원들은 지금까지와는 다르게 더 친밀한 관계가 되고, 더 끈끈한 결속력이 생겨나게 된다. 그래서 이렇게 만들어진 '두레'는 단순히 농사일만 함께 하는 조직이 아니라 마을의 치안을 담당하는 방범 조직의 기능도 담당할 수 있었던 것으로 보인다 (깨어나라 협동조합, 김기섭 저).

공동체와 결사체는 이렇게 구분하고 있다.

사회학자 사토[佐藤 慶幸]에 의하면, 결사체는 사회 구성의 기본 개념으로서 공동체와는 대치되는 개념이다. 공동체가 일정한 지역 공간에서 개인이나 가족이 그 생활을 지속적으로 유지하기 위해 다른 사람이나 가족과 상호 연대하는 행동인 반면, 결사체는 이런 공동체 위에서 목적 기능별로 형성된 것이다. 결사체에는 국가, 정부, 정당, 의회, 행정기관, 학교, 병원, 교통기관, 회사, 레크레이션 시설, 노동조합, 협동조합, NPO 등 매우 다양한 유형이 존재한다.1)

결사체란 한마디로 '자립한 개개인의 자유롭고 평등한 연합'이다. 따라서 '결사체에 의한 노동의 조직'이란 자유롭고 평등한 개개인이 생산수단을 공동으로 소유해서, 자본에 의해 통제받지 않고, 협의를 통해 각자의 노동을 조직해가는 것을 의미한다.2) 두레는 한마디로 결사체이다.

두레의 또 다른 어원으로 '둘레'가 있다. '둘레'는 '돌아간다', '돈다'에서 파생된 말이다. 이 '둘레'는 순환을 의미한다. 즉 오늘은 이집 논, 내일은 저집 논 이런 식으로 돌아가면서 농사일을 공동으로 해 준다는 의미이다.

두레가 마을의 성인 남자면 누구나 의무적으로 참여해야 하는 강제성이 있었음에도 농민들이 기꺼운 마음으로 두레에 참여할 수 있었던 것은 내 논밭도 두레가 공동으로 경작해 줄 것이라는 믿음이 있었기 때문이다.

따라서 두레의 어원 가운데 하나인 '둘레'는 곧 두레가 일종의 교환 시스템이라는 것을 말해 준다. 내가 마을 사람 모두를 위해 힘쓴 만큼 마을 사람 모두가 언젠가는 나를 향해 되돌려줄 것이라는 관계를 말한다.

이때 교환은 물건만이 아니라 노동의 교환도 포함되어 있다. 품앗이가 바로 대표적인 노동의 교환이다. 교환은 단지 시장에서 사고파는 행위만을 말하는 것이 아니다. 오히려 시장에서 화폐를 통해 이루어지는 교환은 오히려 예외적인 경우에 해당한다. 품앗이는 1대 1 교환뿐만 아니라 다자간 교환도 있다.

두레라는 일종의 노동교환 시스템이 성립하기 위해서는 먼저 두 가지 조건이 필요하다. 하나는 분화分化가 있어야 하고, 두 번째는 계약이 있어야 한다. 분화 없이는 교환이 이루어지지 않는다.

자기 땅에 농사를 지어서 자기가 먹을 때에는 어떤 농산물이나 농사일의 교환도 일어나지 않는다. 그래서 두레는 개별 농민이 공동체로부터 분화하는 시점에서 전국적으로 확대되었다.

그리고 노동교환 시스템이 계속되기 위해서는 계약이 필요하다. 분화되었다고 해서 분화한 둘 사이에 반드시 교환이 이루어지는 것이 아니다. 한두 번의 교환은 이루어질지라도 둘 사이의 약속 사항을 미리 정해 놓고 그 약속을 서로 지키지 않으면 지속적인 교환은 불가능하다. 일종의 계약이 필요한 것이다.

그 계약은 반드시 문서일 필요는 없지만, 모내기와 김매기 순서를 정하고 각자 작업 내용을 배정하기 위해 다시 말해서 계약을 위해서 두레원들이 모두 모여 농사일의 시작과 끝에 항상 회의를 했다. 회의에서 결정된 사항에 대해서는 반드시 지켜야 할 의무가 있었고, 지키지 않는 사람에 대해서는 처벌과 벌칙이 따랐다. 민주적 절차와 협의를 거쳐 계약이 성립되지만, 그렇게 성립된 계약에 대해서는 이행의 의무가 있었던 것이다

두레는 계약에 기초한 교환 시스템이었다는 점에서 이것은 일종의 사업체였다. 두레는 결사체이면서 사업체였고, 결사체를 토대로 하면서 사업체적 성격을 갖는 경제형 결사체였다고 할 수 있겠다.

두레는 계약에 의해 교환이 이루어지는 사업체였다. 일제강점기 때 두레를 연구했던 일본 학자들은 이런 점 때문에 두레를 농사일의 윤번 시스템이라고 단언했다. 두레가 지닌 '둘레'의 의미를 강조한 것이다. 이것은 맞는 말이지만 이렇게만 본다면 두레의 전체 모습을 이해할 수 없게 된다. 우리 집 논밭 일을 해줬으니 남의 집 논밭 일도 해줘야 한다는 식으로 계약과 교환 관계만으로 두레가 유지될 수는 없다.

여기서 필요한 것이 바로 두레의 세 번째 어원인 '두루'이다. 두레는 어

원인 '두루'에서 '두루 두루 행복하라.'는 설날의 덕담에서 보듯이 모든 구석구석마다 빠짐없이 골고루 또 널리 미치는 것을 의미한다. 그렇다면 무엇이 구석구석마다 두루 미치게 한다는 말일까?

이 당시 두레의 구성원은 성인 남자였다. 그러나 마을에는 노인 밖에 없거나 과부가 혼자 사는 집들도 있었고, 성인 남자가 있어도 몸이 아프거나 일을 할 수 없는 경우도 있었을 것이다.

일반적인 계약이라면 그런 집은 두레 노동 대상이 아니다. 내가 받을 것이 없다는 것을 뻔히 알면서 내 노동을 그 집 농사를 짓는데 제공하는 멍청이는 없을 것이다. 그런데 두레는 그런 마을 사람들의 논밭을 내 논밭처럼 경작해 주었다. 또한 두레 풍물패는 마을의 공동기금을 확보하여 마을의 대소사와 가난한 이웃을 위한 자금으로 활용했다.

더욱 중요한 것은 두레의 구성원들은 두레 안에서 이루어지는 모든 노동에 대해 차별적으로 평가하지 않았다는 점이다. 몸이 불편한 아버지를 대신해서 코흘리개 아들이 막걸리를 날랐다고 해서, 건강한 청년만큼 힘을 쓸 수 없는 늙은이라고 해서 그 집의 논밭 일을 소홀히 하지 않았다는 점이다. 두레 안에서 모든 노동은 균등한 가치로 평가받았다.

여기서 생각해 볼 것이 있다. 그다지 쓸모없는 노동을 내 노동과 동등한 가치로 인정해 줄 수 있는가? 나는 열심히 일하는데 그 대가가 항상 농땡이 치는 놈과 같이 하면 열심히 일할 마음이 날까? 두레는 '두르다'에서 보듯이 일종의 호혜 시스템이고, '둘레'에서 보듯이 일종의 교환 시스템이며, '두루'에서 보듯이 일종의 재분배 시스템이다.

정리하자면, 두레가 일종의 교환 시스템이기 때문에 노동의 교환과 윤번이 지속가능했던 것이고, 두레 노동의 교환은 철저하게 호혜의 시스템 위에서 작동했기 때문에 두래 내에서 노동에 대한 질량적 평가를 상쇄시킬 수 있었던 것이다. 나아가서 이런 호혜에 기초한 두레 노동의 교환이 재분배 시스템과 더불어 가능했기 때문에 두레를 넘어선 노동의 제공과 돌봄이 가능했던 것이다.

농사짓기 힘든 이웃을 위해서 아무런 대가 없이 도움을 주는 것, 즉 두레의 이러한 재분배 시스템으로 인해 두레는 마을이라는 자연을 협동의 관계망으로 재조직할 수 있었던 것이다. 두레가 두레일 수 있는 것은 두레가 지닌 이런 '두루'로서의 성격 때문이다.

이러한 두레가 지닌 '두루'의 개념에서 우리는 이 책에서 말하려는 '홍익인간' 정신을 발견할 수 있다. 홍익인간 정신에서 '세상을 널리 이롭게 한다'는 가치는 비현실적인 유토피아를 꿈꾸는 것이 아니라, 현실 생활에서 실천할 수 있는 구체적인 삶의 방식으로 구현될 수 있었다. 바로 '두레'가 홍익인간을 가장 잘 표현하고 있는 구체적인 모델이었다고 해석할 수 있겠다.

▮ 두레는 마을을 협동 공동체로 만들 수 있었다.

두레는 농사일을 하는 공동 노동조직이면서 동시에 마을 신에게 함께 제사를 지냈던 집단적 제의 조직이고 또 두레패를 통해 함께 놀았던 집단적 유희 조직이다.

제사와 놀이가 노동과 함께 했다는 것이야말로 두레가 지닌 중요한 특징 가운데 하나다. 여기서 어떻게 두레 안에서 노동과 놀이, 그리고 제사가 어울리게 되었는지 살펴보자.

제사는 일종의 종교다. 먼저 힘든 노동의 와중에서 제사와 놀이를 함께 했다고 해서 필요한 노동량이 줄어들거나 노동의 수고를 느끼지 않는 것이 아니다. 과학적이고 계산적인 관점에서 본다면, 제사와 놀이는 노동에 아무런 도움을 주지 못한다. 그런데 두레의 노동에는 항상 제사와 놀이가. 뒤따랐다. 그 이유는 무엇일까?

제사와 놀이가 노동과 함께 했다는 것은 노동을 지금 이 순간의 단순한 계약 관계로 머물지 않도록 한다는데 의미가 있다.

지금 이 순간의 노동을 동시대를 넘어 다음 세대로까지 시간적으로 확장시켜 주는 것이 제사이고, 노동 당사자 간의 계약을 넘어 마을 주민 전체에게로 공간적으로 확장시켜 주는 것이 놀이다.

우리가 제사를 지내는 이유는 나와 조상 간 대화가 목적이 아니라, 조상을 매개로 하여 나와 내 뒤에 오는 세대와의 대화가 목적이다. 또한 우리가 모여 노는 이유는 단순히 노동의 수고를 풀기 위해서가 아니라 노동의 교환 과정에서 쌓은 이익과 손실을 하늘나라 계산법으로 처분하기 위해서다. 제사를 통해 두레는 다음 세대와의 서로 돌봄을 확인하게 되고, 놀이를 통해 두레는 계약에 참여했던 하지 않았든 모든 마을 사람과의 서로 돌봄을 재확인하게 된다.

오늘 내가 몸져누운 이웃의 논밭을 경작해 주는 것은 내일 내게 닥칠지 모르는 같은 상황에 대한 대비인 것이고, 오늘 내가 아비 잃은 자식의 끼니를 해결해 주는 것은 내일 내 자식에게 닥칠지도 모를 같은 상황에 대한 대비이다.

오늘 내가 자식을 먹여 키우면 내일은 그 자식이 나를 먹여 키우리라는 반포反哺와 되먹임FEEDBACK의 원리를, 가족이라는 사적 단위를 넘어 사회적으로 확장시켜가는 속에서, 제사는 시간적 되먹임이고 놀이는 공간적 되먹임이다.

두레 안에서 제사와 놀이가 함께 했다는 것은 이렇게 두레가 지닌 '두루'로서의 성격, 즉 지금 세대 성인 남자만의 이익을 넘어서 노동의 호혜적 교환 관계를 마을 사람들 모두와 나아가 다음 세대 사람들에게까지 미치게 재분배한다는 점에 그 참 뜻이 있다.

정리하면, 두레는 '두르다', '둘레', '두루'의 세 가지 말에서 그 어원을 찾을 수 있다. '두루다'에서 두레는 호혜적 측면 결사체 성격을 나타낸다. '둘레'에서 두레는 계약과 교환의 측면 즉 사업체로서의 성격을 나타낸다.

'두루'에서 두레는 재분배 시스템의 성격을 드러낸다. 즉 홍弘·익益과도 일맥상통한다.

여기서 단순히 개별 농가의 농사일을 마을 사람 모두가 힘을 모아 돌아가며 함께 진행한다는 시각에서 본다면, 두레의 의미는 여기서 끝난다. 그러나 두레가 진정 두레일 수 있고, 또 사업적 결사체, 경제형 결사체로서 그 목적을 제대로 실행하기 위해서는 두레가 지닌 재분배 시스템에서 나왔다는 사실이다.

두레의 가장 중요한 생명력은 그것이 결사체와 사업체를 뛰어넘는 재분배 시스템을 가지고 있었다는 사실에 있다.

이로 인해 두레는 결사체에서 나올 수 있는 권력의 편중과 집단이기주의, 사업체에서 나올 수 있는 부의 소수 집중화, 그리고 경제 결사체에서 나올 수 있는 효율의 저하를 막을 수 있었던 것이다.

| 자율 노동 : 품앗이

품앗이는 임금을 주지 않는 한韓민족 고유의 1대1의 교환노동 관습이다. 파종 · 밭갈이 · 논갈이 · 모내기 · 가래질 · 논매기 · 밭매기 · 퇴비하기 · 보리타작 · 추수 등의 농사일은 물론 지붕잇기 · 집짓기와 수리 · 나무하기 같은 생활상의 품앗이, 염전의 소금일 · 제방쌓기에 이르기까지 널리 활용되었다. 대개 마을을 단위로 해서 이루어지는데 노력勞力이 부족할 때 수시로 이웃 사람에게 요청했다.

사람들간의 교환노동으로 서로의 품격 높은 신뢰를 전제로 하며, 개별 노동의 실제 가치를 따지지 않고 참여자의 개별 상황을 인정하면서 이루어지는, 신뢰와 인정을 바탕으로 한 한민족 고유의 관습에 대한 명칭이다. 품앗이로 하는 일은 농사를 비롯해서 퇴비堆肥 · 연료 장만 · 벼베기와 같은 남자들이 하는 일뿐만 아니라 큰일에 음식을 장만하고 옷을 만드는 여자들의 일도 포함된다.

이와 같이 우리민족의 역사 속에 존재하는 '협동과 연대 정신'은 서구의 전통보다도 훨씬 더 유구하고 위대하다. 이는 우리의 '인본주의적' 가치가 결코 서양보다 가볍지 않음을 말하는 것이다.

홍익인본주의에서 가장 중요한 요소는 '인간'이다. 이것은 오늘날 자본주의가 한계에 도달하게 된 원인이기도 하다. 자본주의는 결국 인간 소외를 감당하지 못하고 그 결함을 여실히 드러낸 것이다. 처음에는 몰랐지만, 이제 자본주의가 지닌 한계점이 확실히 드러나게 되었다. 그것은 '인간의 존엄성을 가볍게 여기고 때론 무시하고 나중엔 철저하게 '자본', 즉 '돈'에 더 큰 가치를 부여했기 때문이다. 무엇보다도 인간은 개인 혹은 독립(?)적인 존재가 아니다. 인간은 결코 분리된 존재가 아니다. '인간'은 처음부터 '공동체적인 존재'였다는 사실이다.

자조의 힘 : 계

전통 계의 뜻은 우리나라에 옛날부터 전해 내려오는 상부상조의 민간 협동체이다. 처음에는 사교를 목적으로 하였으나 차츰 친목과 서로 힘을 합쳐 돕는 협동을 목적으로 하게 되었다.

계의 유래와 보급 과정을 살펴보면 삼한 시대부터 조직되었지만 조선 시대에 이르러 여러 가지 목적의 계가 생겨났다. 조선 중기에는 친목과 서로 협동하여 일을 하기 위한 종계와 혼상계 등이 유행하다가, 점차 경제적인 어려움에서 벗어나기 위한 호포계, 농구계 등이 성행하였다.

전통 목적의 계는 주로 양반이나 부호들 사이에서 행해졌지만, 조선 후기에는 경제적 어려움을 다 함께 이겨내기 위한 농민들의 자발적인 계도 생겨났다.

전통 계의 종류는 동갑계처럼 친목을 목적으로 한 것, 혼상계와 같이 상호 부조를 목적으로 한 것, 동업자의 이익과 권리를 지키기 위한 것 등 여러 가지가 있었다. 계는 공통된 이해를 가진 사람들의 지역적, 혈연적 상호 협동을 위한 조직의 한 형태로서, 일정한 액수의 돈과 곡식, 피륙 같은 것을 추렴하여 운영하면서 서로 이용하여 이익을 나누었다 (계의 운영 방식).

계의 결성의 의미는 경제적 어려움을 타계하기 위하여 지역민들이 상호협력으로 민간 금융기구의 역할을 했다는 것을 주목할 필요가 있다. 향약이 양반이 중심이 되어서 통치적인 측면에 강한 자치 규약이라면, 계는 경제적 이익과 친복을 목적으로 자체 결성된 조직이다.

두레와 더불어 조선시대 대표적 협동조합인 '계'가 있다. 두레는 '함께 일하는 '개념으로 '협동'에 가깝고, 계는 '모임' 즉 '조합'에 더 가깝다고 할 수 있다. '계'가 사회복지 분야에서부터 제사와 풍류에 이르기까지 다양한 내용을 담아낼 수 있었던 것도 그것이 내용이 아니라 형식이기 때문이다.

다산 정약용 선생은 '계'에 대해서 다음과 같이 설명을 하고 있다.3) 〈契者約也合也 '계'는 약이며 합이다.〉 '계'는 약속이라는 의미이다. 이는 약속이라는 점에서 '계'의 운영 원리와 그 발전 시기를 가늠할 수 있다. 역사의 진화는 인간 사회가 공동체 사회GEMEINSHAFT에서 이익사회

GESELLSCHAFT로 변화했다.

이익사회를 구성하는 가장 기본 원리는 공동체가 가하는 규제가 아니라 불문의 관습에서 성문의 계약으로 나아가는 이행, 즉 개인 간의 자발적 약속에 있다. '계契'라는 한자가 목간이나 대나무에 서로 주고받은 수량을 새겨 표시한 데서 유래했다는 사실 또한 계가 지니는 약속의 의미를 드러내고 있다.

그 약속의 관계 안에서는 지위의 높고 낮음과 나이의 많고 적음의 차이가 없었다. 다시 말해 계는 공동체에서 개인이 분리 독립하기 시작한 시기에, 개인과 개인 간의 자발적이고 평등한 약속에 따라 운영되는 조직이었던 것이다.

비록 계가 시장경제의 형성과는 무관하게 훨씬 긴 역사를 지녔다 할지라도, 실제 계가 우리 사회의 중심에서 민중의 자발적 경제운동 조직으로 기능한 것은 개인과 시장경제가 출현한 시점과 일치한다.

정약용은 계를 약속이면서 동시에 합습이라 했다. '합'은 계의 또 다른 의미로서 계의 목적을 드러내는 말이다. 정약용이 말하는 합은 우리가 이해하는 '모임'이 아니다. 계는 분명 일종의 '모임 즉 결사체'이지만, 계자회야契者會也라는 표현에서 별도로 설명하고 있다. 정약용이 말하는 '합'은 좀 더 정확하게 말하면 '합일슴一' 즉 '서로 다른 것이 모여 하나됨을 이루는 것'이며, 이것은 계의 목적에 해당되는 말이다.

관습과 규제에 따른 강제적 합일과 달리, 개인 간의 자발적 합일을 위해서는 반드시 모두 동의하는 공정한 균형이 필요하다. 즉 계는 국가나 공동체의 강제적 합일이 그 기능을 상실하면서 민족의 자발적 조직이 그것을 대체하기 위해 생겨난 것이다.

다시 말해서 계의 진정한 목적은 개개인의 이익을 극대화하려는 것이 아니라, 개인 간의 사회적, 경제적 불공정과 불균형을 자발적 약속에 따라 시정 보완하려는 데 있다. 국가의 기본적 역할인 재분배를 통한 사회 통합의 기능이 외부의 잦은 외침과 내부의 삼정의 문란 탓에 더는 기대할 수 없게 되었을 때, 계는 개개인 간의 약속, 즉 협치協治를 통한 공정한 균형과 합일을 이룸으로써 국가를 대체하는 역할을 담당했던 것이다.

계에는 크게 세 가지 유형이 있다. 가정 경제 간의 교차 영역에 있는 계, 사적 경제와 가정 경제가 교차하는 영역에 있는 계, 그리고 공적 경제와 가정 경제가 교차하는 영역에 있는 계가 그것인데, 각 영역별로 얼마나 다양한 유형의 계가 조직돼 있었는지를 알 수 있다. 이렇게 조선 사회는 마을마다 집집마다 계가 조직되어 있었고[村村有契 家家有契], 성인 남자는 대부분 계에 가입해 있었다 (1926년 조사에 따르면 당시 이미 2만여 개의 계에 81만여 명이 가입해 있었다 한다).

한마디로 계는 당시 민족의 일상생활을 자발적 약속에 기초한 호혜의 원리로 폭넓게 조직해 낸 최대의 사회적 경제였다.

조선 사람들은 태어나서 죽을 때까지 아니 죽고 난 뒤에도 계와 관계했고, 생산에서 소비에 이르는 전 과정뿐만 아니라 생산수단의 소유와 관리까지를 계로 조직했다. 계는 자본주의냐 사회주의냐, 사유제냐 국유제냐,

영리 추구냐 통제냐를 넘어선 새로운 시장을 만들어갔고, 일상의 생활을 호혜와 협동의 원리로 조직화함으로써, 현대적 의미의 사회적 경제의 전형을 보여줬다.

이렇게 활발했던 계는 일제의 탄압, 전시체제 전환에 따른 통제 계획경제 강제 편입, 냉전체제를 유지하기 위한 자발적 민간 조직에 대한 탄압, 근대화의 자생적 맹아에 대한 지식인들의 몰이해와 천시 등으로 해방 이후 대부분 소멸됐고, 식리계와 종계만이 겨우 그 명맥을 유지하고 있다.

그러나 계가 대부분 소멸됐다고 하여 계를 만들어온 우리 민족의 사회적 경제운동도 따라서 소멸한 것은 아니다. 계의 정신과 관습은 새로운 사회단체로 계승돼, 각종 조합으로 변천하거나 모임[會]이나 협회 같은 새로운 자치기구로 재등장하기에 이르렀다. 협동조합을 포함한 다양한 결사체가 비교적 단기간 내에 다양한 형태로 크게 발전할 수 있었던 것은, 이런 계의 전통이 우리 민족 사이에 여전히 살아 있었기 때문이다.

지금까지 살펴본 향약, 두레나 계, 품앗이 등 네 가지 의미를 종합한다면, 이는 우리 조상이 실천한 홍익인본주의의 뛰어난 모델이라 할 수 있겠다. 오늘날 비즈니스 관점에서 볼 때 인본주의의 실천 방식은 협동조합과 사회적 기업이라고 생각한다. 오늘날 '글로벌 시대'에 우리 민족이 지닌 전통의 문화를 곧 '세계적인 문화'로 발전시킬 수 있기 때문이다.

Chapter 4

홍익인간 성공학

> "기존의 서양식 자기계발이
> 〈개인적〉인 성공이나 성취에 치중한 가치관이라면
> 홍익 성공학은 '공동체 지향적'인 성공학이다.
> 다시 말해서 개인보다는 전체
> 즉 '우리'의 성공을 먼저 생각하는 가치관이다."

| 서양의 '자기계발' 역사적 변천

우리가 흔히 사용하는 '자기계발自己啓發'이라는 용어는 'SELF-HELP'라는 영어의 번역에서 시작되었다. SELF-HELP 즉 '자조自助'를 의미하는 단어는 원래 '개인'보다는 '집단적인 노력'을 의미하는데 사용되었던 것이다. 그러나 지금은 이 단어가 '자기계발' 혹은 '성공학'을 지칭하는 것으로 통용되고 있다.

우리말로 '자기계발'이라고 하면 영어로는 SELF-IMPROVEMENT에 해당할 것이다. 가끔 '자기계발'이란 단어와 '자기개발'이란 단어 중에 어느 것이 표준어인가 묻는 사람들이 있다. '자기개발'과 '자기계발'을 모두 쓸 수 있다. 다만 '개발'과 '계발'의 뜻을 고려하면, '자기개발'은 '자기에 대한 새로운 그 무엇을 만들어냄 또는 자신의 지식이나 재능 따위를 발달하게 함' 정도의 뜻을, '자기계발'은 '잠재되어 있는 자신의 슬기나 재능, 사상 따위를 일깨움' 정도의 뜻을 나타내게 된다.

'계발啓發'은 '슬기나 재능, 사상 따위를 일깨워 줌'이라는 뜻으로, '상상력 계발 · 외국어 능력의 계발 · 평소에 자기 계발을 계속한 사람은 좋은 기회가 왔을 때에 그것을 잡을 수 있다.'와 같이 쓰인다.

한편 '개발開發'은 쓰임새가 다양한데, '토지나 천연자원 따위를 유용하게 만듦'이라는 뜻으로 '유전 개발 · 수자원 개발'과 같이, '지식이나 재능 따위를 발달하게 함'이라는 뜻으로 '자신의 능력 개발'과 같이, '산업이나 경제 따위를 발전하게 함'이라는 뜻으로 '산업 개발'과 같이, '새로운 물건을 만들거나 새로운 생각을 내어놓음'이라는 뜻으로, '신제품 개발 · 핵무기 개발 · 프로그램 개발'과 같이 쓰인다.

따라서 '자기계발'이란 단어가 좀 더 적합하다고 생각된다. 또한 성공학이라는 단어는 학술적인 용어는 아니지만 일반적으로 많이 사용되고 있고, 자기계발과 같은 의미로 사용된다. 일반적으로 성공학은 자기계발, 처세술, 잠재능력개발 등 다양한 개념들을 포괄하고 있다고 할 수 있겠다.

서양의 자기계발 역사는 '르네상스' 시기로 거슬러 올라가며, 종교혁명과 산업혁명을 거치면서 개인주의와 자본주의 발전에 편승하여 오늘에 이른다고 할 수 있다. 오늘날 자기계발 산업은 과거의 종교가 담당했던 역할을 담당하게 된 것은 자연스러운 현상이라 할 수 있다.

현재 자기계발 산업은 출판업계를 받치는 가장 중요한 장르라고 해도 과언이 아닐 것이다. 그만큼 자기계발 문화는 서양의 일반적인 정신문화의 일종으로 자리 잡았다고 볼 수 있다.
이 자기계발 산업은 다양한 형태의 기업 내부의 교육이나 혹은 기업가들 혹은 사업가들에게 매우 중요한 자원의 하나로 자리매김하고 있다. 뿐만 아니라 개인의 삶에서 직간접적으로 영향을 미치고 있는 것이다.

미국의 경우에 20세기의 마지막 30년 동안 '자조'라는 말이 심하게 변했다. 1970년대까지만 해도 국제원조, 구호기관 빈민 의료 기관에서 '자조'는 개인의 자기계발 행위가 아니라 평등한 공동체를 함께 개선하기 위한 집단적인 노력을 지칭하는 것이었다.

한때 종교단체나 그 후원 조직이 담당했던 상호부조는 점차 전문화되어, 성직자가 담당하던 상담역할도 정신과 의사나 심리요법사가 맡게 되었다. 이런 변화를 통해서 오늘날 전 세계적인 자기계발 산업이 발전하게 된 것이다.

적어도 30년 전에 자조가 상호부조와 동의어였지만 이제는 주로 개인적인 행동으로 표현된다. 이 사이에 감성적 행복, 주관적 체험으로서의 행복, 그리고 쾌락의 추구가 부유함이나 사회활동, 도덕적 올바름보다 더 중요한 성공의 척도가 되기 시작했다.

서양의 자기계발 산업은 개인의 자기만족에 집중하면서 19세기와 20세기 초의 자수성가한 사람은 주로 외적으로 측정할 수 있는 성공, 예를 들어 부의 축적, 지위 혹은 권력을 목표로 했다.
그러나 20세기 후반의 자아실현이란 더 정의하기 어렵고 복잡한 양상을 띠는 자기 만족의 추구로 변했다. 성공에 대한 주관적이고 내적인 기준에 초점을 맞추면서 인생을 기업이나 혹은 하나의 예술 작품처럼 봐야 한다는 개념들이 생겨났던 것이다.

| 미국식 자기계발 : 성공의 덫

미국의 경우 1990년 이후 10년간 출판업 분야에서 자기계발 서적들은 비약적으로 성장했다. [아메리칸 북셀러]의 보고에 의하면 1991년부터 1995년까지 5년 동안 자기계발서 판매 부수가 96%나 급증했다. 1998년에 자기계발서 총 판매액은 5억 8천1백 달러인데, 이는 전체적으로 출판업이 매출 감소, 선인세에 못 미치는 수입, 전국적으로 49%에 달하는 양장본 서적의 반품율 등으로 고통받고 있을 때도 상당한 수입으로 출판업을 지탱해 주는 힘이 되었다.

사실 책, 세미나, 오디오·비디오테이프, 개인교습 등을 포함한 자기계발 산업의 규모는 1년에 24억 8천만 달러에 이른다고 한다. 미국인의 3분의 1 내지 절반 정도가 평생에 한번은 자기계발서를 구입한 적이 있다고 한다.1)

자기계발서 시장의 엄청난 성장은 미국 노동자들의 전반적인 임금 정체 및 고용불안 현상과 맥을 같이한다. 서양의 자기계발 산업이 사회 전반에 긍정적 영향을 미친 점도 분명하지만, 부정적 영향을 미친 점도 생각해 볼 수 있다.

영리한 경영자들에 의하여 이러한 각종 자기계발 서적들은 자아를 계발시키기는커녕 노동자들을 새로운 유형의 노예화로 이끄는 수단으로 활용되고 있다는 점이다. 이는 자본주의의 모순과도 맥락을 같이한다.

자기계발 산업을 부정적으로 보는 사람들은 이런 질문을 한다. "우리가 자기계발에 전력투구함에도 불구하고 왜 우리는 점점 더 어렵게 살고 있는 것인가?"

이 질문에 대한 정확한 답변을 하기 위해서는 우리가 어떤 사회에서 살고 있는지부터 알고 있어야 한다. 우리는 지금 개인의 노동력을 하나의 상품으로 팔고 있는 '자본주의' 사회에 살고 있다. 따라서 삶의 모든 시간을 전부 저당잡힌 후에, 근면하고 성실하게 열심히 일하고 절약하여 저축하면 부자가 되어 잘 살 수 있다는 자본주의 주장에 따라 사는 동안에 점점 더 가난해지고 있다. 이는 사회 시스템의 문제에서 일어나는 것이다.

자기계발, 즉 성공학 작가들의 주장대로 하면 더 성공적인 삶을 살 수 있어야 함에도 불구하고 점차 더 실패적이 되는 이유는 무엇일까? 그것은 노력의 문제가 아니라는 점이다.

| 즉 미국식 자기계발, 즉 자수성가의 논리적 함정은 이것이다

만약 성공이 온전히 한 개인의 노력에만 달려 있다면 어떠한 실패도 오직 개인의 단점이나 약점에서만 비롯된 것이다.

미국식 자기계발에서 〈성공과 실패의 책임이 전적으로 개인에게 달려 있다〉는 관점 자체가 오늘날 사회를 이끌어 가는 경제, 정치, 문화, 사회의 모든 시스템의 결함을 위장하기 위한 전략의 일종일 뿐이다.

자기계발서의 인기와 그 책이 독자들에게 제시하는 여러 가지 구체적인 충고들은 우리가 성공에 얼마나 갈망하고 있는가를 설명해주고 있다.

미국인들은 좌절의 시기에 영감을 얻기 위해, 자신의 삶을 경영하는 방법에 대한 특별한 지혜를 얻기 위해, 그리고 거대한 사회적, 정치적, 경제적 변동 앞에서 확신을 얻기 위해 자기계발 장르에 몰두하지만, 근심을 해결하기는커녕 오히려 키우고 있다는 사실은 매우 역설적이다.

| 자기계발 : 현대적 가치의 해석

자기계발 문화의 강력한 전파자 중 한명인 오프라 윈프리가 말한다. 감사는 자기계발 문화가 권고하는 부단한 노력과 추구에서 탈출하는 하나의 길을 제공한다. 그리고 죽음은 또 다른 길을 제공한다. 죽음을 연상시키는 훈련은 자기계발 문화의 전매특허품이라 할 수 있다.

자조 훈련의 일환으로 쓰인 많은 글들은 결코 타인에게 읽히기 위한 것이 아니다. 그것은 자신의 내적 상태와 욕망의 현실화를 위한 보조기구이다. 자신이 될 수 있는 모든 것이 되라는 요구는 양날의 칼이다. 개인의 자기계발이 자기뿐만 아니라 전체적으로 사회에도 도움이 되는 민주주의 체제라면 '자신이 될 수 있는 모든 것이 되기'는 모두에게 사회적 책임이자 특권이 될 수 있다.

하지만 지구를 파괴하는 시장자본주의 하에서는 자연자원을 착취하는 것처럼 인적자원도 개발되고 착취될 것이다. 만약 자율성과 연대, 개인적 자유와 공동체의 소속감을 포용하는 자기형성의 가능성이 허락된다면 그리고 이 자기계발 문화를 현재의 사회적 문제점과 불만들의 표출로서 이해한다면, 새로운 가능성이 열린다. 즉 현재의 자본주의 시스템의 결함을 말해 주는 것이다.

자기계발 서적이 부의축적, 지위와 권력의 획득을 통한 개인적 성공 자기만족에 지나치게 집착함으로써 힘에 대한 약속은 성공을 고립된 개인의 행위 안에서라는 한정된 범위에 놓이게 하는 오류를 범하고 말았다. 경제적 안정의 가능성이 없이 개인의 자기계발과 자아실현이 요구하는 것은 이데올로기적인 당근과 채찍에 불과하다.

| 진정한 자기계발의 길

어떤 방식이건 사회안전망의 부재 속에서는, 그리고 심각한 경제적 부정의가 만연한 상태에서는 자기실현에 대한 어떠한 토론도 부조리하다. 최저생계비를 보장하는 사회안전망은 자기실현의 장치를 구현하는 데 필수적인 구성요소일 것이다.

《누가 내 치즈를 옮겼을까》의 필사적인 쥐처럼 연명수단을 찾아 허둥지둥 달리는 자기계발의 문화에서 보면 부는 근면, 지능, 적성이나 우주적 조화의 표지라는 믿음 위에서 작동한다. 경제적 부정의에서 파생되는 가난은 게으름, 우둔, 비도덕성, 혹은 일종의 우주적 부조화의 표지로 남는다.

기독교적 전통에 뿌리를 두고 있는 많은 미국 문화가 그러하듯이, 자기계발 문화도 부의 불공정한 분배는 분배정의의 실현과정을 통해서가 아니라 자선사업으로 교정되어야 한다고 말한다.

그러나 이는 새로운 경제시스템으로 자본주의의 문제를 해결해야만 하는 것이다. 재분배는 사회적 정의로 실현되어야 할 문제이다. 그건 홍익인본주의식 자기계발의 첫걸음이다. 재분배를 위한 정치·경제는 상호 호혜적인 인정을 전제로 한다.

마음의 힘MIND POWER으로 신체장애를 극복하고 물리적 한계를 뛰어넘는 도전을 하는 것은 가치 있는 일이다. 그러나 이는 개인의 초인적인 노력에 의해 성취되는 것이 아니므로, 사회적인 배려와 상호 의존하는 문화의 배양이 필요한 것이다.

| 서양 성공학의 특징

미국을 중심으로 발전된 자기계발 산업은 자본주의와 개인주의를 따라서 오늘날 전 세계 모든 국가에 퍼져나가고 있다. 한국의 경우에도 1950년대부터 1980년대까지 급속한 경제개발의 과정에서 '자수성가한 기업가'들이 대거 등장하였다. 이들은 맨손으로 거대한 기업을 일으킨 자수성가한 인물들이다. 즉, 대표적인 '자기계발'의 성공모델로 자리 잡게 된 것이다.

자기계발 산업의 주역들인 자기계발 강사, 자기계발 작가들은 이런 '자수성가한 인물'들을 그냥 놔둘 리 없다. 집중적으로 이들에 대한 성공 스토리, 성공전략 등을 책과 강연물로 쏟아내기 시작하였다. 이리하여 자수성가한 1세대 기업인들은 우리 사회의 비즈니스 영웅들로 포장되었다. 평범한 직장인 혹은 자영업자들, 세일즈맨들 그리고 중소기업가들은 모두 이러한 영웅을 흠모하게 되는 것이다.

이러한 자기계발 산업의 성공신화는 나폴레온 힐 박사의 저작물에서 잘 드러난다. 힐 박사는 거의 25년간 이러한 비즈니스 영웅들을 직접 조사하고 인터뷰하면서 이들의 이야기를 작품으로 만들어 낸다. 그리하여 자기계발 문학의 고전이라 불리는 명작을 탄생시켰던 것이다.

나폴레온 힐 박사의 대작인 《성공의 법칙LAW OF SUCCESS》 책은 당대 최고의 성공자들에 대한 탐구의 결과물이다. 여기에는 앤드류 카네기, 헨리 포드, 토머스 에디슨, 존 D 록펠러, 우드로 윌슨, D 루즈벨트 등 그 시대의 최고 리더들이 총망라되어 있다.

이러한 자수성가한 성공자들은 남다른 특징을 지녔다고 인식되었고, 이러한 '성공 자질' 혹은 성공의 원리들을 일반 사람들이 갖추기만 한다면 그와 같은 대성공자들이 될 수 있다는 희망을 만들어 냈던 것이다.

이러한 성공문학(자기계발 저작물을 통칭하여 이렇게 부른다)이 일반 사람들에게 희망을 제시했던 것이 분명하다.

성공문학은 나폴레온 힐 박사가 정리한 17가지 원리와 오늘날 추가된 몇 가지의 테마로 집약될 수 있다.

대표적인 테마로는 목표설정, 시간관리, 리더십, 잠재의식, 팀워크, 습관, 긍정적 사고방식 같은 것들을 들 수 있다. 여기에 오늘날의 경영적 관점에서 추가된 테마로 '퍼스널 브랜드'가 있다.

오늘날까지 자기계발 산업에 대해서 찬반양론이 대립되고 있지만, 이를 우리 시대의 중요한 문화로서 인식할 필요가 있는 것이다.

서양의 성공문학은 사회적 변화에 발맞추어 주제도 변해왔다. 과거에는 주로 자수성가형 성공자를 모델로 하였으나 지금은 행복이나 자기실현이라는 주제를 다루고 있는 것이다.

하지만 서양의 자기계발은 분명하게 자기 색깔을 가지고 있다. 그것은 시작부터 '개인'에서 시작되었다는 점이다. 다시 말해서 미국식 성공학은 근본적으로 개인주의적인 성공을 다룬다는 점이다. 또한 미국식 성공학이 초기부터 기독교 문화에서 시작되었다는 점을 이해한다면, 자기계발 강사와 작가들 중에 다수가 기독교 사상을 근간으로 하고 있다는 점은 전혀 이상한 것이 아니다.

흔히 성공문학을 기존의 기독교 시각에서 해석할 때는 '뉴에이지 운동'으로 간주하는데, 이는 마치 가톨릭의 관점에서 보는 프로테스탄트와 같다는 맥락이다.

서양의 자기계발, 즉 성공문학은 지나칠 정도로 '개인주의적인 성향'이 짙다. 이는 한국이 이미 서구화된 라이프스타일로 변한 시점에서는 사람들에게 충분한 호소력을 지니는 것도 전혀 이상한 일이 아니다.

또 하나, 서양의 자기계발은 지나칠 정도로 '개인적 부와 성취'에 집중되어 있다는 점이다.

문제는 이러한 서양의 성공문학은 동양의 정서와 매우 다를 뿐만 아니라 앞으로서의 시대에 적합하지 않다는 점이다. 이에 우리는 우리의 문화에 적합할 뿐만 아니라 앞으로 시대를 이끌어 갈 새로운 성공학을 제시한다.

| 홍익인간 '성공학'은 사람 '성공학'이다

기존의 서양 자기계발이 〈개인적〉인 성공이나 성취에 치중한 가치관이라면 홍익 성공학은 '공동체 지향적인 성공학이다. 다시 말해서 개인보다는 전체 즉 '우리'의 성공을 먼저 생각하는 가치관이다.

홍익 성공학의 특징을 다음 몇 가지로 정리할 수 있다.

첫 번째, 경제적 공동체를 위한 자기계발 문화를 구축한다. 서양의 자기계발이 개인PERSONAL의 성공 혹은 성취에 치중하면서 자기 자신 밖에 모르는 이기적인 자수성가들을 양산함으로써 개인적인 성공이 사회 전체, 혹은 공동체 전체의 성공으로 발전하지 못했다는 아쉬움을 남겼다.

그러나 '홍익 성공학'은 공동체 전체를 위하여 각 개인이 타고난 저마다의 소질을 개발함으로써 자신과 공동체에 발전을 가져온다는 한 차원 높은 정신을 구현하고자 하는 것이다.

서양의 성공학이 개인의 성공, 즉 개인이 부자되는 일에 국한되어 있다면, 동양의 성공학, 즉 홍익 성공학은 전체의 성공, 즉 공동체 전체가 경제적으로 풍족하게 하는 가치관이다.

우리 역사에서는 이러한 공동체적인 성공학은 앞에서 살펴본 우리의 '계'와 '두레'에서 찾아볼 수 있다. 따라서 홍익 성공학은 공동체의 공영에 기여하는 자기계발 문화를 존중한다. 이는 각 개인의 다름과 차이를 존중하면서 그것을 공동체 전체의 발전과 성장에 접목되게 하는 가치관이다.

두 번째, 협동과 나눔을 바탕으로 한 기업가 정신을 기본으로 한다. 서양의 자기계발은 개인적 창의성을 매우 높이 존중하고 있다. 창의성을 중요시 한다는 점은 매우 가치 있는 것이지만, 이것이 결과적으로 경쟁이라는 서양의 문화에 기인하기 때문이다.

따라서 탁월한 혹은 천재적인 창의성을 드러난 개인은 거의 영웅이나 숭배의 대상으로 대접을 받고 있지만 반대로 그렇지 못한 개인들은 실패자 혹은 무능력자로 낙인이 찍히는 결과를 낳는다.

창의성을 지닌 기업가는 매우 중요한 존재이다. 오늘날 전 세계적으로 세상을 이끄는 리더들은 뛰어난 창의력을 지닌 기업가들이다. 하지만 이들의 가치 체계에는 개인적 성취나 개인적 부를 중심으로 기업을 운영하는데 적합하다.

이런 기업가들은 다국적기업이나 혹은 대기업을 만들어내지만, 궁극적으로 인류나 지구촌 전체의 공영을 무시하고 철저하게 사리사욕에 의한 경영을 할 수 밖에 없는 것이다.

반면 홍익 성공학 정신을 가진 기업가는 협동과 나눔의 경제를 실천할 것이다.

이미 협동과 나눔의 철학을 가진 기업가는 환경오염이나 생태계를 파괴하는 사업을 하지 않을 것이고, 비인간적인 고용형태로 근로자를 착취하거나 갑질로 사회적 부작용을 일으키지 않을 것이다.

협동과 나눔의 정신을 가진 기업가들을 지구촌 곳곳에서 홍익 성공학을 실천하고 있다. 예를 들면 '셈코'나 '미라이 공업' 같은 기업들은 이미 협동과 나눔을 실천하는 대표적인 사례들이다. 이 책에서는 셈코에 대한 사례를 소개하고 있다.

세 번째, 인간의 존귀성과 위대성을 기본으로 전인적 삶을 기본으로 한다. 자기계발의 궁극적인 목적은 인간의 존재적 원형을 현실화하는 것이다. 그러나 서양의 자기계발이 태생적으로 기독교 문화의 반동으로 발전하는 과정에서 그 원형이 망각된 것이 현실이다.

홍익인간이 무엇인가? 바로 인간의 원형을 말한다. 따라서 홍익 성공학은 인류의 위대한 스승들이 한결 같이 말하고자 하는 그 '무엇'을 실현하는 실천적인 학문이다. 여기에는 인간의 존귀함과 위대함이 근본이 되는 것이다.

사실 이러한 홍익 성공학의 철학은 이 세상의 모든 종교적 이상과 일맥상통하지만, 그 접근 방식만 차이가 있을 뿐이다.
즉, 홍익 성공학은 지금 이곳에서 누릴 수 있는 부와 자유 등을 혼자가 아니라 공동체 전체가 공유하고 실현한다는 보다 진보적인 가치체계이다.

이미 전 세계적으로 자본주의와 개인주의의 대안으로 새로운 체제와 문화가 형성되고 있다. 이런 시점에 홍익인간 정신을 구현하는 홍익 성공학의 태동은 의미가 있다. 이에 대한 보다 구체적인 사항들을 〈홍익 성공학〉 관련 책자에서 상세하게 기술할 예정이다.

(잠깐 쉬어가기)

오늘날 서구적인 '성공학'의 가장 큰 업적은 '개인이 창의적인 기업가 정신으로 자신의 잠재성을 계발하는 인본주의적 기회를 제공한 것이다. 그러나 서구 성공학의 가장 큰 폐단은 자수성가한 백만장자의 개인적 성취가 성공의 정점인 것처럼 왜곡시킨 것이다.
그러나 원래의 서구의 '성공학' 즉 '자기계발'은 르네상스에서 시작된 인본주의 운동이었다. 그러나 지난 300년 이상 자본주의는 개인주의와 결합하여 발전하는 과정에서 그 본질이 변질되었던 것이다.

자기계발 즉 '성공학'의 가장 중요한 덕목 중 하나인 다른 사람들과 공유하는 정신, 즉 '홍익' 정신이 빠져버린 것이다. 오늘날 뜻있는 성공학 리더(SUCCESS COACH)들은 '홍익인간' 정신을 갖춘 본래의 '자기계발' 즉 '성공학'의 필요성을 역설하고 있다.

오늘날 인류는 '성공'과 '행복'에 대한 그릇된 가치관으로 '홍익인간'의 삶을 잊어버린 것이다.
이제 사람들은 서서히 공동재산이나 이웃과의 교류보다는 각자의 개인과 가정이라는 울타리 안에 행복을 가져다 줄 것이라고 생각하는 모든 것들을 쌓는 일에서 행복을 찾았다.

결국 각 개인들은 모두가 제각기 자기 집과 자기 영토, 자기의 소유물이라는 '자신만의 왕국'을 만드는 일에 집착하게 되었다. 이를 부추기는 기업들은 살찌워지고 사람들은 점차 사이가 멀어지게 되었다. 오늘날 옆집에 누가 사는지 아는 사람들은 거의 없다. 옆집에 살던 노인이 죽은 지 수개월 후에 발견되었다는 뉴스는 우리가 어떤 삶을 살고 있는지 단적으로 보여주는 사례이다.

오늘날에 '성공S'이란 개념은 과거의 왕들이나 봉건시대 영주들이 누리던 것들을 개인화하는 전략이다. 오늘날 각 개인들이 과거의 왕이나 영주처럼 자신들의 왕국을 건설하는 것이 성공이라고 불린다. 이제는 자수성가한 백만장자라는 새로운 영웅들이 활개를 치는 세상이다. 이들은 과거의 황제나 왕들 혹은 영주와 닮았다. 사람들은 이러한 '성공자'가 되고 싶어한다.

결국 현대인들이 생각하는 '성공'이란 무엇인가? 바로 개인적 사유재산의 극대화를 통해서 자기의 가족이란 작은 왕국만을 위해서 가장 좋은 것들, 최신의 것들, 최고의 브랜드 혹은 명품들로 가득 채우는 일이었다. 이게 현대인들이 추구하는 사실상의 행복일까?

그렇지만 진정한 행복은 무엇이 되느냐보다 무엇을 어떻게 하느냐가 더 중요한 것 아닌가?

한편으로, 한국인들의 행복지수가 OECD 국가 중 최하위이다. 그렇다면 진정 어떤 성공이 행복인가를 깊이 고민해 볼 때이다.

홍익인본 기업경영 I : 협동경제·경영민주화

Chapter 1. 홍익인간 정신과 기업경영

Chapter 2. 자본주의 수정 I : 협동경제와 프로슈머 경제

Chapter 3. 자본주의 수정 II : 경영민주화經營民主化

Chapter 4. 홍익인본주의 : 새로운 경제학의 출현

Chapter 1

홍익인간 정신과 기업경영

> "국내에서 유한양행 등 기업의 사회적 책임과 공유가치 실현을 위해 노력하는 많은 기업들이 있지만, 객관적 사실과 관점의 차이로 발생할 수 있는 논쟁을 피하기 위해 일반인들에게도 널리 알려진 외국기업의 사례를 보면서 홍익인간 정신과 기업경영의 모범을 제시하고자 한다."

▮ 홍익인간 정신은 인류공영의 정신이다

오늘날 국가는 가장 중요하고 영향력 있는 공동체이다. 지금 지구촌은 막강한 힘을 지닌 국가가 그렇지 못한 국가를 지배하는 구조로 되어있다.

힘 있는 국가가 그렇지 못한 국가에 불이익을 초래하는 일은 비일비재하다. 이렇게 하나의 국가가 다른 국가를 물리적 혹은 경제적 측면에서 지배하는 것은 홍익인간 정신에 반하는 것이다. 하지만 지금의 지구촌에는 무력으로 다른 국가를 지배하려는 국가들이 많다.

국가주의(國家主義, STATISM)는 국가를 가장 우월적인 조직체로 인정하고 국가 권력이 사회생활의 전 영역에 걸친 광범위한 통제력을 갖는다는 사상이다.

좁은 의미에서 (그리고 일반적으로 통하는 의미에서)의 국가주의는 국가를 가장 우월한 것으로 여기며 개개인보다 국가를 우선시하는 사상을 의미한다. '국가가 있어야 국민이 있다', '국가가 당신을 위해 무엇을 해줄 것인가를 생각하기 전에, 당신이 국가를 위해 무엇을 할 수 있는지를 생각해 보아야 한다' 이런 말은 국가주의적 사고를 잘 보여주는 문장이다. 다만, 인용된 케네디 발언의 의도는 전형적인 국가주의와는 어느 정도 거리가 있는 편이나, 한국에선 유독 이쪽으로 왜곡되어 인용된다.

국가를 위해 개인의 사생활이 침해되어도 상관없는 정책주의로 가기 쉬우며 까딱 잘못하면 '국가의 이익을 위해서'라는 명목으로 나는 싫은데 전쟁까지 터뜨릴 수 있기 때문에 주의해야 한다.

국가를 가장 우월한 조직체로 여긴다는 점에서 전체주의, 파시즘과 매우 잘 통하며 권위주의와도 어느 정도 통하는 편이다. 반대되는 개념은 자유의지주의, 아나키즘이 있다. 개인주의와도 잘 통하지 않는다.

한국의 경우에 군사정권 시절을 거치며 알게 모르게 국가주의적인 관점을 가지는 경우가 많다. 당장 이전 국기에 대한 맹세의 문구를 생각해 보자. "조국과 민족의 무궁한 영광을 위하여 몸과 마음을 바쳐 충성을 다할 것을 굳게 다짐합니다." 이 문장에서도 국가와 민족을 개인보다 우선시하는 경향을 볼 수 있다. 그리고 은연중에 강조되는 지나친 애국심도 국가주의적 경향을 가지게 하는 원인이다. 우리에게 익숙한 성리학적 윤리관 그 자체가 국가주의적 지배체제를 옹호하는 경향이 있기에, 이 문제는 더 심각하다.

한국의 좌우 양쪽 진영에서 서로 이론과 모순된 광경이 연출되기도 한다. 자유주의, 신자유주의 등 자유를 그렇게 떠드는 지지층에서 오히려 국가의 권위를 인정하는 계층이 많다. 사실 이론적으로 국가주의와 이들 사상은 서로 상극이어야 한다. 이론적으로 국가의 역할을 가능한 한 최소화해서 사회경제활동의 자유를 보장하자는 것이 자유주의적 국가관에 가깝다. 즉, 자칭 자유주의자들이 개발독재나 재벌 육성을 지지하는 국가에 맹목적인 충성을 바치는 아이러니한 형태. 자유주의자, 부자를 옹호하는 경제적인 우파 지지층, 국가에 대한 맹목적 충성만을 강조하는 정치적 의미의 극우집단이 서로 같은 지지층을 형성하고 있어서 발생되는 일종의 모순인 셈이다. 반대로 국가주의를 혐오하고 사회적 자유를 중시한다는 지지층 내에서도 극좌파 같은 모순된 세력이 나온다.

조국을 위하는 '애국심'은 바람직한 것이지만, 이것이 지나치면 자국의 이익을 위해서 다른 국가는 희생되어도 좋다는 '집단이기주의'가 된다.

국가를 위해서라면 무엇이든 해야 한다는 것은 홍익인간 정신에 반하는 것이다. 이런 관념들은 대개 자연스럽게 민족주의 혹은 국가주의에서 형성된다.

결론적으로 공동체로서의 국가는 필요한 것이고 국민들이 애국심을 갖는 것은 당연하다고 생각하지만, 이는 홍익인본주의가 바탕이 되어 있어야 한다는 것이다. 그렇지 않을 경우에는 국가를 위해서 전쟁도 불사할 수 있다는 극단적인 행동까지 합리화되기 때문이다.

오늘날 모든 국가에는 홍익인간 정신이 절대적으로 필요하다. 유사 이래 모든 국가들은 다른 국가를 정복하여 자신의 국가로 편입시키는 것을 정당화시켜 왔다. 하지만 어떤 경우도 인간이 다른 인간을 해치는 것을 정당화할 수는 없는 일이다. 홍익인간의 정신 속에는 기본적으로 '인류공영'이 바탕이 되어 있다. 인류가 같이 번영하라면, 당연히 '인류의 평화'가 전제되어야 한다.

한국에서 홍익인간 정신도 민족주의 관점에서 매우 강조되고 있지만, 이는 앞에서 지적했듯이 지나치면 또 하나의 '선민사상選民思想'으로 고착되어서 '글로벌 시대'에 장애물이 될 수 있다. 실제로 지나친 민족주의로 인하여 지구촌은 어디서나 충돌이 일어나고 있다.

오늘날 민족주의는 국가주의보다 더 강력한 힘을 행사한다. 민족 역시 하나의 거대한 공동체로 해석할 수 있다. 민족의 경우는 하나의 국가만 아니라 여러 국가를 포함하여 전 세계적으로 하나의 거대한 카르텔을 형성하기도 한다. 심지어 하나의 국가 안에서도 여러 민족들이 서로 대립하여 다양한 사회적 문제를 야기시키기도 한다.

그래서 이민족 간의 갈등은 지구상에 문제거리 중 하나인 것이다. 자기 민족의 우수성을 주장하는 것이 문제가 있는 것이 아니라, 자기 민족의 이익만 추구한다면 결과적으로 다른 민족의 이익을 침해하거나 심지어 다른 민족을 파멸시키는 것을 정당화하는 것이 문제가 된다.

그리고 또 하나의 인류 공영을 방해하는 요인으로 '종교 근본주의'가 있다. 근본주의根本主義 또는 원리주의原理主義는 종교의 교리에 충실하려는 운동이다. 경전의 내용에 대한 문자 그대로의 절대적 준수를 지향한다.

종교의 근본주의는 정치권력과 불화를 일으키는데, 근본주의가 세계 곳곳에서 들불처럼 퍼지고 있다. 세계화로 지리적 이동이 잦아져 종교인들이 다른 종교인들을 만나기가 쉬워졌으나, '근본주의자'들의 충돌만 가속화되었다. 세계 여러 지역에서 다양한 형태로 나타나고 다양한 문제를 일으키는 이슬람교와 다른 신앙간 충돌은 말할 것도 없고, 미국에서는 기독교 근본주의가, 인도에서는 힌두교 민족주의가 부상하고 있다. 배타적인 종교로 손꼽히는 유대교는 물론이고 평화롭다고 알려진 불교에서조차 정통주의가 고개를 들고 있다.

이러한 현상을 '집단이기주의'라고 해석할 수 있다. 집단이기주의는 인류의 공영에 반하는 것이다. 홍익인본주의는 범세계적인 인류의 공동체가 함께 잘사는 것이다.

| 홍익인간 정신과 기업경영

홍익인본주의를 가장 쉽게 구현할 수 있는 공동체는 바로 '기업'이다. 국가, 민족, 종교의 영역은 워낙 범위가 넓고 다양한 요소들이 결합되어 있어서, 홍익인간 정신을 구현하는 데는 짧게는 수십 년에서 길게는 수백 년이 걸릴 수 있는 일이다. 하지만 기업은 즉시 홍익인간 정신을 적용시킬 수 있다.

우리는 기업에 접목할 '홍익인본경영'을 연구하고 있다.

국내에서 유한양행 등 기업의 사회적 책임과 공유가치 실현을 위해 노력하는 많은 기업들이 있지만, 객관적 사실과 관점의 차이로 발생할 수 있는 논쟁을 피하기 위해 일반인들에게도 널리 알려진 외국기업의 사례를 보면서 홍익인간 정신과 기업경영의 모범을 제시하고자 한다.

이미 전 세계 언론에 공개되어 잘 알려진 [셈코]라는 기업이 있다.[10] 셈코는 우리가 주장하는 홍익인본주의를 가장 잘 실천하는 기업 중 하나라고 생각한다.1)

브라질에 본사를 둔 셈코SEMCO는 10여 개의 연합체로 구성된 전문적 서비스 제공과 하이테크 소프트웨어 개발 기업이다. 매년 40%에 가까운 성장을 이뤄낸 장본인은 CEO인 리카르도 세믈러RICARDO SEMLER다. 부친이 설립한 셈코가 70년대 조선업 불황 및 브라질 경기침체로 위기에 처하자 80년대에 21세라는 약관의 나이로 CEO로 취임한 리카르도 세믈러는 다양한 혁신을 통해 위기를 극복하고 동사를 어디에서도 찾아볼 수 없는 독특한 기업으로 탈바꿈시켰다.

그는 직장민주주의가 자리잡기 위해서는 지위고하에 상관없이 평등한 관계가 구축되어야 한다고 주장한다. 그는 CEO의 의미를 직장민주주의 도입 및 변화 촉매제(즉 효소) 역할을 담당해야 하는 '최고 효소인(CHIEF ENZYME OFFICER)'으로 정의하는 것도 그런 의미이다.

경영자 리카르도 세믈러가 생각하는 이상적인 직장민주주의는 통제를 최소화하고 자율 운영 원칙을 고수함으로써 성장하는 것이다. 직장민주주의는 일에 대한 흥미를 북돋아 직원의 재능을 최대한으로 끌어낸다. 또

---

10) 초판 원고를 쓰던 시절 보다 지금은 더 홍익인간 정신을 실천하는 기업들이 많이 나타나고 있다. 셈코를 경영의 사례분석 차원에서 이해하고, 또한 홍인인간 경영을 ESG/SDGS적 개념에서 확대 해석해 주기를 당부한다.

한 자율적 의사결정과정은 적절한 상황 대처능력을 길러내 지속적인 성장을 가능케 한다고 주장한다. 셈코의 성공사례가 그 근거라 할 수 있다. 셈코의 혁신적 사례 중 몇 가지를 소개하면 다음과 같다. 첫 번째는 근무시간, 장소, 형태 모두 자율에 의해 탄력적으로 결정. 공식적인 조직도와 HR 부서를 폐지, 모든 정보를 공개하고 이사회를 개방, 직원 2명이 이사회에 참석해 권한을 행사하는 반면, 회사의 주요 결정은 일반직원의 회의체인 평민회의에서 결정된다.

사원들의 '통제'를 포기하면 회사가 위기에 처할 것처럼 생각하지만 셈코의 사례를 보면 그 반대다. 근무시간을 관리하지 않는 셈코의 유연한 근무제도는 생산성을 향상시켰다. 여유를 주고 자신의 재능과 관심사를 발견하게 하면 직원들은 개인의 꿈과 기업의 목표를 결합시킬 수 있게 된다. 또 직원들의 도전의식이 고취되고 활기찬 분위기가 퍼져 자연스럽게 수익과 성장으로 이어진다. 사원들의 통제는 사람을 수동적으로 만들 뿐이다. 그래서 셈코 직원들은 직무와 과업을 자율적으로 결정한다. 이를 통해 직원의 직무만족도가 향상되고 일에 대한 몰입이 증대된다. 또한 열정을 불러일으켜 직원의 재능을 최대한 발휘할 수 있도록 해주며, 소명의식을 지닌 직원을 길러내 동사의 성공 원동력이 되고 있다.

많은 기업이 근로의욕 고취를 위해 막대한 자원을 투자하나 매번 실패하는 이유는 통제를 포기하지 못하기 때문이다. 단일화된 열정을 강요하는 것도 많은 기업이 저지르는 실수이다. 셈코에서는 모든 직원에게 열심히 일하라고 강요하지도 않는다. 다양성을 인정해야만 자율이 자리 잡는다는 것을 알고 있기 때문이다. 셈코는 혁신적 시도를 계속하고 있는데 그 중 일부는 다음 표와 같다.

프로그램	내용
12인 위원회	셈코의 기본가치를 지키기 위해 사업단위 및 지역별로 12인의 평사원을 위원으로 선출, 매월 경영진의 경영행위를 검토. 위원 중 2명은 셈코 이사회에 참석해 발언권 및 의결권을 행사
Up&Down Pay	일을 적게 하고 자유시간을 많이 갖고자 하는 직원들은 낮은 급여를 받는 조건으로 근무할 수 있으며 그 반대도 가능
Retire-a-Little	근무시간의 일정 비율을 개인시간으로 하고 이에 비례해 회사가 급여를 공제. 퇴직 이후 공제 급여만큼 재취업 보장
Work & Stop	이유를 막론하고 3년간 휴직을 보장, 휴직기 동안 휴식과 교육 기회를 얻게 됨. 이를 통해 이직률이 낮아지고 생산성이 높아짐
Lost in Space	신입직원은 1년간 여러 부서에서 자유롭게 근무, 각 부서와 신입직원의 자율교섭에 의해 직무를 선택하게 됨
러시아워 MBA	러시아워 정체를 피해 매주 월요일 오후 6시부터 2시간 동안 MBA에서 다루는 분야를 회사의 지원을 받아 학습함
Family Sliver Way	조직에 대한 이해가 높고 재능이 있는 인력을 계속 확보하기 위해 내부 직원이 타 사업팀이나 계열사로 이동할 때 30%의 가산점을 인정

| 셈코SEMCO의 지속가능한 가치는 무엇인가?

셈코는 지속가능한 성장만을 추구한다. 이를 위해 총수익에 기반을 둔 기존의 평가 방식을 거부한다. 대신 주주와 직원, 고객, 공급업체, 또 지역사회에 의견을 물어 회사의 장단점을 입체적으로 평가하고 있다.

또 공식적인 감사나 모니터 행위는 없지만 신뢰를 기반으로 한 동료들의 자율 통제가 이뤄진다. 신뢰를 유지하기 위해 더욱 신경을 쓰게 되기 때문에 훨씬 효과적이다. 또한 정보 공개 정책은 신뢰를 더욱 굳건하게 만들 뿐만 아니라 쓸데없는 소문과 모함을 없애 생산성 향상에 일조하고 있다.

셈코와 같은 기업이 당장 우리 현실에 자리잡기는 어려울지 모른다. 그러나 셈코도 직원 모두가 "왜 그렇게 하는가?"라는 질문을 계속 거듭하면서 발전해왔다는 사실은 우리가 새로운 미래를 계속 꿈꿔야 함을 시사한다.

셈코라는 기업을 이해하기 위해서는 먼저 경영자인 리카르도 세물러의 철학을 이해해야 한다. 그는 기업이 인간을 위해 존재해야 한다고 생각한다. 그래서 인간을 위한 기업을 만들기로 한 것이다. 그는 홍익인본주의 철학을 가지고 있었다. 그는 한마디로 인본주의 철학을 기업에 적용시키고자 했다. 그는 홍익인간 정신을 가지고 있었던 것이다. 그리고 홍익정신을 실천하는 외국인 실천가이다. 21살이란 젊은 나이에 아버지로부터 기업을 물려받는다. 아버지가 만든 기업은 전통적인 피라미드 형태의 구조를 가지고 있었다. 그런데 그는 원형의 구조를 만들고자 했던 것이다.

우리가 연구한 바에 의하면, 이것이 홍익인본주의를 경영에 도입하는 모든 사람들의 경영 철학이다.

또한 홍익정신을 바탕으로 한 공동체경영은 피부, 인종, 국가, 이념과 사상이 달라도 '인본주의 경영'으로 표현하는 형식은 같다.

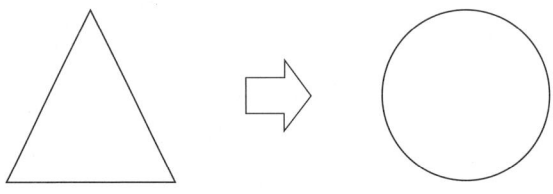

   처음 그가 회사의 시스템을 바꾸려고 할 때, 몇가지 원리를 도입하였다. 먼저 자본주의에서는 개인적 자유와 이념과 개인주의를 도입했다. 그리고 경쟁의 개념을 도입했다. 사회주의 이론에서는 탐욕의 절제와 정보 및 권력의 공유를 배웠다. 또한, 그는 일본인들로부터 유연성의 가치를 도입했다.

   여기서 우리는 경영자 리카르도 세물러가 '홍익인간'적 사고방식을 가지고 있다는 점을 파악할 수 있다. 즉, 어느 하나를 배척하는 것이 아니라 장점을 최대한 활용하는 것이다. 그는 기업의 운영에 자본주의와 사회주의의 장점을 도입한 것이다.

   물론 처음에 모든 직원들이 이것을 쉽게 받아들인 것이 아니다. 예를 들어 금속노동자 조합에서는 유연성을 받아들이기 쉽지 않았다. 자유롭게 출퇴근하면 공장이 엉망이 된다는 것이 일반적인 생각이었다. 그러나 결과적으로 공장은 아무런 문제가 없이 잘 돌아간다는 것이 입증되었다.

   처음 회사를 맡게 되었을 때, 그는 기존의 수직구조로 되어 있는 회사의 직위체계를 과감하게 제거하였다. 한마디로 모든 직책을 없애버린 것이다. 사장이니 이사니 혹은 과장이니 부장이니 하는 직책으로 피라미드 구조로 된 조직 체계를 한방에 제거한 것이다. 이를 위하여 그는 아버지와 오랫동안 일했던 회사의 중역들을 과감하게 숙청했다.

경영에 '경'자도 모르는 새파란 젊은 사장이 들어와서 창업멤버이고 중역들로서 회사의 중요한 자리에 앉아서 놀고먹는 권력자들을 싹쓸이를 했으니, 회사의 안팎으로 큰 충격을 주었다. 곧 이 회사가 망할 것이라는 소문도 돌았다.

한편 많은 전문가들은 조직체에 직책과 서열이 분명하게 있어야 한다고 믿고 있는데, 경영자 리카르도 세믈러는 이런 구조가 필요 없다고 생각했다.

| 홍익정신=자율정신=창의적 생각의 발현

경영사 리카르도 세믈러는 모든 직원들이 주인이라고 보았다. 무엇이든 자유롭게 할 수 있다는 것이었다. 그는 기업에 '통제' 대신에 '자유'라는 새로운 원칙을 적용시켰다. 예를 들면 그는 출퇴근 시간을 정해서 몇 시부터 몇 시까지 일해야 한다는 근무시간, 출퇴근 시간을 없앴다. 출근하고 싶을 때 출근하고 일하고 싶은 만큼 일하는 자유를 적용시킨 것이다.

원래 셈코는 정상적인 피라미드 구조와 엄격한 위계질서를 가진 전통적인 기업이었다. 그러나 지금은 공장의 종업원들이 생산량을 스스로 결정하며 심지어 그 생산량을 달성하기 위한 작업시간도 스스로 결정한다. 여기에는 경영진의 간섭도 없고 잔업수당 같은 것도 없다. 그들은 자기 손으로 만드는 제품의 디자인과 마케팅 계획에 자신의 견해를 반영한다. 각 부서의 책임자들 역시 전혀 상부의 간섭을 받지 않고 자유롭게 비즈니스 전략을 수립하며, 자유롭게 부서를 이끌어간다. 심지어 자기가 받을 보수도 스스로 결정한다.

| 직원들에게 자유를 부여한 것이다. 이것이 홍익인본주의적인 경영방식이다.

더욱더 놀라운 것은 회사의 중요한 각종 장부들을 직원들이 볼 수 있도록 공개하고 있다는 점이다. 손익계산서와 대차대조표 같은 회사의 재무제표를 직원들이 열람할 수 있다. 회사의 재정에 대해서 공개 토론을 벌이고 자신들이 어떤 상황에 놓여있는지 알고 있다. 심지어 다른 회사를 인수하는 중요한 결정도 회사의 모든 직원이 참여한 가운데 투표로 결정한다.

이렇게 모든 것을 자유롭게 한다면, 회사는 곧 절대로 성공할 수 없다는 것이 일반적인 경영자들의 생각이다. 또한 경영 전문가들도 그렇게 주장한다.

하지만 셈코는 모든 경영이론을 무시한 경영을 하고 있는데도 여전히 잘되고 있다. 셈코에서는 사장이니 종업원이니 하는 서열을 나타내는 개념조차 사용하기를 싫어한다. 차라리 동료, 동업자라는 표현을 좋아한다. 모든 직원들은 직책의 높고 낮음을 떠나서 부담 없이 잘 어울린다.

원래 셈코에는 관리자들이 많았지만 지금은 거의 없다. 심지어 감독하는 사람들도 필요성이 크게 줄어들었다. 그래서 법률 자문역, 회계 자문가, 마케팅 전문가 수도 75% 이상 줄였다. 그리고 자료를 처리하는 부서나 교육을 전담하는 부서도 없고, 모든 직원들이 자신의 업무에 대한 보증을 서기 때문에 품질관리 부서도 없다. 특히 셈코는 기존에 12개의 직급을 3개로 줄였다.

경영자 라카르도 세믈러는 '전통적인 피라미드 형태의 조직을 대신할 동심원 형태의 새로운 구조를 착안했다'고 말한다.

| 홍익인간 기업가 정신

이로서 셈코의 직원들이 기업가적 창의성을 갖고 일을 한다. 그리고 회사에서는 실제 창업을 지원한다. 그리고 모든 조직이 기존 피라미드 형태에서 원형 구조로 바뀌면서 직원들의 역할은 크게 바뀌었다.

경영자 리카르도 세믈러는 직원들에게 기업가 정신을 살리는 문화를 만들어냈다. 예를 들어 한 부서가 다른 부서의 서비스가 마음에 들지 않으면 그들은 회사 바깥의 다른 누군가에게서 자기네 마음에 드는 서비스를 구매한다. 그래서 서로 촉각을 세우고 일을 한다. 심지어 직원들에게 독립해서 독자적인 사업체를 꾸려 보라고 격려하고 있다.

그들에게 셈코는 장비를 싼값에 임대해 준다. 물론 셈코는 예전의 직원들이 만들어낸 제품을 구매한다. 또한 이들은 셈코의 경쟁업체라도 자신들의 제품을 팔 수 있다. 독립한 사람들에게는 자신의 노동 생활을 완전히 통제할 수 있게 자유를 주었다. 한때 직원이었던 사람들이 사장이 되도록 하는 것이다.

한편, 셈코는 일반 기업과 전혀 다른 문화를 가지고 있다. 우리 주변에서 흔히 들을 수 있는 이야기이다. 예를 들면, 어느 대기업에 근무하던 사람이 사업 아이디어가 있어서 회사에 제안하였다. 그러나 회사에서는 별로 관심을 보이지 않았다. 그래서 그는 독립하여 작은 회사를 차렸다. 오랜 고생 끝에 기술 개발에 성공하여 제품을 시판하게 되었다. 그런데 그 제품은 그가 전에 근무하던 회사의 제품과 같은 제품이지만 가격대비 성능이 월등하게 차이가 났다. 제품이 인정을 받아서 해외에까지 알려지면서 주문이 늘어나기 시작했다.

그런데 이 사실을 알게 된 대기업은 그 중소기업을 죽이기로 결정하였고, 모종의 음모를 꾸몄다. 엄청난 자금력과 로비력을 지닌 대기업은 이 중소업체의 거래처를 흡수하고 결국 이 회사는 버틸 여력이 없어서 손을 들게 되었고, 그 대기업은 이 중소업체를 헐값에 사들였다. 이 중소업체 사장은 너무 억울하다고 이런 사실을 하소연 하다가 결국 자살로 인생을 끝냈다. 이 이야기는 실화를 간단히 요약한 것이다.

그러나 홍익인본경영은 공생, 상생의 가치관이 기본이다. 그래서 서로 잘 사는 길을 선택하고자 한다. 일반적인 기업들은 직원들이 독립하여 사업을 펼치는 것을 좋아하지 않는다. 더구나 경쟁사에 제품을 파는 것을 허용하는 경우는 거의 없을 것이다.

우리 주변에서 흔히 볼 수 있는 대기업의 횡포 중 하나는 '하도급' 과정에서 일어난다. 상생 혹은 공생의 개념 자체가 없는 것이다. 셈코 체험 직원들에게 창업가 정신을 고취시키고 실제로 창업을 하도록 배려하는 문화는 홍익인본주의 방식이다. 앞으로 이러한 기업들이 점차 많아질 것이라고 예상하고 있다. 하지만 아직까지는 소수의 기업들만 이런 시도를 하고 있다.

요즘은 직원들이 경영에 참여할 기회를 주는 회사들이 많아졌다. 그러나 유행에 따라서 그렇게 흉내만 내는 기업들도 적지 않다. 셈코는 적극적으로 창업을 지원한다. 요즘의 표현으로 바꾼다면, '사내 벤처'를 장려하는 문화를 가지고 있다. 무엇보다도 셈코는 기업 자체가 대형화되어 비만에 걸리는 것을 방지하면서, 직원들에게 독립하여 자영업을 할 기회를 제공함으로써, 직원들이 경영자로 성장할 기회를 제공하는데 역점을 두고 있다.

| 셈코 기업의 홍익경영 8가지

홍익경영 1 : 위성계획

셈코에서는 직원들이 회사를 떠나서 창업을 하고자 하면 지원할 수 있는 시스템을 고안하였다. 그것을 위성계획이라 부른다. 이는 셈코에서 근무하다가 퇴직하여 독립적으로 자기 사업을 하고자 하는 사람에게 셈코와 연결된 사업체를 운영할 수 있게 하는 계획이다.

물론 모든 사람들이 이렇게 창업을 해야 하는 것이 아니다. 퇴직하여 떠날 수도 있다. 어떤 사람들은 더 일하고 싶어 한다. 그런 경우에 셈코에서 하던 일을 독립적인 사업으로 진행할 수 있게 하는 것이다.

아마도 일반 기업에서도 이렇게 창업을 허용하는 경우가 있다. 이런 경우 하청업체로 사업을 하게 된다. 대개는 하청업체는 경쟁회사에 물건을 팔 수 없고 또한 가격이나 마진도 지정하여 납품해야만 한다.

그러나 셈코는 이 위성衛星회사가 셈코의 하청업체로서 머물러야 한다고 제한하지 않는다. 셈코의 경쟁회사에 물건을 팔아도 상관하지 않는다. 대신에 셈코도 다른 경쟁업체로부터 물건을 살 수 있다. 따라서 서로 보장해 주는 것은 아무것도 없다. 그렇기 때문에 이렇게 독립한 회사들도 상호간의 경쟁 속에서 혁신해야만 하는 것이다.

이러한 전략은 홍익인본경영의 원칙인 '인간을 평등하게 대우'하는 것이다. 즉, 하청업체라고 해서 마음대로 하는 것이 아니고, 또한 편애하는 것도 아니다. 정정당당하게 경쟁하여 사업적으로 승부를 걸도록 하는 것이다.

적절한 비유가 될지 모르지만, 동물의 세계를 보면, 비정해 보이는 어미 동물들이 있다. 예를 들어 독수리는 새끼를 둥지 밖으로 떨어뜨린다고 한다. 그 과정에서 새끼가 죽을 수도 있다. 하지만 살아남은 새끼는 나중에 하늘의 제왕이 된다. 아마도 강자만이 살아남는 동물의 세계에서는 이 방식이 최선책인지 모른다.
하지만 인간의 세계에서는 더 나은 전략을 채택할 수 있다. 바로 자신의 사업을 할 수 있는 기반을 구축하도록 '인큐베이팅'을 지원하고 그리고 '평등의 원칙'으로 공생하는 것이다.

사람들은 남의 밑에서 일하는 것보다 자신의 사업을 갖게 되었을 때 자세가 달라진다. 일단 자기 사업을 하게 되면, 직장 생활과 다르게 시간도 사용할 것이다. 일반적으로 직장인들은 단 1분이라도 휴식시간을 꽉 채워 사용하려고 한다. 그러나 자기 회사를 살리는 일과 직결되는 것이라는 것을 알게 된 사업가는 밤낮을 가리지 않고 일에 몰두할 것이다. 주말이고 휴일이고 상관없이 일에 매진한다. 일반 직원에게 주말에 일하라고 한다면 큰일 날 것이다. 하지만 일단 오너가 되면 그때는 상황이 달라진다.

셈코는 20개가 넘는 위성회사들을 창업하고 독립하도록 지원하였다. 그 결과 셈코가 직접 수행하던 제조 분야의 작업 절반이 위성 기업으로 넘어갔다. 위성 기업들 중에 문을 닫은 기업들은 없다. 일부는 동업자를 찾고 있고, 일부는 생산 라인을 확장하기 위해 애쓴다.

이런 위성기업衛星企業들 중 일부는 작은 셈코가 되어서 민주주의와 투명성, 신뢰감을 조직에 불어넣고 있다. 또 다른 일부는 새끼 포드나 IBM이 되었다 (리카르도 세믈러는 이것이 일시적인 재난이길 바란다고 했다).

이런 위성기업들은 셈코 이외의 고객들을 가지고 있으면서 셈코와도 좋은 관계를 유지하고 있다. 셈코는 위성계획을 유연성의 관점에서 추진하고 있다. 제조과정의 번잡함으로부터 벗어나서 자유로워짐으로써 셈코는 보다 나은 제품을 위한 디자인과 엔지니어링, 그리고 조립에만 집중할 수 있게 되었다.

이 위성계획은 힘을 분배하려는 홍익인본경영에서 나온 것이다. 즉, 사람들이 가능한 한 더 많은 면에서 스스로 결정할 수 있게 하는 것이다.

이 위성계획은 오늘날의 제조 기반의 '스마트 네트워크 기업'과 유통 기반의 'O2O(online & offline)마케팅 기업'에서 그 유연성과 탄력성을 확인할 수 있다. 이 부분은 후술하는 인문학의 힘에서 자세하게 다루어 보자.

그렇다고 셈코가 첫날부터 이렇게 잘 되었던 것이 아니다. 적어도 12년 기간 동안 셈코를 완전히 분해했다가 다시 조립하는 일을 했으며, 이 과정은 이제 겨우 30% 정도 마무리되었지만 그 성과가 뚜렷하게 나타나고 있다고 말한다.

셈코의 성장은 또 다른 면에서 의미가 있다. 그것은 당시 브라질이 극심한 불황과 인플레이션, 그리고 정부의 경제정책의 혼란 속에서 무려 6배나 성장했기 때문이다. 생산성은 7배, 이윤은 5배나 증가했고, 14개월 동안 단 한 사람의 직원도 셈코를 떠나지 않은 기록도 가지고 있다.

셈코에는 취업 희망자들이 줄을 서는데, 그 중에서는 셈코에서라면 어떤 일도 할 수 있다고 말하는 사람들도 다수 있다. 심지어 이런 이야기도 있었다. 셈코의 어떤 직원 아내가 본사 인사 부서 책임자를 찾아와서는 아무래도 남편의 행동이 이상하다며 의아해한 적이 있었다. 남편이 더 이상 아이들에게 고함도 지르지 않을 뿐 아니라, 가족들에게 일일이 이번 주에 무엇을 하고 싶은지 묻기까지 한다는 것이었다. 그는 이제 예전처럼 불만에 가득한 독재적인 가장이 아니었다. 그의 부인은 도대체 자기 남편을 어떻게 만든거냐고 걱정이 태산 같았다.

셈코의 경영자 리카르도 세믈러는 확실히 홍익인본주의 경영을 하고 있는 것이다. 그는 말한다. "우리는 다 죽어가는 회사를 맡아서 번성시켰다. 그럴 수 있었던 주된 요인은 우리의 가장 큰 자산인 '사람'을 낭비하지 않았기 때문이다."

정말 멋진 말이다. 만일 기업인들이 회사의 가장 중요하고 가장 큰 자산이 '사람'이라는 사실을 깨닫는다면, 그는 홍익인본경영을 하였다. 할 것이다.

홍익인본경영은 '사람'이 가장 중요한 경영 자산이다. 앞으로는 이런 기업만이 살아남을 것이다.

홍익경영 2 : 인본경영

모든 문제는 인본경영으로 해결한다. 오늘날 기업들이 가장 큰 고민을 하는 부분이 아마도 '노사간의 갈등'이 아닐까 생각한다.

셈코에서는 이 문제를 어떻게 처리하는지 살펴보자. 경영자 리카로드 세믈러는 노동조합이 단순한 필요악 이상의 것이라고 생각하며, 그것은 작업장을 변화시킬 수 있는 몇 안 되는 합법적인 장치 가운데 하나로 인식한다. 물론 모든 노조 지도자들이 이성적인 사고에 익숙한 것이 아니고, 모든 노조의 직책이 합리적인 것도 아니다. 그러나 노조의 존재를 부시하는 것, 기회가 있을 때마다 어떤 수단을 동원하고 어떤 대가를 치르더라도 노조를 무찌르려고 하는 것은 결코 전략이라고 부를 만한 가치도 없다고 생각한다.

일반적인 기업이 노동자 파업에 대처하는 통상적인 방법은 첫 번째, 회사의 입장을 정리한다. 두 번째, 요구 사항을 내건다. 세 번째, 물러서지 않는다.

또한, 일하고자 하는 자는 누구나 일할 수 있게 한다. 설사 그것이 경찰에 전화를 거는 일일지라도. 그리고 회사의 재산을 보호한다. 그러기 위해서는 필요할 경우에는 물리적 힘을 행사한다. 나중엔 공장을 폐쇄하고 급료 지불을 보류함으로써 노동자들을 어렵게 만들고, 파업에 참여한 사람들을 분할해서 지배한다. 마지막으로 파업이 끝나면 주동자와 마음에 들지 않는 자들을 해고하고 나머지 사람들을 협박한다.

그러나 셈코의 방법은 다르다.

첫 번째, 모든 사람들을 성인으로 대우한다. 두 번째, 파업에 참여한 사람들에게, 작업에 복귀하면 아무도 처벌하지 않겠다고 약속한다. 그 약속을 지킨다. 세 번째, 작업에 참여한 사람, 파업을 주도한 사람에 대한 자료를 남기지 않는다. 네 번째, 절대 경찰을 부르거나 시위를 방해하지 않는다. 다섯 번째, 모든 수당을 정상 지급한다. 여섯 번째, 노동자들이 공장에 접근하는 것, 혹은 노조 대표들이 노동자들에게 접근하는 것을 봉쇄하지 않는다. 그러나 회사는 노조 지도자들에게 일하려 하지 않는 사람의 결단을 존중할 터이니 일하고자 하는 사람의 결단 역시 존중해 달라고 요구한다. 일곱 번째, 파업 중 혹은 파업 후에 아무도 해고하지 않는다. 그 대신 모든 사람들로 하여금 파업은 공격적인 행동이라는 사실을 인식하게 한다.

그래서 셈코는 파업 동안에는 한번도 협상을 벌이지 않는다. 셈코의 원칙은 일하지 않는 시간에 대해서는 임금을 지불하지 않으며 파업 동안 어떠한 양보도 하지 않음으로써 모든 사람들을 작업에 복귀시키는 것이다. 셈코는 노동자들이 작업에 복귀한 다음에 비로소 협상을 시작한다. 파업에 참여한 노동자들이 공장을 드나들고 카페테리아를 회의장소로 이용할 수 있도록 허용한다. 여느 때처럼 아침식사와 점심식사를 제공하고 식대도 지불한다. 의료보험을 비롯한 갖가지 혜택들도 똑같이 제공한다. 그러나 협상은 하지 않는다.

한번은 파업 중에 지역 노조 지도자가 혼자서 법원에 셈코를 차별 혐의로 고소했다. 그들은 판사의 힘으로 셈코를 밀어붙여 나름대로의 임금 인상을 획득하고 노동자와 노조에게 승리를 안겨줄 것이라고 믿었던 것이다. 셈코는 법원에 판결에 따르겠다고 했고, 이후 법정에서는 파업이 불법적이라는 결론을 내렸다. 노조측이 패소했다고 해서 셈코가 이긴 것이 아니다. 여전히 노동자들은 일을 하지 않았기 때문이다. 다음날 노동자들은 근무하지 않은 날의 임금을 지불해 달라고 했으나 셈코는 거절했다. 대신에 파업에 참여했던 사람들에게 특근의 기회를 주어 다음 달 월급봉투가 평소보다 더 얇아지지 않도록 제안했다. 노동자들은 그 제안을 받아들였고 파업도 끝났다.

이후 셈코는 이 문제에 대해서 노동자들을 모아놓고 회사 측이 유연하지 못했음을 사과하고, 파업기간 동안 협상하지 않는다는 규정을 폐지했다. 노동자들은 파업이 문제 해결의 가장 효과적인 방법이 아니라는 것을 깨달았고 이후에 셈코에서는 파업이 거의 일어나지 않았다.

여기서 중요한 부분은 셈코는 홍익인본경영을 하고 있다는 점이다. 즉, 파업을 하는 노동자들을 자신들과 동등한 인간으로 대한다는 것이다. 이렇게 파업을 수습하고 더 나은 관계를 만드는 셈코와 일부 한국의 기업들과 비교하면 많은 차이점을 느낄 수 있다.

우리는 주변에서 황제노조라 불리는 강성노조들 이야기를 듣는다. 그들의 이야기를 들어보면, 이들은 파업을 위한 파업을 한다. 회사와 적대적 관계를 형성하고 더 많은 이익을 쟁취하는 것이 '승리'라고 생각한다. 동시에 기업은 이들을 최악의 적으로 간주하고 어떻게든 진압하려고 시도한다. 이런 기업 내부의 전쟁 이야기를 들으면서 '여긴 홍익인본경영이 없구나.' 하는 생각을 하게 된다.

샘코의 경영자 리카르도 세믈러 이야기를 더 들어보자.

기업은 항상 두 가지 생각이 공존한다. 『기업들은 예외없이 종업원들에게 충분한 배려를 베풀고 있으며, 그들은 자기 회사의 가장 큰 자산이라고 생각한다. 종업원들은 예외 없이 자기네가 충분한 배려를 받고 있지 못하다고 생각하며, 자기네의 진정한 생각을 이야기할 수 없다고 믿는다.

어떻게 하면 이 두 가지 입장을 화해에 이르게 할 수 있을까?

현대 기업은 종업원들이 만족감을 느껴야 할 이유를 거의 가지고 있지 못한 것이 우리의 슬픈 현실이다. 회사 측은 그들의 이야기에 귀를 기울일 시간과 관심을 가지고 있지 못하며, 종업원들의 발전을 도모할 수 있는 교육의 자원이나 의도를 갖고 있지 않다.

이런 기업들은 봉급을 주는 직원들에게 이런저런 요구 사항을 내세우지만 정작 직원들은 그 봉급이 적당하지 않다고 생각하고 있다. 더욱이 이런 기업들은 나이가 들거나 업무 수행에 조금이라도 차질을 빚는 종업원을 가차 없이 해고시키는 경향이 있으며, 그들이 원하는 것보다 훨씬 더 이른 나이에 퇴직시켜 버리기도 한다. 그렇게 반강제로 퇴직을 당한 사람들은 자기네가 훨씬 많은 기여를 할 수 있었다고 미련을 갖게 된다.

사람을 일종의 생산도구로 이용하던 시대는 종말을 맞이하고 있다. 민주주의가 독재보다 훨씬 더 골치 아픈 것과 마찬가지로, 종업원의 참여를 유도하는 것은 의례적인 기업경영보다도 훨씬 더 복잡한 일이다. 하지만 그 두 가지를 무시한 채 이 시대를 견뎌낼 수 있는 기업은 그리 많지 않을 것이다.』

우리는 셈코의 경영자 리카르도 세믈러의 이야기를 통해서 오늘날 기업들의 현주소를 정확하게 파악할 수 있다. 기업들이 사람을 도구로 생각하기 때문에 수많은 문제가 발생하고 있는 것이다.

그 해법이 바로 홍익인본주의 경영이다. 즉, 사람을 위한 기업이 되어야만 하는 것이다.

홍익경영 3 : 직원과 이윤분배

셈코의 이야기를 계속해 보자. 셈코는 대형화되는 공장의 위험성을 직감하였다. 규모의 경제라고 하는 것은 가장 과대평가된 개념이라고 경영자 리카르도 세믈러는 생각하고 있다.

대형화는 단기적으로 힘을 발휘하지만, 시장이 축소되는 순간 위험에 빠진다. 실제로 대기업들이 도산하는 경우에 대부분 비만증에 걸려서 회복하지 못한 것이다. 대형화된 기업들은 내부가 매우 복잡하게 조직되어 있으며, 어느 하나의 문제가 생기면 전체가 다 연쇄적으로 제공이 걸린다.

셈코는 제조라인을 최대한 소규모로 분할하여 독립 운영이 되도록 함으로써, 경기의 성장기 때 훨씬 더 돈을 벌 수 있었고, 불경기나 위기 상황에서 신속하게 대처할 수 있게 하였다.

　이렇게 기업을 최소화하여 '네트워크 기업'으로 전환하여 성공한 사례들이 많이 있다. ABB는 대기업이지만 하나의 거대한 사업체를 2,000개의 작은 네트워크 기업으로 분사시켜서 성공적으로 운영하고 있다.

　셈코는 공장을 분사하여 자치권을 부여하여 노사 갈등도 없애고 종업원들이 자발적으로 작업할 수 있게 함으로써 크게 소득을 올리게 되었다. 그러나 리카르도 세믈러는 돈을 버는데 나름대로 기여한 모든 사람들에게 지분을 나누어줄 계획을 세운다. 당시 브라질에서 이윤을 분배하는 기업은 대여섯 회사 밖에는 없었다고 한다. 그나마 무슨 정해진 규정이 있는 것도 아니고, 최고 경영자의 기분에 따라서 특별 보너스를 지급하는 수준이었다.

　셈코는 새로운 종류의 이윤 분배 방식을 계획한다. 그러기 위해서는 회사의 중요한 정보를 직원들과 공유해야 한다. 아무리 보잘 것 없는 일에 종사하는 사람이라도 모든 정보가 부족함 없이 제공되어야 진정한 참여와 동반의 정신을 살릴 수 있다는 생각에 회사의 기밀에 속하는 정보를 공개키로 한다.

　가장 중요한 정보 중 하나인 회사의 재정 문제를 종업원들과 공유하자는 이야기에 관리자들도 놀랐다고 한다. 실제로 셈코의 임직원들의 수익을 공개하자, 직원들은 충격을 받았다. 당시 브라질은 1년 최저임금이 1천5백 달러인데 경영진의 수익이 보너스를 합쳐 1년에 5만 내지 10만 달러라고 사실을 공개했던 것이다. 보수 공개 이후에 점차 최고 보수와 최저 보수 사이에 격차가 줄어들기 시작했다고 한다.

처음에는 간부들의 봉급에 놀랐던 종업원들도 나중에는 그것을 인정하기 시작했다. 그만한 돈을 받을 일을 하고 있다는 것을 인정한 것이다. 이후에 급여뿐만 아니라 회사재정에 관한 모든 정보를 공개하였다. 처음에 사람들 중에는 이윤과 수입의 차이점조차 모르는 종업원들도 있었다. 그래서 회사에서는 노조의 협조를 받으며 대차대조표와 현금출납부, 기타 각종 서류들을 보는 방법을 가르치는 강좌를 개설했다. 이런 강좌를 개설한 회사는 셈코가 유일했다.

이후에 합리적인 이윤 배분을 위해서 나름대로 오랫동안 연구하였다. 왜냐하면 이렇게 하는 기업이 없으니 모두 처음부터 룰을 만들어야 했기 때문이다. 이 일을 위해서 공장위원회와 노조 간부들이 참여하는 회의를 1년 반에 걸쳐 진행하여 결론을 얻었다. 총 이윤의 40%는 세금으로 납부해야 하고, 25%는 주주들에게 배당하고, 12%는 회사의 지속적인 성장을 위한 최소한의 재투자 비용으로 축적하고 남은 23%를 이윤 배분하기로 하였다.

이를 위하여 종업원들이 참여하는 회의를 하는데, "왜 우리의 이익을 돈을 얼마 벌지 못한 다른 공장과 함께 나누어야 합니까? 그건 부당한 처사입니다."라는 의견이 나왔다. 그래서 과연 무엇이 정당한 처사인가에 대해서 많은 토론을 거친 결과, 최종적으로 모든 사람들이 똑같은 액수를 받는 방식으로 결정되었다.

셈코의 이런 방식은 일반 기업에서는 생각조차 하지 못하는 것이다. 왜냐하면 일반 기업은 처음부터 홍익인본경영을 하지 않기 때문이다. 셈코가 이윤을 종업원들에게 나누어주어야 한다고 생각을 한 것은 바로 홍익인본경영을 실천하려는 의지가 있었기 때문이다. 하여간 기업의 존재 이유는 사람을 위한 것이어야 한다.

홍익경영 4 : 책임과 의무의 경영

셈코의 모든 종업원들은 자신의 행동에 책임을 져야 한다. 어느 조직이든지 기업이든지 문제를 일으키는 사람들이 있기 마련이다. 어느날 경영자 리카르도 세믈러 앞으로 편지가 왔는데, 그 내용은 셈코의 관리자 2명이 공급업자와 뒷돈 거래를 한다는 내용과 함께 빚을 대신 갚아달라는 요구를 했다. 여기 거론된 공급업자에게 50만 달러 이상의 주문을 한 직후였고 아직 거래가 이루어진 상태는 아니었다.

먼저 투서자를 조사해 보기로 했다. 만일 투서가 거짓이라면 그런 사람과 일하고 싶지 않았으며, 사실이라면 적절한 조취를 취하면 되고, 왜 익명의 방식으로 폭로해야 하는지 알고 싶었기 때문이다. 필적 전문가를 동원하여 감정한 결과 1년 전쯤 이 비슷한 투서를 한 종업원과 동일인이라는 것을 알게 되어 그 투서를 무시해 버렸다. 나중에 그 관리자들은 무죄가 입증되었고 고발자는 해고되었다. 그때야 비로소 모든 사람들은 그와 같은 사건이 있었음을 알게 되었다.

셈코가 인수한지 몇 달 안 되는 어느 공장에서 있었던 일이다. 한 종업원이 부품 서비스 부서에 근무하는 세 명의 직원들이 뚜렷한 이유없이 늦게까지 일하곤 한다는 사실을 알게 되었다. 어느날 밤 그 종업원은 작은 옷장에 숨어서 그 세 사람이 부품을 빼돌려 그들의 차에 옮겨 싣는 장면을 목격했다. 붙잡힌 도둑들은 해고당한 뒤 체포되었다.

셈코는 누군가 범죄행위를 저질렀다는 것이 확실하면 그때 확실한 책임을 묻는다. 그렇지 않은 경우에는 극단적인 조치를 피한다. 시말서나 정직, 감봉 같은 조치를 취하지 않는다.

셈코는 종업원들의 개인행동에 대해서 2가지를 적용한다. 첫째는 각 종업원들은 자신의 행동에 책임을 져야 한다. 두 번째는 그들 자신의 시간에 무엇을 하든 그것은 그들 자신의 일이다.

셈코는 종업원들의 작업에 대해서만 주의를 기울인다. 한번은 공장에서 종업원들을 위한 파티를 열었는데, 몇 사람이 대마초를 피웠다. 다른 회사에서는 즉시 해고감이다. 셈코는 공장위원회를 소집하고 공장구내에서는 대마초를 피우는 것을 허용할 수 없다고 말하는 것으로 끝냈다. 그들의 이름을 거론하지 않았다. 목표는 처벌이 아니라 그런 일이 재발하지 않는 것이기 때문이었다.

종업원들의 결점에 의해서 회사가 위험에 빠질 것 같다는 느낌이 들지 않는다면 셈코는 그 결점에 대해 책임을 느끼지 않는다. 종업원이 알콜중독자라도 술을 끊게 하는 것은 회사의 역할이 아니다. 그건 금주협회의 할 일이다. 셈코는 행복한 대가족이 되기를 원하지 않으며 하나의 기업이 되기를 원한다. 그래서 진심으로 우러나오는 자연스러움과 자발성으로 도움을 주는 것을 원한다는 것이다.

예를 들어서 회사 내에서 50대의 청소부의 아내가 쌍둥이를 출산한다는 것을 알았는데, 인사관리부서에 근무하던 '리아'라는 직원이 공장과 사무실을 돌아다니며 기부금과 아이들 옷가지를 모았다. 그녀에게 그 일을 하라고 시킨 사람은 아무도 없고 그녀 스스로 알아서 한 일이다. 이렇게 자발적으로 회사의 거의 모든 사원들이 동참했으며, 회사가 하는 것보다 훨씬 더 큰 긍지를 느꼈다.

셈코는 종업원에게 돈을 빌려주기는 하지만, 홍수 등 재난, 배우자가 큰 병에 걸린 것 같은 예기치 못한 긴급한 상황에 빌려준다. 그 돈은 종업원의 상환 능력에 따라서 1년 혹은 3년간 월급에서 20% 내지 30% 삭감한다.

그리고 셈코는 다른 기업과 달리 수영장이나 체육관이 없다. 그보다는 스트레스의 원인을 제공하지 않으려고 노력하고 있다. 셈코는 복지 재원을 내놓고 종업원들이 효과적으로 운영하도록 결정권을 종업원에게 주고 있다.

셈코는 철저하게 개인의 자유와 기업이라는 공동체의 역할을 구분하여 사람들이 자발적으로 행동하게 하고 있다. 실제로 많은 기업들은 셈코와 같은 홍익인본경영을 하지 않는다. 종업원들에게 자유를 주지도 않으며 인간적으로 대우하지도 않는다. 징계나 해고 같은 처벌은 엄격하면서 종업원의 복지를 위해 많은 것들을 투자한다고 말한다. 사실은 이러한 것 자체가 기업의 이익을 위하여 각종 문화시설이나 복지 서비스를 하고 있는 것이다.

셈코처럼 처음부터 스트레스 원인을 만들지 않으려 하지 않는 것이다. 어떤 기업들은 종업원의 삶을 완전히 바꾸려 시도하기도 한다. 땅콩 회항 스캔들로 세상의 웃음거리가 된 모 항공사에서는 '오너 일가'가 탑승하면 모든 승무원들이 심각한 스트레스를 받는다. 서비스 업종은 더 심하지만 대부분 종업원들에게 자유를 주지 않는다. '돈을 주니까 시키는 대로 해라'는 식으로 말이나 행동을 모두 통제하고자 한다.

샘코는 홍익인본경영의 원칙으로 각 개인의 자유를 최대한 존중한다. 대신에 모든 행동에 대한 책임을 본인이 지게 함으로써, 스스로 자신을 관리할 수 있게 한다는 것이 중요하다.

홍익인본경영은 전체의 이익을 위하여 개인을 희생시키는 것이 아니다. 오히려 개인이 스스로 전체의 이익을 위하여 스스로를 제어할 수 있도록 자유를 준다는 점을 주목할 필요가 있다.

스스로 선택하느냐 아니면 강제적으로 해야 하느냐는 엄청난 차이가 있는 것이다. 또한 홍익인본경영에서 중요한 원리 중 하나는 기업이란 공동체에서 직원들이 무엇을 해야 하는지 그걸 명확하게 구분하고 있다는 점이다.

현대의 많은 기업들은 개인의 일과 기업의 일을 구분하지 않는다. 직장에 오면 무조건 기업의 일을 해야 한다고 생각한다. 즉 돈을 주고 직원을 산 것처럼 생각하는 것이다. 직장에서 자신의 역할을 분명히 하고, 기업의 손실을 입히지 않는다면, 자유롭게 시간과 활동을 할 수 있게 하는 것이야말로 기업경영에서 생각해 봐야 할 것이다.

홍익경영 5 : 자기권한과 자율통제

샘코의 특별한 경영 방식 중 하나는 인사권에 관한 것이다. 이것은 직장에서의 민주주의, 즉 경영민주화의 핵심이다.

셈코는 장래의 사장에게는 좋은 인상을 주지만 부하가 될 사람들에게는 존경받지 못하는 사람을 고용할 필요가 없다고 생각한다. 그래서 셈코는 인사관리에 특별한 프로그램을 개발하였다. 그것은 밑에서 일할 사람들이 그들의 우두머리가 될 사람을 인준하는 프로그램이다.

1년에 두 번씩 부하가 그들의 관리자를 평가하는 공식을 만들어냈다. 36개 항목의 다양한 질문들로서 기술적 능력, 경쟁력, 리더십, 지도자로서의 여러 가지 자질들을 측정하기 위해 고안된 것이다.

이 평가 설문지를 통해서 직원들은 그들의 상사를 직접 평가할 수 있고, 그 결과에 따라서 관리자들은 스스로를 변화시키는 노력을 하게 된다. 이렇게 부하 직원들이 상사를 평가하는 시스템에 의하여 셈코에는 피라미드 구조에서나 가능했던 관리자는 생존이 불가능할 것이다. 상급자라고 해서 일방적으로 명령하고 군림하는 방식이 허용되지 않기 때문이다.

만일 어느 부서에서 신규 직원을 채용해야 할 일이 있다고 한다면, 일반적으로는 회사에서 일방적으로 직원 모집을 할 것이다. 이때 직원을 모집을 담당하는 면접관이 심사를 해서 채용 여부를 결정하는 것이 보통이다. 하지만 셈코에서는 직원이 필요할 때, 먼저 부서장이 그 이유를 동료들에게 설득하는 것이 먼저 하는 일이다. 왜 직원을 채용해야 하는지 구체적으로 말한다.

그 다음에 직원들과 토의하여 '직원 채용 게시물'을 만든다. 여기에는 학력이나 외모 등은 고려 사항이 아니다. 어떤 일을 하는 것인지 어떤 사람이 필요한지가 중요한 것이다. 이 채용 게시물을 먼저 회사의 게시판에 붙인다. 그 이유는 채용을 먼저 회사 내부에서 하기 위해서이다. 이 게시물을 보고 회사의 종업원들이 응시할 수 있다. 만일 회사 내부에서 응시자가 없다면, 그 다음에는 외부에서 채용을 하는 절차를 밟는다.

이때 가장 먼저 직원의 친구나 친척을 추천받는다. 이 경우에 직원의 직계 가족은 제외시킨다. 이렇게 직원들의 추천을 받는 것은 직원들이 업무를 가장 잘 알고 있으며, 또한 추천할 사람들에 대해서도 잘 알고 있기 때문이다. 서로 믿고 같이 일할 수 있는 사람을 찾는 것이 가장 중요한 일이다.

만일 이렇게까지 했는데도 적당한 직원을 찾지 못한다면, 그 다음에는 신문에 광고를 낸다. 이렇게 하여 응모자가 나타나면, 그 다음에는 직원들이 직접 채용 심사를 한다. 이때 중요한 부분은 바로 직원 채용을 해 본 적이 없는 일반 종업원들이 제대로 된 직원을 채용하기 위한 '면접용 질문'들을 제공해 준다. 이 질문들은 전문가들이 만든 것이므로, 이 질문들을 통해서 자기 부서에 필요한 사람을 선별할 수 있게 하는 것이다.

여기서 우리가 주목할 부분은 신규 직원 채용에서 '홍익인본경영'의 중요한 원칙을 적용하고 있다는 점이다. 바로 인사권 자체를 직원에게 줌으로써, 평등의 원칙을 적용하고 있는 것이다. 같이 일하는 사람들이 서로 공감하고 화합할 수 있는 장을 만들어 놓았다는 것이다.

예를 들어서 일반적으로 직장의 상사라는 포지션은 권력이다. 수직적 관계 즉 엄격한 상하 서열에 의하여 조직된 피라미드 구조에서는 상사는 '하늘'보다 더 무서운 존재일 수 있다. 직장 상사는 부하직원들의 생사권 生死權을 쥐고 있는 것이다. 그러니 그가 일을 잘 하는가 아닌가를 평가한 다는 것 자체가 불가능하다. 이는 곧 상사의 눈 밖에 나면 그날로 '아웃' 될 것이다.

일반적인 회사에서 감히 부하 직원들이 상사를 평가한다는 것은 일종 의 반역이라고 해석될 일이고 있을 수 없는 일이다. 그런데 셈코는 상사 를 평가할 수 있는 시스템을 만들어 놓았다. 여기서 부하 직원들이 상사 를 평가하라고 할 때, 아무런 방법을 제공하지 않는다면, 과연 합리적인 평가를 할 수 있겠는가 생각해 볼 일이다.

예를 들어, 평소에 상사가 마음에 들지 않았던 직원이라면 상사를 감정 적으로 평가하여 무능력한 상사라고 단정지을 수도 있는 것이다. 반면에 상사와 잘 어울렸던 직원이라면 유능한 상사라고 평가할 것이다. 그래서 셈코는 객관적인 평가 기준을 마련한 것이다. 이 36개 항목의 질문을 가 지고 상사가 어떤지 평가하는 것은 개인의 사적인 감정이나 편견을 개입 시키지 않는 합리적인 방법이 되는 것이다.

이렇게 일을 할 수 있도록 '권한과 방법을 동시에 제공하는 것이 바로 홍익인본경영이다. 세상에서 가장 무책임한 권한 위임의 경우가 이런 식 이다. "당신이 책임지고 알아서 잘해봐."라고 하는 것이다. 알아서 하려면, 구체적으로 어떻게 해야 하는지도 알려주어야 하는 것이다. 그렇지 않았 을 경우에 나중에 이런 문책을 당할 수 있다. "뭐야? 누가 이렇게 하라고 했나?"

셈코에서는 관리자에 대한 직원들의 평가를 1년에 2번씩 하게 됨으로써, 관리자들이 결코 나태해지지 않는 것은 물론이고 팀 자체에서 서로 잘 융합될 수 있게 하는 것이다. 직원을 채용할 때, 먼저 팀장이 직원들에게 동의를 구하고, 직원들이 참여해서 공동으로 직원을 채용하는 방식은 바로 홍익인간 정신을 그대로 살리는 좋은 방법이다.

신규 직원은 결국 채용되면 기존의 직원들과 같이 일해야 한다. 신규 직원이 늘어났을 때 기존 직원들의 역할이나 혹은 수익 등에 직접 영향을 미친다. 그래서 신규 직원에 대해서 가장 민감한 사람이 바로 같이 일하는 동료들이다.

동료! 그렇다. 같이 일하는 동료로서 새로운 사람들 받아들일 수 있도록 직원 채용의 모든 권한을 기존 직원들에게 주는 것은 가장 인본주의적 방식이다.

이미 그 일을 하고 있는 사람들이 어떤 신규 직원을 뽑아야 할지 가장 잘 안다. 그러니 그들이 새로운 동료들을 채용할 수 있게 하는 것이 가장 현명한 방식이다. 그런데 여기서도 아주 중요한 부분이 있다.

셈코의 경영자 리카르도 세믈러가 '사람이 가장 중요한 자원이고, 사람 자원을 가장 효율적으로 사용하는 것'이 중요하다고 말했는데, 바로 그것을 실천하는 방법 중 하나가 여기에 나타난다.

즉, 회사 내에는 아직 최대한 능력 발휘를 하지 못하는 유능한 인재들이 있다. 그래서 먼저 그들을 채용하는 것이다. 이렇게 되면 사람 자원을 가장 효율적으로 활용하는 것이 된다. 그래도 안 될 때, 직원들의 친구나 친척들에서 찾고, 그래도 안 되면 그때는 신문에 구인광고를 내는 순서를 밟는다.

홍익경영 6 : 자조경제의 실현

기업은 가장 발전된 형태의 공동체이다. 그러나 동시에 가장 낙후된 가치체계로 경영되는 공동체일 수도 있다. 그 이유는 오늘날의 기업들은 개인의 자유, 사유 재산, 자본주의의 가장 발전된 형태이지만, 가장 나쁜 쪽으로 발전했다는 것이 문제일 수 있다는 것이다.

오늘날 기업 안에 절대 부족한 DNA가 인본주의 가치관이다. 오늘날 기업은 정치의 가장 나쁜 형태인 통제와 억압을 통한 지배 방식을 채택하고 있기 때문이다. 한마디로 인간미가 없다는 것이다.

오늘날 기업은 명확하게 '갑과 을'의 관계로 구분되어 있다. 주인이 있고 종업원이 따로 있다. 기업은 직원들의 시간과 노력을 '돈을 주고 산 것'이라고 생각한다. 사실 직원들의 시간과 노력과 헌신으로 기업이 돈을 버는 것이다. 그러나 그렇게 생각하는 인본주의적인 경영자들이 그리 많지 않을 뿐이다.

'갑'은 주인이고 '을'은 하인이다. 이것이 당연하다고 생각하고 모두 이에 순응하고 있다. 그러나 속으로는 이것이 분명히 옳은 것은 아니라는 생각들을 하고 있다. 뭔가 잘못되었다는 것을 느끼지만 그걸 표출하는 방법이 없다. 그래서 노사분규가 일어나는 것이다. 아마도 기업 내에서 가장 큰 분쟁의 요인은 급료 문제일 것이다.

셈코의 경영자 리카르도 세믈러가 지적했듯이, 갑과 을은 언제나 돈에 관해서는 상반된 생각을 가지고 있다. 기업의 오너는 직원들이 급료보다 적게 일한다고 생각한다. 반면 직원들은 일한 것보다 적게 받는다고 생각한다. 셈코는 급료 시스템을 개선하기 위하여 처음에 다양한 형태의 급료 시스템을 연구하고 시도하였지만 별로 성공적이지 못했다.

최종적으로 직원들이 급료를 결정하는 방식을 선택하였다. 그런데 직원들이 급료를 정하게 하자는데 대한 문제점이 지적되었다. 직원들이 지나치게 많은 금액을 요구하거나 반대로 지나치게 적은 금액을 요구해서 그대로 받는다면 어떻게 될 것인가? 이 문제의 해결책을 찾기로 하면서, 동시에 직원들에게 급료에 대한 의견을 조사했다.

일부 직원들과 간부들에게 다음과 같이 질문하고 급료를 정하게 하였다. "당신 같으면 편안한 생활을 보장받기 위해서 어느 정도의 돈을 벌어야 합니까?" "어느 정도의 급료를 받으면 아침에 출근 할 때 기분 좋게, 정당한 대우를 받고 있다고 생각하면서 집을 나설 수 있겠습니까? 더 이상 다른 직장을 알아보고 싶은 유혹을 느끼지 않을 정도로 말입니다." 이런 질문을 하고 진지하게 생각하여 답을 달라고 했다.

그것이 내년의 급료가 될 것이라고 알려 주었다. 이런 실험을 한 후에 이것을 하나의 시스템으로 만들기 위하여 평가 양식을 만들어 냈다. 직원들이 나이, 근무연한, 현재의 역할, 그리고 하루의 일과를 어떻게 소화시키는지, 업무 시간 중에 의사결정이나 고객과의 만남, 자기 부서에서 일하는 시간등을 기록하여 제출하게 하고, 상사도 또 한부를 작성하여 제출하게 하였다. 즉 직원과 상사가 각각 평가서를 제출한 것을 바탕으로 서로 충분히 교감을 형성할 기회를 만들었다.

셈코의 돈 문제에 대한 설문에는 4가지 사항이 있다.

첫째, 다른 직장에 가면 얼마를 벌 수 있다고 생각하는가?
둘째, 셈코 내에서 비슷한 책임과 기술을 가진 다른 사람들은 얼마를 받고 있는가?
셋째, 비슷한 배경을 가진 당신의 친구는 얼마를 받고 있는가?
넷째, 생활하는데 필요한 돈은 어느 정도인가? 이다.

앞의 두 가지 질문에 보다 수월하게 답을 할 수 있도록 셈코의 임금 조사자료와 전문 기관의 전국적인 임금 수준 조사자료를 제공했다. 나머지 두 가지는 각자 파악하면 된다. 이렇게 하여 직원들의 급료를 책정하였다.
이 결과 놀랍게도 몇 명의 직원들을 제외하고 대부분은 셈코가 예측했던 것과 비슷한 액수를 제시했던 것이다. 직원 중 한 명은 "내가 얼마나 받아야 하는지 결정하는 것이 얼마나 어려운지 새삼 깨달았습니다."라고 말했다.

자율적인 급료 결정에서 합리적인 사고가 작용할 수 있었던 것은 세 가지 이유가 있다. 첫째, 전 직원들이 다른 동료들의 급료가 얼마인지 알고 있었고, 둘째, 임원들이 급료에 대해 매우 겸손하였고, (셈코는 최저 임금과 최고 임금의 격차를 10배가 넘지 않도록 한다는 경영철학을 가지고 있다.) 셋째, 직원들이 자신의 급료에 대해서 겸손한 태도를 보인 이유는 자기보호 본능 때문이다.

왜냐하면 셈코는 다른 회사와 달리 6개월 단위로 예산을 편성하는데, 직원들의 급료가 예산의 대부분을 차지한다는 것을 직원들도 알고 있기 때문이다. 예산상 문제가 생기면 가장 간단한 방법은 지나치게 많은 것처럼 보이는 급료를 잘라내는 것이다. 이 방법으로 수년간 자율적인 급료 시스템을 운영한 결과 매우 효과적이라는 것이 입증되었다.

셈코에서 이러한 파격적인 실험들이 성공한 이유는 무엇일까? 이런 모든 개혁의 이면에 바로 '홍익인본주의' 철학이 바탕이 되어 있기 때문에 가능한 것이었다. 즉 기업이라는 공동체를 잘 운영하는 목적은 모든 멤버들이 경제적 기반인 일터를 지속시키기 위한 것이라는 것을 관리자나 종업원들이 모두 알도록 하는 것이다.

오늘날 대기업들이 골머리를 앓고 있는 노사분규의 대부분은 '돈' 문제이고 이것이 제대로 해결되지 않는 근본적인 이유는 '기업이라는 공동체'가 종업원들을 똑같은 인간으로 존중하지 않기 때문에 발생하는 것이다.
따라서 아무리 훌륭한 경영전문가를 채용하고 사탕발림 제안을 내놓아도 분쟁은 계속될 것이다. 그 결과 종업원들은 일터를 잃어버릴 수도 있고, 기업은 문을 닫을 수도 있다. 하지만 서로 화합해야 할 분명한 공통분모가 없다면, 늘 평행선을 달리다가 파멸을 맞이할 수도 있는 것이다.

인간의 존엄성을 이론적으로만 말할 것이 아니라, 우리의 삶 속에서 구체화하는 것이 필요하다.

홍익경영 7 : 자주적 조직 운영

앞에서 셈코는 피라미드 구조에서 원형 구조로 변신을 시도한 기업이라는 점을 말했다. 셈코는 크게 3개의 원과 4개의 직책 그리고 2번의 회의로 운영되는 회사이다. 이것이 셈코의 구조를 압축한 설명이다. 설명을 위해서 간단히 그림으로 나타내 보겠다.

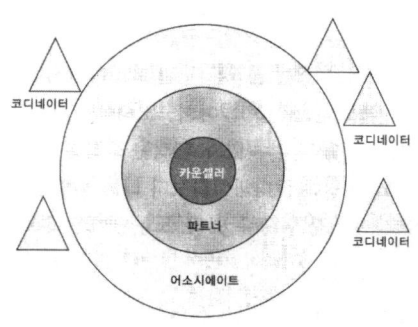

- 카운슬러COUNSELOR : 일반 기업의 부사장, 고위 간부 그룹에 해당하고, 셈코의 전체적인 정책과 전략을 구상한다.
- 파트너PARTER : 각 업무 단위 책임자 7명 내지 10명을 포괄한다.
- 어소시에이트ASSOCIATE : 기계공, 식당 직원, 수위, 세일즈맨, 경비원 등 셈코의 나머지 직원들.
- 코디네이터COORDINATOR : 마케팅, 세일즈, 생산 감독, 엔지니어, 조립라인 반장 등 이전의 기본적인 지도력을 발휘했던 모든 사람들의 역할을 담당한다.

셈코의 조직은 각 업무 단위마다 여섯 내지 열두 개의 삼각형이 있으며 이들은 커다란 원을 둘러싸고 자유롭게 떠다닌다. 가운데 작은 원은 두 번째 원에 소속되어서 실질적으로 회사를 운영할 사람들의 결정과 행동을 자극하는 촉매작용을 하게 된다. 결정과 행동은 부서나 특정 업무를 지휘하는 코디네이터들에게 전달되어 5명 내지 20명의 어소시에이트들을 움직이게 된다.

셈코의 조직 구조는 경직된 일반 피라미드 구조보다 훨씬 자유롭고 이동이 가능하다. 예를 들어서, 코디네이터가 어소시에이트 신분으로 돌아갈 수 있다. 급여는 직책과 관계가 없고 어소시에이트 수입이 코디네이터보다 나을 수도 있다. 일반 직원들도 마음만 먹으면 지도자가 될 수 있다. 또한 언제든지 지도자 역할을 그만 둘 수도 있다.

작업현장에서 어소시에이트가 스스로 자신 있다고 판단하면 모든 결정을 내릴 수도 있고, 코디네이터에게 자문을 구할 수도 있다. 물론 코디이이터도 직접 결정을 내릴 수 있지만 파트너에게 자문을 구할 수도 있다. 업무 단위의 파트너가 주관하는 월요 회의에서 결정하여 코디네이터가 어소시에이트에게 그 결과를 전달한다. 그리고 새로운 장비 구입 등 많은 예산이 필요하여 회사차원의 중요한 결정이 필요한 경우에는 모든 카운슬러가 참석하는 화요일 회의에 상정하면 된다.

이렇게 하여 셈코는 기존의 피라미드 구조에서는 엄청나게 많은 직책과 복잡한 조직의 형태에서 처리하던 일들을 3개의 원, 4개의 직책, 두 번의 회의로 처리하고 있는 것이다. 이러한 구조적 변신을 통해서 셈코는 홍익인본경영의 확실한 모델케이스가 되었다.

홍익경영 8 : 새로운 리더십의 방향설정

현재 지구는 글로벌 시대이다. 즉, 이제는 어느 국가나 혹은 어느 지역에서 생각하는 것으로 충분하지 않다는 뜻이다. 리더십 역시 글로벌 시각에서 재해석되어야 한다. 앞에서 우리는 21세기의 리더에게 '홍익인간' 정신이 필요하다는 점을 말했다. 셈코의 인본경영을 연구하면서 앞으로 21세기를 이끌 세기적 리더십은 '홍익인간 리더십'임을 확신할 수 있었다. 그렇다면 '글로벌 시대'에 맞는 21C 형 리더십은 어디에 있는 걸까? 우리는 확신한다. 그건 '홍익인간' 정신만이 가족경영, 기업경영, 국가경영, 인류경영의 초석을 만들 수 있을 것이다.

한국인의 리더십에 관하여 연구한 최익용 교수는 《대한민국 5천년 역사 리더십을 말한다》란 책에서 한국인의 내면에 체계화된 5가지 리더십 유전자를 다음과 같이 말했다. 첫 번째 유구한 역사 속에서 면면히 내려온 홍익인간 사상, 두 번째 포용적인 민족주의, 세 번째 문화를 창조하는 창의성과 민주주의 사상, 네 번째 신명과 은근과 끈기, 다섯 번째 지적호기심을 배양하는 향학열과 국가와 민족을 지켜내는 호국정신이 우리 한국인의 잠재된 리더십이라고 했다.

특히, 이 책에서 "홍익인간 리더십은 조직 구성원의 복지를 위하고 나아가 공동체의 발전을 위해 상호 노력하는 것을 의미한다."고 정의하고 있다.

이제는 우리 가슴속에 잠재된 리더십을 밖으로 드러내야 한다. 기업은 상품과 결합시켜 최고의 브랜드로 향상시키고, 국가는 문화와 경제력을 바탕으로 세계

선진국으로서의 위상에 맞는 진정한 리더가 되어야 한다.

우리는 홍익인간 리더십이란 경제적 시각에서 '인류공동체 정신', '인본경영 정신', '공유경제 정신'을 지니고 있다고 정의한다.

21세기에는 국지적 문제가 세계적인 문제가 되는 시대이다

이제 경제 측면에서는 글로벌 단일 경제 시대로 접어들고 있다. 이에 따라 어느 한 국가 혹은 한 지역의 경제는 지구촌 전체에 영향을 미치게 된다.

다시 말해서 어느 국가에서 일어나는 경제적 문제가 다른 국가에도 직접적으로 영향을 미칠 수 있다는 것이다. 이미 우리는 미국이나 일본, 그리고 중국의 경제에 직접적으로 영향을 받고 있다. 이것은 이전의 상황과는 양상이 다르다. 이제는 시간의 차이가 거의 없이 동시적이라는 점이다. 미국 증시의 문제는 우리 증시에 즉시 반영된다. 또 문화의 경우도 마찬가지이다.

이미 우리가 알고 있듯이 '한류'는 이제 전 세계인들의 관심대상이 되었다. 이제는 단순히 자기 국가 혹은 자기 민족만 생각하는 리더십으로는 부족하다. 무엇보다도 먼저 인류 전체를 생각하는 리더십이 필요하다.

그래서 작금의 현실은 바로 홍익인간 같은 리더십을 필요로 하고 있다.

이제 지구라는 인간 삶의 터전 자체가 위협을 받고 있는 시대가 되었

다. 최근 아마존 밀림에서 누군가 나무를 베어냈다는 뉴스를 보았다. 넓은 지역에서 불법적으로 거대한 나무들을 마구 베어냈다고 한다. 아마존 밀림은 지구의 산소 25%를 담당하는 지구의 허파에 해당한다고 말한다. 그런데 이런 밀림이 점차 줄어들어 가고 있다는 것이다. 브라질의 국가적 입장에서는 개발과 환경 보전이라는 두 마리 토끼를 다 잡을 수 없는 것이다. 어떤 형태로든지 아마존 밀림은 점차 파괴되어 갈 것이다. 이것은 브라질 한 국가 차원에서 생각할 일이 아니다. 이런 일은 지구촌 전체의 일이기 때문이다. 아마존은 브라질 외에 8개 나라가 공유하고 있다. 브라질은 다른 국가보다 경제 수준도 높다. 그리고 정부의 개입으로 불법 벌목이나 난 개발을 제재하려고 노력하고 있다.

그러나 나머지 국가들은 경제 수준도 낮은 데다가 이런 것들을 규제할 정부의 능력도 문제이고, 환경보호에 대한 관심도 낮은 편이다. 그래서 브라질에서는 점차 아마존을 더 적게 파괴하는 쪽으로 방향을 잡고 있지만 나머지 국가들은 대책이 없다. 페루에서는 요즘 '골드러시'로 인해서 채광 업자들이 금맥을 찾아서 나무를 마구 베어내고 땅을 파헤친다고 한다. 금광이 약 5만 개에 달한다고 한다. 에콰도르는 석유기업들이 아마존 정글에서 유전 개발에 열을 올리고 있다. 이 나라는 석유 수출로 조세 수입의 3분의 1을 해결한다니 이걸 포기하기 어려울 것이다. 또한 콜롬비아에서도 생계형 농사를 짓기 위해서 나무를 베어내고 있다. 아마존의 문제만 놓고 보더라도 인류에게 필요한 것은 글로벌 리더십이다.

이것이 한 국가의 일이 아니라 인류 전체의 일이라는 것을 인식하지 못하면 결국 미래의 어느날 아마존은 지구상에서 영원히 사라지는 것이다. 그러면 인류에게도 엄청난 재앙으로 되돌아 올 것이다.

이제는 인류 전체를 생각하는 '홍익인본주의' 리더가 필요한 때이다.

　이 책에서는 지면 관계상 홍익인본경영의 사례들을 더 많이 소개하지 못하는 안타까움이 있다. 또한, 한국의 기업 중에도 '홍익인본경영'을 마다하지 않고 실천하는 많은 기업들이 있음을 밝혀둔다.
　그리고 지구의 환경을 위해 불철주야 노력하는 환경단체와 구호 단체 등 많은 NGO가 인류의 쉼터 역할을 하고 있다. 그러나 전자로 이야기한 것처럼 여러 가지 사유로 인해 본 책에는 실지 못하는 건 실로 유감이다.

　이는 전문가들과 협의하여 연구 사례를 모아 별도의 책으로 발간하려고 한다. 또한 우리는 이런 기업과 단체, 국가 등의 경영 사례를 발굴하여 홍보하고 전파하는 데 최선의 노력을 경주할 것이다.

Chapter 2

자본주의 수정 Ⅰ : 협동경제와 프로슈머 경제

> "협동조합의 발전은 매우 중요한 의미를 갖는다.
> 홍익인본주의 경제 시스템에서 협동조합에
> 가장 큰 비중을 두는 이유는 분명하다.
> 이는 홍익인본주의를 실천하는
> 구체적인 방법이 되기 때문이다."

| 홍익경제의 원형 : 협동과 지역경제

협동경제 또는 공유경제는 사람연대 정신인 '홍익인본주의' 가치관에서 시작되는 것이다. 이는 '지구가 인류 공동체의 공유물'이라는 관점에서 '공유자원, 공유자본'에 대한 인식이 '글로벌 자본주의'의 새로운 체제로 거론되고 있다.

현재 지구촌에서는 과잉생산으로 활용되지 못하는 재화들로 넘쳐난다. 따라서 먼저 가지고 있는 것들을 어떻게 활용할 것인가? 이 문제는 풍요시대에 풀어야 할 인류의 고민이다. 그래서 공유경제의 실천 방법으로 첫 번째는 '협동과 착한 소비'이다.

19~20세기는 정복과 풍요의 시대였다. 그러나 21세기는 협동경제와 협동소비의 시대로 전환되어 가고 있다. 이미 전 세계적으로 협동소비의 모델들이 많이 연구되고 있다. 여기서 우리가 주목할 부분은 바로 지구의 생명체를 살릴 수 있는 '협동과 연대'의 공동체 경제이다.

인간의 이기심

세기의 학자들은 인간의 품성이 경쟁적인가, 협동적인가를 놓고 논쟁을 벌인다. 생물학자 토머스 헨리 헉슬리는 찰스 다윈의 진화론을 유명하게 만든 인물인데 "동물의 세계란 검투사의 쇼처럼 강하고, 빠르고, 교묘한 투사가 살아남아 다음에 올 전투를 맞는 것과 같다."라고 했다.

허버트 스펜서는 '적자생존'이라는 이란 용어를 만들어서, 인간 사회에 적용하면서 경쟁은 우리 인간들의 기본적인 속성이라고 주장했다. 이른바 '사회적 다윈주의'라고 알려진 이러한 믿음은 영국과 미국에서 한세기 이상 대중의 정서와 정책 수립에 영향을 미쳤다.

오스트리아의 비교인류학자인 콘라드 로렌츠는 '공격성에 관하여(1966)'라는 베스트셀러에서 '인간이란 본질적으로 공격적이고, 경쟁적이며, 소유욕이 강하고 폭력적'이라고 주장했다. 그의 연구는 사회과학과 생물학에 중요한 영향을 미쳤다. 진화생물학자인 리처드 도킨스는 《이기적인 유전자》라는 책에서 생존을 위한 인간의 본능을 언급했다. 이러한 과학자들은 '개인이 진화에 성공하는 것은 개개인이 자신의 이기적인 입장에 전념할 때 가능하다'는 사상을 널리 유행시켰다.

이에 매혹된 할리우드와 미국 언론 매체들은 사람들이란 근본적으로 개인주의적이며 이기적이고 경쟁적이며 수단 방법을 가리지 않고 남보다 앞서 가고자 한다고 보았다. 이른바 '정글의 법칙', '각자는 자신만을 위해서 일하라', '개는 개를 먹고 산다'와 같은 유행어는 이러한 주장을 뒷받침했고 모든 것을 희생해서 승리해야만 한다고 강조했다. 이처럼 공격적이고 이기적인 유전자를 지닌 것이 인간이라는 사상은 사람들의 개인주의적이고 소비 선호적인 문화에 불을 질러 전 세계 사람들의 사고방식에 영향을 미쳤다.

이 논리를 경제학자들이나 정부 관료들이 가장 크고 '효율적'인 기업들만 생존해야 한다는 정책을 만들었다. '너무 커서 파산시킬 수 없다'는 것이 2008년 금융위기 당시에 정부가 거대 은행들의 구제를 정당화하는 구실이었다.

'인간의 본성은 바꿀 수 없다'고 주장하는 사람들은 자본주의 사회에서 이기심과 탐욕, 그리고 수단방법을 가리지 않고 승리하는 것에 보상한 것을 정당화한다. 이는 곧 인류를 파멸시키는 자가당착임에도 불구하고, 자본주의 신봉자들은 자기구원적인 논리에 허덕이고 있는 것이다.

| 협동의 정신 : 생물학적 근거

그러나 《새로운 생물학 : 자연 속의 지혜의 발견》의 저자 로버트 어그로스와 조지 스탠시우는 '경쟁이 아닌 협동이 사실상 자연계의 정상 질서이다. 왜냐하면 협동은 에너지 효율적이며 먹이사슬은 일종의 조화로운 공존을 유지시켜 주기 때문이다. 자연계는 분쟁과 경쟁을 피하는 탁월한 기법을 사용하고 있으며, 협동은 모든 자연계에서 널리 파급되어 있다.'는 것을 알아냈다.

인간은 협동적이고 연대하려는 이타심이 존재한다. 오늘날 대부분 인류학자나 심리학자들은 '본성NATURE이냐 육성NURTURE이냐의 문제'가 이것 아니면 저것 보다는 상호 연결된 것이라고 주장한다. 우리들은 특정한 본능과 성향을 지니고 태어났으나 교육과 계발, 그리고 스스로의 의식적인 선택을 통해서 행동과 품성, 인격을 바꿀 수 있다.

현재의 연구는 '비이기적인 유전자', 즉 협동, 친절, 관용, 영웅적 행동을 선호하는 유전자 암호의 존재를 인정하고 있다. 생면부지의 타인들을 위해서 자신의 목숨을 돌보지 않는 사람들의 예는 흔하다. 소방대원, 군인, 인권운동가 등 이처럼 우연한 영웅들은 자신을 위험 속에 던지거나 남의 생명을 구하기 위해 자신의 목숨을 희생하기까지 한다. 또한 우리가 사는 세상은 기차에서 자리를 내 주거나, 잃어버린 지갑이 돈과 함께 돌아오는 등 작지만 친절한 행동들로 가득 차 있다. 생물학자들은 이러한 고귀한 충동들은 공격성, 욕정, 탐욕 등과 함께 인간이 가지는 기본적인 것이라고 말한다. 나아가 이들은 종의 생존과 개인의 복지라는 면에서 매우 중요한 역할을 한다.

협동과 관련된 또 하나의 생물학적 요소는 사회적 애착과 귀속감을 일으키는 일종의 신경화학물질인 '옥시토신'이다. 이것은 어머니와 자식 간, 연인 간, 나아가서 친구들 간의 결속감을 일으키는 핵심물질이다. 이것이 작동하면 두려움이 줄어들고 신뢰감이 증가하며 협조적 행위를 고무하는 동질감을 증가시킨다.

경쟁과 협동을 다룬 400개 이상의 연구 논문을 분석하는데 7년을 보낸 알피 콘은 《경쟁에 반대한다》에서 "이상적인 경쟁 수준이란 결코 없다. 학교, 가정, 놀이터 그 어떤 환경에서도 없다. 경쟁은 언제나 파괴적이다." 라고 했다.

| 공동체경영의 모델 : 협동조합 웨이WAY

사회적인 차원에서 경제적인 성공과 지역사회 발전을 증진시키는 목표를 성취하는 가장 적합한 기업 형태는 협동조합이다.

협동조합 기업은 10억 명 이상이 협동조합 조합원과 함께 하고 있다. 세계에서 가장 큰 NGO가 국제협동조합연맹(ICA)이다. ICA는 "협동조합은 공동으로 소유하고 민주적으로 운영되는 사업체를 통해 공통의 경제, 사회, 문화적인 필요와 열망을 충족시키고자 하는 사람들이 자발적으로 결성한 자율적 결사체"라고 정의했다. 협동조합은 홍익인본주의 경제 시스템에서 가장 주목하고 있는 경제·경영체제이다. 그 이유는 기존의 기업이 지나치게 개인주의와 사유 재산에 치우친 것과 비교한다면, 가장 인본주의적인 방식이기 때문이다.

지난 2012년은 UN이 정한 '세계 협동조합의 해'였다. 2009년 12월 18일 UN은 '사회 발전에 있어서의 협동조합'이라는 제목의 결의문을 채택하고 2012년을 세계 협동조합의 해로 선포했다. 반기문 UN 사무총장은 "협동조합은 경제 발전과 사회적 책임 둘 다 추구할 수 있다는 점을 국제사회에 환기시켜주는 조언자"라고 했다. 협동조합은 글로벌 경제 위기 이후 시장경제의 모순을 완화할 대안으로 주목받고 있다. 또한 국가와 시장 사이의 경제적 해법으로 협동조합과 사회적 경제가 부상하고 있다.

협동조합도 기업처럼 시장경제 안에서 탄생해 성장해 온 사업 형태이며, 특정 분야에서는 자본주의적인 일반 기업보다 더 효율적이다. 핀란드, 스웨덴, 아일랜드, 캐나다 같은 국가에서는 인구의 절반이 조합원이다. 볼리비아, 노르웨이, 특히, 프랑스, 일본, 캐나다, 온두라스에서 세 사람 중 한 명이 협동조합 조합원이다. 그리고 핀란드, 뉴질랜드, 스위스, 네덜란드, 노르웨이는 국민 소득에서 협동조합이 차지하는 비중이 가장 큰 나라들이다. 스웨덴은 협동조합에서 낙농제품의 99%를 생산하고, 일본의 어획량의 99%와 쌀 생산의 99%를 협동조합이 생산한다. 서부 캐나다의 곡물과 착유 작물의 75%, 이탈리아 와인 생산의 60%를 협동조합이 담당한다. 덴마크 코펜하겐의 풍력발전은 8,600명이 출자하여 미들그루덴 협동조합을 운영하며 코펜하겐 전략 사용량의 4%를 책임진다.

금융사업 부분에서도 협동조합 기업은 많다. 독일의 DZ 은행, 네덜란드와 프랑스의 크레딧에그리꼴, 케스데파르뉴, 크레딧뮤추엘르 등 주요 상업은행들은 협동조합 방식으로 소유 또는 관리되고 있다. 캐나다 퀘백주에서 제일 크고 성공적인 은행인 데자르댕 또한 신용협동조합이다.

세계의 유수기업 중 뉴질랜드의 경제를 이끌어가는 최대의 기업 폰테라(낙농)와 제스프리(키위)도 협동조합이다. 또한 PC바르셀로나, 미국의 AP통신, 캘리포니아 오렌지 선키스트, 프랑스 최대 은행 크레디 아그리콜도 협동조합이다.

인도에서는 협동조합들이 사회의 밑바닥에 있거나 사회로부터 배제된 많은 사람들에게 활력을 불어넣고 있다. AMUL은 낙농협동조합인데 구자라트주의 280만 원유 생산자들이 공동소유하고 있다. 이 조합은 1946년에 시작했는데 2009년에 13억 달러의 판매를 했다.

인도의 안드라프라데시주에서는 하층민 계급 사람들이 ASP라는 소비

자식품협동조합을 시작했고, 또한 협동조합은행, 직물·이동통신협동조합을 추가했고, 총 15만 명의 회원을 가지고 있다. 한편 케랄라주에 있는 남인도어부협회연합(SIFFS)에서는 5만 명의 어업인들에게 협동조합 서비스를 제공하고 있다.

그리고 이 조합에서 고용한 경매 전문인이 가장 높은 가격으로 각 조합원의 어획물을 경매하여 조합원들에게 상당한 소득 증가를 가져다 주었다. 2004년 해일 때문에 인도 남부의 모든 어선들이 파괴되었을 때, 이 조합은 저축자금을 이용하여 회원들의 어선, 모터, 그물 등을 새로 공급했다. 이는 개인이나 기업형 선주들 대부분이 할 수 없는 일이었다.

특히, 협동조합은 세계에서 1억 명 이상에게 일자리를 제공하고 있는데 이것은 다국적기업보다 20%나 높은 수준이다. 협동조합은 개인기업보다 성공 확률이 높다. 미국의 경우 기업의 60~80%가 첫 해에 망하는데 협동조합은 10% 미만이다. 신규기업이 겨우 3~5%만 5년 이상 지속하지만, 협동조합은 거의 90%가 살아남는다.

기업경영 중 마케팅 분야의 산업도 협동조합 형태로 운영되고 있다. 북아메리카에서 가장 큰 협동조합이 농업 서비스나 마케팅 협동조합이다. 선키스트(생산자 6,000명), 오션스프레이(2005년 생산자 750명, 노동자 2,000명, 판매고 14억 달러) 농업 경영과 마케팅 서비스를 이끄는 세계 주도적 협동조합이다. 그리고 ICA 선정 전 세계 300대 협동조합에 가장 많이 포함된 나라는 미국, 프랑스, 독일, 이탈리아, 네덜란드 등 선진국가들이다.

이탈리아 볼로냐에서는 '시장간다'는 말은 '쿱간다'라고 한다. 여기에는 건설사, 은행, 박물관, 공연장도 협동조합이다. 볼로냐 전체 경제에서 협동조합 비중은 40%에 육박한다.

| 반 협동적 정책

국가마다 정책이 다르지만, 협동조합에 불이익을 주는 국가도 있다.

1994년 북미자유무역협동(NAFTA)은 멕시코 정부에게 협동조합에 대해 일반 사기업보다 2배 높은 관세를 부가하게 하였다. 아울러 모든 조합원들에게 값비싼 생명보험에 가입하게 하여 사실상 세금 부담이 3배에 달했다. 이로 인해 멕시코에서는 협동조합의 법적 지위는 계속 바뀌었다.

NAFTA는 맥시코 정부에서 커피나 옥수수 생산자들에게 보조금을 주지 못하게 만들었는데, 이에 비해 미국 정부는 자국의 옥수수 생산자는 물론 베트남의 커피 생산자에게도 보조금을 지원했다. 브라질의 법은 협동조합을 시작하는데 최소 25명의 회원을 요구한다. 협동조합 창립을 불리하게 차별하는 법적 구조를 가진 나라들에게서는 대부분의 잠재적 협동조합들이 협회, 시민단체 등의 이름으로 등록할 수밖에 없어 법적인 보호를 받지 못하는 실정이다. 또한 많은 신생 독립국에서는 정부 정책으로 협동조합을 만들어 관제화 시키고, 아프리카, 아시아, 태평양 지역에서는 각종 다양한 문제점들이 협동조합 발전을 저해해왔다.

물론 한국의 경우에도 오랫동안 정부가 협동조합을 운영하면서, 전혀 협동조합의 기능을 하지 못하고 있었다. 오랫동안 한살림 등 생협 운동이 전개되었으나 사회적 인프라 부족으로 자리 잡는데 많은 시간이 걸렸다.

특히, 풀뿌리에 기반을 둔 공동체 스스로 만든 협동조합의 역사는 얼마되지 않는다.

협동조합의 발전은 매우 중요한 의미를 갖는다. 홍익인본주의 경제 시스템에서 협동조합에 가장 큰 비중을 두는 이유는 분명하다. 이는 홍익인본주의를 실천하는 구체적인 방법이 되기 때문이다.

| 몬드라곤MONDRAGON 협동조합1) : 경영 사례

스페인 북부 바스크 지역의 몬드라곤 협동조합은 세계에서 가장 잘 발달한 협동조합 모델이다. 1940년대 호세 마리아 아리스멘디아리에타라는 가톨릭 신부가 이 지역에 부임했을 때에는 스페인 내전으로 실직한 사람들이 큰 고통을 겪고 있었다. 몬드라곤 사람들의 삶의 질을 개선하기 위한 방법을 찾기 위해 호세 마리아 신부는 영국과 이탈리아의 협동조합 운동에 대해서 공부했다. 거기서 노동자들과 소유주들을 단결시키는 비폭력적인 방법을 찾아냈다.

호세 마리아 신부는 자신이 지도하던 가톨릭 학교 학생들이 협동조합에 대해 공부하도록 열정적으로 인도했다. 1956년 졸업생 중 몇 명이 그 지역에서 최초의 공업협동조합을 시작했고, 높은 품질의 가정용품과 공구를 생산했다.

매우 강렬한 민족주의 정신을 가진 바스크 지역의 대중은 사회의식이 높아 협동조합이 태동할 때부터 지지했다. 협동조합은 가지를 뻗어나가듯이 새로운 협동조합을 만들어 나가면서 꾸준히 성장했다.

호세 마리아 신부는 성공의 주요 열쇠가 협동조합은행이라는 것을 깨달았다. 그중 카야노동금고 신용조합은 1959년 협동조합에 자금을 공급하기 시작했다. 그 후 1970년대 이르러 협동조합 파고르 전기회사는 스페인의 상위 10대 기업의 하나가 되었으며, 가장 위대한 협동조합의 성공 일화로 세계에 알려지게 되었다. 하지만 몬드라곤의 가장 큰 시련은 스페인이 1986년 EU에 가입하면서부터 시작되었다. 18~35%에 달하던 스페인의 수입 관세가 갑자기 없어져 버리자 다국적기업 제품들이 국내 시장을 휩쓸었고, 많은 소규모 기업들이 도산했다.

이런 위험에 대응하기 위해 조합원들은 경영의 중앙집중화를 선택했고, 글로벌 시장에서 공격적으로 경쟁하기로 결정했다. 이렇게 해서 기업형이 된 몬드라곤은 해외에 공장을 짓기 시작했으며, 2009년 말에는 8만 5,000명 이상을 고용했고, 총자산이 456억 달러에 달했다.

| 협동조합 기업인 몬드라곤의 조합원은 여러 가지 혜택을 받는다

첫 번째, 의료 서비스이다. 매월 30유로를 내면 모든 조합원과 가족들은 완전한 의료 혜택을 받는다.

두 번째, 교육 서비스이다. 월 15유로를 내면 조합원 자녀들을 역시 협동조합식으로 운영되는 가장 훌륭한 사립학교에 보낼 수 있다.

세 번째, 주택 지원 서비스이다. 조합원들에게는 보조금으로 지원된 주택이 주어지고, 평생직장이 보장된다. 어떤 이유로든 조합이 노동자를 해고해야만 하는 경우에도 해당 노동자는 다른 조합으로 전근된다. 모든 조합의 첫 해 연봉은 1만 9,000달러이다. 모든 신규 노동자는 6~12개월의 수습기간을 거친다.

모든 조합원들의 능력이 증명되고 협동조합 시스템을 받아들인다면, 약 1년 치 연봉을 조합에 출자금으로 내고 조합원이 될 수 있다. 그리고 이 돈은 신용조합인 까야노동금고에서 연 3.7% 이율로 대출을 받을 수 있으며, 36개월 이내에 상환하도록 되어 있다. 2005년의 경우 120개 협동조합 중에서 겨우 12개가 손실을 기록했으며, 총 110명의 노동자들이 다른 협동조합으로 재배치되었다.

특히, 교육, 연구, 혁신은 몬드라곤의 성장에 꼭 필수적인 것이었다. 2009년에 1억 4,000유로를 연구개발에 투자했으며, 몬드라곤 대학과 조합이 경영하는 학생 총 8,500명 규모의 7개 학교에 자금을 지원했다.

몬드라곤은 부정부패가 거의 없다. 바스크 전통문화와 협동조합 정신으로 50년 동안 신뢰와 단결성을 강화시켰다. 그러나 소비중심주의와 물질중심주의의 부정적인 측면이 세계의 대부분 노동자들에게 영향을 미치고 있는 것처럼 몬드라곤 협동조합의 노동자들에게도 영향을 주기 시작했다.

하지만 안타깝게도 몬드라곤의 해외 공장들은 자신이 설정한 협동조합 원칙들을 반영하고 있지 않다. 75개에 달하는 조합의 해외 공장이나 시설들은 1만 3,400명을 고용하고 있지만 어느 것도 협동조합 방식으로 운영되고 있지 않다.

몬드라곤 등 성공적인 협동조합의 7가지 열쇠는 조직 변화에 대한 절실한 필요성을 실천하고 있다는 것이다. 그리고 조직에 대한 강한 책임감과 결단, 분명한 윤리적 가치관, 건설적 비판에 대한 개방성, 실천적인 경영 및 개발, 협동조합들과 지역공동체들 간에 상호 협력, 사회적 약속들을 지키고 있다는 것이다.

몬드라곤 협동조합은 '홍익인본주의'를 실천하고 있다. 경제적 분산 등 각각의 협동조합은 독립적이며 자치성을 지니고 있다. 참여 민주주의, 사회적 가치와 경제적 가치 간의 균형을 잘 유지하면서 사람을 위한 경영을 하고 있다.

무엇보다도 몬드라곤은 자본주의와 공산주의가 너무 대립하는 것을 피하면서, 자신만의 노선을 구축하고 있다는 점이다. 또한 운영진들은 가급적 공정하고 대등하고 단합된 방향으로 사회가 바뀌지도록 노력하고 있지만, 그러나 지나치게 바꾸려고 시도하지 않는다.

지금처럼 자본주의 모순이 극대화되어 가고 있는 현실에 소규모 개인 사업, 협동조합, 대규모 기간산업 중에서 가장 많은 사람들을 고용하는 것이 협동조합이다. 농업, 서비스업, 소비자 및 신용 등 많은 협동조합들은 경제적 민주주의 핵심이며, 이는 함께 일한다는 홍익인본주의를 실천하는 방법이 될 것이다.

더불어 협동조합의 성공 필수 요건 하나는 도덕성을 갖춘 지도자이다. 지도자가 가진 높은 수준의 성실성은 효율적인 조합 운영에 필수적이다. 이런 정직한 관리자가 설정하는 회계와 조직상의 엄격한 기준은 조합원들과 해당 지역 공동체 간의 신뢰를 구축할 것이다.

사카르SACAR는 "인간 사회는 하나이며 나눌 수가 없다. 인간이란 홀로 살 수 없는 존재다. 사회에서 사람들은 다른 이들과 함께 일해야 하며, 그래야 모두가 함께 진보할 수 있다. 개인주의가 인간 삶을 지배할 때, 환경과 다른 그룹들의 복지는 물론 인간 사회의 존속마저 위협받을 것이다."
라고 주장했다.

성공적인 협동조합은 지역민들의 역량과 지지로 성장한다. 협동조합체제는 구성원들의 상호 혜택을 위한 '대등한 협동' 정신에 기반하고 있다. 대등한 협동이란 자유로운 인간이 등등한 권리와 상호 존중 속에서 하나의 공동 욕구를 충족시키는 것이다. 협동조합이란 자본주의 사회의 일반적인 기업이나 강요된 집단화를 통해 형성된 사회주의 사회 공동체와는 다르다. 이 두 체제는 '종속적 협동'으로 관리자가 노동자들을 감시하고 명령하는 관리체제들이다.

이와 달리 협동조합은 경제적 목적과 사회적 목적을 통합하고 부와 권한을 개개의 회원들에게 분산시킨다. 협동조합은 개인기업이나 공기업보다 더 나은 경쟁력을 지니고 있는데, 조합원들이 조합 성공에 관심이 있기 때문이다. 조합원들은 소유자이며 그렇기 때문에 조합의 생산품을 사고 조합의 서비스를 이용할 가능성이 더 높다. 조합의 지분은 조합원들이 소유함으로써 공개시장에서 거래되지 않는다. 그리고 조합의 이윤을 어떻게 쓸 것인지는 조합원 스스로 결정한다.

오늘날 자본주의 국가의 많은 협동조합들은 출자금을 공동으로 운영하고 이윤을 공유한다. 프라우트PROUT(지역공동체)-프라우트의 핵심철학은 '네오휴머니즘(NEO-HUMANISM)'이다. 우리의 정서가 편협한 이기심에 끌리는 것을 초월하여 전 인류가 한 가족이라는 동질성을 갖도록 확장하는 것을 말한다. -체제에서는 오직 협동조합은행과 소비자 협동조합만이 이러한 기능을 한다. 협동조합은 소속 조합원들이 협동조합을 위해 일하도록 되어 있으며, 이는 좋은 노동환경과 생산성 향상을 가져온다. 협동조합은 노동자가 자본을 고용한 것이지, 자본주의처럼 그 반대가 아니다.

노동자는 더 이상 자본에 의해 지배당하지 않으므로 사람들의 자존감이 회복되고 지역공동체가 강화된다. 협동조합 기업들은 2008년 글로벌 금융 위기 때 세계의 주목을 받았다. 특히 금융, 소매업, 농업 부문에서 위기에 강한 면모를 보여주었다. 협동조합은 자조와 자립이다. 육체노동이나 정신노동으로 정당한 자기 몫을 누린다. (협동조합의 역사 GEORGE JACOB HOLYOAKE. 1906)

협동조합의 7대 원칙을 살펴보면, 국제 협동조합 연맹(ICA)은 협동조합의 7대 원칙을 다음과 같이 천명하고 있다. 이는 협동조합 정체성에 대한 선언(STATEMET ON THE CO-OPERATIVE IDENTITY, 1995SUS ICA 100주년 총회 시 발표)에서 결의된 것이다.

첫 번째, 자발적이고 개방적인 조합원 제도이다. 협동조합은 자발적이며 모든 사람들에게 성性적 · 사회적 · 인종적 · 정치적 · 종교적 차별이 없이 열려있는 조직이다.

두 번째, 조합원에 의한 민주적 관리이다. 조합원들은 정책수립과 의사결정에 활발하게 참여하고 선출된 임원들은 조합원에게 책임을 갖고 봉사한다. 조합원마다 동등한 투표권(1인 1표)을 가지며, 협동조합연합회도 민주적인 방식으로 조직을 운영한다.

세 번째, 조합원의 경제적 참여다. 즉, 협동조합의 자본은 공정하게 조성되고 민주적으로 통제한다. 자본금의 일부는 조합의 공동재산이며, 출자배당이 있는 경우에 조합원은 출자액에 따라 제한된 배당금을 받는다.

특히, 잉여금은 협동조합의 발전을 위해 일부는 배당하지 않고 유보금으로 적립하여 사업이용 실적에 비례한 편익을 제공하고, 여타 협동조합 활동 지원 등에 배분한다.

네 번째, 협동조합은 자율과 독립이다. 협동조합이 다른 조직과 약정을 맺거나 외부에서 자본을 조달할 때 조합원에 의한 민주적 관리가 보장되고, 협동조합의 자율성이 유지되어야 한다.

다섯 번째, 교육, 훈련 및 정보 제공이다. 조합원, 선출된 임원, 경영자, 직원들에게 교육과 훈련을 제공하여 젊은 세대와 여론 지도층에게 협동의 본질과 장점에 대한 정보를 제공한다.

여섯 번째, 협동조합 간의 협동, 국내, 국외에서 공동으로 협력 사업을 전개함으로써 협동조합 운동의 힘을 강화시키고, 조합원에게 효과적으로 봉사한다.

일곱째, 지역사회에 대한 기여이다. 즉, 조합원의 동의를 토대로 조합이 속한 지역사회의 지속가능한 발전을 위해 노력한다.

> **이 협동조합의 7대 원칙을 살펴보면, 홍익인본주의에서 주창하는 '홍익정신'이 바탕에 깔려 있다는 점을 확인할 수 있다**

홍익인본주의는 '인간 존엄성'을 근간으로 자발적이고 민주적인 '협동'을 통한 경제적 연대 공동체를 추구한다. 바로 협동조합의 7대 정신이 이러한 홍익인본주의를 구현하는 실천 방법으로 적합하다고 본다.

다만 협동조합이 법적인 구속력을 갖는 '법인'이므로, 이에 대한 제도적 장치도 이러한 정신을 구현할 수 있어야 한다. 현재 한국에는 '협동조합 기본법'이 시행되고 있으므로 제도적인 근거를 마련한 상태라고 볼 수 있다.

협동조합 기본법은 〈협동조합의 설립운영에 관한 기본적인 사항을 규정하고 자주적, 자립적, 자치적인 협동조합 활동을 촉진하고 사회통합과 국민경제의 균형 있는 발전에 기여함을 목적으로 한다〉고 명시하고 있다.

또한 이 법은 법인격 부재로 인한 애로사항을 해소하고 새로운 경제사회 발전의 대안모델로 주목받고 있는 협동조합의 설립과 운영을 규정함으로써 사회적 수요를 반영하기 위한 것이라고 설명하고 있다.

| 여기서 주목할 용어가 '새로운 경제사회'이다. 이제는 새로운 경제가 절실하다는 것을 경제전문가이든 비전문가이든 모두가 인식하게 현실이다

이 새로운 경제의 대안모델로 협동조합을 주목하고 있듯이, 홍익인본주의는 이러한 새로운 경제를 위한 가치체계로서 중요한 의미를 지닌다.

자본주의 경제 속에서 협동조합이 고립된 존재로 살아남기 어렵다. 일반인들이 협동조합 제도를 진지하게 받아들이는 것이 성공의 요건이다. 대다수의 협동조합들은 상대적으로 규모가 작다. 그래서 조합들이 상호 지원을 하는 방법이 필요하다.

여러 조합들이 금융 지원, 기술과 경영 지원, 각종 재화와 서비스의 공동 마케팅 및 구매, 신상품의 연구 및 개발, 조합 교육 및 훈련, 로비 활동과 대중 홍보 서비스 등의 공동 지원 구조를 만드는 것이다.

협동조합들이 이러한 형태의 지원제도에 접근이 가능할 때 통상의 개인 기업들보다 더욱 좋은 성과를 보인다. 또한 우호적인 신용조합이나 은행으로부터 자금 지원을 받는 것이 성공의 주요 열쇠이다. 몬드라곤 협동조합 그룹의 경우, 신용조합 까야노동금고에서 조합들이 성장하고 각종 어려움을 극복하는데 필요한 자본을 조달해 주었다.

신용조합이란 조합원들이 소유하고 민주적으로 관리되는 협동조합은행으로서, 일반 상업은행보다 낮은 이자로 융자해 주는 기관이다. 미국의 경우 연방정부로부터 보증을 받는 7,339개의 신용조합이 9,050만명 회원과 총자산 9,145억 달러를 보유하고 있다. 신용조합은 총 5,640억 달러의 대출액 중에서 상환불능이 겨우 1.74%여서 다른 금융기관보다 훨씬 잘 운영되는 것으로 나타났다. 예를 들면 북유럽, 미국 등에서는 2010년에 겨우 28개의 신용조합만이 도산하여 2억 2,100만 달러의 보험 손실을 보증기관인 NCUSSIF에서 지급해 주었으나, 조합 예금주는 누구도 예금 피해를 보지 않았다.

신용조합이 일반 기업형 은행보다 더욱 더 성공적인 이유는 첫째, 법적으로 비영리 목적의 조합으로 설립되었기 때문에 이윤이 주식 투자자들에게 가지 않는다. 둘째, 신용조합은 이윤을 축적하는 것이 목적이 아니므로 위험성 있는 금융자산에 조합의 돈을 투기적으로 투자하지 않는다. 셋째, 미국의 경우 신용협동조합은 조합원이 소유하고 민주적으로 운영되며, 중산층 소비자를 위한 신용대부 및 저축 필요성을 충족시키고자 하는 특별한 임무를 띠고 있다는 취지에서 1937년 이래 세금 면제를 받는다. 넷째, 각 신용조합 이사회의 이사는 자원봉사자들이다.

마지막으로 신용조합은 사람들을 돕는 사람들의 모임으로서, 교육과 지역 봉사를 통하여 모든 사람들에게 혜택을 주기 위해 열심히 일하기 때문이다. 실패한 자본가 기업을 노동자들과 지역공동체가 협동조합 형태로 인수하면 성공 가능성이 매우 높다.

| 협동조합은 빈궁한 지역공동체에 경제적 기회를 확대하고 부의 증대를 가져다 줄 수 있는 매우 큰 잠재력을 가지고 있다

(참고하면) 2008년 오하이오주 클리블랜드의 아프리카계 미국인들이 주류를 이루는 지역에서 일단의 지역공동체 운동가들이 환경친화적이고 지역에 기반을 둔 협동조합을 만들어 일자리를 창출하고 지역의 부를 증대시킬 목적으로 상록협동조합 선도 운동을 시작했다. 이 운동은 대학촌으로 알려진 4만 3,000명 주민이 살고 중간 소득자의 소득이 1만 8,500달러 미만이며 노동 연령층의 25%가 실직상태인 지역에 몬드라곤의 경험을 적용해서 노동자가 소유한 기업 네트워크를 만들었다. 이 비영리기업은 자금순환으로 서로 연결된 네트워크를 통해 창출된 소득의 10%를 새로운 협동조합을 만드는데 사용하였다.

| 다양한 협동조합의 예

특별한 협동조합 중 일본의 녹색도시농부협동조합은 사계절 온실에서 수경 재배하는 조합이다. 6,000평 땅에 노동자 40명이 유기농 상추를 연간 300만 본, 기타 채소를 4만 5,000kg 생산하여 지역에 공급한다.

특히, 녹색세탁협동조합은 대규모 고급기술 세탁업 조합이다. 40명의 노동자가 기본의 30% 물과 에너지로 지역의 병원과 간호보호시설에 세탁서비스를 제공한다.

미국 오하이오태양열협동조합은 취업이 어려운 사람들을 고용하여 클리블랜드 지역의 각종 기관, 정부시설, 상업건물들에 태양열판을 설치한다. 이 조합은 사업 시작 5개월 만에 이윤을 내기 시작하여 비수기에는 저소득층 주택의 단열시설 작업을 도와준다.

이러한 조합들은 지역의 대중을 경제활동으로 끌어들이고 지역경제를 건설하는 이른바 '아래로부터 위로'의 활동에 초점을 맞추고 있다.

1984년 윤리적인 금융기관을 만들겠다는 목적으로 시작된 이탈리아 발레니신용협동조합(MCU)은 지역민과 지역사업들에만 대출하여 지역의 재정 자립을 촉진시키는 역할을 했다. 초기에는 자원봉사자들이 임대 사무실에서 장부에 수기로 예금을 기입하는 방식으로 운영했다.

하지만 오늘날 말레니신용협동조합은 조합원 500명, 자산 5,200만 달러, 그리고 자체 건물을 소유하고 있는 조합으로 성장했다. 오스트레일리아 전역에서 시민들이 이 신용조합에 출자하고 있으며 예금의 절반 정도가 지역 공동체 외부에서 유입되고 있다. 이 조합은 보통예금, 당좌예금, 대부, 신용카드, 장기정기예금, 윤리적인 연금적금과 보험을 운영한다.

특히 이 조합은 큰 은행들로부터 융자를 받지 못하는 지역민들에게 대출을 해주고 있다. 이 조합의 성공은 금융적 전문성과 협동조합 정신간의 올바른 균형을 계발하고 유지했기 때문이다.

메이플스트리트협동조합은 유기농 먹거리와 지역 농가에서 생산한 농산물만 취급한다. 말레니 번화가에 유기농건강상품 소매점을 운영하고 있으며, 조합원 1,700명을 대상으로 주 7일 영업을 하고 있다. 40명을 고용하여 4,500종의 건강 먹거리를 취급한다. 일반인도 이용할 수 있다.

지난 32년의 사업 기간 동안 여러 차례 큰 어려움을 극복하고 지난 10년간 수익을 내고 있다. 이익은 조합서비스 확대, 조합 기반 시설 개발에 재투자하고, 지역공동체 활동들을 지원하는데 기부한다.

2006년 이후 식당, 바, 오락을 주 사업을 하는 업프론트클럽과 경영을 공유하기로 했다. 이 클럽은 말레이 지역을 대표하여 외부인들을 환영하는 친근한 '사회적 친구'로서의 역할을 맡고 있다. 두 조합은 연간 200만 달러이상의 영업 실적을 내고 있다.

지역교환 시스템 협동조합 말레이는 오스트레일리아에서 가장 성공적인 지역교환 시스템 중 하나를 가지고 있다. 이 제도는 조합원들이 현금 없이 제품을 거래하고 서비스를 제공하는 '일종의 현금 거래 없는 교역협동조합이다. 조합원들은 지역 고유의 잣나무 열매 이름을 딴 '버냐'를 지역통화로 사용한다. 덕분에 지역민들은 현금이 거의 또는 전혀 없어도 지역의 경제활동에 참여할 수 있다.

환경협동조합 바룽랜드캐어는 오스트레일리아의 수백 개에 달하는 지역공동체에 기반을 둔 조경 단체의 하나로서 성공적으로 육묘장을 운영하고 환경 교육을 실시하며 토종 산림의 지속가능한 벌채 방식을 홍보한다.

부어루빈부시 매직협동조합은 열대우림수종의 육묘장을 운영하며, 그린힐스펀드협동조합은 말레니 배후 내력지역의 녹화사업을 한다.

지역공동체 정착 협동조합 크리스탈워터스 퍼머컬처빌리지 200명의 거주자들이 개인당 약 40a의 땅에 살고 있다. 또 다른 협동조합은 두 개의 공동체를 지니고 있으며, 공동체 행사, 소규모 영업, 월 1회 시장 등을 위한 건물들을 가지고 있다.

프라우트공동체 정착협동조합은 10개의 가정으로 이루어졌으며, 땅의 절반을 리버초등학교에서 사용하고 있다. 25ha의 아름다운 열대우림지역에 200명 이상의 학생들이 다니고 있다.

| 협동조합의 문제점

베네수엘라의 최초 협동조합은 1960년에 형성된 저축 및 융자 협동회였다. 1988말 조합원 총 23만 명을 가진 813개 협동조합이 등록하였다. 예를 들면, 라라주 사회서비스협동조합은 1967년 세워졌는데 지금은 확장되어 생산자 및 소비자 협동조합, 신용 협동조합, 보건소 그리고 국가 서부지역에서 가장 큰 장례협동조합 네트워크를 이루고 있으며 매주 6,000명이 이용하고 있다.

우고 차베스 대통령은 1999년 초에 취임한 뒤 협동조합을 만들도록 고무했다. 협동조합 등록은 무료였으며 조합은 소득세를 면제받았고 소규모 융자를 받을 수 있었으며 정부가 맺은 계약에서 협동조합이 우선권을 가지도록 법을 제정했다. 그의 목적은 경제의 변두리에 있거나 배제된 민중을 끌어들여서 자본주의적 경제를 이용하여 사회주의적 체제로 만들려는 시도였다. 그 결과 2008년말 무려 25만 2,500개 협동조합이 등록되었다. 대부분 도산하고 7만 개 정도 활동한다고 인정하고 있다.

또한 2005년에 정부는 협동조합에서 사회주의적 기업과 노동자의 기업을 인수하도록 방향을 바꾸었다. 그러나, 여기서의 문제점이 다양하게 드러났다. 조합경영자의 도덕성이 문제가 된 경우가 있었고, 조합원 대부분이 훈련을 받은 적이 없고, 급여도 일반 기업보다 낮았다. 협동조합간의 상호협조가 없었고 지역사회의 지지도 없었다. 그나마 제대로 운영되는 조합은 초기 설립 시에 출자금을 조금이라도 출연한 조합들이다.

(교훈적으로) 아무리 좋은 협동조합 시스템 일지래도 누가 어떤 정신을 가지고 운영하느냐에 따라 성패가 결정된다. 그래서 우리는 '홍익정신'과 '인본주의'를 강조하는 것이다. 그렇다면 어떤 경영방식이 성공적인 협동조합을 만들 수 있는가?

성공적인 협동조합과 지역연대 경제를 만드는 데 필요한 것들은 10가지로 압축해 보면,

첫 번째는 필요의 충족이다. 즉, 지역사회의 진정한 필요를 충족시키기 위해서 주민들이 함께해야 한다. 아무리 구상이 좋다고 해도 지역사회에서 필요한 것이 아니면 사업은 성공할 수 없다.

두 번째, 선도그룹의 형성이다. 몇 명의 헌신적인 사람들이 초기의 구상을 실행에 옮기는 책임을 맡아야 한다. 그런 경우에 보통 지도자 역할을 하는 한 사람이 필요하다.

세 번째, 조합 비전에 대한 헌신이다. 협동조합 사업이 품고 있는 이상과 가치를 위하여 헌신적으로 일해야 한다. 노동자와 경영자가 모두 정직하고 성실하고 능력을 갖추어야 한다.

네 번째, 조합사업의 타당성 조사이다. 사업의 필요성에 대해서 객관적으로 평가하고, 제안된 사업이 그 필요성을 충족시킬 수 있는지 결정하기 위해 사전에 타당성 조사를 해야 한다.

다섯 번째, 조합과 조합원들의 명확한 목표설정이다. 조합원들의 합의를 통해 사업의 목표를 명확히 설정해야 한다. 이는 설립 핵심 그룹이 고려했던 초기의 사안들은 물론 앞으로 수년에 걸쳐 일어날 성장 전략 및 예산 수립에도 도움을 줄 것이다.

여섯 번째, 적절한 사업 계획·개발이다. 사업은 자금이 필요하므로 재무 관리를 효율적으로 해야 한다. 어떤 시점에서는 채무의 상환과 이윤의 배정에 대해 적합한 결정을 내려야 한다.

일곱 번째, 조합원들의 지지와 참여 확보이다. 조합원들이 조합의 소유자이므로 모든 차원에서 그들의 지지와 참여가 필수적이다.

여덟 번째, 좋은 입지 확보이다. 사업의 운영에 필요한 장소를 가장 좋은 곳에 확보해야 한다.

아홉 번째, 뛰어난 경영전문가 영입이다. 지역 사회 주민 중에서 관리, 사업, 재무, 법률 및 회계 전문성을 가진 사람들을 조합원으로 영입한다. 그리고 영입한 조합원들의 인재들을 적극 활용해야 한다.

열 번째, 지속적인 교육과 훈련이다. 가장 이상적인 조합운영방식은 조합원 자신들이 사업 경영을 성공적으로 이끌 기술들, 특히 의사소통과 대인관계의 기술을 가져야 할 것이다. 그렇지 못한 경우에는 그런 기술을 조합원들이 개발하거나 그런 기술을 가진 사람들을 영입해야 한다.

| 협동조합과 지역경제 전략의 황금률

협동조합의 출발은 가능한 한 지역 내에서 얻을 수 있는 기술과 자원을 이용하여 작게 시작한다. 지역발전에 경험을 갖춘 사람들과 가능한 수시로 역할을 분담하고 상상할 수 있는 비지니스 모델을 만든다. 그리고 가능한 많은 사람들이 사업에 참여하도록 한다.

협동조합은 지역사회에 다양한 혜택을 제공한다. 주민들을 단결시키고 그들이 다양한 기술과 재능을 사용하도록 고무하며, 새로운 능력을 계발하는 기회를 제공한다. 협동조합은 소속감을 불러일으키고 다양한 주민들 간의 긴밀한 인간관계를 형성시키고, 주민들 스스로 지역을 발전시키는 의사결정권을 갖게 하여, 지역사회를 강화한다.

특히 경제적 면에서 본다면, 지역경제의 자립과 외부로부터의 통제에서 벗어날 수 있으며, 주민들의 권한을 강화시킨다. 고용을 창출하고, 지역 내에서 돈을 순환시키고, 광범위한 재화와 서비스를 제공한다. 조합은 조합원들이 소유하므로 그 이윤이 지역에 남게 된다. 그리하고 조합은 지역의 부를 증대하고 지역사회의 정신적 연대를 강화시킨다.

간단히 말해서 성공적인 조합은 경제민주화를 이루어 지역사회를 바꾼다. 협동조합은 미래에 희망을 안겨줄 사회적 경제체제이다. 이는 글로벌 자본주의 경제체제의 대안으로 의미가 크다. 또한 이게 〈사람 사는 세상〉을 만들고, 공동체를 민주주적으로 운영하는 실체인 것이다.

사회적 경제의 형성 : 협동경제학

그러면 협동조합의 근간根幹을 이루는 사회적 자본이란 무엇인가?

오늘날 시장경제에 관한 주류경제학은 '보이지 않는 손'이나 '시장의 효율성'이라는 그럴듯한 말로 포장하지만, 결론은 '이기적으로 행동하라. 그게 현명한 행동이다. 그렇지 않으면 바보가 될 뿐이이야.'라고 외치는 것이다.

이러한 사회적 딜레마를 해결하기 위해서는 서로 협동해야 하며 협동을 촉진하기 위해서는 상호 신뢰해야 한다. 특히 신뢰를 촉진하기 위해서는 첫째 서로 상대방이 약속을 지킬 것이라는 것을 생각해야 한다. 둘째 상대방이 약속을 지킬 경우 나도 약속을 지키는 것이 나에게 이익이 되어야 한다.

미국의 사회학자 제임스 사무엘 콜만JAMES SAMUEL COLEMAN은 1988년 연구에서 사회적 자본을 "거래 비용의 감소와 효용의 극대화를 이루도록 하는 관계나 사회적 구조, 즉 생산적인 사회의 관계망"이라고 보았다. 1993년 미국의 정치학자 로버트 퍼트넘ROBERT PUTNAM은 사회적 자본을 "행위의 조정을 촉진하여 사회의 효율성을 향상시키는 신뢰, 규범, 네트워크와 같은 사회조직의 속성"이라고 설명했다.

2002년 미국의 경제학자인 사무엘 보울스와 허버트 긴티스는 사회적 자본을 "일반적으로 신뢰, 소속 단체에 대한 관심, 공동체의 규범에 따라 살려고 하는 의지, 그리고 규범을 따르지 않는 사람에 대한 응징을 말한다."고 정의했다. 다스쿱다는 "합의된 상호 강제 구조를 통해서 다른 사람이 약속을 지킬 것이라는 믿음을 유지하고 발전시킬 수 있도록 사람들 사이의 네트워크"로 정의한다. 즉 신뢰의 네트워크가 사회적 자본이다는 설명이다.

| 우리는 기존의 경제학을 주류 경제학이라고 하고, 신뢰와 협동을 기반으로 한 경제학을 '협동의 경제학'이라 한다

시장경제는 주류 경제학에 기반을 두고 있는 지금까지 가장 흔하고 유일한 체제인 것처럼 여겨진 강력하게 작동해 온 체제이다.

여기서 시장은 재화나 서비스를 거래하는 사람들의 판매와 구매 행위 자체를 의미한다. 즉, 수요와 공급이 만나는 곳이 곧 시장이다. 주류경제학의 핵심은 경쟁이다. 시장경제는 엄청난 생산력 발전을 가져왔다. 경쟁을 통한 부의 축적으로 비약적인 생산력 발전을 이룩했으나 인간관계의 단순화와 가치 외소화外疏化는 곧 사회의 외소화를 의미하고, 급기야 자연파괴에 이르렀다.

주류 경제학은 개인주의와 자유주의를 바탕으로 직업에 대한 윤리의식을 강조 하면서, 현대적 의미의 자본주의 성장의 걸음이 되었다. 하지만 자본주의가 탐욕과 결탁하면서 인간소외의 원인이 되었고 이런 문제를 해결하기 위한 비주류 경제학이 등장하게 된 것이다.

비주류 경제학은 공유경제, 사회적 경제, 생태경제 등 '글로벌 자본주의'를 개선하려는 움직임으로 받아들여지고 있으며, 이 중 사회적 경제는 시장경제의 수익 극대화 논리에서 벗어나 개인들 간의 자유로운 공동체가 연대라는 가치의 실현을 꾀하는 경제다.

한편 이와 비슷한 공공경제는 공공의 정의론에 입각해서 공공성의 범위와 내용에 먼저 합의하고 이를 주로 국가의 재분배 정책을 통해 실현하는 경제다. 이때는 경제를 평등이라는 가치에 초점이 맞춰진다.

또한, 생태경제는 자연환경의 문제를 다룬다. 여기엔 열역학과 엔트로피 이론이 개입된다. 생태경제는 먼 미래 세대도 포함된 정의와 연관되어서 단순한 사회계약으론 해결할 수 없다. 한편으로, 사회적 경제와 공공경제가 동시대 사람들 사이의 문제라면 생태경제는 시대를 뛰어넘어 현재 세대와 미래 세대 사이의 문제이므로 현재 살고 있는 사람들 간의 의사 결정으로 해결되기 어렵다는 난점을 지니고 있다.

사회적 경제라는 용어의 정의는 나라마다 연구자마다 다르다. 제3부문 비영리 조직 자원 활동조직 독립 부문 연대경제, 시민경제 등 다양한 이름으로 불린다. 각기 뜻이 다르고 차이가 있다. 공통점은 상호성, 연대, 신뢰와 협동을 강조한다는 점이다. 이런 가치들은 자본주의원리, 주류경제학의 원리, 시장경제의 원리만으로 사회로 일원화할 때 발생할 수밖에 없는 문제에 대응하기 위해서 형성되고 발전될 수 있는 것들이다. 최근 사회적 경제가 각광받고 있는 것도 이 같은 맥락에서 이해할 수 있다.

사회적 경제 중에서 가장 최근에 생겨난 것이 사회적 기업과 사회적 협동조합이다. 이는 1980년대 이래 유럽의 경기 침체, 이에 따른 국가 복지의 한계를 극복하기 위해 주로 교육, 보육, 의료 등 사회사업 서비스 분야

에서 생겨난 새로운 사회조직이다.2)

ㅣ프로슈머 경제PROSUMER ECONOMY 3)

세계적인 미래학자 앨빈 토플러가 《제3의 물결》에서 처음으로 '프로슈머' 이야기를 했을 때만 해도 프로슈머는 하나의 가능성에 불과했었다.

그러나 지금 프로슈머 경제는 경제활동의 절반을 담당할 정도로 그 역할이 커졌다. 프로슈머 경제는 일명 '보이지 않는 경제INVISIBLE ECONOMY'라 불린다. 하지만 이 단어는 '지하경제'라 불리는 돈세탁, 탈세와 테러, 독재와 마약상이 판치는 검은 경제와 같은 것이 아니다. 이 검은 경제는 돈을 전달하고 숨기는데 이용하는 것이다.

그러나 이 보이지 않는 경제는 화폐경제에 속해 있지만, 여기서 우리가 말하는 '지하경제'는 드러나지 않은 비화폐의 프로슈머 경제를 의미한다 (이 부분에 대해서 오해가 없기를 바란다.)

화폐경제에서는 생산자PRODUCER가 있고, 생산PRODUCTION란 과정이 있고, 생산품PRODUCT이 있다. 그런데 비공식적인 비화폐경제에서는 '판매나 교환을 위해서라기보다는 자신의 사용이나 만족을 위해 제품, 서비스 또는 경험을 생산하는 사람을 프로슈머'라고 앨빈 토플러가 신조어를 만들어낸 것이다.

오늘날 화폐경제는 이 프로슈머 경제의 생산력 없이는 단 10분도 생존하지 못한다. 그러나 그동안 이 프로슈머 경제는 경제학에서 주목받지 못했다. 그 이유는 화폐경제는 계산이 가능하지만, 이 비화폐경제는 그렇지 못하기 때문이다. 그러나 만일 경제학자들이 이 프로슈밍 PROSUMING의 가치를 화폐경제의 수치로 환산한다면 화폐경제와 거의 맞먹는 규모일 것이다. 이는 전 세계적으로 50조 달러의 경제가 사라진 것으로 추론할 수 있다.

이 프로슈머 경제가 폭발함에 따라서 새로운 백만장자들이 쏟아져 나올 것이고, 신진 제조 방식, 틈새 마케팅, 고도로 숙련된 지식 노동자들을 보유하고 있는 일본, 한국, 인도, 중국과 미국이 첫 번째 수혜국이 될 것이다.

특히 의료보건 분야에서 프로슈밍 경제 PROSUMING ECONOMY는 엄청난 역할을 하게 될 것이다. 그러나 비즈니스와 금융을 다루는 방송매체뿐만 아니라 학계와 정부에서도 아직 프로슈밍 경제를 과소평가하고 있다. 하지만 이 프로슈밍 경제가 세상을 지배하게 되지는 않더라도 앞으로 서서히 새로운 경제 형태를 만들 것이다.

세계적인 거대 기업과 일부 산업의 존재 자체에도 위협을 가할 것이다. 이런 일이 이미 일어나고 있다. 프로슈머는 도구와 기술을 구입하여 보건의료의 경제적 부가가치를 증가시킨 것처럼 모든 분야에서 이런 일들이 일어나고 있다.

| 프로슈머 매장의 등장

프로슈머의 DIY 시장은 세계적으로 폭발적인 성장을 하고 있다.

참고하면 미국 홈디포(HOME DEPOT)는 1978년 설립후 미국 50개 주 전역, 캐나다, 멕시코에 2,000여 개 매장을 운영 중이며, 2005년도 기준 30만 명 직원에 연매출 730억 달러를 달성했다. 현재 미국 최대의 가정용 건축자재 업체로 월마트 다음으로 미국 내 2위 소매기업이다.

홈디포 점포에는 4만 가지 물품이 비치되어 있는데 대부분이 DIY 애호가를 위한 것이다. 미국의 주택 개량용품 DIY 시장은 연간 2,000억 달러로 추산된다.(2005년) 주택이 작고 가구도 많지 않은 일본이 300억 달러를 넘고, 독일 330억 달러, 2003년 유럽 주택 개량 시장은 연 1,000억 달러 규모로 추정되었다. 자동차 DIY 부품이 한해 370억 달러 팔린다. 미국 가정의 원예 총 지출 비용이 400억 달러에 달하고 독일은 70억 달러, 일본은 150억 달러 규모이다.

이미 프로슈머들이 취미로 시작하여 거대한 비즈니스가 된 컴퓨터 게임이나 시뮬레이션 전략 게임 시장은 할리우드 영화산업보다 더 큰 규모로 성장했다.

더욱더 중요한 부분은 개인이 아니라 집단 프로슈밍이다.

헬싱키 대학의 학생이던 리누스 토발즈는 오픈소스인 리눅스 운영체제를 개발했다. 이것을 무료 공유할 수 있게 하고, 상업적 소프트웨어를 개발할 수 있게 한 허용한 것이다. 그 결과 MS가 독점하던 시장에서 40% 정도를 리눅스가 차지하게 되었다.

오늘날 유비쿼터스 웹은 팀 버너슬 리가 프로슈밍으로 WWW를 만들어낸 결과물이다. 아마도 전통 경제학자들은 프로슈머가 만들어낸 성장을 무시하려 할 것이다. 부모의 양육, 건강관리 개선, 매력 있는 DIY에의 노력, 새로운 비즈니스 창업, 새로운 필요성의 규명, 신제품 예시, 무료 소프트웨어 제작, 지식 경제를 위해 방대한 지식에 접근하고 조직화하는 일과 같은 비가시적 경제와 가시 경제 간의 놀랍고도 복잡한 상호 작용을 하고 있다.

화폐경제와 비화폐경제가 합해질 때 부 창출 시스템이 형성된다. 돈과 관련 없이 하는 행위는 돈과 관련 있는 행위에 점점 더 커다란 영향을 미치게 될 것이다. 프로슈머는 앞으로 다가올 경제의 이름 없는 영웅이다.

전 세계적으로 자원봉사 활동은 엄청나게 확대되고 있다. 목숨을 걸고 구호활동에 참여하는 자원봉사자들도 많다. 경제적 의미에서 봤을 때 자원봉사자들은 그들의 시간과 능력, 위험 부담에 대한 보상 없이 가치 있는 서비스를 제공하는 프로슈머들이다.

미국 내 자원봉사 활동 규모는 어마어마하다. 1억 1천만 명 정도의 미국인들이 적어도 일주일에 한 번씩 봉사 활동에 시간을 투자한다. 기부 및 비영리 봉사협회인 인디펜던트섹터의 2001년 부고에 의하면 2000년 미국인들은 음식을 배식하거나, 환자를 돌보거나, 기금을 모으거나, 다른 이들의 일을 돕거나, 교회 또는 NGO에서 안내문을 붙이거나 하는 활동에 총 155억 시간의 자원봉사 활동을 했다. 이것을 화폐 가치로 환산하면 2,390억 달러에 이른다.

한국에서는 약 650만 명의 시민이 자원봉사자로 활동한다. 이러한 자원봉사 활동은 이제 세계적인 네트워크로 확장되어 있다.

특히 적십자와 직신월사(RED CRESCENT : 이슬람 국가의 적십자 조직)와 같은 국제 자원봉사 단체들은 178개국의 1억 500만 자원봉사자들이 활동하고 있다. 이들은 2004년 쓰나미 참사 후에 엄청난 일을 했다.

이러한 프로슈머의 활동을 홍익인본주의 철학으로 재해석한다면 '홍익인간'의 정신을 가진 사람들의 활동이라고 이해할 수 있을 것이다.

적어도 프로슈머들은 '돈'이 아닌 다른 곳에서 '가치'를 추구하는 것이고, 이러한 가치가 작게는 자기만족, 즐거움을 위한 활동이기도 하지만 크게는 인류의 공영에 이바지하는 활동이 될 수 있고, 이 자체가 새로운 경제 활동으로 발전할 수 있다는 데 의미를 부여할 수 있기 때문이다.

Chapter 3

자본주의 수정 Ⅱ : 경영민주화經營民主化

> "그러나 홍익인간 정신에서는 가장 중요한 것이 '인간'이다.
> 그리고 기업이라는 공동체는 그곳에 일하는 사람들
> 즉 '사원들의 것'이라는 생각을 하는 경영자는
> '홍익인본주의' 경영자라 할 수 있다."

▎경영민주화 Democratization Of Management의 원리

현대적 의미의 경영은 생산·기술적 조직이므로 거기에는 비인간적인 경제원리나 기술원리가 지배하는 국면이 많다. 그리고 경영조직과 인간의 관계는 불가분의 관계에 놓여있다.

현대사회는 민주적 사회이므로 기업과 모든 산업 분야에 경영의 민주화원리를 도입하여 경영민주주의를 확립하는 과정이 경제민주화를 이룩하는 첫 걸음이다.

경영민주화의 국면으로는 다음과 같은 것이 있다. 특정 소수 재벌로부터 기업의 소유를 해방시켜 대중에게 소유의 기회를 제공함과 아울러 대중 소유자를 보호한다. 사용자(고용자)와 근로자(피고용자) 사이는 가부장적 내지 권력적인 노사관계勞使關係 대신에 상호신뢰와 대등한 지위를 전제로 하는 협약으로써 노사관계의 민주화를 실현한다. 대립적인 노사분규를 야기하는 투쟁방식보다는 노사간의 경영협의회 또는 노동자 대표의 경영참여제도 등을 통한 노사 협력체제로써 쌍방의 이해관계를 조정하고 노동생산성을 높이는 것이 기업뿐만 아니라 사회적 관점에서도 유익하기 때문이다.

인간을 기계시하는 관리 내지 조직체제를 벗어나, 인간은 의욕과 창조력을 가진 주체적 존재라는 인간관에 입각하여 관리와 조직을 개선함으로써 인간성의 회복을 실현한다.

분배 국면에서 노사가 동등한 입장에서 임금, 그 밖의 노동조건을 협약하고 기업이윤을 출자자에게만 배당하는 것이 아니고 근로자에게도 그 일부를 분배하는 방식을 쓴다. 이렇게 하여 경영이 내외적으로 민주적인 질서가 확립되었을 때 기업은 영속할 수 있고, 산업사회는 민주적으로 평화를 유지할 수 있다.

| 소유와 경영의 분리

대규모 주식회사 기업에 있어서 '소유와 경영의 분리'를 빼놓고는 오늘날의 기업 성격을 고찰할 수 없다. 특히 경영학의 이론적 문제로서 기업이론을 고찰하는 경우, 제일 중심적인 명제가 되는 것이 소유와 경영의 분리 문제이기 때문이다.

소유와 경영의 분리는 우선 대규모 주식회사 기업에서 주식 소유의 분산현황을 통계적으로 조사해 봄으로써 논할 수 있다. 현재 선진국에서의 조사에 의한 대규모 주식회사 기업의 주식 소유 분산상태로 본 주식회사 기업의 지배형태는 다음과 같다. 즉 ① 거의 완전소유에 의한 지배, ② 과반수 지배, ③ 지주회사에 의한 피라미드형의 지배 또는 무의결권주無議決權株의 이용 및 의결권 신탁에 의한 지배, ④ 소수지배, ⑤ 전문경영지배 등이 그것이다.

이상의 분류에서 ② 이하의 지배형태가 출현하게 된 것은 첫째로, 법률가들이 주장한 자산에 대한 전통적 견해의 수정과 둘째로, 애덤 스미스(A. SMITH) 이래의 경제학자들이 주장해 온 위험부담과 기업의 합리적 운영에 대한 보수로서 이윤에 대한 전통적 견해의 수정에 의한 것이라고 하겠다.

그리고 주식회사의 새로운 개념으로서 주주를 위한 것도 아니고 지배자를 위한 것도 아닌, 보다 큰 사회적 이익을 위해 운영되어야 한다는 이론이 나왔다. 그러나 주식 소유의 분산은 단지 분리, 특히 자본지배와 경영의 분리를 의미하는 것은 아니다. 분산이라는 양적 사실만으로는 자본지배의 질적 변화가 일어나지 않기 때문이다.

따라서 한편으로는 특정 대주주의 과반수 지배나 기능자본가의 소수지배 또는 지주회사持株會社나 금융자본에 의한 주식회사 지배 등의 형태가 있는가 하면, 다른 한편으로는 일반 투자가의 사채권자화社債權者化, 주식의 사채화, 배당의 이자화 등의 지배형태가 논의된다.

그리고 주식 소유의 분산이 고도화되고, 소유와 경영이 분리되었다고 해도 이런 요인들이 오늘날 기업성격을 어느 정도 변화시켰는가는 기업관企業觀에 따라 여러 가지 의견이 있다.

그러므로 기업의 지배구조GOVERNANCE는 현대 기업운영에 있어 매우 중요한 요소이다. 결국, 기업경영의 민주화는 경제민주화로 연결되어진다. 기업은 마이크로 경제의 핵심코어이기 때문이다.

| 기업경영의 민주화 經營民主化

기업경영의 합리화는 기업의 민주화를 전제로 한다. 이것은 경영합리화의 방식으로서 무엇보다도 먼저 생각나는 테일러 시스템(TAYLOR SYSTEM)에 대하여, 노동조합이 ① 분배의 불공정, ② 노동자의 기계화, ③ 경영독재제, ④ 노동조합운동의 부정을 꾀하는 것이라 하여 반대했는데, 이 4가지 반대 이유를 극복하려고 그 후 합리화가 고려되었다는 점에서도 명백히 알 수 있다.

즉, 1920년대의 인사관리, 노동조합을 적극적으로 승인하고 단체교섭을 위한 포드(H. FORD)의 노무관리는 고임금 저가격高賃金低價格을 이념으로 했고, 1945년 이후 미국의 일부 대기업에서 실천된 인간관계관리에 있어서는 직장의 종업원을 기계나 무의지의 동물로서가 아니라, 전체적 상황으로서 행동하는 인간으로 생각하고, 현장의 노무관리에 민주화 사상을 도입하고 있는 것이다.

이와 같은 오늘날 합리화는 단지 능률적 견해에 멈추는 것이 아니고, 민주화의 견해를 도입, 고찰하고 있다. 노사협의제勞使協議制의 도입이나 노동조합의 경영참가 없이 테일러 시스템에 대한 노동조합의 반대 이유의 제3항, 즉 경영독재제의 해결이 있을 수 없는 것은 경영학의 상식이다.

따라서 경영합리화의 전제가 민주화인 것은 1952년 이후 오늘날까지 생산성 향상 운동에 있어서 노동조합의 적극적 참가가 요청되고 있는 점으로도 분명하다.

여기서는 기업의 민주화를 노동자의 단결에 의해 노동조건을 개선하려는 노력을 단지 보호하는 것만이 아니라, 더 나아가 경영에 대한 노동자의 발언권을 적극적으로 인정하는 방책까지도 생각한다.

이러한 기업의 민주화는 우선 노동보호입법으로서 시작하고, 노동자의 단결권·단체교섭권의 승인으로 계속된다. 단체교섭권의 승인은 노동조합의 경영권 침해라는 비판도 있으나, 오늘날에는 일반적으로 노사공동 UNION-MANAGEMENT COOPERATION에 일보 접근한 것이라고 해석한다.

여기 현대 기업경영의 표본인 유한양행의 경영사례가 기업경영민주화의 방향과 미래의 기업들이 어떻게 경영되어야 하는가를 잘 나타나고 있다. "기업은 개인의 것이 아니며, 사회와 종업원의 것이다. 정성껏 좋은 상품을 만들어 국가와 동포에 봉사하고 정직 성실하고 양심적인 인재를 양성 배출하며 기업 이익은 첫째, 기업을 키워 일자리를 만들고, 둘째는 정직하게 납세하며, 셋째는 그리고 남은 것은 기업을 키워 준 사회에 환원한다." (유일한 평전, 작은씨앗 출판사, 2005)

| 노동조합의 경영참가

한편, 기업의 민주화는 산업민주주의 INDUSTRIAL DEMOCRACY의 이념에서 노사협의제가 안출되기에 이르렀다. 노사협의제로 유명한 것은 영국의 '공장위원회'로서 이것은 노사동수勞使同數의 대표에 의해 구성되는 연합협의회JOINT COMMUNITY이다. 또한 독일의 경영협의BETRIBSART는 종업원 대표만으로 구성되어 있다.

기업민주화가 더욱 진전하면 노동조합의 경영참가가 나타나는 바, 경영참가제를 노사협의제勞使協議制에 포함하는 논자도 있으나, 이때의 참가는 기업의 최고의사결정의 참가로서 협의와는 구별되어야 한다. 이러한 의미에서 경영참가는 서독의 '공동결정법Mitbestimmungsgesetz'과 '경영조직법'에서 볼 수 있다.

예를 들면, 공동결정법에서는 기업의 최고 의사결정기관인 감사역회監査役會에 2명의 조합대표를 보내도록 규정되어 있다. 이러한 경영참가, 즉 공동결정에 대하여 산업민주주의자는 노동조합의 본래의 입장은 조합원의 경제적 지위 옹호이기 때문에 협의에서 그쳐야 하고, 기업의 톱TOP에 있어서는 단체교섭의 여지를 보류해야 된다고 비판하고 있다.

그런데 노동자의 단결권團結權과 단체교섭권을 인정하고 노동조합운동을 촉진, 노사협의제에서 한 걸음 더 나아가 노사勞使의 공동결정권을 인정하게 되면, 기업의 민주화의 주장 이외에 독점금지와 경제력 집중배제 등의 정책에 의한 자유사기업自由私企業을 유지하려 하는 경제민주화經濟民主化가 있는 바, 전자를 적극적 기업민주화라 한다면, 후자는 소극적 기업민주화라고 할 수 있다.

이와 같이 기업의 민주화는 소유와 경영의 분리를 기초로, 자본성資本性을 부정하고, 사회공익성을 기업목적으로 생각, 경영자의 중립화, 자본의 지위 후퇴, 노동의 지위 향상 등에 의해 중간 경영자가 노·사간의 이해조정을 꾀하는 데서 본격화되었다.

예를 들면, 위키사전은 일종의 '홍익인본주의적 경영'의 지식 창고이다. 이 사전은 민주적으로 운영된다. 사용자인 우리들이 이 지식의 편집에 참여할 수 있다는 점에서 놀라운 발명품이라 할 수 있겠다. 이 위키사전 내용이 가장 이상적이거나 혹은 전문가적인 내용이 아닐 수 있지만, 가장 일반적인 개념일 수는 있다.

위의 내용을 살펴본다면, 결국 기존의 경영민주화는 '인본주의'적인 가치로의 기업경영을 일컫는 말이다. 결국, 이제는 모든 기업이 '인본주의'적인 경영을 해야 한다는 의미로 해석할 수 있다. 그러므로 기업의 경영민주화란 결국 인본주의 가치를 채택하는 일이다.

| 홍익인본주의 : 경영민주화의 사례

일반적인 경영상식을 완전히 무시한 듯한 유토피아 경영 그런데 어떻게 야마다 사장은 성공했을까? 먼저 야마다 사장이 창업하고 50년간 이끌어 오고 있는 미라이 회사의 경영원리를 들어보자.1)

미라이 공업의 반 상식적인 경영의 원칙을 살펴보면, 정년: 70세(71세 생일 전날까지), 근로시간: 일일 7시간 15분(4시 45분 퇴근/연간 노동시간 1640시간). 정규직 종신고용: 직원 모두, 잔업, 휴일근무. 정리해고: 없음. 휴가: 연간 140일 + 개인 휴가. 육아 휴직: 3년(3명이면 9년). 여행: 5년마다 전 직원 해외여행. 1년마다 국내 여행(경비는 회사부담). 월급: 동종업계보다 10% 높음.

제안제도: 제안 1건당 무조건 5천 원(연간 9,000건). 업무: 자신의 할당 업무량은 스스로 결정, 보고, 상담. 연락 의무: 없음(현장직원이 직접 결정). 작업복: 생산직까지 자유 복장, 제복지급 대신 연 10만 원의 의복비 제공. 승진: 철저한 연공서열(근속연수, 나이 순서로 자동 승진), 본사에 보고하지 않고 지점 개설. 도매상: 2차 도매상(3,000곳)과 직접 거래, 1차 도매상과 거래하지 않는다.

이러한 경영원리를 만들게 된 것이 '인본주의'가 바탕이 되어 있다는 것을 쉽게 알 수 있다. 일반적으로 경영 혹은 경제 전문가들은 기업의 자원으로서 '인간'을 생각한다. 즉, 사람MAN, 자본MONEY, 원료MATERIAL를 경영의 3요소라고 한다.

이런 개념에서는 사람이 하나의 요소에 불과한 것이다. 이것이 오늘날 기업인 혹은 경영자들이 생각하는 '인간'에 대한 이해이다. 사업을 하는 데 필요한 도구라고 해석하는 것이다. 무엇보다도 '사람'과 '회사'를 저울질하는 것 자체가 오늘날 자본주의 체제에서 심각한 부작용을 만든 주된 요인이다.

그러나 홍익인본주의에서는 가장 중요한 것이 '인간'이다. 그리고 기업이라는 공동체는 그곳에 일하는 사람들, 즉 '사원들'의 것이라고 생각하는 경영자는 '홍익인간 정신'을 갖춘 경영자라 말할 수 있다.

야마다 사장이 바로 그런 사람 중 하나라고 할 수 있다. 회사가 사람을 위해 존재하는 것이지, 사람이 회사를 위해 존재하는 것이 아니라는 생각에서 이러한 경영원리가 나온 것이다.

야마다 사장은 "나는 무대에서 인생의 모든 것을 배웠다. 막이 오르면 연기는 배우에게 맡겨야 한다. 그렇지 않으면 배우는 성장하지 못하고 성장하지 못하면 연극은 망한다. 기업도 마찬가지다. 막이 오르면 경영자는 사원이라는 배우에게 모든 걸 맡겨야 한다. 사원 스스로가 감동해 열심히 하지 않으면 기업은 성장하지 못한다"고 말했다.

"사원은 회사의 전부다." "나에게 유토피아란 사원의 무사생존이다." "인간은 말馬이 아니기에 당근과 채찍의 조화는 필요 없다. 단지 당근만 필요할 뿐." "내가 사원에게 주는 당근은 '일하지 말라는 당부'이다." "인간은 코스트가 아니다. 임금 삭감은 분명 잘못된 일이다." "기업은 기업 자체를 위해서가 아니라 사원을 위해 존재한다." "사원은 모두 같다. 선풍기 승진을 시켜도 다 잘한다." "사원이 기뻐야 회사가 기쁘고 내가 기쁘다."

"노르마(업무 할당량, NORMA) 따위는 필요 없다. 사원들이 알아서 한다." "어디든 있는 것은 안된다. 없는 것을 생각해야 한다."

이것이 미라이 공업의 원칙이자, 나 야마다 사장의 신념이다. 기업경영에서 가장 중요한 것은 바로 '사원의 의욕' 사원들이 100% 능력을 발휘할 수 있도록 만드는 것이 사장이 할 일이다. 사원들 스스로가 감동해 열심히 일하지 않으면 기업은 성장하지 못한다. 사원들은 기업의 전부이다.

그래서 나는 지금까지 '사원들을 감동시켜야 하는' 나의 임무 한 가지를 잘 수행하기 위해 꾸준히 노력해 왔다. 그리고 그것은 어느 정도 성공한 듯싶다.

그래서 지금 사원들에게 당당히 외칠 수 있는 것이다. "제대로 쉬어라. 남을 위해 일하지 말라. 좋아하는 일만 하라!"

미라이 공업의 힘은 사원들에게 있다. 사원들이 자발적으로 아이디어를 내고, 이것은 상품 개발로 이어졌으며, 생산품의 90%가 특허 상품이다. 일본 시장 점유율 1위 제품이 10개가 넘고, 실용신안과 의장 신청 중인 것까지 포함해 2,300건이 넘는다.

회사 경영에서 가장 중요한 기본은 사원의 의욕이다. 그런 의미에서 사장이 해야 할 일 중 가장 중요한 것은 사원의 의욕을 불러일으키고 사기를 진작시키는 일이다. 사원의 불만을 줄이고 또 줄이라. 휴가는 되도록 많이 주려고 노력하라. 그래서 노동시간이 짧아지면 사원들은 기뻐할 것이다. 이게 경영민주화가 이루어지는 지름길이다.

Chapter 4

홍익인본주의 : 새로운 경제학의 출현

"그렇다면 과연 행복해지려면 어떻게 해야 할까?
일단은 자본주의 탐욕에서 벗어난 삶을 살아야 한다.
나부터 욕망을 줄이고 다른 사람하고 비교하지 않으며 살아가면 된다."

| 신성한 경제학 Sacred Economics 1)

오늘날 좀 깨어있는 경제학자들은 물론이고 세계의 많은 지성인들은 이구동성으로 현재의 자본주의가 제 기능을 하지 못한다고 말한다.

우리는 제3부에서 현재의 자본주의 문제점들을 살펴보았다. 이에 대한 대안으로 홍익인본주의를 제시하였다. 그렇다면 우리가 말하는 홍익인본주의를 담고 있는 대안들은 없는 것일까? 많은 사람들이 대안을 찾고 있으며, 새로운 해법들을 실험하고 있다.

찰스 아이젠스타인은 '신성한 경제학의 시대'라는 새로운 경제학을 제시하였다. 그는 수학과 철학을 전공하였고, 중국어 통번역가, 비즈니스 컨설턴트, 대학강사로 활동하면서, 자본, 경제, 사회, 문명, 의식, 인류의 문화적 진화에 대한 글을 써오고 있다. 2007년에 발표한 〈인류의 도약 THE ASCENT OF HUMANITY〉로 전 세계 석학들과 지성계의 주목을 받았고 일약 천재 통합 사상사로 발돋움했다. http://charleseisenstein.net/

그는 이 책에서 '선물경제'와 '화폐경제'라는 재미있는 개념을 도입하여 현재 인류가 직면한 자본주의적인 경제학의 딜레마를 해결하는 방법을 제시하고 있다. 먼저 오늘날의 자본주의 경제학은 '분리의 경제학'이라고 한다. 인간과 자연의 분리, 공동체의 와해, 물질적 영역과 정신적 영역으로 분리 등으로 시작된 것이다.

이러한 분리의 주된 요인으로 원래의 '선물경제GIFT ECONOMY'가 소실되면서 '화폐경제'가 자리 잡은 것이라고 말한다. 여기서 선물GIFT이라고 하는 것은 태초부터 인류가 가진 본질적 속성이다. 세상의 모든 것들은 우주, 자연의 선물이다. 선물은 그냥 주는 것이고 이에 대한 감정이 바로 '감사'이다. 이 선물을 경제적 '교환'이라고 표현하지만 선물의 사회에서는 '순환'이라는 표현이 더 적합할 것이다.

선물은 서로 주고받을 수 있지만 종종 원을 그리며 순환하기도 한다. 내가 상대방에게 주고 상대방은 또 다른 사람에게 주고 그러다가 다시 나에게 돌아오기도 한다. 과거에서는 선물과 상업적 거래가 뚜렷하게 구별되지 않았던 시절도 있었다. 초기의 화폐는 조개껍질, 예쁜 구슬, 목걸이 같은 쓸모없는 물건들이었다. 그런 물건과 실용적 가치가 있는 물건을 교환한다는 것은 선물을 촉진하는 한 방식일 뿐이다.

돈은 선물GIFT, 나눔, 관대함을 촉진시키는 하나의 수단으로 생겨났고, 아니면 적어도 그런 정신을 지니고 있는 것이라고 본다. 그래서 이제 돈이 지녔던 본래의 정신을 되찾아야 한다.

부족사회에서 한 가족, 친족, 부락 단위에서 돈은 필요 없었다.

돈에 대한 관념의 출발은 메소포타미아, 이집트, 중국, 인도 등 부족 단계에서 신석기 시대의 촌락 단계를 뛰어넘어 발전한 농경문화에서부터 시작되었다. 고대 수메르 문서에 이미 경제 양극화, 빈부 격차로 입에 풀칠할 정도의 임금 격차에 관한 기록이 있다.

이미 4천 년부터 시작되었다. 원래 돈은 거래를 촉진시키고 효율적인 생산의 동기를 제공하고, 대규모 프로젝트의 자금을 유입 가능케 함으로써 삶을 풍요롭게 만들어야 한다. 그러면서 돈은 우리에게 편의와 여가, 불안으로부터의 해방, 부의 공정한 분배를 안겨주어야 한다. 그러나 현재 자본주의에서 돈은 정상적인 기능을 하지 못하고 있다.

오늘날 지식인들이 다 알고 있는 사실이 하나 있다.

이는 실제로 우리가 살고 있는 이 지구는 인류가 풍족하게 살 수 있는 충분한 자원을 가지고 있는 것이다. 하지만 한쪽에서는 엄청난 양의 음식과 에너지, 물자가 낭비되고 있고 다른 쪽에서는 굶어 죽어가고 있다. 지금 지구촌의 빈곤 문제 해결이 근본적으로 안되는 이유는 그러한 활동이 돈이 안된다는 생각 때문이다.

오늘날 인간 문명의 병폐들은 분리의 이데올로기에서 나왔다. 즉, 이 세상에는 선과 악이라는 대립하는 두 힘이 있고 악을 제거함으로써 더 나은 세상을 만들 수 있다는 발상이다. 이 세상에, 우리 내면에는 안전한 세상을 만들기 위해서 뿌리 뽑아야 하는 나쁜 무언가가 존재한다. 악과의 전쟁이라는 사고방식은 우리 사회의 모든 제도에 뿌리 박혀 있다.

예를 들면 농업에서 늑대를 다 잡아 죽이고, 제초제를 뿌려 잡초로 다 없애고, 해충을 박멸하는 욕구로 나타난다. 의학에서는 병원균과의 전쟁, 종교에서는 죄와 자아 불신과 싸우거나 그런 것들이 외부 투사된 악마, 이교도들과 싸운다. 그것은 자기 계발과 극복, 본성과 욕망의 초월, 선을 위한 자기 희생을 배척하는 사고방식이며, 무엇보다도 지배의 사고방식이다.

| 오늘날 돈으로 계량화된 모든 것들은 결핍을 만들어낸다.

우리가 노예로 살고 있음을 말해주는 가장 심각한 징후는 아마도 시간을 돈으로 환산하는 태도일 것이다. 화폐화貨幣化 된 사회일수록 시민들은 더 불안하고 바쁘게 산다. 시간 역시 계량화로 인해서 사고 파는 것이 되었고, 돈과 관련된 모든 상품들이 그러하듯 돈 역시 부족한 것이 되었다.

결핍의 대부분은 환상이며 문화적으로 만들어진 것들이다. 오늘날 10억 명에 가까운 사람들이 영양실조에 시달리고 날마다 5천 명 가량의 아동이 기아飢餓와 관련되어 죽어가는 것도 역시 돈의 결핍에서 만들어진 현실이다.

수천년 간 우리의 문화적 자아의식, 무의식적 신화, 자연과의 대립적 관계를 구현해 온 돈은 풍요를 결핍으로 바꾸면서 탐욕을 낳는다. 결핍이라는 집단 환각을 일으키는 돈의 힘은 우리의 의식에 영향을 미치는 여러 방식 중 하나일 뿐이다. 그러나 이 돈은 우리의 힘으로 바꿀 수 있는 사회적 구조물의 하나이다.

따라서 우리는 돈에 대한 새로운 정의를 내려야 한다. 경제학자들은 금속의 무게와 순도를 보증하기 위해서 처음 동전이 발명되었다고 이야기한다. 동전의 가치는 동전을 만든 금이나 은에서 비롯된 가치라는 것이다. 하지만 돈의 가치는 사회적 합의에 의한 것이다. 상품의 세계에서는 모든 사물이 돈과 같은 것이다. 돈으로 살 수 있는 것에 한계가 없어 보이기에 돈에 대한 우리의 욕망 또한 한계를 모르는 경향이 있다.

우리가 돈에 대한 무한한 욕망을 갖게 되는 것은 돈에 가치저장이라는 기능이 추가되면서 부터이다. 상품과 서비스의 총액이 그저 숫자라면 숫자가 증가하는 데 무슨 한계가 있겠는가? 값만 치르면 우리는 무엇이든지 살 수 있다. 하지만 물질적인 상품과 달리 추상적인 돈의 성질이 이론상 무한히 돈을 소유하게 만든다.

세계에서 인간이 소유할 수 있는 영역이 무한하다는 생각은 돈의 무한성을 생각하게 만든다. 사고파는 것들은 결국 무엇인가. 재산, 우리가 소유하는 것이 아니라 소유라고 여기는 것들. 여기에는 땅과 물, 음악과 이야기까지 무한하다.

| **우리는 분리의 시대에 살고 있다. 공동체, 자연, 공간과의 유대관계가 무너지면서 영혼은 빈곤감을 느끼며 산다.**

소유의 충동은 우리를 관계로부터 단절시켜 우주 속에 고립시키는 소외의 이데올로기에 부응해서 자란다. 우리는 나와 내 것의 논리에 갇힌 채, 분리된 자아와 자아의 연장, 즉 돈과 재산을 지키고 확대함으로써 잃어버린 부의 작은 일부라도 회복하려고 애쓴다.

사회공동체간 유대와 감사의 마음이 커질수록 소유의 충동은 줄어든다. 쌓아두지 않고 순환시키는 것, 소유하지 않고 창조하고 나눈다.

찰스 아이젠스타인의 신성한 경제학은 공동체가 답이라고 말한다. 공동체의 삶은 바로 홍익인본주의의 결론이기도 하다. 공동체는 돈에 의존하는 삶의 방식을 줄이는 현실적인 방법이다. 공동체경제에서의 금융 시스템은 돈을 새롭게 활용하게 만든다. 그리고 공동체의 삶은 안전보장, 감사의 마음, 인간관계를 활성화시킨다.

| 좋은 삶, 다른 사회를 추구하는 경제학

역사상 가장 큰 영향을 끼친 경제학자 중 한 사람인 케인즈는 1930년에 발표한 에세이를 통해 100년 뒤인 2030년이 되면 대부분의 사람들이 일주일에 15시간만 일하고도 생계를 해결할 수 있을 것이라고 예측했다. 나머지 시간에는 여가를 누릴 수 있다고 생각한 것이다. 케인즈는 기술이 진보해 시간당 생산량이 증가할 것이므로 이런 꿈같은 일이 현실이 될 것이라고 예측했다.

그런데 2025년 세계는 어떤가? 케인즈의 상상하고는 반대로 사람들은 여전히 힘들게 일하고 있다. 그 이유는 통제되지 않은 탐욕 때문이다.

《얼마나 있어야 충분한가?》의 저자 로버트 스키델스키는 '우리 앞에 놓인 가장 큰 낭비는 돈의 탕진이 아니라 인간적 가능성의 탕진이다.' 그렇다고 해서 로버트 스키델스키는 '좌빨도 아니고 근본주의자'도 아니다.

그는 국가가 추구해야 하는 목표는 '좋은 삶을 위한 기본재BASIC GOODS를 확보하는 것'이라고 본다. 그가 제시하는 기본재는 건강, 안전, 존중, 개성, 자연과 조화, 우정, 여가이다. 또 그는 지속적으로 경제 성장만을 추구하는 것은 기본재를 실현하는데 필요하지 않을 뿐 아니라 오히려 해를 끼친다고 주장한다.

그리고 생태경제학자인 팀 잭슨이 쓴 《성장 없는 번영》은 지구가 놓인 상황을 잘 묘사하고 있다. 그는 제한된 시스템 안에서 무한히 성장할 수 있는 하위 시스템은 물리적으로 존재할 수 없으며, 유한한 생태계 안에서 어떻게 지속적으로 성장하는 경제 시스템이 놓일 수 있는지에 대해 경제학자들은 답해야 한다고 주장한다.

경제성장 신화는 우리를 실패로 내몰았다. 또한 커피 한 잔 값의 절반에도 못하는 하루벌이로 살아가기 위해 몸부림치는 10억 명의 사람들을 저버렸다. 나아가 우리가 생존하기 위해 기댈 수밖에 없는, 파괴되기 쉬운 생태계를 무시했다. 성장신화는 그 자체논리 안에서 보더라도, 경제안정을 실현하는 것은 물론이고 인간의 삶을 지켜내는데도 실패했다. 〈팀 잭슨 지음, 전명철 옮김, 《성장 없는 번영》 2013, 31쪽〉

그렇다면 과연 어떻게 하는 게 성장 없이 번영할 수 있고, 생태계를 지켜낼 수 있겠는가? 팀 잭슨은 변화를 위해 첫째, 인간의 활동에 관한 생태한계를 설정하기, 둘째, 성장지상주의 경제학을 바로 잡기, 셋째, 파괴적인 소비주의 사회논리 바꾸기가 필요하다고 말한다.

우리는 경제성장에 맹목적으로 매달려 불평등을 심화시키고 무한경쟁과 약육강식의 사회를 만들어 온 것이다. 연령대에 관계없이 불행한 사회를 만들어 온 것이다. 개인도 마찬가지이다. 아무리 사회가 엉망이지만 개인은 다른 선택을 할 수도 있다. 그러나 많은 사람들은 사회의 흐름에 따라 물질과 소비가 행복을 가져다 줄 것이라고 믿고 살아 왔다. 그래서 사람들은 많은 돈을 버는 일에 매달렸다.

그렇게 사는 사이에 이웃은 사라졌고, 공동체는 책에서나 존재하는 단어가 되었다. 또한, 사람과 사람사이의 관계는 깨지고, 삶속에서 느끼는 소박하고 깨알 같은 행복은 줄어들었다.

그렇다면 과연 행복해지려면 어떻게 해야 할까? 일단은 자본주의 탐욕에서 벗어나 자연 친화적인 삶을 살아야 한다. 나부터 욕망을 줄이고 다른 사람하고 비교하지 않으며 살아가면 된다. 소비보다는 사람 사이의 관계를 중시하고, 작게라도 다른 사람에게 도움이 되는 기부도 하고 시민단체도 후원할 수 있으면 작지만 '행복한 삶'이라고 말 할 수 있다.

〈세계행복 보고서〉는 세계에서 가장 행복한 나라로 꼽힌 나라는 덴마크다. 덴마크는 에너지, 교육, 복지 등 여러 측면에서 관심을 가질 부분이 많다. 덴마크의 행복 비결은 물질과 소비에 있지 않다.

〈세계행복 보고서〉는 사람들의 행복을 위해서 건강한 사회공동체가 중요하다고 강조한다. 소득이 높다고 해서, 소비를 많이 한다고 해서 행복한 것은 아니라는 게 〈세계행복 보고서〉의 결론이다.

'글로벌 자본주의'의 위기는 사람과 자연의 사이를 격리시켜 생태문제를 야기시킨 것이 가장 심각한 문제이다. 이는 무제한적으로 경제성장을 추구해온 결과다. 그리고 무분별한 경제성장은 생태위기뿐만 아니라 사회적 불평등도 심화시켜 왔다. 1992년 유엔개발계획이 발간한 〈인간 개발 보고서HUMAN DEVELOPMENT REPORT〉에서는 세계의 극단적인 불평등에 대한 심각한 우려를 내놓았다.

특히, 지구의 굶주림은 점점 더 심각해지고 있다. 전 세계의 모든 사람이 충분히 먹을거리가 생산되고 있지만 8,500만 명 이상이 먹을거리를 충분히 구하지 못해 영양소 결핍으로 고통받고 있다. 지구적으로도 불평등이 심해졌지만, 한 국가 안에서도 그렇다.

특히 신자유주의 경제논리가 세계를 지배한 뒤에 더욱 심화됐다. 한국의 불평등도 점점 더 심각해지고 있다. 2013년 통계청이 발표한 지니계수가 0.353이다. OECD 평균 0.314보다 높다. 부의 불평등은 더욱 심각하다. 부동산과 금융자산은 소수에게 편중되어 있다. 지니계수는 소득의 불평등을 나타내는 지표로 1에 가까울수록 불평등하다는 의미다.

국세청 자료에 따르면, 2012년 상속재산가액 상위 1%의 평균 상속재산은 4,885억 2,300만 원이나 됐다. 〈자료: 한겨레신문〉

이런 수치 못지않게 피부로 느끼는 불평등도 심각하다. 지금까지 우리가 경험한 것은 분명하다. 무분별한 경제 성장은 생태위기와 사회적 불평등을 심화시켜 왔다. 경제성장만을 위한 명분으로 한 정책들은 소수의 초국적기업, '재벌 등 대기업'에게는 많은 이윤을 보장해줬지만, 생태위기와 사회적 불평등을 더욱 심화시켰다. 그것은 지구 차원에서도, 그리고 국가

차원에서도 그렇다.

　그렇다면 우리는 어떻게 해야 할 것인가? 지금 필요한 것은 구조를 바꾸는 일이다. 그리고 생태적 위기와 사회적 불평등을 모두 극복해 나가자는 것이다. 그것이 지구도 구하고, 세상도 정의로워지며, 우리가 좀 더 행복해지는 지름길이다. 그렇게 바꿔나가는 것을 우리는 '홍익인본주의'라고 한다. '홍익인본주의' 실천은 홍익인간의 정신을 수양하고 실천하는 생활이 온몸에 배어 있을 때 가능하다.

PART VI

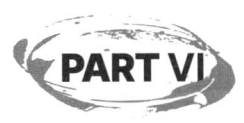

홍익인본 기업경영Ⅱ : 공동체경영

Chapter 1. 홍익인본경영과 마켓 3.0 시대

Chapter 2. 홍익인본주의 실천 : 선물경제 · 협동소비

Chapter 3. 홍익인본주의 실천 : 공동체경영

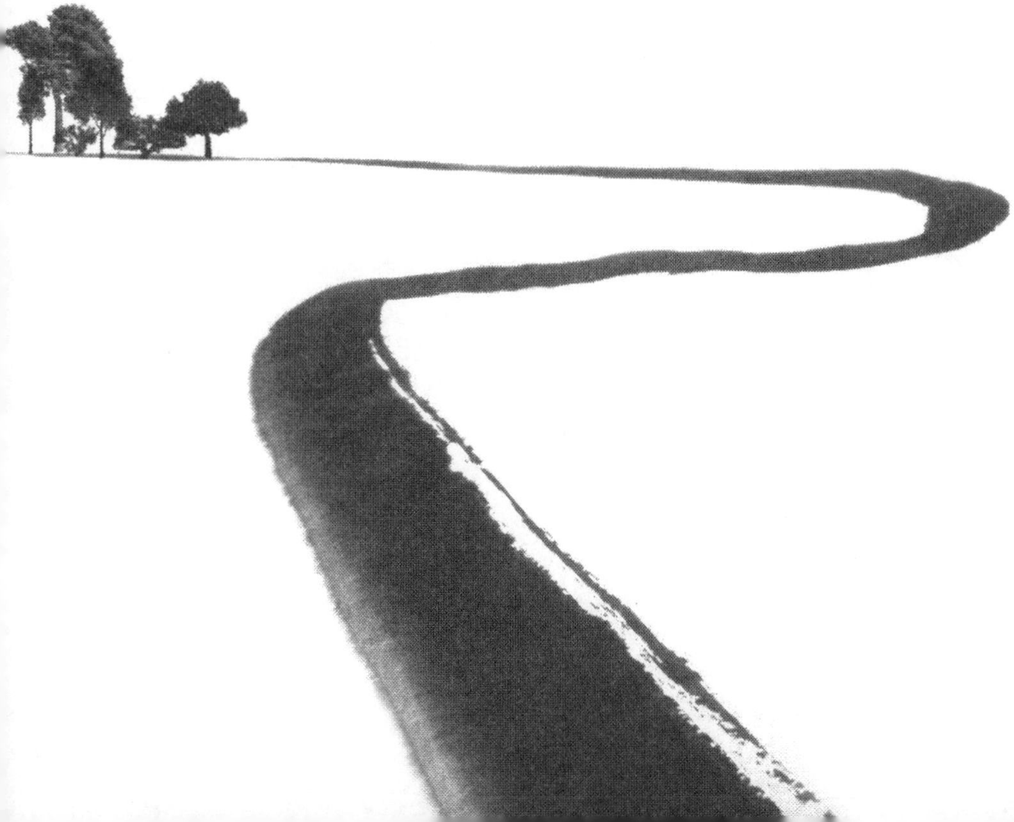

Chapter 1

홍익인본경영과 마켓 3.0 시대 Market Age[11]

> "마켓 3.0 시대에는 세 가지 영향력INFLUENCE을 고려한다.
> 첫째, 참여의 시대
> 둘째, 문화 마케팅CULTURE MARKETING
> 셋째, 창의적 사회의 시대이다."

▍마케팅의 역사적 발전

필립 코틀러 박사는 마케팅 분야의 1인자, 마케팅의 아버지라 불리는 전문가이다. 그는 〈마켓 3.0〉에서 새로운 마케팅의 변천과정에서 인본주의 시대를 예고하였다. 마케팅이란 시장을 창출하는 총체적인 활동이다. 따라서 마케팅의 변천과정을 보면 시장이 어떻게 변해왔는지 이해할 수 있다.1)

필립 코틀러 박사는 마케팅의 변천 역사를 3단계로 구분하여, 각각 '마켓 1.0', '마켓 2.0' 그리고 '마켓 3.0'이라고 불렀다. 오늘날 기업 대부분은 아직 1.0에 머물러 있고, 일부 기업들은 2.0을 선도하고 있으며, 아주

---

11) 원고를 3판 하고 있다. 필립 코틀러의 마켓 4.0/5.0이 출간되었다. 마켓 4.0의 핵심개념은 인간중심, 글로벌화/디지털화, 인간 복지 향상이고, 마켓 5.0은 고객 여정 내내 가치를 창출하고 전달, 제공, 강화하기 위한 인간의 모방 기술을 적용하는 것이다. 단순히 마켓 4.0에서 디지털마케팅을 활용한 것이라면, 마켓 5.0은 기계가 채워주지 못한 부분을 인간이, 인간이 채워주지 못한 부분을 기술이 채워주며 빠른 속도로 변하는 사회에 대응하고 최고의 고객 여정을 제공하는 것이라고 생각한다.

소수의 기업들만 3.0 시장을 향해 움직이고 있다고 말한다. 마켓 1.0은 제품중심의 시장이고, 마켓 2.0은 소비자중심 시장이고, 마켓 3.0은 가치중심의 시장이라 부른다.

마켓 1.0은 처음 산업화와 함께 시작되었다. 시장의 주도권은 생산자가 쥐고 있었다. 물품이 귀한 시대이니 한마디로 생산자가 왕이었다. 제품을 고객은 선택의 여지가 없었다. 헨리 포드의 말이 이 시대를 대표하는 표현이었다. "어떤 고객이든지 원하는 컬러의 자동차를 가질 수 있습니다. 단, 원하는 색이 검정색이기만 하다면 말입니다."

그런데 점차 생산품들이 많아지고, 생산자들이 경쟁하게 되었다. 오늘날 정보화 시대가 되면서 소비자들은 제품에 대한 정보를 쉽게 얻을 수 있었다. 따라서 이제는 제품을 팔기 위해서는 소비자의 입맛에 맞추어야만 했다. 이러한 시대에 '소비자가 왕'이라는 마케팅 전략을 구사하기 시작했다. 그러나 실제로 소비자가 왕은 아니었다. 이는 기업들이 소비자 구미에 맞추는 전략으로 시장을 키워나갔을 뿐이다.

그리고 이제 단순히 소비자가 왕이라는 개념이 통하지 않게 되자, 기업들은 새로운 전략을 수립하게 되었다. 이제 소비자가 이성과 영혼을 지닌 전인적 존재라고 생각하게 된 것이다.

오늘날 글로벌 자본주의가 전 세계를 장악하면서 환경의 파괴와 더불어 생존을 위협하는 것을 소비자들은 보게 되었다. 소비자들은 점차 인류의 공존에 관심을 갖기 시작했다. 또한 인류는 그 어느 때보다 정신적으로나 영적으로 성숙했다. 따라서 이제는 제품을 선택하는 기준도 달라졌다. 기업이 공존의 미션과 비전, 가치를 실현하는지 관심을 갖기 시작했다.

따라서 마켓 3.0 시대의 기업들은 단순히 고객만족이나 이익 실현의 차원을 넘어서 좀 더 큰 미션과 비전, 가치를 통해 세상에 기여하는 데 관심을 갖게 되었다. 이런 기업들은 기업 활동을 통해서 사회적 문제들을 해결하는 데 관심을 기울이기 시작했다.

즉, 이런 기업들은 드디어 빈곤과 빈익빈 부익부, 환경 파괴와 같은 현실적인 문제를 뛰어 넘을 수 있는 상품과 서비스를 만들어내는 데 관심을 기울이기 시작한 것이다.

| 마켓 3.0 시대와 필립 코틀러의 힘

마켓 3.0 기업들은 단순히 기업 홍보를 위해서 '사회 환원' 이나 혹은 '사회적 기업'을 슬로건으로 내거는 것이 아니라, 더 나은 세상을 만드는 일을 하고자 한다.

마켓 3.0 시대에는 세 가지 영향력INFLUENCE을 고려한다.

첫째, 참여의 시대
둘째, 문화 마케팅GULTURE MARKETING의 시대
셋째, 창의적 사회의 시대

참여의 시대는 바로 SNS를 통해서 소비자들이 회사의 고유 업무 영역에 참여하게 된다. 따라서 과거의 소비자 개념이 아니라, 이제는 다양한

정보에 입각해서 결정을 내리는 주도적 주체이며, 기업에 유용한 피드백을 제공하는 행위자가 된다.

따라서 마켓 3.0 시대는 협력마케팅이 첫 번째 요소가 된다. 이제는 기업들이 주주와 협력사, 직원뿐만 아니라 소비자와도 협력해야 한다.

세계화의 역설 중 하나는 중국의 사례로서 중국은 자본주의에 꼭 민주주의가 필요한 것이 아니라는 것이고, 또한 세계화는 경제적 통합을 요구하지만, 많은 나라들이 경제적 불평등이 더 심해지고 있으며, 세계화가 획일된 문화가 아닌 다양한 문화를 창출하고 있다는 것이다.

사실 필립 코틀러가 지적한 '글러벌 패러독스PARADOXES'는 관점을 달리하면 전혀 역설적인 것이 아니다. 이는 글로벌 자본주의 자체가 지닌 결함 때문에 일어나는 일이기 때문이다. 그래서 문화 마케팅은 마켓 3.0 시대의 글로벌 패러독스를 해결할 두 번째 요소로 등장하고 있다. 이제 기업들은 반드시 자사의 비즈니스와 연관된 공동체의 현안들을 이해해야 한다. 소비자 공동체, 직원 공동체, 협력사 공동체, 주주 공동체 등의 관심사를 알아야 한다.

마켓 3.0 시대의 세 번째 힘은 '창의적 사회'의 부상이다. 창의적 사회 구성원들은 과학, 예술, 전문 서비스 등과 같은 창의적 부문에서 일하는 우뇌형 인간들이다. 다니엘 핑크는 《새로운 미래가 온다》에서 앞으로 창의적인 우뇌형 인간의 시대가 될 것이라고 말한다.

지금 전 세계에서 창의적 사회가 성장하고 있다. 에이브러햄 매슬로우는 인류에게는 반드시 충족시켜야 할 욕구 단계가 있다는 이론을 발표했다. 매슬로우의 욕구 단계는 생존, 안전과 안정, 소속과 사회, 존중, 자기실현의 5단계가 있고, 하위 단계부터 충족되기 전에 상위 단계의 욕구를 충족시킬 수 없다는 주장이다. 한편, 이것이 자본주의의 뿌리가 되었다. 그러나 그는 죽기 전에 자신이 예전에 한 말을 후회하면서, '피라미드를 뒤집어 놓았어야 옳았다'는 취지의 말을 했다고 한다.

창의적인 사람들은 자기실현, 즉 영적인 면을 더 중요시한다. 따라서 마켓 3.0 시대에는 소비자의 욕구를 충족시키는 제품이나 서비스뿐만 아니라, 영적인 측면까지 감동시키는 사업이 필요한 것이다. 그래서 의미의 공급SUPPLYING MEANING이 미래형 마케팅의 가치명제가 되는 것이다.

그래서 미래 사회는 영성 마케팅과 공동체 마케팅이 마켓 3.0 시대를 이끌고 갈 가장 필요한 요소로 떠오르고 있다. 마켓 3.0 시대는 소비자들의 행동 방식이나 태도의 변화에 크게 영향을 받는 시대이다. 이 시대의 핵심 키워드는 협력, 문화, 영성이다.

필립 코틀러PHILIP KOTLER 박사는 지난 60년간 마케팅은 비즈니스 세계에서 가장 흥미로운 주제 중 하나였다고 말한다. 마케팅의 핵심 부분 세 가지는 바로 제품, 고객, 브랜드 관리이다. 1950~1960년대는 제품관리에 맞추어졌으며, 1980년대에는 고객 관리가 중심이었고, 1990년대에서 2000년대에는 브랜드 관리가 핵심이었다.

초기의 마케팅은 재무와 인적 자원을 비롯한 생산을 뒷받침하는 여러 중요한 기능 중 하나에 불과했으며, 제품에 대한 '수요'를 발생시키는 것이 핵심 기능이었다. 1960년대 제롬 맥카시(JEROME MCCARTHY)는 상품 PRODUCT을 개발하고 가격PRICE을 결정하고 제품을 판촉PROMOTION하고 장소PLACE를 마련하는 4P 이론을 창안했다.

그러나 1970년대 오일쇼크와 1980년대는 전 세계 경기는 불안정하고 아시아의 개발도상국들만 경제성장을 하는 동안 기존 마케팅 개념만으로는 수요창출이 어려웠고, 소비자들은 점점 더 까다로워졌다.
그래서 기존 4P에 사람PEOPLE, 공정PROCESS, 물리적 환경PHYSICAL EVIDENCE, 여론PUBLIC OPINION, 정치적 권력POLITICAL POWER 등 4가지를 추가하게 되었다.

마케터들은 마켓 1.0 시대의 '제품'중심에서 벗어나 '고객'중심의 활동에 눈을 뜨게 되었다. 마켓 2.0 시대에는 시장 세분화SEGMENTATION, 타킷 설정TARGETING, 포지셔닝POSITIONING을 포함하는 STP 전략 등 고객 관리 분야가 발달하게 되었다.

그러나 PC의 보편화와 1990년대 인터넷의 보급으로 인간 대 인간의 상호작용이 더 활성화되었고, 입소문 정보도 더 빠른 속도로 전파되면서 기존의 마케팅 전략을 발전시켜야 했다.

그래서 마케터들은 '감성 마케팅'과 '체험 마케팅', '브랜드 자산'과 같은 새로운 개념들을 발전시켰다. 2000년대 들어와서 '브랜드 관리'는 중요한 활동이 되었다.

하지만 지난 60년간의 마케팅은 대부분이 '수직적'이었다고 필립 코틀러는 말한다. 즉, 고객만족을 말하지만 알고 보면 소비자는 수동적으로 제품을 구매하고 서비스를 받는 대상에 불과했다는 것이다. 즉, 소비자들이 기업이나 혹은 마케터들보다 더 똑똑할 리가 없고, 정보도 부족하며, 속이기 쉬운 존재로 여겼던 것이다. 소비자 의견을 듣는다고 해도 참고사항이었던 수준이었다.

하지만 지금은 상황이 달라졌다. 이제 '수평적'인 마케팅이 필요하다. 필립 코틀러는 오늘날 소비자들은 그들만의 커뮤니티를 결성하고, 그들만의 제품과 경험을 '공공으로' 창조한다고 지적한다.

앞으로의 마케팅은 소비자들이 참여하는 공동창조와 커뮤니티화COMMUNITIZATION, **그리고 캐릭터 가치에 역점을 두어야 한다.**

소비자들이 참여하는 공동창조와 커뮤니티·캐릭터 가치에는 세 가지 핵심 과정이 있다.2) 첫째, 기업은 앞으로 특정 필요에 맞춰 수정하고 커스터마이징CUSTMIZING할 수 있는 기본적인 플랫폼을 창조해야 한다. 둘째, 네트워크에 속한 개인 소비자는 자신의 독특한 개성을 반영해서 그러한 플랫폼을 커스터마이징할 수 있어야 한다. 셋째, 소비자들에게 피드백을 요청하여 소비자 네트워크의 커스터마이징 노력을 모두 통합해 원래의 플랫폼을 보강하고 발전시켜야 한다. 즉, 앞으로는 기업과 고객이 공동으로 모든 것을 추진해야 하는 것이다.

이제 소비자들은 다른 소비자들과 일종의 커뮤니티를 형성하는 시대이다. 따라서 기업은 이제 소비자들의 커뮤니티 형성을 지원해야 한다.

이러한 공동체는 비즈니스가 아니라 공동체 일원을 위해 존재한다는 점을 기업들이 알고 공동체 구성원들을 만족시킬 수 있도록 해야 한다고 세스고딘과 수잔 프르니에는 각자의 저서에서 말하고 있다.3)

앞으로 기업들은 소비자와 브랜드를 연결할 수 있는 브랜드 아이덴티티를 구축해야 한다. 스타벅스의 하워드 슐츠(HOWARD SCHULTZ), 버진그룹의 리처드 브랜슨(RICHARD BRANSON), 애플의 스티브 잡스(STEVE JOBS) 등은 감성 마케팅으로 소비자들의 감성에 호소하여 성공을 거두었다. 스타벅스는 '커피를 마시는 제3의 장소', 버진의 '틀에 박히지 않은 마케팅', 애플의 '창조적인 상상'은 모두 감성 마케팅을 구체화한 것이다.

그러나 앞으로 소비자들의 '영혼'을 감싸 안는 단계로 진화해야 한다. 마켓 3.0 시대에는 브랜드와 포지셔닝, 차별화DIFFERENTATION 삼각형을 이루고, 여기에 브랜드 아이덴티티BRAND IDENTITY, 브랜드 품격BRAND INTEGRITY, 브랜드 이미지BRAND IMAGE 등 3I가 적용되어야 한다고 코틀러는 말한다.4)

브랜드 아이덴티티는 소비자들의 지성에 호소하여 브랜드를 적절히 포지셔닝하는 것이고, 브랜드 아미지란 소비자들이 브랜드에 애착을 느끼는 감성에 호소하는 것이며, 브랜드 품격이란 소비자들의 신뢰를 바탕으로 영성에 호소하는 것이다.

필립 코틀러의 주장과 같이 마켓 3.0 시대의 기업들은 보다 인간적인 측면에서 마케팅을 하게 된다고 말한다. 이는 바람직한 현상이다. 코틀러는 이 분야의 최고 전문가답게 마케팅의 역사와 앞으로의 방향을 잘 설명하고 있다.

다만, 이와 같이 발전에 발전을 거듭하고 있는 마케팅이 겨우 마켓 3.0 시대에 와서야 비로소 인간적인 냄새가 나는 이야기를 하는가 하는 점이다. 필립 코틀러의 마케팅 변천 이야기는 단순히 경영의 관점에서 생각한다면, 아주 훌륭한 결론이라고 볼 수 있다.

그러나 우주선 지구호에서 인류는 지금 단순히 경영의 차원에서 해결하지 못하는 근본적인 딜레마에 직면하고 있다. 그것은 인류의 생존이 달려있는 심각한 문제들이 산적해 있기 때문이다.

오늘날 부유한 국가, 기업 그리고 개인들이 전 세계의 모든 부를 거의 독식하면서 인류는 가장 부유한 시대에 살고 있으면서 대다수는 가장 빈곤하게 살며, 기아와 질병에 시달리고 있다는 점이다.

홍익인본주의 관점에서 본다면, 오늘날 마케팅이라고 하는 영역은 출발선에서 빗나간 것이다. 즉, 기업의 관점에서 시장을 창출하는 것 자체가 매우 가치 있는 활동이다. 그것은 기업의 이윤을 만드는 구체적인 활동이기 때문이다.

그렇다면 기업의 이윤 추구가 어떤 면에서 문제가 되는 것인가? 처음부터 마켓 3.0의 원리로 사업을 해야 할 것이다.

필립 코틀러 박사가 지적하듯이 오늘날 마켓 3.0 시대[12]는 '가치주도'의 시대로 접어들었고, 처음으로 사람들을 단순히 소비자로 대하지 않고 이성과 감정과 영혼을 지닌 전인격의 존재로 바라보기 시작했다고 말한다.

바로 이 대목에서 다시 생각해봐야 한다. 그렇다면, 그동안 기업들은 소비자, 즉 인간을 전인격적인 존재가 아닌 어떤 것으로 봤다는 말인가? 바로 마케팅의 대상, 즉 돈을 벌기 위한 수단, 도구로 인식했던 것이다.

오늘날 글로벌 자본주의와 다국적기업들은 처음부터 인본주의 개념이 없었다. 만일 처음부터 인본주의적인 경영을 했다면, 마케팅의 관점은 완전히 달라졌을 것이다. 아마도 처음부터 마켓 3.0의 방식에서 시작했을 것이다.

따라서 보다 많은 이윤을 창출하고, 그 이윤을 독점하여 소수의 자본가들만 엄청난 부를 축적하고 있는 다국적기업들과 대기업들이 발빠르게 마켓 3.0의 전략들을 수용한다고 하지만, 그것이 필립 코틀러 박사가 말하는 것처럼 진짜 인본주의적인 관점에서 하는 일이 될지는 두고 봐야 할 것이다.

기존의 기업들이 생존을 위해서 소비자에 대한 태도를 바꾸었다는 점은 기존의 시장 즉 글로벌 자본주의가 오랫동안 군림하던 시장이 문제가 있다는 의미도 되는 것이다.

---

12) 이미 코틀러 박사는 마켓 1.0~5.0까지 출간하였다. 과연 마케팅 분야의 석학임을 증명하는 저서들이다. 하지만 필자는 각국의 시장 상황, 문화, 정치, 경제 상황 등을 고려하여 마켓 3.0을 기준하여 서술하였다.

이제는 마케팅의 근본적인 패러다임이 변해야 한다. 그것은 기업이 돈을 벌기 위한 수단으로서 고객 혹은 소비자를 생각하는 관점 자체가 변화되어야 하며, 생산자, 유통자, 구매자가 함께하는 인본주의적 영성마케팅 개념이 필요하다는 것이다.

홍익인간 정신을 가진 기업인이라면 고객, 즉 소비자가 바로 자신과 동등한 가치를 지닌 인간으로 생각하면서 마케팅을 펼칠 것이다. 그렇다면 그런 기업은 처음부터 소비자, 즉 고객의 영혼을 위한 제품과 서비스는 물론이고, 기업의 이윤 자체도 그러한 고객으로부터 왔다는 사실을 자각할 것이다.

홍익인본주의 경영을 하고 있는 기업이라면, 과연 어떤 제품과 서비스를 생산할까? 과연 홍익인간 정신을 가진 기업인이 거대한 공장을 지으면서 산림을 훼손하고 생태계를 파괴하는 폐수와 산업폐기물을 배출하면서 지구 온난화의 주범인 배기가스를 내뿜는 사업들을 할 것인가?

마켓 3.0 시대에 기업들이 단순히 소비자를 인간으로 대우한다는 것만으로는 부족하다. 이제는 기업 자체의 존재 목적도 바뀌어야 한다고 생각한다. 진정한 마켓 3.0 시대로 발전하고자 한다면 기업의 경영진들이 단순히 기업의 비전을 인간적으로 만든 것에 만족해서는 안된다.

물론 이러한 마켓 3.0 경영은 이 시대의 모든 영리 기업들이 채택할 리가 없다. 아마도 이미 충분한 마켓 장악력이 있는 다국적기업이나 대기업들은 마켓 3.0의 전략들을 채택하여 보다 지능적으로 사업을 펼칠 것이 분명하다.

하지만 새로 사업을 시작하거나 작은 규모의 사업체라면, 처음부터 홍익인본주의 경영을 시작하는 것이 바람직하다. 그럴 경우, 필립 코틀러 박사가 제안하는 마켓 3.0의 전략은 매우 가치 있는 경영 전략이 될 수 있을 것이다.

Chapter 2

홍익인본주의 실천 : 선물경제 · 협동소비

> "화폐가 교환의 수단일 때에는
> 경제활동을 원활하게 하는 도구로서 아무런 문제가 없다.
> 그러나 이것이 저장할 수 있는 기능으로 인하여
> 재산으로서의 가치를 갖게 되면서
> 전혀 다른 역할을 하게 된 것이다."

| 선물경제 GIFT ECONOMY 1)

선물경제란 개념은 《신성한 경제학의 시대》의 저자인 찰스 아이젠스타인이 제시한 것이다. 우리가 아이젠스타인의 이야기에 주목하는 것은 바로 홍익인본주의가 주장하는 '경세제민經世濟民'에 적합한 개념이기 때문이다.

아이젠스타인이 말하는 선물경제는 홍익인본주의가 현재의 글로벌 자본주의의 근본적인 문제를 해결하는 방법으로 채택할 수 있는 공동체경제를 위한 인본주의적인 경제 체계이다. 이하 아이젠스타인의 견해를 정리하여 선물경제가 무엇인지 살펴보기로 한다.

선물경제 GIFT ECONOMY란 화폐경제와는 상반된 개념이다. 물론 현재의 경제학자들이 인식하고 인정하는 경제가치관은 아니지만 매우 의미가 있다. 선물경제를 이해하기 위해서 우선 화폐경제에 대하여 이해할 필요가 있다.

오늘날 우리가 알고 있는 화폐란 무엇인가? 현실의 화폐는 크게 두 가지 기능을 담당한다. 하나는 가치 교환의 수단이고 또 다른 하나는 가치 저장의 수단이다.

화폐가 교환의 수단일 때에는 경제활동을 원활하게 하는 도구로서 아무런 문제가 없다. 그러나 화폐가 저장할 수 있는 기능으로 인하여 재산으로서의 가치를 갖게 되면서 화폐는 전혀 다른 기능과 역할을 하게 된다.

화폐가 저장의 수단으로서 자본주의적인 탐욕의 세상을 만들어내고, 또한 사유재산을 위한 부의 축적 수단으로 활용되면서 오늘날의 빈익빈 부익부 사회를 만드는 데 한몫을 하고 있다.

따라서 돈의 기능 중에서 가치 저장의 수단을 낮게 하면 매우 인본주의적인 경제 활동이 전개될 수 있다. 이렇게 교환을 목적으로 만들어진 화폐가 바로 지역화폐이다.[13] 지역화폐에 대해서도 뒤에서 다시 설명하기로 한다.

그러나 근본적인 문제는 오늘날의 화폐 경제가 지닌 비상식적이고 반인본적인 원리 때문이다. 그리고 화폐라는 돈은 고리대금 즉 이자를 먹고사는 괴물로 태어났다고 본다. 자본주의는 이자를 먹고사는 괴물인 돈을 활용하여 세상의 모든 것들을 '화폐화'함으로써, 세상에 결핍을 창조하고 있는 것이다.

여기서 우리는 고리대금의 화폐와 세상 모든 것들을 화폐화하는 자본

---

13) 이미 지역화폐는 지방정부(지자체)에서 실시를 하고 있다.

주의에 대한 이해가 필요하다.

오늘날 무수한 형태의 재산들은 모두가 돈으로 사고 팔 수 있다는 점이다. 문제는 현재 모든 형태의 재산은 한 때 누구의 것도 아닌 공유자원에서 나온 것이다. 예를 들면, 땅은 원래 누구의 것도 아니었는데 그것을 소유하고 돈을 내라고 하는 일 자체가 자본주의의 시작이 되었다.

또한, 이자는 범죄의 수익금 또는 이미 저질러진 범죄로부터 계속 나오는 수입 그 이상의 의미를 지닌다. 이자는 계속되는 범죄의 엔진 역할을 한다. 이자는 우리가 아무리 선한 의도를 가졌더라도 좋든 싫든 지구를 파괴하는 일에 공범이 되도록 강요한다.

오늘날의 화폐 시스템 자체는 인류에게 불리의 관념을 만들어냈으며, 신용 기반, 이자 주도의 경제 시스템을 만들어냈다. 또한 화폐자본주의는 경쟁과 양극화 그리고 탐욕을 낳는 시스템이며, 끝없이 급격한 성장을 강요하는 시스템, 그리고 가장 중요하게는 그 성장의 연료, 즉 사회자본, 자연자본, 문화자본, 영적자본을 전부 다 화폐화하여 바닥이 드러나게 하고 있는 것이다.

오늘날 화폐 시스템의 반대 방향은 곧 탐욕 대신 공유, 양극화 대신 평등, 공유자원의 약탈 대신 강화, 성장 대신 지속가능성을 가져오는 방식이다. 이는 곧 선물경제의 기능을 회복함으로써 가능하다.

| 화폐경제의 모순

오늘날 돈은 만들어지는 순간부터 고리대금의 성격이 내재되어 있다.

미美연방준비은행이 이자가 붙은 유가증권을 공개 시장에서 사들일 때부터 돈의 위력이 시작된다. 연방준비은행 또는 중앙은행은 버튼 하나로 새 돈을 찍어낸다. 돈이 만들어지면 그만큼 빚이 만들어지는데, 만들어진 빚은 돈보다 항상 더 많은 액수라는 의미가 된다. 두 번째는 은행이 사업체나 개인에게 대출할 때 새로운 돈이 만들어진다.

또한 고리대금은 지구상에 만연한 결핍의 원인이자 이 세상을 집어삼키는 글로벌 자본주의의 무한 성장 엔진에 연료를 공급하는 것이다. 베르나르 리에테르(BEMARD LIETAER)는 《돈의 미래THE FUTURE OF MONEY》에서 고리대금의 원리를 잘 설명하고 있다.

이자로 인해 빚진 돈은 언제나 현존하는 돈보다 많을 수 밖에 없고, 돈을 새로 찍어 시스템을 계속 유지하기 위해서 우리는 상품과 서비스를 계속 늘려야 한다. 즉, 이전에 공짜였던 것들을 돈을 받고 파는 것이다. 숲을 목재로, 음악을 상품으로, 아이디어를 지적 재산으로, 사회적 호혜를 유료 서비스로 바꾸는 것이다. 이렇게 모든 것들을 상품화하여 이제 남은 것이라곤 거의 없는 세상이 되었다.

땅이든 문화든, 막대한 공유자원이 사유화되고 팔려나갔다. 이것은 바로 화폐경제의 기하급수적 성장을 유지하기 위해서 하는 일이다. 외식문화가 인류 식사의 3분의 2가 되는 이유, 약초를 이용한 민간요법이 의약품을 대체하는 이유, 보육이 유료서비스가 된 이유, 식수가 음료 시장에서 가장 높은 성장세를 보여준 이유는 바로 이자 기반의 화폐경제가 끊임없이 성장하도록 우리의 삶과 세계와 영혼을 가차 없이 돈으로 바꿔놓기 때문이다.

모든 악의 근원은 돈이 아니라 고리대금이다. 이자를 낳은 빚은 언제나 새로운 돈을 수반하기에 빚의 총액은 언제나 현존하는 돈의 총액을 넘어선다. 이자 기반의 화폐 시스템은 돈으로 환산되는 상품과 서비스의 규모가 돈의 증가와 계속 보조를 맞추어 가는 동안에는 문제가 없다.

그런데 현실에서는 언제나 경제성장율이 이자율보다 낮기 때문에, 채무불이행이 당연히 일어나게 된다. 채무불이행을 막는 방법으로 채무자에게 돈을 더 빌려주는 것인데, 이렇게 일시적인 돌려막기 방식이 지난 몇 년간 세계경제가 걸어온 길이다. 오늘날 많은 개인과 국가들이 로마시대의 채무 노예와 비슷한 상태로 전락하고 있다.

이러한 근본적인 문제는 현재의 이자 기반의 화폐 시스템에서는 해결될 수 없는 일이다. 이자는 대략 여섯 가지 요소로 이루어진다. 위험 프리미엄, 대출 비용, 인플레이션 프리미엄, 유동성 프리미엄, 만기 프리미엄, 무위험 이자 프리미엄이다. 이 중에 마지막 요소인 무위험 이자 프리미엄이 고리대금에 해당한다. 오늘날 돈을 가진 사람은 이런 이자 때문에 부를 늘릴 수 있다는 것이다.

부의 양극화를 피하려면 이자율이 경제성장률보다 낮은 수준이어야 한다. 생산보다 소유를 통해 더 빨리 부자가 될 수 있는 현재 구조에서는 대책이 없는 것이다. 그런데 경제성장률이 높아지면 당국은 이자율을 높이기 때문에 결국 부자들에게 힘을 보태주는 결과가 되는 것이다. 〈21C 자본, 피게티, 2015, 글항아리〉

또 돈이 많을수록 돈 쓸 때 급할 일이 안 생기지만, 반면 돈이 없는 사람들은 이자를 부담하고 돈을 쓰게 되므로 결국 악순환이 계속되는 것이다.

부의 재분배가 없다면 빚과 이자 기반의 화폐 시스템에서는 사회적 혼란을 피할 길이 없다. 부의 재분배 방법은 세금과 복지 투자, 국가나 개인의 부채 탕감 혹은 파산, 그리고 인플레이션이 있다.

하지만 증세를 통한 재분배 정책들은 부자들과 보수정권이 거부할 것이다. 그래서 세계의 많은 국가들은 온건하게 부를 재분배하든지 혁명과 폭력적 재분배가 될 때까지 내버려두든지 양자택일의 기로에 서 있다.

옛날에는 군사력과 강제조공이 제국의 유지수단이었다면 지금은 빚이 그런 수단이다. 빚 때문에 국가와 개인의 생산력을 돈에 바치고 있는 셈이다.

제3세계 어느 한 국가라도 빚을 청산하고 자국민을 위해 생산력을 바칠 날은 절대 오지 않는다. 개인이 학자금, 신용카드, 모기지 대출을 다갚을 날도 절대 오지 않는다.

한 예로, 2008년 아이티의 외채를 국제통화기금, 세계은행, 미주개발은행이 탕감해 주게 되었다. 그러나 아이티는 결코 빚의 족쇄에서 벗어나지는 못했다. 파산은 일시적으로 부의 집중을 지연시킬 뿐이고, 인플레이션도 근본적인 부의 분배는 해결하지 못한다.

| 화폐 시스템의 위기

오늘날 화폐 시스템 자체가 수세기 동안 문명을 지배해온 결핍의 사고방식이 구현된 것이고, 이런 구조적 결핍으로 다수의 사람들이 풍족하게 사는 것은 불가능하다.

오늘날 이자 기반의 화폐경제가 직면한 금융위기는 더 이상 돈으로 전환할 사회 자본, 문화 자본, 자연 자본, 영적 자본이 남아있지 않기 때문이다. 이는 글로벌 자본주의가 수세기 동안 지구상의 모든 것들을 화폐화함으로써, 더 이상 팔 수 있는 것이 없을 만큼 빈곤해졌기 때문이다.

또한, 숲이 회복 불가능할 정도로 훼손되었고, 토양은 유실되어 바다로 들어가고, 어장에는 물고기가 씨가 말랐고, 노래와 이야기, 이미지와 상징들의 문화적 자본은 약탈당하고 복제 금지되었다. 이제는 아무리 좋은 아이디어를 내도 이미 누군가 상표등록을 해 놓았을 것이다. 과거에는 돈으로 살 필요가 없었던 모든 것들, 의식주, 오락, 보육, 요리 등을 사는 데 모르는 사람들을 의존하고 돈에 의존해서 살아야 했다. 우리의 삶 자체가 지나치게 상품화된 것이다.

오늘날 우리는 건강, 생물권, 유전자, 심지어 정신까지, 우리에게 주어진 신성한 것들을 마지막 하나까지 팔아치우고 있다.

오늘날 세계화는 알고 보면 개발도상국—이는 선진국의 입장에서 자연과 사회적 자산이 아직 사유화되지 않은 상태로 남아있는 국가—의 자산을 약탈해 끝없이 집어삼키고 끝없이 돈으로 뱉어내어 기계에 집어넣는 과정이다.

오늘날 자본주의가 직면한 위기는 이윤 감소, 임금 하락, 소비 침체, 과잉생산 등 끝없이 성장해야만 감당할 수 있는 화폐경제를 위해서 새로운 사회, 자연, 문화, 영적 자본 영역을 무한정 발굴하여 돈으로 전환하면서 만들어낸 결과물이다.

오늘날 금융자본은 고대 중국 신화에 나오는 엄청난 식욕을 가진 '도철'이라는 괴물처럼, 화폐화되지 않은 공유자원을 다 먹어치우고, 이제는 제 몸통인 산업경제까지 먹으려하고 있다.

노예제도의 형식은 시대에 따라 변했지만 그 본질은 변하지 않았다.

소득으로 빚을 갚지 못하게 되면 채권자는 재산을 압류한다. 화폐경제가 지배하는 모든 국가에서 사람들은 생산적인 노동을 빚 갚는 데 바치고, IMF 지원을 받은 국가들은 국가 경제 전체가 외채를 갚는 데 바쳐진다. IMF 긴축 조치는 법원이 강요하는 채무상환 계획과 똑같다. "허리띠를 졸라매고, 더 열심히 일하고, 수입은 빚을 갚는 데 더 많이 써야 한다. 지금 가진 것과 앞으로 벌어들일 것을 모두 내게 넘겨야 한다." 근로자 연금, 교원 연금, 광물, 석유까지 모든 것이 빚을 갚는 데 쓰인다.

오늘날 금융위기와 저성장 위기는 서로 얽혀있다. 즉, 이자 기반의 부채 및 화폐가 경제성장을 강요하며 부채 위기는 성장이 둔화될 때마다 나타나는 징후이다.

오늘날 경제 문제의 원인으로 지목되는 신용 거품은 원인이 아니라 징후이다. 1970년대 후반의 상품 거품, 1980년대 부동산 투자 거품, 1990년대 닷컴 거품, 2000년대 부동산 및 금융파생상품 거품까지 계속 다른 거품을 만들어내며 경제성장의 환상을 이어왔다.

문제는 이제 과잉생산을 따라갈 충분한 수요는 없고, 돈으로 전환할 사회자본, 자연자본도 거의 없다는 점이다.

공동체의 필요성과 미래

그렇다면 오늘날 이러한 글로벌 경제위기에는 대안이 없는가?

찰스 아이젠스타인은 분명하게 말한다.

답이 있다. 바로 공동체경제가 그 답이다.

근본적인 문제 원인인 고리대금, 즉 이자 기반의 화폐경제에 의존하지 않고 선물경제를 복원하는 공동체정신이 바로 해답이다. 이는 지금까지의 자본주의가 추구했던 반대의 방향이다. 즉, 모든 것들을 화폐화하는 글로벌 자본주의가 만들어낸 금융의 '도철'이란 괴물을 제거하는 것이다.

오늘날 자본주의 구조 하에서는 사람들이 일자리를 잃고 물건 살 돈도 없을 만큼 가난해지면, 화폐경제 스스로가 자연스럽게 공동체정신으로 발현될 수 있을 것이다. 이는 상품과 서비스 영역에 있던 것들을 선물, 호혜, 자급자족, 공유의 영역으로 되돌리는 작업을 하는 것이다.

무엇보다도 미래의 안전이 걱정이라면, 공동체야말로 최선의 투자처이다. 금융시스템이 무너지면 투자액 대부분은 단순한 종이조각이나 데이터 파일로 변할 것이다. 상황이 아주 안 좋아지면 실물인 금조차도 안전하지 않다.

히틀러, 레닌, 루스벨트가 그랬듯이 극심한 위기에 처한 정부는 개인이 보유한 금마저 몰수할 수 있기 때문이다. 정부 권력마저 무너지면, 총을 든 사람들이 몰려나와 금이나 재산을 약탈할 것이다.

이런 시기에 안전을 보장해 주는 것은 오직 공동체뿐이다. 감사의 마음, 인간관계, 주위 사람들의 도움뿐이다.

아이젠스타인은 말한다. "내가 투자 상담사라면, 지금 가진 것을 주위 사람들, 즉 공동체에게 지속적으로 투자하라고 권하겠다."라고 이는 공동체 경제의 중요성을 강조한 것이다.

그렇다면 공동체에서 할 일이 무엇일까?

바로 자연과 사회자본의 화폐화를 막는 일이다. 예를 들어, 숲을 개발로부터 지켜내고, 도로 건설을 막고, 공동육아그룹을 만들고, 스스로 치료하고, 집을 짓고, 음식을 만들어 먹고, 옷을 만들어 입도록 사람들을 가르친다면 공유자산을 창출하거나 늘린다. 그리고 세상을 먹어치우는 화폐경제라는 괴물을 막아낸다면, 그 괴물의 수명을 단축시키는 데 일조하게 된다.

또한 생물다양성, 비옥한 토양, 깨끗한 물 등 어떤 형태의 자연자원이라도, 화폐화의 매개체가 아닌 어떤 사회제도나 공동체라도 돈 이후의 삶을 지탱하고 풍요롭게 만들 것이다.

한편으로 이 화폐 시스템이 붕괴될 때 의식주와 삶의 즐거움 일부라도 돈에 의존하지 않게 된 사람은 과도기 고통을 훨씬 더 견디기 쉬울 것이다.

아직 투자할 돈이 남아 있다면 공동체 건설, 자연보호, 문화자원보존을 추구하는 일에 투자하되, 투자수익은 제로 또는 마이너스라고 생각하라.

투자할 돈이 없다면, 이미 화폐화된 것들을 화폐경제 밖으로 되돌리는 일을 할 수도 있다. 예를 들어 재활용품이나 폐품을 활용하는 일, 사고파는 대신에 주고받고 만들어 쓰는 일, 새로운 기술과 노래를 익히거나 남에게 가르쳐 주는 일 등 돈을 지불하지 않고도 우리 자신이나 타인을 위해서 하는 모든 일들에서 돈의 지배력을 줄일 수 있고 선물경제를 키워 다가오는 과도기를 극복하게 해 줄 것이다.

| 인문자본의 힘 : 사회적 자본

아이젠스타인이 말하는 '신성한 경제'는 홍익인본주의에서 말하는 경세제민涇世濟民과 공통되는 부분이 많다. 구체적인 실행 모델을 제시한 것을 참고하기 위하여 요약되어진 부분을 그대로 소개한다.

이것은 '홍익인간'의 정신으로 인류공영을 위한 '새로운 경제 체제'를 만드는 데 필요한 조치라고 생각하기 때문이다. 물론 이는 모든 국가와 전 세계인들이 공감해야 할 일이므로 단계적으로 추진할 장기적인 일이기도 하다.

첫 번째, 역이자 화폐에 관한 내용이다. 즉 지급준비금에 대한 역逆이자와 시간이 지날수록 가치가 줄어드는 현금 통화를 만든다. 이는 성장 없이도 번영이 가능하고 부의 공정한 분배가 구조적으로 이루어지고, 미래 현금 흐름의 할인이 사라져 더 이상 단기적 수익에 미래를 저당잡히지 않아도 된다. 이 경우 일반인은 현재와 달라지는 것이 없고 돈으로 돈을 벌려는 투자자들만 곤란해진다.

두 번째, 경제적 지대 공유자원 고갈에 대한 배상을 시행한다. 현 경제체제에서는 생산적인 일, 사회에 기여하는 일을 하지 않고 단지 소유하는 것으로 이득을 보기 때문에 부의 양극화를 피할 수 없다. 토지, 채굴권, 특허권 등 수많은 형태의 재산을 소유한 사람들은 경제적 지대로 알려진 그런 이득을 보고 있다. 이런 재산은 공익을 위해 사용하지 않는 한 개인 소유로 해서는 안 된다.

이미 토지 가치세나 석유와 광물 자원을 국유화하는 국가와 주주들이 있다. 토지 등 공유자원은 소유가 아니라 사용함으로써만 사적 이익을 얻게 만든다. 공유자원은 무엇이든 요금이나 세금을 납부하게 한다. 지적재산도 기간을 줄이고 공유자원 개념으로 사회적 환경적 이익을 위해 사용하는 사람들에게만 사용권을 배분해 주어야 한다.

세 번째, 사회 환경 비용의 내부화이다.[14] 이는 폐기물, 유독성 물질 등 오염과 환경 파괴로 인한 비용을 당사자가 아닌 우리 사회와 미래 세대가 물고 있다. 이는 부당하고 계속 환경 파괴를 부추기는 역할을 한다. 현재와 같이 법규 위반에 대한 벌금 등 규제만으로는 대책이 안 된다. 각각의 오염물질, 각각의 자연자원에 대해서 지구와 해당 생태지역이 수용할

---

14) 이미 ESG경영을 전제로 한 탄소중립화 제품들의 출현이 가속화되고 있다.

수 있는 총 배출 한도와 사용한도를 정하고 오염물질 배출권이나 자원 사용권의 할당을 다양한 방식으로 만든다. 그리고 지구의 선물 즉 폐기물을 흡수, 전환하는 지구의 수용 능력과 자원을 화폐 기반으로 하는 화폐 시스템으로 전환시키는 것이다.

한편으로 이 방법은 환경과 경제 대립 관계를 해소한다. 보존, 오염 방지, 유해 배기물 정화를 위한 거대 산업들이 등장하고 쓰레기 제로 생산이 일반화될 것이고 일회용이 줄어들고, 대량 생산품은 점점 더 비싸지고 내구성이 좋아지고 고쳐쓰기 좋아질 것이다.

결과적으로 모든 자원을 더 소중히 다루게 되고, 자동차나 기계, 장비, 연장 같은 자원 집약적 대형 상품은 이웃이나 공동체와 공유하게 될 것이다. 또한 주거 밀집도가 높아지고 집들은 더 작아지고 대형 주택에는 여러 세대가 살게 될 것이다.

또한, 경제적 지대의 제거와 이런 조치들은 소득에 대한 과세에서 자원에 대한 과세로, 즉 우리가 제공하는 것에 대한 과세가 아니라 가져다 쓰는 것에 대한 과세로 전환을 가져오고, 결국 소득에 대한 세금이 완전히 사라져, 우리는 기록 관리의 부담과 정부의 감시, 간섭에서 해방될 것이다.

네 번째, 경제 통화의 지역화이다. 오늘날 글로벌 자본주의는 지역들 간의 경쟁을 부추기어 임금과 환경규제 면에서 '바닥을 향한 경주'를 하게 만들고 있다. 지역경제로의 전환은 이미 여러 곳에서 시작되고 있다.

사람들은 도처에서 지역 공동체를 되찾으려는 노력을 하고 있고, 지역 상품 구매 캠페인을 벌이고 있다. 또한 각지의 수많은 공동체들이 지역화폐를 도입하고 있고, 지금은 보잘 것 없지만 익숙해지면 훗날 지역 정부가 뒷받침하는 지역화폐가 될 것이다.

또한 자연적 사회적 문화적 공유자원이 본래 생태지역적(BIOREGIONAL)인 것이므로, 공유자원을 기반으로 하는 화폐 시스템은 지역의 정치적 경제적 주권을 자연스럽게 강화시킬 것이다.

오늘날 글로벌 자본주의와 다국적기업들이 가져간 지역 기반의 모든 산업들이 다시 지역의 경제로 되돌아올 것이다. 우리가 먹는 음식의 대부분이 우리가 사는 생태지역에서 키운 것들로 조달되고 주택과 수많은 대량 생산품도 지역 재료를 써서 소규모로 생산되고 재활용될 것이다. 소도시의 경제가 되살아나고 진정한 지역 기업들이 주인이 될 것이다.

다섯 번째, 사회 배당금에 관한 이야기이다. 인류는 수천 년간 개발된 기술 덕분에 삶에 필요한 것 중 측정 가능한 것들을 생산하는 일이 매우 쉬워졌다. 이런 기술발전은 선조들이 준 선물이자 인류의 공동 재산이므로 누구나 공유할 자격이 있다.

인간이 만든 것뿐만 아니라 자연이라는 공동의 부도 마찬가지다. 지금의 경제시스템은 원래 우리의 것인 공동의 부를 얻기 위해서 일하도록 강요하고 있다. 경제적 지대에 대한 배상, 환경오염에 대한 과세 등으로 얻는 수익을 모든 시민들에게 사회배당금으로 지급하면 이 문제가 해결된다.

사회배당금은 부의 집중을 완화하고 디플레이션 위기를 예방한다. 사회배당금은 생계에 꼭 필요한 것들을 해결하는 수준으로 지급하는 것이 이상적이며, 그 이상의 돈은 벌고 싶은 사람들이 얼마든지 벌 수 있는 것이다.

사회배당금은 생계의 압박 때문에 일하는 것이 아니라 일하고 싶어서 일하게 할 것이다. 사회배당금이 실행되면 부자도 가난한 사람도 여전히 존재하겠지만, 가난하다고 해서 지금처럼 극심한 불안 속에서 살지 않아도 된다.

여섯 번째, 경제 역성장이다. 산업기술이 발전하고, 컴퓨터가 발전하고 인터넷이 발전하여 인간의 노동력의 필요성이 점차 줄어들었지만, 오늘날의 글로벌 자본주의는 소비를 부추기며 일의 노예가 되게 만들고 있다. 화폐 시스템의 강요에 의해 사회자본, 자연자본의 고갈을 가속화하고 있지만, 이제 더 이상 소비를 늘릴 수 없는 지경에 이르렀다. 경제 역성장이 실현되면 돈을 벌기 위한 일을 줄이는 선택할 수 있게 된다.

소멸 화폐, 자원 기반의 경제, 사회배당금 등 이 모두가 경제 역성장을 뒷받침한다. 그 결과 빈곤층과 중산층이 지금보다 더 풍족해진다. 경제역성장인데도 경제가 성장하는 듯한 효과를 느낀다. 화폐 영역은 위축되고 선물, 자원봉사, 여가, 측정 불가능한 것들의 영역이 확장됨에 따라 사람들은 비경제적인 활동에 점점 더 많은 시간을 투자하게 될 것이다.

특히 영상, 음악, 비디오, 뉴스, 책 등도 디지털 콘텐츠의 비용 제로화 추세도 계속될 것이다. 소비가 줄어들고 대신 더 많이 나누어 쓰고 임대가 줄어드는 대신 더 많이 빌려주며, 판매가 줄어드는 대신 더 많이 베풀게 될 것이다. 이 모두가 경제 역성장의 반영이자, 경제 역성장을 앞당기는 길이다.

마지막 일곱 번째는 선물문화와 P2P 경제이다.[15] 현대 사회는 모든 것들이 유료 서비스화 되면서 우리는 알고 지내던 사람들로부터 독립해 멀리 떨어진 익명의 서비스 제공자에게 의존하고 있다. 공동체가 위축되면서 소외, 고독, 심리적 고통을 가져오는 주된 이유이다.

오늘날 인터넷은 선물의 네트워크 역할을 하고 있다. 한때 높은 비용으로 생산되던 정보를 공짜로 제공하고 있다. 광고, 여행사, 저널리즘, 출판, 음악 등 많은 서비스들이 다양한 방식으로 선물의 영역에 들어오고 있으며, 오픈소스라는 선물 기반의 생산방식도 가능해지고 있다.

이제는 개인과 개인, 그리고 개인과 기업, 기업과 기업이 뮤추얼 크레디트 시스템을 통해서 은행의 중개 없이 신용을 창출할 수도 있다. 이미 크라우드펀딩(crowd funding)도 가능성을 인정받고 있다.2)

직접 선물을 주고받는 모임, 선물과 필요를 이어주는 온라인 조직을 통해 돈 없이도 많은 필요가 충족될 것이다.

이상은 찰스 아이젠스타인이 말하는 '신성한 경제'를 위한 7가지 대안들을 살펴보았다. 특히, 이것은 어느 한 요소만으로 효과를 낼 수 없고 일

---

15) 이미 탈중앙화 경제, 즉 블록체인 산업화가 생산, 소비 유통 분야에서 다양하게 운영되고 있다.

곱 가지 요소가 모두 어우러져야 효과적이라고 찰스 아이젠스타인은 강조한다.

*상기 내용에 대하여 자세히 공부하고 싶은 독자 분들은 〈찰스 아이젠스타인 「신성한 경제학의 시대」 2015, 김영사〉를 참고하시길 바란다.

그래서 홍익인본주의가 추구하는 이상은 찰스 아이젠스타인이 말하는 '신성한 경제'를 만드는 실천 경제학이다. 따라서 선물경제로 복귀하는데 필요한 구체적인 활동을 실행할 계획을 수립하고 있다. 이 책의 다음장에서 구체적인 실천 로드맵을 몇 가지 제시할 것이다.

| 홍익인본경제 : 선물경제GIFT ECONOMY의 실천

선물경제로 살아가려면, 선물을 베풀 의무뿐만 아니라 받을 의무도 인정할 필요가 있다. 기꺼이 선물을 받는 것은 감사와 의무로 이어지기에 그 자체가 관대한 행동이다. 우리가 베풀 수 있는 가장 중요한 선물 중 하나는 바로 기꺼이 선물을 받는 것이다. 인생 자체가 선물이며 우리가 베풀기 위해 태어났음을 깨달으면 자유로워진다.

결국 사는 동안 당신이 가져간 것은 당신이 죽을 때 함께 죽고, 당신이 베푼 것만 살아남는다.

우리가 가진 것에 덜 집착하는 것은 자립이나 분리의 맥락이 아닌 공존의 맥락에서만 의미가 있는 것이다. 세상과 거리를 두고 사는 사람은 세상에 도움도 피해도 줄 수 없지만, 세상과 관계를 맺으며 사는 사람은 자신이 가진 부를 현명하게 잘 사용할 기회가 있다.

우리는 무 집착, 자립, 초월의 망상에서 깨어나 우리의 확장된 자아와 다시 결합하는 것이다. 우리는 공동체를 갈망한다. 무 집착과 자립은 그저 망상일 뿐이다. 우리가 자연에, 서로에게 전적으로 의지하는 존재라는 것이다. (이 단락에서 말하는 자립은 '의지할 곳 없는 혼자'라는 뜻으로 해석해도 무방함).

선물은 사람 사는 이야기와 더불어 실가닥 처럼 관계를 맺으면서 공동체를 엮어간다. 선물과 이야기는 밀접한 관계가 있다. 이야기가 일종의 선물이 될 수 있고, 선물에 수반되는 이야기가 선물의 독특하고 개성적인 측면을 돋보이게 할 수 있다.

선물과 관련된 이야기는 사람들의 관대함과 공동체 의식을 불어넣는다. 지금 내가 당신에게 아낌없이 주면, 언젠가 당신이나 또 다른 누군가에게서 적절한 보답을 받으리라 믿는다.

| **다음은 찰스 아이젠스타인이 말하는 선물경제의 실천사항을 4가지로 정리해 본 것이다.**

첫 번째 시간이 지나면서 서로 주고받음의 균형이 이루어진다. 특히 생태적 비용의 내부화는 우리가 지구에 주는 만큼만 지구로부터 받게 만든다. 두 번째 선물의 출처에 감사를 표시한다. 즉 공유자원의 회복이란, 모두에게 속한 것을 사용하려면 모두에게 돌아가는 대가를 지불함으로써 감사를 표시해야 한다는 의미이다. 세 번째 선물은 쌓이지 않고 순환한

다. 즉 소멸화폐는 부가 소유되기보다 순환되는 것을 보장한다. 네 번째 선물은 가장 절실한 필요를 향해 움직인다. 특히 사회배당금은 모든 사람들의 생계에 필요한 기본적인 것들을 충족시킨다.

| 홍익인본자원 1 : 순환 생태경제

오늘날 자본주의가 가진 치명적인 결함은 바로 자연의 섭리에 거슬리는 부분이다. 그것은 바로 '부의 축적'이다. 인간을 제외한 자연계에서 모든 생명체들은 생존을 위해서 '먹을 것'을 저장하지만, 그 이외의 어떤 것도 축적하지 않는다.

오늘날 사회는 사유재산의 철창을 만들어내고 있다. 가난한 사람들은 어쩔 수 없이 돈을 축적하지 못하지만, 대다수의 중산층 이상은 돈을 비축한다. 물론 사회적으로 대규모 자본이 필요한 일들이 있다. 하지만 대부분의 부자들은 그들이 진짜 필요한 것이 아닌 전혀 쓰지도 않을 것들을 소유한다. 자유 대신에 스포츠카를, 왜소한 자아의 잃어버린 유대관계 대신에 대저택을, 진정한 존경 대신에 신분상승을 사들이면서 부의 가식으로 요새를 쌓아 올리지만 부가 안전을 보장한다는 믿음은 기만일 뿐이다.

선물의 사고방식은 세계의 풍요를 개인의 풍요로서 경험하고 그런 사고방식에 들어맞는 삶을 경험하기 때문이다. 내가 다 쓸 수 없을 만큼 많은 것들이 주어진다면 남은 것을 그냥 나누어줌으로써 감사를 이끌어낼 수도 있고 빌려줌으로써 감사 대신 의무감에 기댈 수도 있다. 어떤 의미에서 선물을 받으면 우리는 풍요로운 선물의 원천을 '쌓아나가는' 셈이다.

부의 비축적의 목적은 부의 순환을 통해서 모두가 유익하게 하자는 의도이다. 투자INVESTMENT라는 단어는 어원에서 보면, 벌거벗은 돈에 새로운 옷을 입힌다. 즉 물질적, 사회적으로 실재하는 어떤 것을 입힌다는 뜻이다. 올바른 투자란 다가올 세상에 대한 심리적 실질적 대비이다.

올바른 투자는 선물의 정신을 구현하지만, 오늘날 투자는 주는 척하면서 빼앗는 투자이다. 일반적인 기업 투자는 이자, 즉 고리대금을 얻기 위한 목적일 뿐이다. 괜찮은 수익률을 보장하는 사회책임투자란 결국 수수료를 받아 챙기는 일, 즉 선심을 쓰는 척하면서 빼앗아가는 일일 뿐이다. 진짜 돕고자 한다면 무이자로 빌려 주거나 그냥 주어야 하는 것이다. 이자 수익을 위한 투자가 근본적으로 자연과 사회적 공유자원의 파괴에 일조하는 투자라면 그건 막아야 하는 것이다.

돈을 가장 가치 있게 사용하는 방법은 '돈을 써서 돈을 파괴한다'는 개념이다. 즉 자연, 사회, 문화, 영적 공유자원이 돈의 원천이 되지 않도록 보호하고 회복하는데 돈을 쓴다. 숲의 벌목을 막고, 한 구획 땅의 개발을 막고, 한 개인의 치유를 돕고, 한 지역의 토착문화를 보호할 때마다 우리는 사회자본이나 자연자본의 상품화를 막는 것이며, 글로벌 자본주의와 다국적기업들이 돈으로 지배할 영역을 점차 줄여가는 것이다.

인류는 그동안 오랜 착취를 통해서 막대한 부를 보유하고 있다. 이것을 자연, 사회, 문화, 영적 자본을 회복하고 보호하는 일에 사용할 수 있다. 이는 새로운 돈을 창출하는 일이 아니므로 결국 이런 곳에 돈을 쓰면 선물을 베푸는 것과 같다. '올바른 생계수단'의 핵심은 선물을 먹고사는 것이다. 또한 '올바른 경제'의 핵심도 순환 원리임을 잊지 말아야 한다.

홍익인본자원 2 : 나눔의 실천

자본주의 화폐영역의 축소를 위한 노력은 그 무엇이든 미묘한 방식으로 선물을 베푸는 행동이다. 새로운 기술, 전인적 치유, 팜머컬처 Permaculture 등을 가르치는 일은 결국 상품 및 서비스 영역(화폐가치 영역)을 축소시키는 일이다.

세계의 화폐화에 순응하여 사는 것이 우리의 진짜 욕망이 아니다. 살아있는 동안에 멋진 일을 하고 싶다는 진짜 욕망을 믿으라. 그런 다음에 올바른 생계수단을 통해 나눔을 필요로 하고 욕망하는 존재로 살아가라. '나눌 수 있는 기회가 뭐가 있을까?' '어떻게 하면 잘 나눌 수 있을까?' 하는 시각으로 세상을 보라.

그런 마음가짐을 유지하고 살면 예상치 못한 기회들이 생겨난다. 머지않아 선하고 옳다고 느껴지는 무언가에 선물을 베풀지 않고는 견딜 수 없는 사람이 될 것이다. 선하고 옳다고 느껴지는 일이 그저 가족들을 벌어서 먹이는 일이라 해도 상관없다. 중요한 것은 그 일을 하는 태도이다.

우리의 에너지를 우리가 사랑하는 무언가에 쓰는 것이다. 그 일을 하면서 도덕적 책임감, 좋은 사람이 되려는 의무가 아니라 해방감을 느껴야 한다. 나눌 수 있는 기회와 용기를 주고 선물을 받으면 감사와 칭찬을 아끼지 말자.

선물의 삶에 너무 집착하거나 도덕 기준으로 삼지 않는 것이 좋다. 좋은 사람이 되는 것이 아니라 기분 좋게 사는 것이다. 선물의 의도가 진실하기만 하다면, 선물은 베푼 것 이상으로 돌아온다.

비즈니스에서 선물경제를 실천하는 방법이 있다. 오늘날 이렇게 하는 기업들이 늘고 있다. 첫째, 주는 쪽이 아니라 받는 쪽에서 가격(보답)을 결정하고, 둘째 보답은 선물을 받고 난 뒤에 정하는 원칙을 적용하는 것이다.

예를 들면, 미美 캘리포니아 버클리에 있는 카르마 병원(KARMA CLINIC)은 2년 동안 선물 기반의 전인적 치료를 해왔다. 상담이나 치료받은 고객은 이렇게 적힌 '청구서'를 받는다. "당신이 받은 상담은 앞서 다녀간 누군가 베푼 선물입니다. 당신도 선물을 계속 이어가고 싶다면, 원하는 아무 방법이나 하셔도 됩니다. 병원 사무실에 구비된 선물박스에 돈이나 그 밖의 선물을 남기시거나 우편으로 보내시거나…"

미美 오리건주 애슐랜드에도 기프팅 트리(GIFTING TREE)라는 또 다른 선물 기반의 병원이 있다. 이런 병원들이 전국 곳곳에 존재하며 꽤 안정적으로 운영되고 있다. 설립자 윌 윌킨슨의 뜻에 따라 1982년부터 1988년까지 순전히 기부로만 운영된 빅토리아 정신조율센터(VICTORIA ATTUNEMENT CENTER)는 월 300명 이상 방문 고객으로 자립하고 있다.

이런 선물 기반으로 운영되는 레스토랑도 있다. 또한 인터넷에서 선물경제 규모는 지속적으로 발전하고 있다. 오픈오피스 같은 무료 사무용 소프트웨어도 있고, 온라인에서 공짜로 음악을 제공하는 밴드도 많다. 놀랍게도 원하는 만큼 지불하는 방식으로 운영하는 법률회사까지 생겨나고 있다.

또한, 선물경제 안에서 음악인, 화가, 매춘부, 치유자, 카운슬러, 교사 등 이런 직업은 우리가 값을 매김으로써 가치 저하된 선물을 제공할 수 있는 일들이다. 우리가 제공하는 것이 신성하다면, 그것을 명예롭게 제공하는 유일한 방법은 선물로 주는 것뿐이기 때문이다.

한편, 농산물의 경우도, 돈을 벌기 위해서 기계적으로 재배하는 것과 사랑으로 정성껏 키운 작물은 돈으로 매길 수 없는 가치가 있다. 이는 공동체간 선물로 적합한 것이다.

예술가나 작가도 마찬가지이다. 우리가 땅의 소유자가 아니라 관리자여야 마땅하듯이 노동의 산물도 우리 자신의 것이 아니다. 우리에게 주어진 것을 또 누군가에게 줄 뿐이다. 위대한 아이디어나 발명도 주어진 것들이다.

기존 경제에서는 생계를 위해 직업과 경력을 추구한다. 생존이라는 관점에서는 무엇인가를 팔고 돈을 요구하는 것만큼 신성한 것도 없다. 오늘날 생계를 위해 일하는 것은 언제든지 재정적 압박에서 벗어난다면 그만두거나 바꿀 수 있는 돈벌이 수단에 불과한 것이다. 이런 일을 하고 있다면, 그걸 그만 두라는 것이 아니라 더 나은 삶의 방식을 위해 준비하라는 뜻이다.

| 선물경제=공동체경영

선물경제를 구현하는 가장 현실적인 방법은 바로 공동체이다. 공동체는 우리가 추구하는 의식주, 음식, 접촉, 지적 자극, 그 밖의 육체적 정신적 자양분들과 함께 행복을 구성하는 지극히 정상적인 것들을 서로 채워 줌으로써 생겨나는 것이다.

서로 필요로 하지 않는 사람들 사이에서는 공동체가 생겨날 수 없는 것이다. 타인에게 의존하지 않고 필요를 채우는 삶이라면 그것이 어떠하든 공동체가 결여된 삶이다.

오늘날 공동체가 어려운 것은 모든 필요를 돈으로 해결하므로 선물할 것이 남아 있지 않기 때문이다. 그래서 가난한 사람들이 부자들보다 더 튼튼한 공동체를 형성하게 된다.

부자들은 지나치게 많은 음식을 먹지만 여전히 신선하고 좋은 음식에 굶주려있다. 온갖 매체에 둘러싸여 있지만 소통에 굶주려있다. 지나치게 큰 집에 살지만 개성과 유대감이 구현된 공간이 부족하다. 오락거리가 사방에 널려있지만 놀 기회가 부족하다.

보편화된 돈의 사회에서 우리는 친밀하고 개인적으로 독특한 그 모든 것에 굶주려 있다. 우리는 이웃보다 연예인들을 더 잘 알고 살아간다. 오늘날 모험, 친밀감, 진정한 소통 등 우리가 가장 필요로 하는 것들이 가장 두려운 것이 되었다.

공동체는 단순한 네트워크 이상이다. 이는 자기 자신의 확장이자 존재를 함께하는 것이다. 오늘날 돈으로 음악, 이야기, 심지어 섹스까지 모든 것들을 살 수 있지만 그것에는 선물에서 오는 기쁨이나 즐거움, 행복을 주지는 못한다.

선물경제는 부를 공개적으로 투명하게 만든다. 인류는 무한한 부를 가지고 있다. 그것을 올바르게 사용하기만 한다며, 모두가 풍족하게 살 수 있다는 것은 자명한 일이다.

공동체는 홍익인본주의가 추구하는 삶의 방식이다. 진실로 '홍익인간'은 공동체의 삶을 추구한다. 여기에는 선물경제가 한 몫을 할 것이다. 이는 인류의 미래를 위한 확실한 철학이고 가치관으로 부족함이 없다.

| 협동과 착한 소비

글로벌 자본주의와 다국적기업은 산업혁명 이후 세상에 엄청난 상품들을 쏟아내기 시작했다. 이자 기반의 화폐경제가 세상의 모든 것들을 화폐화하면서 과잉생산을 부추겼다.

지속적인 경제성장만이 금융자본의 탐욕과 수명을 연장시킬 수 있기 때문에 생산 자체를 멈출 수는 없는 것이다. 결국 개인주의와 사유재산을 통한 부의 욕망을 자극하고 소비를 촉진시키는 마케팅 전략으로 소비만능 시대를 만들어 냈다. 이 소비경제는 산업 측면에서 본다면 개발과 경제발전이라는 긍정적 효과를 갖는다.

그러나 지구촌 전체로 보면 엄청난 자원의 낭비와 쓰레기를 만들어내는 주된 요인이 되는 것이다. 소비경제는 결과적으로 소비 자체를 부추기고 과잉소비 습관을 만들어냈다.

자본주의를 지탱하는 전략 중 하나는 엄청난 소비를 통한 경제성장이다. 이것을 우리는 소비경제라고 부른다.

오늘날 개발된 지역, 즉 산업이 발전된 어느 곳을 가든지 모든 것들이 지나칠 정도로 많다. 공단이 아니더라도 우리 주변에서 공장과 제조시설은 넘쳐나고 있으며, 도심지에는 거대한 빌딩들과 아파트 단지들이 숲을 이루고 있다. 또한 상권이 형성된 지역을 가보면, 백화점이나 쇼핑센터, 수많은 점포, 식당이 즐비하다. 여기에는 어마어마한 양의 상품들이 쌓여 있다.

자본주의는 그 체제를 유지하기 위하여 물건들이 넘쳐나도 계속 생산을 할 수 밖에 없으며, 경제의 순환을 위해서는 지속적인 소비를 권장할 수밖에 없다.

그리고 화폐경제는 그 생리상 시간이 흐르면 흐를수록 소수의 부자들의 주머니는 두둑하게 만들지만, 서민들의 돈은 씨가 마르게 만든다. 결국 빚을 지다가 한계에 도달하면 자폭할 수밖에 없게 된다.

경기가 둔화되는 순간 소비가 둔화되는 것은 당연하다. 소비가 둔화되면 경제 역시 둔화될 수밖에 없다. 이 구조는 자본주의의 근본적인 모순에서 발생하는 것이다.

지구의 생태계를 파괴하는 것이 오늘날의 경제 구조의 이면에 더 많은 소비와 낭비를 부추기는 마케팅 전략이 숨어있기 때문이다. 지구촌의 모든 국가들이 저개발 국가에서 개발도상국으로 그리고 선진국으로 발전하는 과정에서 필수적으로 따라오는 것이 바로 엄청난 소비경제이다. 더 많이 더 좋은 것들을 소비하게 만드는 심리는 인간의 욕망을 자극하는 환경적 요소들로 형성된다.

개발도상국이 내거는 '소비가 미덕'이라는 것은 일시적으로 경제를 끌어올리는데 효과를 발휘한다. 그러나 결국 오늘날의 엄청난 재앙을 만들어내는 근시안적인 방식일 뿐이다.

| 공유경제와 협동소비의 관계3)

세상에 상품들은 넘쳐나고 돈은 부족하고, 이와 동시에 사람들은 자본주의의 실정을 깨닫기 시작하면서 공유경제가 전 세계적으로 새로운 트랜드로 자리잡고 있는 것이다.

따라서 이런 공유경제는 글로벌 금융위기 때문에 일시적으로 일어나는 현상이 아니다.

공유경제가 발전하는 것은 매우 바람직한 일이다. '공유'라는 말 자체가 홍익인간 정신을 담고 있기 때문이다. 어떤 것이든 '공유'하기 위해서는 서로의 협동, 협력이 절대적이다.

따라서 공유경제는 개인이든 기업이든 혹은 국가이든지 상호협력, 협동정신이 있을 때만 가능하다.

홍익인본주의가 주장하듯이 공유경제는 협동, 협력을 바탕으로 모두에게 유익한 방향으로 움직이고 있다. 오늘날 협력, 협동은 매우 중요한 키워드이다. 협력이란 하나의 집단처럼 서로 뭉쳐서 공유하는 활동이다. 오늘날 협동이란 말은 다양하게 사용된다.

- 협동생산
- 협동소비

- 협동마케팅
- 협동학습 (L2E : 공동학습을 통한 수입까지)

이는 전 세계를 실시간으로 연결하며 통합할 수 있는 인터넷과 SNS라는 새로운 기술 덕분에 더욱더 의미를 갖게 되었다.

페이스북, 유튜브, 트위트 같은 SNS는 새로운 형태의 거대한 글로벌 커뮤니티를 만들어 냈다. 이로써 시공간의 제약에서 벗어나 다양한 형태의 커뮤니티가 만들어질 수 있게 되었고, 협동소비의 시대가 열린 것이다.

공유경제와 협동소비는 같은 개념이다. 이제 사람들은 SNS와 P2P 커뮤니티를 통해서 새롭게 형성된 나눔, 물물교환 대여, 거래, 임대, 증여, 맞바꾸기 등 매일같이 협동소비를 하고 있다. 공유경제의 중요한 요소인 '협동소비'를 생각해 보자.

- 무엇보다도 낭비를 줄이게 된다. (돈과 시간과 공간을 절약)
- 자원과 상품들을 재활용한다. (쓰레기 감소, 환경보호, 더 나은 제품 개발 촉진)
- 인간적 교류가 활발해진다. (정서순화, 협동과 협력, 즐거움과 행복)
- 새로운 소비습관을 만들게 되어 과잉소비가 줄어든다. (환경보전, 화폐경제의 의존도 줄임)
- 소유의 개념이 줄어들고 공유 자본에 눈을 뜬다. (부의 재분배, 홍익인본주의 실천)

이러한 협동의 개념은 〈인류공동체〉 정신에서 이미 언급된 개념이다. 그래서 21세기는 협동의 시대라고 해도 과언이 아닐 것이다. 사업의 영역에도 이미 협동은 기본 요소가 되었다. 협동조합과 사회적 기업이 바로 대표적인 방식이다.

왜 지금 협동소비가 필요한지 그 이유를 생각해 보자.

300년 전 애덤 스미스(1723-1790)는 18세기의 누추한 농업경제에서 탈출하는 길을 모색하면서 사회가 더 생산적으로 바뀌면 더 풍요로운 세상이 될 것이라고 믿었다. 그는 《국부론THE WEALTH OF NATIONS》에서 인간은 자신의 이익과 자기애를 쫓아 움직이기 때문에 이 특성을 이용하면 거대한 부를 이루고 노동력을 효율적으로 배치할 수 있다고 주장했다. 그러나 생산성을 높이고 시장의 효율성을 이루려 했던 단순한 목표가 오늘날 우리 경제와 사회와 이 세상을 위협하고 있다.

애덤 스미스가 그렇게 생산적인 경제체제에 집착한 이유는 당시 상황을 생각해 보면 이해가 된다. 18세기 영국은 전혀 살기 좋은 곳이 아니었다. 평균 수명이 35세에 불과했고, 개와 고양이, 쥐, 심지어 말의 사체가 자갈길에 방치된 채 썩은 내를 풍겼고, 어디에나 쓰레기가 넘쳐서 흑사병과 결핵, 천연두 같은 질병의 온상이 되었다.

1775년에 의학은 아직 원시 수준이었고 사망보고서에는 800명 이상이 치아 때문에 사망했다고 기록되어 있다. 사람들은 대부분 퍼석퍼석한 벽돌로 지은 방 한 칸짜리 건물에 살았다. 건물이 무너지는 일도 비일비재했다.

애덤 스미스는 가족을 부양하고자 자기가 만든 제품을 가장 좋은 가격에 팔려고 애쓰던 소작농과 장인들을 이야기했고, 개인의 이익을 지지했던 것이지 탐욕을 옹호한 것은 아니었다.

적어도 애덤 스미스는 자기 이익을 추구하는 개인들이 전체적으로 공공의 이익을 촉진한다고 믿었던 것이다. 그러나 지금 세상은 그가 상상하지 못할 정도로 개인의 탐욕이 도에 지나친 세상이 되고 말았다. 아마도 애덤 스미스가 오늘날 세상을 본다면, 큰 충격을 받을 것이다.

| 자본주의 경제 체제하에서 산업화를 통해 성장을 거듭한 지난 2백년은 하나의 폰지 사기였다.4)

오늘날 우리가 살고 있는 이 지구는 수백 년 전 사람들이 알고 있던 그 아름답고 깨끗한 지구가 아니다. 우리는 천연자원을 거의 다 써버렸고, 대기에 유독가스를 내뿜었고, 우리가 죽은 뒤에도 없어지지 않고 살아남을 낭비성 제품을 만들었다. 본질적으로 우리는 돌려주거나 보답할 생각은 하지 않고 그저 가져다 쓰기만 했다. 우리는 지금까지 소비지상주의가 어떤 재앙을 몰고 오는지 눈으로 확인했다.

지금 지구는 과잉생산과 과잉소비로 인한 쓰레기 더미가 되고 있다. 이 말은 지나친 과장이 아니다.

태평양 거대 쓰레기 지대(GREAT PACIFIC GARBAGE PATCH)는 각각 하와이 섬 북쪽과 일본과 하와이 섬 사이에 있는 태평양을 떠다니는 두개의 거대한 쓰레기 더미를 일컫는다. 쓰레기 섬이라 부르기도 한다. 이 쓰레기 더미들은 지금까지 인류가 만든 인공물 중 가장 큰 것들로, 하와이 북단의 덩어리 하나만 쳐도 한반도의 약 6배이다. 두께만 100피트에 이른다.

이 쓰레기 더미 350만 톤의 90%는 플라스틱이다. 병뚜껑에서 장난감, 신발, 라이터, 칫솔, 그물, 고무젖꼭지, 포장지, 포장용기, 쇼핑백까지 세계 각지에서 떠내려 온 쓰레기는 그 종류도 다양하다.

수년 동안 이 지대는 사람들 눈에 띄지 않았고 당연히 관심도 끌지 못했다. 해수면 아래에 가라앉아 있었던 탓이다. 인공위성에도 잡히지 않았다.

이 지역은 태평양에서 멀리 떨어진 곳이라 연풍이 불고 수압도 매우 높아서 항해사들뿐 아니라 어부들도 피하는 곳이다. 물고기가 살지 않은 탓에 '사막'이라는 별명이 붙을 정도다.

그런데 1997년 8월 3일 환경운동가이면서 유기농 농부이고 가구 수리공으로도 일한 적이 있는 찰스 무어라는 사람이 요트를 타고 가다가 우연히 이 지대를 발견했다. 그는 요트 경주를 마치고 돌아가는 길에 지름길로 가려고 이 지역을 지나다가 엄청난 쓰레기 더미에 포위당하면서 깜짝 놀랐다. 도저히 상상도 할 수 없는 일을 목격한 것이다. 망망대해인 태평양 한가운데서 거대한 쓰레기 더미를 만났던 것이다. 그는 1년 뒤에 자원봉사자들과 다시 이곳에 와서 조사를 했다.

이처럼 쓰레기가 한 곳으로 모여 섬에 가까운 모습이 된 것은 원형 순환 해류와 바람 때문인 것으로 보며, 1950년대부터 10년마다 10배씩 증가하여 오늘날 거대한 쓰레기 지대가 만들어졌다.

이러한 태평양 거대 쓰레기 지대 때문에 수많은 해양생물들이 피해를 보고 있으며, 특히 먹이로 잘못 알고 먹었다가 죽게 되는 사례도 있으며, 주변 지역에서 잡힌 어류를 조사한 결과 35%의 물고기 뱃속에 미세플라스틱이 있음을 확인했다. 죽은 새 한 마리를 해부했더니 그 안에서 플라스틱 조각이 자그마치 1,603개나 나왔다.

안타깝게도 쓰레기 섬은 여기에만 있는 것이 아니다. 태평양 거대 쓰레기 지대가 가장 크지만 다른 곳에서 쓰레기 섬이 더 있다. 실제로 바다의 40%가 쓰레기로 뒤덮여 있다. 무어는 말한다. "지구 면적의 4분의 1에 맞먹는 넓이입니다. 이 행성의 25퍼센트가 한 번도 청소를 한 적이 없는 화장실인 셈이죠."

인류는 수백 년간 바다에 쓰레기를 버려왔다. 산업화 이전에는 그 양도 얼마 되지 않았으며, 분해가 되는 것들이라서 환경에 큰 해를 주지 않았다. 그러나 오늘날 쓰레기 대부분은 플라스틱이고, 이는 전혀 분해되지 않는다. 앞으로도 매년 1억 톤의 플라스틱이 생산될 것이다.

이 태평양 거대 쓰레기 지대는 오늘날 소비지상주의가 어떤 결과를 가져오는지 보여주는 단적인 사례이다. 인류는 지난 50년간 그 이전의 모든 세대에 사용했던 것보다 더 많은 재화와 용역을 소비해왔다. 심각한 문제는 이 소비와 폐기의 기관차는 브레이크가 없다는 것이다.

1980년대부터 인류는 숲, 물고기, 자연 광물, 금속, 그 밖의 원자재 등 지구 자원의 3분의 1을 소비했다. 열대 지방에서 매년 그리이스 면적에 해당하는 2억 5천만 에이커의 산림이 벌목으로 사라진다. 인류에게 가장 큰 문제는 지금 과잉소비 자체가 일상의 습관이 되어버린 것이다. 인류는 지금 일회용품으로 길들여져 있다.

지금 우리가 유통하는 물건의 99%는 6개월 안에 쓰레기가 된다.

우리가 쓰고 버리는 물건은 전체의 절반도 안 된다. 나머지는 모두 한 번도 안 썼거나 거의 안 쓴 물건들이다.

| **구입하고 한 번도 안 쓴 물건은 얼마나 될까?**

예를 들면, 호주 사람들은 쓰지도 않는 물건을 구입하는데 만 1년에 약 99억 9천만 달러를 허비한다. 1990년대 초 미국 가정은 25년 전보다 평균 2배나 많은 물건을 소유하게 되었다. 그리고 오늘날 전 세계에 개인 물품을 보관하는 창고가 5만 8,000개가 넘는다. 이런 창고에는 70%가 사용하지 않는 물품들을 보관 중이다.

오래 전에 이런 이야기를 들었다. 서울에서 1주일만 쓰레기 청소차가 운행을 안 한다면, 악취와 쓰레기 더미 때문에 서울은 사람들이 살 수 없는 지옥이 될 것이라는 이야기다.

오늘날 선진국은 쓰레기를 어디에 묻어야 할지 고민하고 있다. 인류는 불과 몇 세기 전만 해도 과학 기술의 창의성을 미덕으로 생각했지만, 현재는 브랜드와 더 편리한 제품과 서비스를 통해서 개인의 정체성을 찾는 소비지상주의 시대를 만들어 냈다.

이것은 개인주의와 상업주의의 치밀하고 교묘한 마케팅 결과물이다. 오랫동안 기업들은 '나만의 개성을 꾸밀 수 있는 완전한 자립적인 삶이 최상의 행복으로 가는 길'이라고 소비자들을 현혹시켜왔다. 자수성가라는 미명 아래 '성공'의 개념을 개인의 사유화에 맞추었다.

| 소비는 행복이라는 새로운 교리

이 전략은 오늘날 학교보다 쇼핑몰이 더 많은 세상을 만들어 냈다. 소비지상주의를 부추기는 최상의 도구로 개발된 '신용카드'는 강력한 소비 마취제라는 것이 입증되었다. 마케팅 연구자들은 '신용카드'를 가지면 자동적으로 더 많이 소비한다는 것을 알아냈다.

오늘날 세상은 '최신품, 최신형'의 천국이다. 원래 핸드폰은 10년은 사용할 수 있도록 만들어졌지만, 수명이 가장 짧은 소비재로 자리 잡았다. 영국과 미국에서는 구입한지 1년 8개월 안에 버리고, 일본은 1년 정도라고 한다. 그런데 한국은 6개월도 채 되지 않을 것이다.

이러한 과잉소비 문화에 힘입어 한국의 대표기업인 삼성전자는 막대한 이익을 창출하고 있다. 매달 쏟아져 나오는 신제품들을 구입하는 데 중독된 사람들도 많다.

마케팅의 귀재 스티브잡스는 '아이팟, 아이폰, 아이패드'라는 최신형 소비재를 개발하여 가라앉고 있었던 항공모함 '애플'을 세계 최고의 기업으로 '부활'시켰다. 애플이 얼마 전에 세계 최초로 7,000억 달러의 주가를 돌파하였다고 하는 뉴스를 접했다. 이는 신제품이 나올 때마다 구입하는 '중독자'들이 있기 때문에 가능한 일이었다.

요즘에 휴대폰의 기기 수명이 다 되어서 새로 구입하는 사람들은 거의 없을 것이다. 휴대폰만 그런 것이 아니다.

자동차 역시 고장이 나서 바꾸는 것이 아니다. 신제품이 나올 때마다 최신형으로 바꾸려는 소비 중독증 마니아들 눈에는 소비재일 뿐이다.

소비 중독자들이 애플이나 삼성을 살리고, 경제가 돌아가게 하는 긍정적 효과 이면에는 엄청난 재앙이 도사리고 있기 때문이다. 그중에 하나는 지구라는 인류의 공유 공간이 거대한 쓰레기장으로 변하고 있다는 점이다.

| 그보다 더 심각한 문제는 사회적 자본이 사라지고 있다는 점이다.

오늘날 더 많이 소비하는 사람은 더 성공한 사람으로 여겨지는 것이다. 이는 철저하게 상업주의 정신으로 무장된 기업들이 마케팅한 결과물이다. 1950~60년대 이후 제조업자들과 마케터들은 전세계의 노동자들에게 더 큰 차와 더 좋은 집, 더 많은 기계 문명을 누리고 살려면 취미와 여가 시간을 포기하라고 종용했고, 그 결과 사회적 자본은 급격하게 감소했다.

모든 사람들이 '자신의 왕국'을 건설하기 위하여 다른 사람들과 어울리는 시간이 줄어들수록 사무실에 있거나 쇼핑하는 시간이 늘어난다.

우리 주변에서 '쇼핑중독증'에 걸린 사람들을 쉽게 만날 수 있다. 매일 홈쇼핑 채널을 고정시켜놓고 닥치는 대로 구입하는 사람들의 이야기를 듣는다. 이들은 구입한 제품들을 전혀 사용하지도 않는다. 집안이 온통 쇼핑한 물건들로 가득차 발 디딜 틈도 없다. 그런데도 계속 쇼핑을 한다. 여기서 사회적 자본이란 연계 행동을 통해 신뢰, 규범, 네트워크로 정의된다.

| 명품만 찾아다니는 사람들이 빚더미에 앉았다는 이야기는 새삼스러운 것이 아니다.

문제는 이러한 쇼핑중독, 과잉소비 습관이 한 개인의 삶을 망치는 것으로 끝나지 않는다는 것이다. 사회와 국가 더 나아가서 인류가 이러한 지나친 개인주의, 이기주의에 찌든 사람들로 구성된다면 결과는 뻔하다. '나만 잘 살면 된다'는 가치관은 결국 '인류 공동체'를 무너뜨릴 것이다.

오늘날 인류는 '더 많은 개인적인 소유와 더 많은 소비를 통하여' 행복을 찾으려 하고 있다. 하지만 허영심에 물든 인간의 욕망은 결코 멈추지 않는다. 그래서 다른 길을 모색해야 한다.

협동소비에 참여하는 방법은 두 가지, 즉 공급자로서 자산을 임대하거나 공유하거나 빌려주는 일, 사용자로서 이용 가능한 제품과 서비스를 사용하는 일이다.

협동소비의 아주 중요한 점은 소유하지 않아도 사용할 수 있다는 데 있다. 협동소비가 발전하게 되면 사람들은 개인적 사유재산에 집착하는 일 자체가 줄어들 수 있게 된다. 이는 매우 고무적인 현상이다.

확실하게 성장하고 있는 협동소비의 세가지 형태가 있다. 즉, 제품서비스통합시스템, 재분배 시장, 공동라이프스타일이다.

제품서비스통합시스템은 카세어링, 태양열 발전, 빨래방같이 한 회사가 소유한 다양한 제품을 공유하거나 개인이 소유한 제품을 빌려주는 방식이다.

이 경우에 사용자는 물건 값을 다 지불하지 않아도 되고, 유지비, 보수비, 보험비 등 제품을 소유할 때 부담하는 비용을 아낄 수 있다. 또한 소유가 아니라 사용이라는 관점에서 여행이든 일이든 음식이든 다양한 욕구를 충족시킬 선택지가 바뀌고 선택의 폭도 넓어진다.

재분배 시장이란 더 이상 사용하지 않는 중고품 같은 것을 필요한 장소, 사람에게 제공하는 것이다. 프리사이클 같이 완전 공짜도 있고, 이베이나 옥션 같은 곳에서 중고품을 구입할 수도 있다. 이런 재분배 시장은 쓰레기를 줄이고 소비를 줄이는 등 다양한 이점이 있다.

공동라이프스타일은 관심사가 비슷한 사람들끼리 시간과 공간, 기술, 돈 같은 무형자산을 공유하는 방식이다. 여기에는 사무실을 같이 쓰는 일부터 정원을 공유하고, 주차장을 공유하고 P2P 대출 등 다양한 일들이 가능하다.

이러한 협동소비에 참여하는 사람들의 동기는 다양하다. 돈을 절약하기 위해서, 돈을 벌기 위해서, 편리해서, 친구를 사귀려고, 공간을 아끼려고, 시간을 아끼려고, 커뮤니티에 소속되고 싶어서, 옳은 일을 하고 싶어서 참여하는 사람들이 있다.

협동소비를 가능케 하는 네가지 요인은, 임계질량, 유휴생산력, 공동재에 대한 인식, 타인 간의 신뢰이다.

임계질량(臨界質量)은 우라늄이나 플루토늄과 같은 핵물질이 핵 연쇄반응의 과정에서 스스로 폭발할 수 있는 최소한의 질량을 말한다. 말콤 글래드웰은 이를 티핑 포인트라고 명명했다.

전 세계적으로 인기가 치솟고 있는 자전거 공유제도를 예로 들어보자. 워싱턴 D.C.의 스마트바이크, 하와이의 비사이클, 런던의 오와이바이크가 대표적이다. 2009년 5월에 시작한 몬트리올의 빅시는 바이크BIKE와 택시TAXI를 합친 말이다.

들라노에 시장은 도시 교통량과 이산화탄소 배출량을 줄이고 몬트리올을 더 살기 좋은 도시로 만든다는 계획을 세우고, 빅시BIKXI를 시작했다.
이용자가 목적지를 가는데 자전거를 반납하러 먼 거리를 간다면 의미가 없기에 천 피트 간격으로 거치대를 설치하고 몬트리올 전역에 무인 거치대 300개를 설치하여 자전거 3천 대로 사업을 시작했다.
지하철에서 내린 시민은 남은 목적지까지 자전거로 이동할 수 있다. 거치대는 한 시간 안에 조립식이고 태양열로 작동하며 이동이 가능하다. 몬트리올에 눈이 뒤덮이면 자전거와 거치대를 다른 곳으로 이동시킬 수 있다.

지금 바로 이용할 수 있는 자전거 위치와 거치대 위치는 스마트폰이나 인터넷으로 실시간 확인이 가능하다. 또한 도둑이나 공공기물 파손에 대비한 장치도 했다.

3천 대를 임계질량으로 생각하고 실행한 결과 4개월 만에 77,000명이 성공적으로 이용하는 성과를 거두게 되었다. 몬트리올 시는 예상보다 1년 일찍 자전거 2천 대와 100개가 넘는 거치대를 추가 설치했다.

유휴생산력이란 소유하고 있지만 거의 사용하지 않고 있는 물건이나 시간, 공간, 전기 같은 무형 자산도 해당된다. 예를 들어 전동드릴은 웬만한 가정에는 하나씩 있다. 그러나 일년에 몇 번 밖에 사용하지 않는다. 미국의 경우 실제로 한달에 한번도 사용하지 않는 물건이 전체 소유물의 80%라고 한다.

SNS와 스마트폰을 활용하면 이러한 유휴생산력을 효과적으로 활용할 수 있다. 카풀이나 농기구 대여, 공구 대여, 노는 땅 연결하는 일들이 여기에 속한다.

다음은 공공재에 대한 인식이다. 공공자원은 두가지로 나누어서 이해해야 한다. 하나는 공원, 도로, 공공건물처럼 공적인 것, 즉 레스 푸블리카(RES PUBLICA)이고 다른 하나는 문화, 언어, 지식, 공기, 물, 야생동물처럼 모든 사람에게 속하는 것, 즉 레스 코뮤레스(RES COMMUNIS)이다. 즉 공공자원은 이 두 가지를 포함하는 개념이다. 그래서 공공자원은 인류가 후손에게 물려줄 미래의 유산이다.

대부분의 협동소비는 우리가 모르는 사람을 신뢰해야 하는 구조이다. 과잉소비 세계에서는 중간 상인이 두 사람 사이를 연결한다. 따라서 상호 신뢰가 꼭 필요한 것이 아니다.
하지만 협동소비는 서로간의 신뢰를 바탕으로 이루어지는 것이다. 커뮤니티에서는 뭔가 잘못된 일을 하거나 난처한 일을 하면 전체에게 알려진다. 따라서 협동소비에서는 서로 신뢰하는 인본주의가 형성될 수 있다는 점에서 매우 고무적이다.

공유경제와 협동소비는 인류에게는 큰 희망을 준다. 그것은 바로 '소유'의 차원에서 '사용'의 차원으로 복귀할 수 있음을 알려주고 있기 때문이다.

| 착한 소비, 공유경제가 곧 행복이다

오늘날 인류가 직면하고 있는 가장 큰 재앙들은 대부분 소유에서 시작된 것들이다. 인류는 사유재산 제도 그리고 무엇이든지 화폐화하고, 고리대금의 화폐경제를 통해서 소수의 탐욕스러운 부자들이 소유물을 늘리는 동안에 빈곤과 질병 그리고 금융노예로 살아가게 된 것이다.

문제는 부자들이 진공청소기처럼 지구상의 모든 부를 빨아들이는 다음에 자신들도 사용하지 않으면서 다른 사람들도 사용하지 못하도록 독점적으로 '소유'만 하고 있다는 점이다.

| 비 화폐자본을 성장시키자

사회자본, 자연자본, 문화자본, 영적 자본들을 모두 화폐화하고 소유함으로써 다른 사람들이 사용할 수 없게 한다는 것 자체가 부자들의 가장 큰 죄악이라 할 수 있다. 다행스러운 것은 공유경제가 이러한 소유의 세계에서 '사용'의 세계로 눈을 돌릴 수 있게 하고 있다는 점이다.

역사적으로 '소유'보다는 '사용'의 개념이 먼저 정리되었다. 1984년 고고학자들이 고대 수메르 도시 우르에서 발굴 작업 도중에 점토판을 발견했는데, 여기에 B.C. 2010년에 사제들이 농부들에게 농기구를 빌려준 기록이 있었다. 그리고 미국에서 임대차 계약이 도입된 것은 18세기이다. 한편, 1900년대 초에 상업 설비 임대라는 개념은 단기사업의 구조 일부가 되었다.

오늘날에는 기계, 설비, 사무실, 통신장비, 슈퍼 컴퓨터까지 상업용 임대차 계약이 전 세계적으로 6천억 달러가 넘는다. 요즘은 가구, 운동기구, 예술품까지 빌려 쓸 수 있다 미국에만 12,000개가 넘는 임대 회사가 있다.

오늘날 P2P 대여 사이트는 자주 사용하지 않는 물건을 다른 사람에게 빌려주고 사용료를 청구하는 방식을 사용한다. 여기에는 튀김 냄비, 재봉틀, HD 카메라 등 종류의 한계가 없다.

또한, 이런 P2P 대여 사이트들은 두 가지 문제를 해결해야 한다. 하나는 접근성이고 다른 하나는 보안과 신뢰이다. 접근성은 사용자가 가까운 곳에서 사용할 수 있도록 아주 작은 동네 단위로 네트워크를 구축하는 것이 필요하다. 이렇게 되면 배송의 비용이나 번거로움이 사라진다.

그렇기 때문에 오늘날 해킹은 심각한 사회문제를 야기하는데, 보안 솔루션은 전문 회사의 지원을 받아야 할 것이다. 그리고 신뢰를 위한 에스크로우ESCROW 금융 서비스 같은 것들을 활용할 필요가 있다.

| 노블레스 오블리주의 실천

　자기계발의 대중화를 이끌었던 나폴레온 힐 박사의 멘토였던 앤드류 카네기는 교육과 정보가 성공의 열쇠라고 생각했다. 그는 '부의 복음서'에서 '부자로 죽는 것은 수치스러운 일이다'라고 하면서 죽기 전에 부의 사회 환원을 해야 한다고 주장했다. 그리고 그는 전 재산을 사회 환원함으로써 척 피니, 빌 게이츠와 후대에 많은 부자들이 재산을 사회 환원하는 데 모범이 되었다.

　앤드류 카네기는 미국에 1,689개의 도서관을 건립해서 도서관의 수호성인이라는 별명도 얻었다. 그가 설립한 도서관은 지역 사회의 시민회관으로 활용되었다. 이러한 도서관의 건립은 곧 공유경제의 실천 방법 중 하나라고 할 수 있다.

　세계 최고의 상업용 카펫 회사 인터페이스의 창업자 레이 앤더슨은 공유경제에 적합한 사업 방식으로 전환한 사례이다. 앤더슨은 1973년 인터페이스를 창업했고 20년 이상 사무실, 공항 라운지, 기타 기관에서 쓰는 규격화된 정사각형 카펫타일을 생산하는 최대업체였다.

　그런데 1994년 그가 60번째 생일날 영업사원이 고객으로부터 질문 받았던 이야기를 전해 듣고 나서 완전히 사업을 바꾸게 된다. "당신네 회사는 환경보호를 위해 어떤 일을 하고 있습니까?" 이 질문에 할 이야기가 없었다. 한 번도 회사가 지구나 환경을 위해서 무슨 일을 해야 한다고 생각한 적이 없었다. 앤더스는 이 문제에 관한 조사를 하면서 대표적인 지구의 약탈자가 바로 자신이라는 사실을 깨닫는다.

그리고 자신의 회사에서 매년 수백만 파운드의 합성섬유를 제조하는데 2억 파운드가 넘는 원자재(대부분이 기름과 천연가스)가 들어가고 매년 톤의 넘는 대기 오염물질을 배출한다는 것을 알고 충격을 받는다.

앤더스는 사업 방식을 완전히 바꾸었다. 카펫을 팔지 않고 대여하는 방법을 생각했다. 먼저 고객들에게 카펫을 나눠주고 설치하고 유지하며 청소하는 등 하나에서 열까지 모든 서비스를 패키지로 묶어서 제공한다. 카펫이 낡았다고 하면 새 카펫으로 바꿔주고 헌 카펫은 가져와 재활용한다.

인터페이스는 처음부터 쓰레기를 안 만들고 시작부터 끝까지 책임지고자 사 제품을 재생한다. 인터페이스는 이렇게 사업 방식을 바꾸었지만 매출이 8억 달러에서 10억 달러로 늘었고, 회사가 사용하는 원자재 양은 20% 정도 줄어서 새로운 시스템을 구축하는 비용을 충당하고도 남았다.

한편, 데런 빌은 2003년 5월 프리사이클을 시작했다. 그는 지역의 사업체를 대상으로 컴퓨터에서 가구까지 사무용품을 수거하고 재활용하는 소규모 비영리기구 라이즈의 책임자였다. 처음에 괜찮은 물건이 너무 많아서 어떻게 해야 할지 몰라 직접 자선 단체에 실어다 주면서 고민하다가 야후에 중고품 기증받고 싶은 사람 이메일 주소를 모으기로 했다. 첫 3주에 회원이 80명에서 800명으로 늘어났다.

이제 오스트레일리아에서 러시아, 싱가포르, 독일 등 95개 국가 7백만 명을 넘는 회원수로 늘어났다. 세계에서 가장 빠르게 성장하는 시민운동이었다. 격언처럼) 누군가의 쓰레기는 다른 사람의 보물이 될 수 있다는 것을 보여주고 있다.

이와 같이 필요 없는 물건을 필요한 사람에게 주는 것은 선물경제를 실천하는 길이 된다. 이와 같은 물물교환은 인류가 오래전부터 사용하던 방식이다. 대공황기에도 교환경제는 되살아났다.

오늘날 전 세계적으로 다양한 방식의 물물교환이 진행되고 있다. 물물교환에는 공통의 가치 척도로 종래의 통화를 사용하지만 시간을 사용하기도 한다.

| 세계에는 지금 무수히 많은 공동체들이 시간은행과 지역통화제도를 만들고 있다.

시간은행은 개 산책시키기, 자전거 수리 등 쓸모 있는 일을 하면 시간당 1타임 달러를 벌고 이것을 온라인 포털사이트에 저장해 두었다가 물건을 배달하거나 배관공사를 할 때 사용할 수 있다. 이런 가상통화는 기존의 국가 통화를 대체하는 것이 아니라 상호보완적으로 사용한다.

또한, 스톨네이커가 만든 '벤'이라는 가상통화는 시간과 기술, 노력 등에 적용하는 것인데 온라인 네트워크에서 현실 세계로 이동한 최초의 P2P 소셜 화폐이다. 이 화폐는 지식과 재화와 용역을 구매하고 거래하는 회원들끼리 사용한다.

| 공유경제는 공동체와 관계가 깊다.

오늘날 우리는 옆집에 누가 사는지도 모르고 있다. 오랫동안 개인주의적인 삶을 살던 사람들이 사람들과 교류하고 싶어 한다. 사람들이 서로

교류하는 다양한 형태의 '공동체'가 만들어지면 공유경제는 저절로 따라 오기도 한다.

과거의 공동체는 같은 지역에서 모이는 '오프라인'이 주된 것이었다면, 오늘날은 시간과 공간의 제약을 받지 않는 '온라인' 공동체가 주류를 이룬다. 요즘 SNS가 단기간에 전 세계를 통합하는 놀라운 결과를 만들어낸 것은 모임의 기능 때문이다.

사람들이 지하철 안에서나 길을 걸어가면서도 스마트 폰으로 무엇인가를 열심히 하고 있는데, 대개는 SNS의 커뮤니티에서 다른 사람들과 대화를 하고 있거나 아니면, 게임 같은 것을 하고 있을 것이다. 크고 작은 온라인 커뮤니티들 나름대로 공유하는 문화도 있다.

이런 커뮤니티에서는 협동소비가 매우 쉽게 진행될 수 있다. 사람들이 공동라이프스타일에 참여하는 동기와 이유를 보면 비용절감, 교제, 편의, 사회의식 고양, 환경보호 순이다. 이런 커뮤니티에서는 사람들이 서로 협력하고 새로운 유대관계를 형성하고, 공유하거나 도움을 청할 때 느끼는 정서적 장벽을 허물게 된다.

찰스 아이젠스타인이 《신성한 경제학의 시대》에서 말한 것처럼 온라인 커뮤니티, 협동조합 등과 같은 공동체는 점점 더 확대될 것이다. 그리고 서로 협력하고 공유하는 문화가 우리 시대의 문화가 될 것이다.

이것이 바로 홍익인본주의가 추구하는 이상적 방향이다.

Chapter 3

홍익인본주의 실천: 공동체경영

> "협동조합 금융의 궁극적 목적은
> 오늘날 화폐경제가 추구하는 고리대금 이자놀이가 아니다.
> 금융 협동조합은 조합원의 긴급한 자금 지원과
> 다른 협동조합의 설립 및 운영에 필요한
> 자금 지원이 주된 목적이다."

| 조합형 연대기업

협동조합은 이미 검증된 방식이며, 가장 현실적인 경제 공동체를 구축하는 방법이다. 홍익창의경영연구에서는 선물경제를 위한 '경제·문화영토'를 확장하는 장기적인 프로젝트를 추진하고 있다. 이 프로젝트는 글로벌 시대에 적합하도록 전 세계 어디서나 가능한 구조일 필요가 있다. 따라서 가장 보편화되어 있는 협동조합 방식을 최우선적으로 고려한 것이다.

홍익창의경영연구원
- 교육/연구/출판/사업

사회적 협동조합
- 의료 사회적협동조합
- 금융 사회적협동조합
- 공유 사회적협동조합

스마트 마케팅 사업
- 홍익인본주의 보상플랜 적용
- 일자리 창출 공동체
- 동남아 시장 개발

자연 생명학교
- 〈수룸세상〉 지식공동체
- 글로벌 경제·문화 영토 개발
- 홍익 기업가 정신교육

공동체 창조경제마을
- 홍익인본주의 두레공동체
- 도농교류 창조(힐링)농업
- 행복한 노후 준비

:: 의료·보건 사회적 협동조합

| 의료·보건의 필요성

오늘날 글로벌 자본주의가 지배하는 화폐경제 하에서 경제선진국이 된 다수 국가들은 많은 예산을 투입하여 의료보험 등 다양한 사회보장 정책을 수립하고 있지만 소수의 국가를 제외하고는 의료·보건 행정 등 서비스 제공이 불안정한 상태이다.

한국의 경우도 복지정책을 강화하고 있지만, 여전히 사회적인 인프라가 취약한 것이 사실이다. 의료 서비스만 놓고 보면, 아직까지 경제적 취약 계층을 위한 완전한 의료복지는 갈 길이 멀다. 이것은 당연히 국민의 혈세로 운영하는 국가가 해야 할 책무이지만, 국가도 의료·보건에만 목을 매고 있을 수는 없는 일이다.

의료 서비스 중에서 현재의 사회보험과 복지로만 해결할 수 없는 부분들이 많이 있다. 또한 한국의 경우에 경제적으로 어려운 저소득층과 노인 세대들이 급증하고 있다. 이는 다른 국가에서도 비슷한 구조이지만 선진국에서는 이미 다양한 해결책들을 마련하는데, 한국의 경우에는 아직 국가적 혹은 사회적 해법이 못 미치는 곳이 있다.

경제적 약자나 노인세대들의 경우에는 현재 의료보험으로 해결되지 않는 여러 가지 질병과 질환, 그리고 불ㅈ 건강의 문제들을 해결하는 데 추가적인 많은 비용이 예상된다. 따라서 어려운 경제로 생계가 빠듯한 사람들에게 의료비용까지 부담하게 되면 정상적인 삶이 불가능하게 된다. 오늘날 우리 주변에는 이런 의료 관련 문제로 고통을 겪고 있는 사람들이 많은 실정이다.

먼저 홍익창의경영연구원[16]에서는 의료 서비스를 위한 사회적 협동조합을 설립 운영하고자 한다. 이는 의료보험이 적용되지 못하는 '치과' 부문과 오늘날 많은 사회적 문제가 되고 있는 '정신' 관련 질환들을 케어 CARE 하는 동서 양·한방 통합적 의료 시스템을 갖춘 사회적 협동조합을 말한다.

이미 미국이나 캐나다, 독일 같은 의료 선진국에서는 통합의학이 일반화되어가고 있다. 통합의학이란 질병의 증상만 치료하는 현대의학적인 치료법보다 질병의 근본적인 원인을 추적하여 예방하고 큰 질병으로 발전하는 것을 차단하는 원인치료를 병행하는 방식을 말한다.1)

한편, 의료 사회적 협동조합을 통해서 지역사회의 경제적 약자들을 위한 건강과 삶의 질을 높이는 데 기여할 수 있다고 본다.

현재 의료체계에는 철저하게 자본주의로 무장된 상업적 의료기관이 의료, 보건 시장을 장악하고 있다. 특히, 다국적기업인 다수의 제약사들이 만든 치료제들은 부작용을 초래하는 약품들이고, 이는 건강관리 차원에

---

16) 필자가 '대한국인의 길' 초판을 발행하던 시절에 홍익경제/경영/문화/역사 등 다양한 분야에서 연구를 진행했던 법인체이다. 지금은 그 일을 분야별로 나누어 각 단체에서 진행하고 있으며, 특히 6차산업 분야는 사단법인 한국 아그리젠토 6차산업 경영컨설팅협회에서 담당하고 있다. 지금은 사단법인 등과 연합하여 진행을 하고 있다.

서 가급적 사용을 자제해야 하는 것이다. 또한 현대 의학적 치료에 사용되는 방사선 등과 같이 인체에 유해한 것들을 사용하게 됨에 따라서 병원에서 더 많은 환자가 생겨난다는 이야기가 전혀 터무니없는 말은 아니다.

이미 다른 선진국에서 인정받고 있는 통합 의학적 치료를 활용하면, 부작용이나 비용의 부담도 줄어들 뿐만 아니라 건강과 장수에 기여할 수 있다는 것은 자명한 일이다.

사회적 협동조합에서 병원을 운영하는 것은 단순히 치료 차원에서 뿐만 아니라, 사전에 예방할 수 있도록 건강관리 교육까지 지원함으로써, 불필요한 의료 서비스의 인력과 비용을 절감하면서도 더 나은 건강생활을 보장할 수 있다는 장점이 있다. 이는 영리를 목적으로 하는 일반 병원에서 하지 못하는 일이다.

:: 상호부조금 사회적 협동조합

| 함께하는 세상 금융

사회적 협동조합은 단순한 개인과 지역연대에서부터 거대한 도시지역까지 경제적, 비경제적 벨트로 묶을 수 있는 다양성이 있다.

가장 성공적인 협동조합 그룹으로 몬드라곤 협동조합의 사례를 들 수 있다. 이에 대해서는 이미 충분히 언급했으므로 여기서는 몬드라곤 협동조합의 성공 요인 중 하나만을 설명하고자 한다.

몬드라곤이 협동조합으로 성공한 이면에는 협동조합의 이념과 가치에 대하여 오랫동안 교육하면서 구축한 조합원들이 있다는 것은 두말할 필요가 없을 것이다.

그러나 실제적으로 협동조합이 오늘날처럼 대기업 수준으로 발전하는데는 바로 금융이 결정적인 역할을 했다. 한편, 협동조합의 취약점 중 하나를 자본조달 능력이라고 생각할 수 있지만, 이를 제도적으로 보완하는 방법이 바로 지역화폐 운영과 '금융 협동조합을 설립하여 운영한 것이다.

따라서 홍익창의경영연구원과 저자는 금융을 위한 사회적 협동조합을 설립과 운영을 연구하고 있다. 협동조합에서 다루는 금융은 일반 은행의 금융과는 차이가 있다. 한국은 협동조합 법에 '금융과 보험'을 사업으로 할 수 없게 규정하고 있다.

또한, 이런 법규의 규제가 아니더라도 〈사람과 더불어 사는 세상〉에서는 일반 금융업을 취급할 이유가 없다.

협동조합 금융의 궁극적 목적은 오늘날 화폐경제가 추구하는 고리대금 이자놀이가 아니다. 금융 협동조합은 조합원의 긴급한 자금 지원과 다른 협동조합의 설립 및 운영에 필요한 자금 지원이 주된 목적이다.

그래서 이와 같은 협동금융을 상호부조금 사회적 협동조합이라고 부른다. 현재 한국에서 협동조합을 설립하여 이익배당을 준다는 것과 조합원 모집 단계에서 일정한 커미션 등을 다단계 방식으로 제공하는 것은 여기서 말하는 협동조합과 전혀 관련된 것이 아니다. 이는 협동조합을 이용하여 유사금융 사업을 하는 것이다.

홍익창의경영연구원과 저자는 조합원들이 신규 협동조합을 설립하고 운영할 수 있도록 금융지원과 마케팅 전략 및 경영에 관한 일체의 지원을 하기 위한 전문적인 인력 및 인프라 구축을 하고 있다.

건전한 협동조합의 운영은 물론이고, 일시적 실직자들에게 재활의 기회를 보장할 수 있는 상호 부조금을 제공하는 것이다.

또한, 향후 전 세계에 '경제 영토'를 확장하는 일에는 많은 인재들이 필요하다. 이를 위하여 '인재양성 프로젝트'를 추진하기 위한 구체적 상호부조금 지원도 계획하고 있다.

:: <사람과 더불어 사는 세상> 기업가 학교

| 창의적 기업가 정신 함양

홍익인본주의에서 가장 중요한 것은 '인간과 자연(생태계)'이다. 즉 모든 것들은 사람과 자연을 위해서 공존하는 것이며, 사람과 자연이 모든 것들을 하는 것이다.

오늘날 글로벌 자본주의와 다국적기업들의 근본적 폐해는 나눔의 철학이 부족하다는 것이다. 그것은 글로벌 자본주의와 다국적기업들이 <사람과 더불어 사는 세상>을 위하여 일하지 않는다는 점 때문이다. 오직 소수의 가진 자들과 기득권을 보호하기 위한 봉사체제이고, 또한 그들은 글로벌 금융자본을 바탕으로 전 세계를 지배하려고만 하고 있기 때문이다. 이 글로벌 자본주의와 다국적기업들은 전 세계의 모든 신성한 자원들을 모두 화폐화하면서 인류를 자본의 노예로 만들어 가지고 있다는 것을 앞에서 충분히 이야기했다. 문제는 왜 자본가들과 기업가들이 이런 일들을 하는가 하는 점이다. 그것은 그들의 정신 속에 전혀 '홍익인간' 정신과 철학이 존재하고 있지 않기 때문이다.

오늘날 모든 것을 '돈'으로 만들어 내고, 평가하는 자본주의 시스템은 인간적이지 않다. 이는 결핍에 기인한 끝없는 탐욕으로 무엇이든 닥치는 대로 먹어치울 뿐이다. '지구'라는 모든 생명체들의 공유 자산을 자기들 마음대로 나누어 가지고, 자신들을 제외한 다수의 사람들을 경제적 노예로 만들어 버리는 자본가들과 기업가들에게 인류공동의 자산을 지킬 수 있는 정신이 무엇인가를 알려주지 못한다면 인간과 자연의 공동파멸은 자명한 사실이 될 것이다.

이 또한 지난 수백 년간 철저하게 자본주의적이고 개인주의적인 문화 속에서 '공동체의 구성원'으로서 협동정신과 인간에 대한 가치관을 상실하게 된 것이다.

따라서 이제는 공동체를 이해할 수 있는 열린 마음을 지닌 새로운 리더십이 필요하다. 모든 인간의 존엄성과 평등을 인식할 수 있는 새로운 리더들이 신 기업가정신으로 신 경제 창조에 앞장서야 한다. 그래서 기업은 인류 모두를 위한 사람공동체로 인식할 수 있는 창의적 기업가가 필요 한 때이다. 그래서 이런 창의적 기업가를 양성할 수 있는 실제적인 교육·연구기관이 필요하다.

홍익창의경영연구원과 저자는 '홍익인간정신 기업가'를 배출할 수 있고[17], 이런 교육 체계를 구축하는 데 투자한다. 현재 한국은 청년 실업자들이 수백만에 이른다. 또한 매년 대학에서 청년들이 계속 쏟아져 나오는 실정이다. 하지만 국가와 우리 사회가 이를 수용할 구체적인 방안이 절대 부족하다.

기존의 사업체들은 이미 글로벌 자본주의에 편승하여 '부와 복지, 그리고 분배'에 관심이 부족하다. 그리고 기업들은 더 많은 채용을 하는 것이

---

17) 홍익창의경영연구원은 필자가 초고를 쓰던 시절 연구하면서 기업을 지원하고 인재를 양성했던 곳이며, 지금은 대학교에서 "양자의료 등/ ESG 경영/명상심리 등"을 교육하면서 인재양성에 앞장서고 있다.

아니라, 어떻게 하면 한명이라도 더 줄일까를 연구할 뿐이다.

오늘날 창업에 대한 관심도 높고 다양한 창업 지원 프로그램들도 있다. 그러나 기본적으로 창업의 세계는 진입장벽이 매우 높은 것이 현실이다. 일례로 일 년에 수만 개의 중소기업들이 설립되지만, 5년을 넘기는 기업은 겨우 1개 정도라는 이야기가 있을 정도이다.

오늘날 창업 프로그램들은 천편일률적으로 자본주의와 개인주의 바탕 하에서 경쟁을 통해서 살아남아야 한다는 전제조건에서 시작한 것들이다. 이는 마치 처음부터 실패할 수밖에 없는 환경 속에서 시작해야 한다는 논리와 같다.

오늘날 벤처 창업이나 청년 창업에서 문제는 바로 자본주의와 개인주의 바탕에서 시작하여 결국 소수만 살아남는 약육강식. 적자생존의 세상에 뛰어드는 과정이라는 점이다.

오늘날 글로벌 자본주의나 다국적기업 혹은 대기업들이 만들어 놓은 사업의 표준은 결코 창업을 하려는 사람들이 추구해야 할 방식이 아니다. 이들은 아무나 쉽게 영역을 침범할 수 없도록 방책을 마련해 놓았기 때문이다. 이는 글로벌 시장에서 규모경제라 부르는 거대 자본과 기술, 그리고 인력, 마케팅 능력을 바탕으로 시장을 독점하는 방식이다.

이런 사업방식이 오늘날 지구촌에 가장 큰 세력을 형성하고 있지만, 이는 창업을 시작한 사람들이 흉내 내거나 그길로 가려는 것이 스스로를 위험에 빠뜨리게 하는 것이다.

대개 청년 창업에서 꿈꾸는 것은 '알리바바의 마윈처럼 어느 한 순간에 중국 최고의 부자로 등극하는 환상이다. 많은 청년들이 벤처기업으로 빌 게이츠나 스티브잡스 같은 영웅이 되고 싶어 하지만, 대기업 혹은 다국적 기업들은 미래 시대에는 청년 창업가들이 거의 아니 전혀 쓸모없을지도 모른다는 생각을 할 수도 있다.

오늘날 경제학이나 경영학을 전공하였거나 혹은 전문가들로부터 지도 받아서 창업을 하지만 이것들을 통해 전혀 배우지 못하는 것이 있다.
그것은 기업가가 되기 전에 먼저 '인간 즉 사람됨이 중요하다는 가르침 이다. 어떤 기업이든 결국 사람이 운영하는 것이다. 기업은 경영자의 정신과 철학을 투영한다. 그래서 어떤 정신을 가진 기업가가 만든 기업인지 가 가장 중요할 수 밖에 없다.

기업이 결국 얼마나 돈을 벌었는가도 중요하지만 다른 사람들 즉 인류 에 얼마나 기여하고 봉사하는가를 평가하여야 한다.

세상에는 이미 무너져 기우려 지고 있는 '글로벌 자본주의적' 기반으로 할 수 있는 사업들만 있는 것이 아니다. 창업하려는 많은 사람들이 홍익 인간 즉 창의적이고 공동체 지향적인 가치관을 가진다면, '선물GIFT경제' 를 기반으로 하는 홍익인본주의 사업들이 수도 없이 많이 생길 수 있다.

| **따라서 세상을 다른 눈으로 볼 수 있는 창의성을 일깨울 필요가 있다.**

이 땅에 홍익인간 정신을 지닌 기업가들이 많아진다면 결국 이는 자연 과 환경보전에 기여할 것이고, 부의 분배와 인간을 노예화하지 않는 새로

운 경제를 만드는 데 기여할 것이다.

 그래서 이러한 홍익인간 정신을 지닌 기업가들을 양성하는 교육 기관은 절대적으로 필요하다고 생각한다. 따라서 홍익창의경영연구원은 이러한 교육기관을 운영하고자 한다. 이를 위하여 대학에 대안 학과를 설치하고 기업가를 위한 과정을 운영할 준비를 하고 있다.

 그래서 홍익은 〈사람과 더불어 사는 세상〉이다.

:: 공동체 창조경제마을[18]

| 상부상조 마을기업

글로벌 자본주의와 다국적기업들이 만들어 내는 빈익빈 부익부의 양극화에 대응하면서 자연자본과 사회적 자본, 그리고 심지어 문화유산까지 모든 것들을 화폐화로 만드는 고리대금식 자본경제로부터 우리의 삶을 보호하고, 홍익인본주의 체제로 구체화할 수 있는 방법이 바로 한 지역에 있는 사회적 자본과 경제적 관계를 하나로 묶는 공동체 성격의 마을기업 형성이다.

| 오늘날 협동조합들 중에서 가장 성공적인 모델들은 모두 지역 기반에서 출발한 공동체이다.

공동체 창조경제마을이란 한국의 생명농업, 부국농촌, 지식농민과의 결합 즉 생태형 경제와 연계해서 추진하고 있는 지역경제에 적합한 창의성을 갖춘 마을기업내지는 협동조합형 기업을 의미한다. 어떤 공동체이든지 간에 경제성이 없다면, 그 공동체가 존립하기 어렵다.

따라서 현재의 자본주의 경제체제에서는 반드시 경제 문제를 염두에 둔 공동체를 만들어야 하며, 이는 사람의 결사체이든 자본의 결사체이든 혹은 영리적 조직이든 비영리적 조직이든 간에 수익적 기반을 소홀히 해

---

18) 지구에 행복촌을 만드는 일과 동일한 개념이다.

선 지속가능한 기업형 결사체를 만들기가 힘들다는 뜻이다.

글로벌 자본주의가 후원하는 다국적기업들이 지역 기반의 경제를 붕괴시키면서 단순히 착취만 하는 것이 아니다. 이들은 가는 곳마다 개발이라는 미명하에 물과 공기를 오염시키고 자연을 파괴하여 사람이 살 수 없는 곳으로 만들고 있다.

따라서 지역 기반의 경제력을 갖춘 공동체마을을 만드는 것은 이러한 글로벌 자본주의와 다국적기업들의 횡포를 차단하면서, 지구(생태계)와 사람을 살리는 일이다. 이는 홍익인본주의가 추구하는 삶의 방식이기도 하다.

홍익창의경영연구원[19]과 저자는 다년간의 연구와 준비를 통해서 창조경제마을에 적합한 사업을 구상하였다. 그것은 바로 '고부가가치'의 '첨단 농업' 그리고 타 산업과 연동하여 생명자원을 제공하는 융·복합 6차산업이다. 6차산업은 농업을 생명의 근본으로 정보·통신과 결합한 21C 신산업구조를 일컫는다.

| 첨단 농업의 의미

과거 농경사회에서 농업은 인류의 가장 기본 되는 산업이었다. 그러나 산업혁명 이후 농산물이 상품으로 바뀌면서 완전히 새로운 국면에 접어들었다. 농업은 현재 다국적기업들의 영리사업으로 전환되면서 대규모

---

19) 사단법인 한국 아그리젠토 6차산업 경영컨설팅협회에서 "아그리젠토 농촌 참살이 운동"을 계속 진행하고 있다.

기계화 농업이 주를 이루게 되었고, 이들은 전 세계를 상대로 장사를 한다. 이런 영리적인 농업의 근본적인 문제 중 하나는 먹거리 자체가 인류의 건강을 해치는 심각한 오염원이라는 점이다.

다국적기업들은 농약, 살충제, 성장호르몬 등 각종 화학물질로 혼합된 농산물들을 거의 독점적으로 유통한다. 이제 영세한 농가나 혹은 작은 지역의 농업은 이미 경쟁력을 상실한 상태이다. 한국도 식량 자급률이 20% 수준에 머물고 있으며, 지구촌에는 먹거리를 다른 사람들의 손에 맡기는 국가가 대부분이다.

사실 이것은 국가적으로 볼 때 심각한 위험을 내포하고 있는 중요한 문제이다. 미래는 식량, 에너지, 환경 등 지역 단위로 독립하지 않으면 지구촌 자체가 매우 위험한 상태로 전락할 수 있다.

이미 전문가들이 예견하듯이 자급자족을 하지 못하는 국가는 조만간 식량무기의 위협을 받을 수도 있다. 사실 우리의 농촌에서 제대로 생산하기만 하면 충분히 자급자족이 가능하지만, 오늘날 산업구조에서는 현실적이지 못하다. 농산물을 돈으로 환산해야 하는 입장에서 보면 우리의 농어촌은 전혀 다국적기업들과 경쟁이 되질 않는다.

따라서 우리가 알고 있는 기존의 농업으로는 승산이 없다. 이미 농업선진국에서는 농업의 체질을 완전히 바꾸고 있다. 즉, 다른 어떤 산업보다 경쟁력있는 첨단 농업을 하고 있는 것이다. 이제 오염된 땅에서 재래식 농법으로 수익창출을 한다는 것은 현실적이지 못하다. 그래서 첨단농업이란 오늘날의 모든 과학기술을 집약하여 생산성도 극대화할 뿐만 아니라, 공간적으로도 최소 공간에서 대량 재배가 가능한 구조의 농업이다.

이런 첨단 농업을 기반으로 창조경제마을을 건설하게 되면, 마을에 입주한 사람들은 농업을 통해서 일정한 소득이 보장될 뿐만 아니라, 농업에 많은 시간과 노력이 투입되지 않아도 되기 때문에 삶의 질을 높일 수가 있다.

| 홍익창의경영연구원에서는 이러한 첨단 농업을 6차산업이라고 부른다.

오늘날 인터넷과 스마트폰은 세상을 완전히 바꾸어 놓았다. 특히 사물인터넷의 기술은 우리의 생활의 모든 부문에서 모든 것들을 자동화할 수 있게 하고 있다. 따라서 공동체 창조경제마을에서 채택하고 있는 첨단 농법은 스마트폰 하나로 관리가 가능한 자동 경작 시스템으로 운영된다.

이 공동체 창조경제마을에서 생산되는 농산물들은 자체적인 유통망으로 도시의 각 가정에 공급된다. 이를 위하여 온라인 쇼핑몰뿐만 아니라 네트워크 마케팅 망을 구축하고 있는 것이다.

이 유통망은 매우 중요하다. 현재 한국에는 수년간 정책적 지원으로 귀농·귀촌한 사람들이 많이 있다. 이들은 나름대로 유기농 농산물들을 재배하고 생산하지만 기존의 가락시장 성격의 유통망에 의존하는 순간 모든 노력이 물거품이 되고 만다.

┃ 그 이유는 막강한 자본력을 지닌 중간 도매상이 가격을 조절하기 때문이다.

오늘날 농업이 경쟁력을 상실하게 된 것은 농가들이 나름대로 대규모 하우스 재배로 코스트를 낮추고자 하지만 이는 중국산이나 다국적기업들이 생산한 농산물과는 경쟁 자체가 안 된다. 그러나 더 큰 문제는 현재의 유통구조 자체는 결코 생산자를 위한 시스템이 아니기 때문이다.

공동체 창조경제마을은 생산품을 직거래 채널을 통해서 유통함으로써, 수요와 공급을 자체적으로 조절하는 생태경제 구조를 갖춘다. 도시의 소비자들은 하나의 협동조합 형태의 소비 공동체의 멤버로 참여할 수 있도록 한다. 이러한 구조 자체는 매우 중요하다. 이는 외부의 영향을 받지 않고 자체적으로 경제가 순환할 수 있게 한다는 의미를 갖기 때문이다.

공동체 창조경제마을은 한국의 정치, 경제, 사회적 환경에서 매우 필요한 시점이라고 볼 수 있다. 우리는 공동체 창조경제마을을 도시 근교의 시골에 건설하는 것이 바람직하다고 생각한다. 그 이유는 도시와 연계한 '도·농 교류' 비즈니스가 대단히 많기 때문이다. 많은 도시인들은 지루한 일상에서 벗어날 기회를 찾는다.

여러 가지 이유로 도심을 벗어나는 아웃도어 시대가 되었다. 이미 등산 인구가 2천만이나 된다고 한다. 주말이면 야외로 나가는 것은 물론이고 점차 시골로 전원생활을 하기 위하여 이주하는 사람들도 늘고 있다.

그래서 현대인들은 삶의 부족한 부분을 채우기 위하여, 여러 가지 '꺼리'를 찾는 데 혈안이 되어 있다. 여기 먹거리, 볼거리, 놀거리를 찾고 있다. 또한 쉴 곳과 즐길 수 있는 곳이라면 어디든지 찾아간다.

공동체 창조경제마을에서는 이러한 현대인들의 입맛에 맞춘 문화 콘텐츠를 구축함으로써, 상당한 관광수익을 창출할 수 있다. 이제 단순 노동을 통해서 수익을 올리는 시대는 오래전에 끝난 것이다.

따라서 일부 귀농·귀촌을 하는 사람들이 농사를 짓고 수익을 창출한다는 발상은 개인적인 경우로 국한될 수밖에 없다. 이는 경제적 가치가 그리 많지 않기 때문이다. 그래서 우리가 추진하는 공동체 창조경제마을은 공유자원을 최대한 보존하면서도 마을 사람들이 풍족하게 살 수 있는 다양한 부가가치를 창출할 수 있다. 예를 들면 지역의 자연 환경을 활용하여 다양한 문화 관광 사업, 꽃송이버섯 재배, 식물공장 육성 등 지역경제와 연계한 신산업 기반을 만들 수 있다.

또한, 공동체 창조경제마을에는 건강과 힐링HEALING을 위한 휴양시설을 만들 수 있다. 이미 이러한 준비를 하고 있는 마을이나 공동체들이 있다. 또한 공동체 창조경제마을은 건전한 유통회사와 연결하여 프로슈머 경제를 실현하려는 준비를 하고 있다.

한편 홍익창의경영연구원과 저자는 공동체 창조경제마을의 육성을 위해 피폐한 농촌을 도시민과 함께 하고, 인생 이모작을 준비하는 퇴직자와 청년실업을 지원하고자 다양한 교육 과 토지 활용방법을 연구하고 있다. 또한 농촌 융·복합 산업 육성 및 지원에 관한 법률을 바탕으로 제도권 교육, 각종 마을 기업과 협동조합 육성 등을 추진하고 있다.

그래서 공동체 창조경제마을에 입주하는 모든 조합원들의 첫 번째 자격조건은 '자연을 닮거나 또는 자연과 함께하는 사람들'이어야 한다. 두 번째는 협동조합 정신과 공동체경영학, 유통문화혁신, 생명농업 등 기본교육을 통한 자격을 수료해야 한다. 이는, 지식 농민이어야 기업가 정신을 발휘할 수 있기 때문이다. 세 번째는 공동체 창조경제마을과 관련된 사업 또한 자연친화적인 제품(예, 자연한방 액비 등)이어야 함은 당연하다.

공동체 창조경제마을의 성공 미션은 개인주의 경제관보다는 공동체 경제관을 더 중시한다. 그리고 농업은 자연이 아닌 문명이며 인생 이모작을 창조하는 철저한 직업의식을 전제해야 한다.

또한, 공동체 창조경제마을은 백세시대를 위하여 노인들이 살기 좋은 마을을 만들려고 한다. 그래서 이런 공동체 창조경제마을은 의료와 각종 문화시설을 갖추고 모든 자원들을 함께 공유함으로써, 부자나 빈자나 할 것이 없이 누구나 행복하게 살 수 있는 미래공동체 마을이 될 수 있는 것이다.

:: 함께 맺는 말

지난 역사를 생각하면서 눈이 시릴 정도로 목 놓아 울었다. 때로는 우리가 애국자라도 되는 양 분노하고 절망하면서 밤늦도록 통음했다. 분노하면서, 절망하면서, 슬퍼하면서 우리는 내 아들과 딸들에게 이런 슬픔과 좌절을 물려주어서는 안 된다는 생각을 하게 되었다. 그리고 절망과 분노를 기쁨과 희망으로 바꾸고 싶었다.

그래서 우리의 역사를 돌아보게 되었고 그 역사 속에 존재하는 민족의 정신과 웅혼한 철학을 발견하게 된 것이다. 그래서 우리는 보고 들은 내용들을 글로 옮겨 보고 싶은 마음으로 이 책을 정리한 것이다. 우리보다 훨씬 먼저 인류와 자연 그리고 아름다운 지구를 살리려는 역사·철학·문화·경제·경영학적 통찰력을 제시한 전문가들의 도움이 컸다.

오래전 우리에 대한 고민이 생겼다. 어느 날 우리는 생각하게 된다. 아니 더 정확히 표현하면 삶에 대한 이치를 깨닫게 된 것이다. 갑자기 이렇게 살아서는 안된다.'라는 사명감이 생겼다. 그리고 지난 우리네 삶을 반성하고 싶었다. 각자 모두에게 주어진 삶과 命, 그리고 가치 있는 삶, 또 함께 더불어 사는 마을공동체를 만들어 삶을 살아가는 것도 '인생이 참 아름답겠구나' 하는 생각을 했다. 그래서 우리는 그 삶의 작은 밀알이 되고 싶다.

이제는 함께 더불어 고민하고, 아파하면서 미래의 희망을 심는 삶을 살고 싶다. 그리고 우리는 지금 그런 삶을 실천하려고 한다. 지난 세월 남에게 받았던 위로와 기쁨을 다른 사람과 함께 나누고, 고통과 좌절을 극복할 수 있는 경험과 지식을 다른 사람에게 전달하고 싶다. 그래서 우리는 이런 생각을 이 책에 옮긴 것이다.

우리는 확신한다. 분명 우리 심장 속에 잠재된 '홍익인간' 정신이 분출한다면 반도의 국가에서 대륙의 리더로 그 웅장한 기력을 펼 수 있을 것이다. 이제, 분연히 떨치고 일어나야 한다. 반도에서 대륙으로, 혹은 대양을 건너 저 평원으로 나아가야 한다. 남의 나라를 침략하자는 게 아니다. 경제와 문화의 영토를 넓혀가자는 것이다.

또한, 경제와 문화의 영토를 넓혀 우리만 잘 살자는 게 아니다. 우리처럼 사람이 함께 하고, 경제를 나누고 문화를 대동하면서, 우리보다 다소 늦게 따라 오는 사람을 기다려주는 '넓고 깊은 아량을 나누자'는 게 우리가 주장하는 영토와 문화를 확장하는 것이다. 이렇게 나눌 수 있는 마음이 홍익弘益이요. 함께 만들어 가는 정신이 '홍익인간 정신'이다.

이를 세계 곳곳에 교육하여 전달하는 게 우리가 하고자 하는 '문화창달'이다. 그리고 이 정신을 '가정', '기업', '국가'에 적용하자는 게 '홍익인간'이다. 우리 가슴속 깊이 잠재된 '홍익인간 정신과 '인본주의 사상으로 지나친 '글로벌 자본주의'를 수정할 수 있다면, 우리 민족이 가지고 있는 '홍익인간의 위대한 정신'은 최고의 문화유산이 될 것이다.

이제 우리네 가슴을 먹먹하게 했던 과거의 소중화小中華 사상이나 일본에 의해 왜곡된 민족혼民族魂, 그리고 편협한 민족주의, 닫힌 종교의 벽을 넘어 '도도하게 흐르는 우리의 민족정신 '홍익인간'을 부여잡고 각 분야 · 산업마다 적용하여 새로운 세계 인류사에 큰 지평을 열어야 한다.

앞에서 말했듯이 홍익인간 정신은 소통과 통합의 사회를 말한다. 사람과 사람 사이 지식, 인정, 나눔, 일자리를 공유하고 부익부 빈익빈의 양극화를 해소하는 사람 사는 세상을 만드는 데 앞장서는 역할을 할 것이다.

■ 참고문헌

〈단행본〉

· John Naisbitt, 『China's Megatrends』 비즈니스북스 2010
· John Naisbitt, 『Megatrends Asia』 한국경제신문사 1996
· John Naisbitt, 『Global Paradox』 한림미디어 1997
· Alvin Toffler, 『Revolutionary Wealth』 청림출판 2006
· Alvin Toffler, 『Power Shift』 한국경제신문사 1990
· Peter Drucker, 『The Essential Drucker On Individuals』 청림출판 2012
· Peter Drucker, 『Managing the non-profit organization』 한국경제신문사 1995
· Peter Drucker, 『Innovation and Entrepreneurship』 한국경제신문사 2004
· Peter Drucker, 『Next Society』 한국경제신문사 2007
· Peter Drucker, 『The Essential Drucker』 청림출판 2002
· Jim Collins, 『Good To Great』 김영사 2015
· Jim Collins, 『How The Mighty Fall』 김영사 2010
· Tom Peters, 『Wow Project』 21세기북스 2011
· Tom Peters, 『Re-imagine!』 21세기북스 2005
· Philip Kotler, 『Market 3.0』 타임비즈 2010
· Charleseisenstein, 『Sacred Economics』 김영사 2015
· Stefano Zamagni, Luigino Bruni, 『Economia Civile』 북돋움 2015
· DADA MAHESHVARANANDA, 『After Capitalism』 한살림 2014
· 정태인, 이수연, 『협동의 경제학』 레디앙 2013
· 진노 나오히코, 合經濟學 푸른지식 2013
· 야마다 아키오, RAKU SHITE MOUKERU (楽 LT3212007
· 최태원, 『새로운 모색』 이야기가 있는 집 2014
· Stefano Zamagni, Vera Zamagni, 『Cooperative Enterprise』 북돋움 2013
· 김현대, 하종란 외, 『협동조합 참 좋다』 푸른지식 2012
· William F. White, Cathering K. White, 『Making Mondragon』 역사비평사 2012

- 김성오, 『몬드라곤의 기적』 역사비평사 2012
- 김기섭, 『깨어나라 협동조합』 2012
- 박오순, 『공동체 사회자본 증진을 위한 연성 법제화』 한국법제연구원 2013
- 최익용, 『대한민국 5천년 역사리더십을 말한다』 옥당 2014
- Rachel Botsman, Roo Rogers, 『We Generation』 모멘텀 2011
- Ricardo Semler, 『The Seven-Day Weekend』 한스컨텐츠 2006
- Ricardo Semler, 『Maverick』 프레스빌 1995
- Micki McGee 『Makeover Culture in American Life』 모요사 2011
- Emanuel Pastreich, 『한국인만 모르는 다른 대한민국』 21세기북스 2013
- 심백강, 『우리역사』 경세원 2014
- 한국우리민족사연구회, 『동북공정 알아야 대응한다』 백암 2006
- 우실하, 『동북공정 너머 요하문명론』 소나무 2007
- 김용운, 『한민족 르네상스』 한문화 2002
- 야마베 겐타로(山邊健太郞), 『일본의 식민지 조선통치 해부』 어문학사 2011
- 이덕일, 『우리 안의 식민사관』 만권당 2014
- 이문영, 『만들어진 한국사』 파란미디어 2014
- 하승수 외1, 『행복하려면 녹색』 이매진 2014

〈연구논문〉

- 강정모, 「경제발전 정신으로서의 홍익인간이념의 고찰」 경제인문사회연구회 2013
- 강정모, 함선미 「한국형 공생발전과 정신자본 : 홍익인간사상」 제도와 경제 제6권 제2호 2012
- 정영훈, 「민족정체성, 그리고 한민족의 민족정체성」 한국학중앙연구원 2010
- 김성실, 「한국유학의 특성과 주체적 발전양상에 관한 고찰」 선도문화 제17권 2014
- 현용수, 「사회적기업에 있어서 기업가 정신, 지배구조 및 협력 네트워크가 기업성과에 미치는 영향에 관한 탐색적 연구」 광운대학교 대학원 전략경영연구실 2013
- 박승재, 「한국 정당정치의 문제점과 향후 발전 과제」 한양대학교 행정대학원 1996

■ 미주·주석

∴ 함께 시작하는 말

1. 글로벌 패러독스 : 존 나이스비트, 글로벌 패러독스, 참조, 글로벌 패러독스란 한마디로 세계경제의 규모가 확대되어 커지면 커질수록 최소경제단위 역할의 힘이 더욱 강력해진다는 것이다. 〈참고서적〉 미래학자 존 나이스비트 「글로벌 패러독스」 / 한림미디어 1997
2. 경제적 영토 : 이 책에서는 우리가 경제적 가치를 창출하는 모든 시장을 의미한다. 하지만 이는 국제적으로 통용되는 개념은 아니다. 2014년 정부가 한중 자유무역협정(FTA)의 실질적 타결을 선언한 뒤 올림픽에서 메달이라도 딴 것처럼 순위를 매긴 척도로 등장한 게 '경제영토'라는 개념이다. 이는 산업통상자원부가 보도 자료에서 '경제영토'라는 용어를 쓴 데서 비롯됐다.

■ PART I 大한국인의 길 - 홍익인간

Chapter 1. 홍익인간의 기원 : 역사적 배경

1. 선진국의 원조 : 대부분 개발도상국은 경제 선진국의 원조를 받아서 경제개발을 하게 된다. 그 결과, 글로벌 자본주의의 속국이 되는 것이다. 이러한 경제원조의 결과로 개발된 국가는 엄청난 빚더미를 떠안고서 영구적으로 경제적 노예 상태에서 벗어나기 힘들다. 이에 대해서는 '글로벌 자본주의'에 관한 다양한 자료들로부터 정보를 얻을 수 있다. 선진국의 원조는 결과적으로 국가 차원의 경제적 노비문서와 같다.
2. 송도사개치부법 : 송도상인을 중심으로 쓰였던 전통 부기법. 오늘날 사용하는 서양 복식부기와 같은 원리로 서양보다 200년 앞서 개발된 것이다.
3. 가설사고 - (참고) 우치다 카즈나리, 『가설사고 생각을 뒤집어라』 p26~45
4. 피그말리온 효과 - (참고) 로버트 로젠탈, 『피그말리온 효과』 2003
5. (참고) 앨빈 토플러, 『부의 미래』 청림출판 p59~72
6. (참고) 마커스 버킹엄, 『위대한 나의 발견 강점혁명』 청림출판 2013
7. (인용) 임마누엘 페스트라이쉬, 『한국인만 모르는 다른 대한민국』 21세기북스 2013
8. 같은 책 2장 이하 전체
9. 거지발싸개 : 버선은 삼국시대부터 우리 의복 중 일부이다. 문제는 서민이 신을 수 없었고 양반만 신을 수 있었다. 서민은 남은 천으로 대충 발에 감았던 '발싸개'가 있었다. 양말이라는 말은 '서양의 버선'이라는 의미로 쓰인 것이다. 거지발싸개는 우리가 욕으로 쓰는 말인데, 무슨 뜻인지는 모두 알고 있을 것이다.
10. 퀀텀점프Quantum Jump, Quantum Leap: 양자물리학의 용어. 원자에 에너지를 가하면, 핵 주위를 도는 전자는 낮은 궤도에서 높은 궤도로 점프하면서 에너지 준위가 계단을 오르듯 불연속적으로 증가하는데, 이런 도약을 퀀텀점프라고 부르는 것. 퀀텀점프는 A장소에 있던 입자가 갑자기 B 장소에 나타나는 것을 의미하며, 어떤 경로를 통하지 않고, A와 B 두 지점 사이에서 입자를 볼 수 없는 이상한 현상으로, 원자 내의 전자에 충분한 에너지를 공급하면, 전자는 마치 계단을 뛰어오르듯이, 도약해서 순간적으로 상태가 전이된다~! 비지니스에서는 이러한 개념을 응용해서 사업구조개편이나 혁신 등을 통해서 단기간에 비약적으로 실적이 호전되는 상황을 퀀텀점프라고 부르기도 한다.

Chapter 2. 홍익인간의 이념과 사상

1. 찰스 아이젠스타인(Charles Eisenstein), 『신성한 경제학의 시대』 김영사 2015.
저자 찰스 아이젠스타인은 1967년에 태어나 예일대학교에서 수학과 철학을 전공했고, 현재 고다드대학교에서 학생들을 가르치고 있다. 중국어 통번역가, 비즈니스 컨설턴트, 대학 강사 등 다양한 분야를 넘나들며 자본, 경제, 사회, 문명, 의식, 인류의 문화적 진화에 관해 글을 써왔다. 웹 잡지 '리얼리티 샌드위치REALITYSANDWICH'와 '가디언'을 비롯한 여러 매체에 기고한 그의 글은 엄청난 지지를 받았다. 수많은 도시를 다니며 강연을 펼치고 있고, 라디오와 팟캐스트를 통해 다수의 인터뷰를 해왔다. 2007년《인류의 도약 THE ASCENT OF HUMANITY》을 발표하며 전 세계 석학들과 지성계의 주목을 받았고 일약 천재 통합사상가로 발돋움했다. 그 외에도〈식생활의 요가 THE YOGA OF EATING〉〈우리 가슴이 가능하다고 말하는 더 아름다운 세상 THE MORE BEAUTIFUL WORLD OUR HEARTS KNOW IS POSSIBLE〉을 집필했다. 펜실베이니아 해리스버그에서 아내와 네 명의 아들들과 함께 살고 있다. 저자는 돈의 영역에 대가없이 주고받는 신성한 선물 GIFT의 원리를 도입한 이 책의 주제에 맞게, 매매나 광고에 사용하지 않는 한 콘텐츠를 이용하게 해놓았다. 그의 홈페이지에는 프랑스어, 독일어, 루마니아어 등 10여 개국 언어로 번역된 파일이 공개되어 있다. (HTTP://SACRED-ECONOMICS.COM) "나는 스스로를 '신성한 경제학' 이라는 아이디어의 관리인 또는 매체라고 생각한다. 결국 나는 나보다 훨씬 탁월한 사상가들의 어깨에 올라탄 채, 문화적 공유자원으로부터 많은 아이디어들을 흡수하고 소화해 전달하고 있기 때문이다."

2. 우주선 지구호(Spaceship Earth) : 1963년 벅민스터 풀러가〈우주선 지구호 사용설명서〉를 출간하면서 사용한 말이다. 인류는 지구라는 우주선에 함께 승선한 운명공동체라는 점을 각인시키고 인류의 나아갈 바를 제시하였다. (참고서적) 『우주선 지구호 사용설명서』 앨피 2007

3. 강정모, 『경제발전 정신으로서의 홍익인간이념의 고찰』 제도와 경제 제 8권 제2호 (2014) 87-122

Chapter 3. 홍익인간의 정신과 철학

1. 김광린,〈홍익인간 사상과 민족통일 : 새 통일이념의 모색〉, 단군학회 刊〈단군학연구〉제5호, 2001.10, p206~207

Chapter 4. 大한국인의 길 : 잃어버린 역사, 잃어버린 땅을 되찾아서

1. 이근창, 〈경기대 사회복지학과 교수〉, 〈21세기 세계화 속에 홍익인간 이념에 관한 연구〉, 단군학회 刊〈단군학 연구〉제2호, 2000.4. p308
2. 이근창, 위의 책 p308
3. 유경문, 〈홍익인간 사상과 경제-홍익인간 사상을 실현하기 위한 경제학적 접근〉, 단군학회 刊〈단군학 연구〉제2호 2004.4. p234 재인용
4. 유경문, 위의 책 p234~235
5. 인터넷 브리태니커 백과사전 참조
6. 유경문, 〈홍익인간 사상과 경제-홍익인간 사상을 실현하기 위한 경제학적 접근〉, 단군학회 刊〈단군학 연구〉제2호, 2004.4. p234
7. 강무학, 단군조선의 실존, 명문당, 1989 / 김영돈, 홍익인간과 환단고기(桓檀古記), 유충출판사, 1995 / 김진혁, 단군성조의 사상과 그의 인간학, 인간사랑, 1991 / 윤이흠 외, 단군 - 그 이해와 자료, 서울대학교 출판부, 1997 / 이형구 엮음, 단군과 고조선, 살림터, 1999 / 최종철, 환웅단군 9000년 비사, 미래문화사, 1999 등 참조
8. 1999. 12. 6일자 중앙일보, 〈단군 관련 사서(史書), 일 왕실도서관에 가득 보도, "한민족의 뿌리가 되는 단군조선의 실체를 알리는 자료와 상고사에 관한 국내의 기록은 수많은 전란(우리 민족이 겪은 크고 작은 외침은 약 830회에서 900회로 추정함)을 거치면서 대부분 소실되었으며, 또 일제 때 조선총독부가 한민족의 혼을 말살하기 위해 단군조선에 관한 책들을 몽땅 약탈해버렸다"는 설이 있으며, 해방 후 출간된〈군국일본 조선강점 36년사〉나〈제헌국회사〉등에 따르면, 조선총독부 초대 총독 데라우치 마사다케(寺內正毅, 1852~1919)의 명령에 의해 1910년 11월부터 이듬해 12월말까지 1년 2개월 동안 고사서 51종 20만여 권을 약탈해갔으며, '단군조선에 관한 서적 대부분이 이때 소실된 것으로 되어 있음.
또한 최근 일본 궁내청 쇼료부(書陵部 : 일본 황실도서관)에 "단군조선에 관한 책들이 쌓여 있다"는 새로운 주장이 등장하고 있는 상황이다.
9. 유경문, 〈홍익인간 사상과 경제-홍익인간 사상을 실현하기 위한 경제학적 접근), 단군학회 刊〈단군학연구〉제2호, 2004.4. p234
10. 김지하, 〈홍익인간도 죽었는가?〉, 한민족학회 刊〈한민족연구〉제3호, 2007.6, pp203~219
11. 박한용, 〈한국 근·현대의 민족이론과 민족주의론〉, 강만길 외〈한국사 24-한국사의 이론과 방법2〉, 한길사, 1995, p289. 재인용, 조기제, 〈통일이념으로서의 홍

익인간 사상〉, 국제평화대학원 논문, 2006.8
12. 조기제, 〈통일이념으로서의 홍익인간 사상〉, 국제평화대학원 논문, 2006.8
13. 정영훈, 〈한국인의 정체성과 홍익인간 이념〉, 단군학회 간 〈단군학 연구〉 제6호, 2002.2, p.164 주석24
14. 권성아, 〈21세기 한국의 문화 정체성과 홍익인간 교육〉, 단군학회 간 〈단군학 연구〉 제5호, 2001.10, p.171
15. 조기제, 위의 글
16. 단군에 대한 것은 김일성이 1993년10월20일 '단군릉개건 관계부문 일군협의회'에서 행한 연설 '단군릉개건방향에 대하여'가 북의 첫 공식 입장이다. 거기에는 김일성이 지시한 복원 방향이 나와 있는데, 김일성 '교시'의 개략적인 내용은 다음과 같다. ① 지금까지 단군은 신화의 인물로 전해져 왔으나, 이 발굴로 실제 존재하던 인물이라는 것이 명백하게 증명되었다. ② 고고학연구소를 비롯한 여러 연구기관에서 검증한 결과 단군의 키는 170cm가 넘는다. ③ 단군이 실재한 인물이라는 것이 과학으로 고증된 만큼 환웅과 웅녀에 대한 신화는 허구였음이 밝혀졌다. ④ 단군릉은 조선민족 원시조의 무덤이므로 동명왕릉보다 더 크고 웅장하게 개건해야 한다. 그러므로 높이도 더 높게 만들고 흙이 아닌 돌을 이용해 피라미드식으로 쌓아야 한다. ⑤ 사람이 들어가 볼 수 있게 무덤 칸에 관대를 2개 놓아야 한다. ⑥ 단군의 유골은 남쪽을 향하여 오른쪽에 놓고 부인의 유골은 그 왼쪽에 놓아야 한다. ⑦ 벽화는 이미 훼손되어 알아 볼 수가 없으므로 굳이 새로 그릴 필요는 없다. ⑧ 고조선의 건축형식에 맞게 돌로 문을 세워야 한다. ⑨ 제당을 만들 필요는 없으나 남한 사람들이 제사를 지내러 올 경우를 대비해 상돌은 만들어 두어야 한다. ⑩ 더불어 묘향산과 구월산에 있는 단군 관련 유적도 정비하여야 한다. 인터넷 〈위키백과〉 검색.
17. 이근창, 〈21세기 세계화 속에 홍익인간 이념에 관한 연구〉, 단군학회 刊 〈단군학 연구〉 제2호, 200.4, p305~306
18. 조정호, 〈정보화시대의 홍익인간 - 연구동향 반성과 발전영역 탐색을 중심으로〉, 단군학회 刊 〈단군학 연구〉 제17호, 2007.12. p164

■ PART II 홍익인본주의 탄생과 발전

Chapter 1. 홍익인본주의 탄생

1. 농사직설 : 《농사직설》(農事直設은 농사의 개설을 해설하여 놓은 농서(農書) 중 현존하는 가장 오래된 책이다. 조선 전기의 대표적 농서로 영농 지침서 역할을 하였다. 조선 세종이 정초(鄭招) 등에게 명하여 1429년(세종 11년)에 편찬했다. 종래에는 중국의 농서에만 의존해 왔으나 세종은 풍토에 따른 농법의 차이를 고려하여 각 도 농부들의 경험을 토대로 우리나라 기후 풍토와 조선의 실정에 알맞은 농법을 저술하게 되었다. 내용을 보면, 먼저 일반론으로서 종자와 토양을 다루는 법을 설명하고, 각론(各論)으로 각종 작물의 재배법을 간결하게 서술하고 있다. 이 책에서 당시 남부 지방 일부에서 행해지고 있는 이앙법을 처음 소개하였다. 이 책은 내용이 중요 곡식류에 국한되고 또 자세하지 못한 흠은 있으나 (농업과 농촌에 필요한 것을 망라한 농촌 생활 백과사전은 아니었다) 농서의 효시로서, 또 한국식의 농법을 편 자주적 저서로서 농업 기술의 변천을 살피는 데 좋은 자료이다.

참고: 2004년 농촌진흥청에서 고농서국역 총서 7로써 「농가집성(農家集成)」을 출간했다. 농가집성은 농사직설의 내용을 고치고, 농촌진흥청 농업과학도서관 전자책 (http://lib.rda.go.kr/newlib/index.asp)으로 「농가집성」의 한글 번역본을 볼 수 있다.

2. 고약해 : 세종 99권, 25년(1443 계해 / 명 정통(正統 8년) 1월 7일(계해) 4번째 기사 개성부유수(開城府留守)고약해(高若海)가 죽었다. 약해의 자는 순(順)으로 개성부 사람이었다. 17세에 성균시(成均試)에 합격하였으나, 성균관에 나아가 배우지 않고 등용시험 공부도 익히지 않았다. 21세에 부친상을 당하였는데, 초상 장례를 한결같이 가례(家禮)에 따라서 하였고, 삼년상을 치른 뒤에는 모친 섬기기를 심히 독실하게 하므로, 사간원(司諫院)의 천거로 공안부 주부(恭安府主簿)에 제수되었다. 벼슬이 차례로 올라서 사헌부 장령(司憲府掌令)이 되었다가 을사년에 지사간원사(知司諫院事)에 승진되고, 병오년에 상호군(上護軍) 겸 판통례문사(判通禮門事)에 승진되어, 윤대할 때 조목에 따라 시폐(時弊)를 진술하는데 언사가 매우 알맞고 적절하여 채납된 바가 많았다. 여러 번 벼슬을 옮겨 예조·호조·이조의 참의(參議)를 지내다가, 나아가서 충청도와 강원도의 관찰사가 되었고, 들어와서는 형조 참판과 사헌부 대사헌이 되었는데, 몇 달 안 되어 사건에 연좌되어 파직되고, 나가서 판황주목사(判黃州牧使)가 되었다가 임기가 차서 인수부윤(仁壽府尹)의 벼슬을 받고, 도로 형조 참판이 되었는데, 사건으로 파직되었다가 뒤에 경창부윤(慶昌府尹)의 벼슬을 받고, 승진되어 자헌대부(資憲大夫) 개성부유수가 되었는데, 이에 이르러 세상을 떠나니 나이 67세였다.

부음(訃音)이 들리매, 하루 동안 조회를 그치고 조의를 표하고 부의를 보내고 시호를 '정혜(貞惠)'라 하니, 숨기지 않고 굽힘이 없음을 정(貞)이라 하고, 너그럽고 인자한 것을 혜(惠)라 한다. 약해(若海)는 타고난 성품이 고상하여 흉중이 넓게 터져서, 사소한 절개에 거리끼지 않고 임금에 충간하는 일을 자기의 임무로 삼아 간혹 직위를 초월하여 감히 말하기도 하였다. 아들은 고수장(高壽長)과 고수전(高壽全)이다.

3. 토탈퍼슨(Total persona): 폴 J 마이어는 삶을 여섯가지 영역으로 나누어 균형과 조화를 유지하는 사람을 토탈퍼슨Total person이라 했다. 신체적인 면, 가정적인 면, 재정적인 면, 지성적인 면, 감성적인 면, 사회적인 면, 영성적인 면으로 다 포함시켜서 라이프스타일을 추구하는 것이다.
4. 다다 마헤슈와라난다. 『자본주의를 넘어서』(이하 프라우트). 7장
5. 카스트 계급: 일반적으로 인도의 사회 계급으로 알려져 있다. 브라만, 크샤트리아, 바이샤, 수드라, 하지만 이런 개념은 인도의 전통문화와 사회구조를 이해 못한 서양인들의 편견에서 비롯된 것이다. 인도의 전통문화와 종교에서는 사회적 계급 목적이 아니라, 분업의 목적으로 나눈 것이다. 백인들이 인도인들을 지배할 목적으로 이 종교적인 바르나를 악용한 것이다. 원래 카스트 제도 즉 바르나는 인도의 성인 중 한명으로 불리는 카필라의 가르침에서 유래된 것이다. 카필라는 인간의 본성과 영적 성장을 위한 수행을 위하여 이 4가지 성향을 가르쳤던 것이다. 현대에 와서는 사카르가 원래 카필라가 가르쳤던 개념을 가장 잘 살려내고 있다고 볼 수 있다.
6. 프라우트PROUT(진보적 활용론 : Progressive Utilization Theory) : 1959년 프라밧 란잔 사카르가 주창한 것이다. 이는 모든 사람들의 복지를 위 사회와 경제를 어떻게 재구성해야 하는지를 담은 청사진이다. 프라우트 책 참조.

Chapter 2. 한국인의 DNA : 홍익인간의 발전 요인

Chapter 3. 새로운 大한국인의 길 모색

Chapter 4. 홍익인본주의의 발전 : 하늘민족

1. 벅민스트 풀러. 우주선 지구호 사용설명서 책 내용 인용. 2007

■ PART Ⅲ 홍익인본주의 정치 · 경제

Chapter 1. 자본주의 모순 : 부익부 빈익빈의 소득 격차

1. 자본론: 〈자본 : 정치경제학 비판〉 (독일어 원제: Das Kapital: Kritik der politischen Okonomie)은 카를 마르크스가 독일어로 집필하고, 프리드리히 엥겔스가 편집한 방대한 정치경제학 논문이다. 흔히 "자본론"(資本論)이라고 부른다. 1867년에 제1권이 출간되었다. 〈자본론〉은 주로 영국의 고전파 경제학과 영국 사회에 대한 비판을 담고 있는데, 내용은 1859년 발간된 마르크스의 저서《정치경제학 비판을 위하여》의 연장선상에 놓여있다. 〈자본〉은 총 3권으로 구성되어 있고, 1권은 자본의 생산과정, 2권은 자본의 유통과정, 3권은 자본주의적 생산의 총과정이 부제로 붙어 있다. 1권은 1867년 나왔으며 2, 3권은 프리드리히 엥겔스가 마르크스의 유고를 모아 집필, 각각 1885년과 1894년 발간되었다.
칼 마르크스의 저서이기 때문에 사회주의나 공산주의 서적으로 잘못 이해되기 쉽지만, 실제로는 자본주의에 대한 비판을 할 때에 사회주의가 자본주의를 넘어서는 사회비판이론이 될 수 있다는 생각에 근거하여 자본주의와 당대 경제학자들의 이론들을 분석함으로써 시민사회 · 자본주의 사회에 대해 객관적으로 비판한 책이며, '사회주의의 성서'로 논평되고 있다.
2. 프라우트 책, 1장 참조 p35~76
3. 동인도회사 : 영국동인도 회사(1600~1708년, 1708~1873), 네덜란드 동인도 회사(1602년), 덴마크 동인도 회사(1616년), 프랑스 동인도 회사(1664년), 스웨덴 동인도 회사(1731) / 독점 기업의 특권적 지위를 얻어, 주식발생은 물론이고, 전쟁을 개시할 수 있고, 조약을 협상하고, 통화를 발행하고, 식민지를 설립할 수 있는 준정부적인 권한을 가졌다. 이 동인도회사들은 수세대 자본가들이 다국적기업을 창업하는데 영감을 주었다.

Chapter 2. 신자유주의 : 소수를 위한 자본주의

Chapter 3. 역 사회주의 : 공동체경영의 장애障碍 요소

1. 박승재,『한국 정당정치의 문제점과 향후 발전 과제』한양대학교 행정대학원 1996

■ PART IV 홍익인본주의 사회·문화

Chapter 1. 서양인본주의와 동양인본주의 사회

1. 인도의 철학과 사상 : 인도 철학과 사상을 이해하려면, 리그베다에 대해 알아야 한다. 우파니샤드, 바가바드기타 참조

Chapter 2. 한국적 인본주의 사회

1. 한국 문화의 정체성 〈이석복, 고우성, 김명수 참조〉

Chapter 3. 홍익인본주의와 공동체 문화

1. 김기섭, 『깨어나라 협동조합』들녘, 2012. p.251
2. 같은 책 p.253
3. 김기섭, 『시민사회, 대안적 시장을 만들다』 p.14

Chapter 4. 홍익성공학

1. 미키 맥기, 『자기계발의 덫』 모요사, 2011

■ PART V 홍익인본 기업경영 I : 협동경제·경영민주화

Chapter 1. 홍익인간 정신과 기업경영

1. 리카르도 세믈러, 『매버릭』 프레스빌, 1995

Chapter 2. 자본주의 수정 : 협동경제와 프로슈머 경제

1. 윌리엄 F 화이트, 캐서린 K 화이트, 『몬드라곤에서 배우자』 역사비평사, 2012
2. 정태인, 이수연, 『정태인의 협동의 경제학』 레디앙, 2013
3. 엘빈 토플러, 『부의 미래』 청림출판 2006. 제6부 프로슈밍

Chapter 3. 자본주의 수정 II : 경영민주화

1. 야마다 아키오, 『야마다 사장 샐러리맨의 천국을 만들다』 21세기북스, 2007

Chapter 4. 홍익인본주의: 새로운 경제학의 출현

1. 찰스 아이젠스타인, 『신성한 경제학의 시대』 김영사, 2015

■ PART Ⅵ 홍익인본 기업경영 Ⅰ : 공동체경영

Chapter 1. 홍익인본경영과 마켓 3.0 시대

1. 필립 코틀러, 『마켓 3.0』 타임비즈 2010
2. 공동창조 · C. K 프라할라드가 혁신에 대한 새로운 접근 방법을 묘사하기 위해 고안한 신조어. 〈새로운 혁신의 시대The New Age of Innovation〉 참조
3. 세스 고딘(Seth Godin) 〈종족들Tribes. 2008〉에서 소비자들은 기업이 아니라 다른 소비자들과 접촉하길 원한다고 주장했다. 수잔 푸르니에(Susan Fournier), 〈올바른 브랜드 공동체를 형성하는 길 Getting Brand Communities Right, 2009〉
4. 필립코틀러, 같은 책 p71

Chapter 2. 홍익인본주의 실천 : 선물경제 · 협동소비

1. 신성한 경제학의 시대 P.113
2. 크라우드 펀딩 : 크라우드 펀딩(crowd funding/crowdfunding, crowd financing, equity crowdfunding, hyper funding)은 소셜 네트워크 서비스를 이용해 소규모 후원이나 투자 등의 목적으로 인터넷과 같은 플랫폼을 통해 다수의 개인들로부터 자금을 모으는 행위이다. '소셜 펀딩'이라고도 하나, 정확한 용어는 아니다. 주로 자선활동, 이벤트 개최, 상품 개발 등을 목적으로 자금을 모집한다. 여기에는 투자방식 및 목적에 따라 지분투자, 대출, 보상, 후원 등으로 분류할 수 있다.
3. 레이철 보츠먼, 루 로저스, 『위 제너레이션』 모멘텀 2011
4. 폰지 사기(Ponzi scheme)란 투자사기 수법의 하나로 실제 아무런 이윤 창출 없이 투자자들이 투자한 돈을 이용해 투자자들에게 수익을 지급하는 방식이다. 폰지 사기는 대부분 신규 투자자들을 끌어들이기 위해 보통의 정상적인 투자가 보장할 수

없는 고수익을 단기간에 매우 안정적으로 보장해준다고 광고한다. 이는 계속해서 기존 보다 훨씬 더 많은 투자금이 지속적으로 유입되지 않으면 지속이 불가능한 투자 형태이다. 즉, 간단하게 말하자면 새로운 투자자 돈으로 기존의 투자자 배당을 지급하는, 소위 아랫돌 빼어 윗돌 괴는 식의 매카니즘이라고 볼 수 있다. 그러나 이러한 사업 구조는 유입되는 자금이 지급해야할 액수에 결국 모자랄 수밖에 없어 언젠가는 무너질 수밖에 없다. 대부분 폰지 사기는 무너지기 전 사법 당국에 의해 포착되는데 사기의 규모가 클수록 적발이 더 쉬워진다. 하지만 2009년 발생한 메이도프 사건은 금융계의 거물이 자신의 사회적 입지나 권위를 이용하여 폰지 사기를 시도한 경우 이를 발견하기까지 오랜 시간이 걸릴 수 있으며, 썩을 대로 썩은 뒤 그 시스템이 갑작스레 무너졌을 경우 이러한 여파가 전체 금융 시장에 미치는 악영향이 엄청날 수 있음을 실제로 보여주는 사례로 기억되고 있다.

Chapter 3. 홍익인본주의 실천: 공동체경영

1. 통합의학(Integrative medicine) : 현재 의과대학에서 가르치는 증상의학(conventional medicine)은 질병의 드러난 결과 즉 증상만 케어CARE하는데, 통합의학은 기능의학(functional medicine)을 합쳐놓은 것이다. 즉, 기능의학은 질병의 원인을 분석하여 치료하는 방법이다. 예를 들어 '저체온증후군'과 같은 것은 현재의 증상의학에서는 치료영역이 아니지만 기능의학에서는 식품이나 기능식품을 가지고 치료한다. 서양의 통합의학 센터에는 단순히 영양요법만이 아니라, 운동, 요가, 명상, 아로마 테라피, 기치료 등 다양한 전통의학 기법을 활용한다. 이는 오늘날 의학 관점에서는 예방적 차원이지만, 서양에서는 이러한 통합의학[20]이 점차 대중화되어 가고 있다.

---

20) 필자는 통합의학이라는 개념을 '양자의학, 즉 Quantum Medicine'으로 표기하기도 한다. 현재 필자는 NWSSU-SAP(필리핀 국립 노스트웨스트 사마르 대학교 양자의학부 석좌교수)에 재직 중이다.

大한국인의 길

초판 1쇄 발행 | 2025년 6월 29일

지은이 | 현용수
펴낸이 | 최병윤
함께하는이 | UNI 포럼 위원회/한윤교/한효정/이신학/유관섭 외
펴낸곳 | 행복한마음
출판등록 | 제10-2415호 (2002. 7. 10)

주소 | 서울시 마포구 성미산로2길 33, 202호
전화 | (02) 334-9107
팩스 | (02) 334-9108
이메일 | bookmind@naver.com

ⓒ 2025, 현용수
ISBN 978-89-91705-57-9 03320

* 책값은 뒤표지에 표기되어 있습니다.
* 잘못 만들어진 책은 구입처에서 교환해 드립니다.
* 이 책엔 Pretendard, 신라고딕체, KoPubWorld 서체를 사용했습니다.